EL LIBRO DE LOS MUERTOS
DE LOS ANTIGUOS EGIPCIOS

El Primer Libro De La Humanidad

Traducido por primera vez al español,
prologado y anotado
por
JUAN BAUTISTA BERGUA

Colección La Crítica Literaria
www.LaCriticaLiteraria.com

Copyright del texto: ©2010 J. Bergua
Ediciones Ibéricas - Clásicos Bergua - Librería Bergua
Madrid (España)

Copyright de esta edición: ©2010 LaCriticaLiteraria.com
Colección La Crítica Literaria
www.LaCriticaLiteraria.com
ISBN: 978-84-7083-134-8

Ediciones Ibéricas - LaCriticaLiteraria.com
Calle Ferraz, 26
28008 Madrid
www.EdicionesIbericas.es
www.LaCriticaLiteraria.com

Impreso por LSI

Todos los derechos reservados. Esta publicación no puede ser reproducida, ni en su totalidad ni en parte, ni ser registrada en, o transmitida por, un sistema de recuperación de información, en ninguna forma ni por ningún medio, sea mecánico, fotoquímico, electrónico, magnético, electroóptico, por fotocopia, o cualquier otro, sin el permiso previo por escrito de la editorial.

Cualquier forma de reproducción, distribución, comunicación pública o transformación de esta obra solo puede ser realizada con la autorización de sus titulares, salvo excepción prevista por la ley. Diríjase a CEDRO (Centro Español de Derechos Reprográficos - www.cedro.org) para más información.

All rights reserved. No part if this book may be reproduced or transmitted in any form, by any means (digital, electronic, recording, photocopying or otherwise) without the prior permission of the publisher.

Colección La Crítica Literaria

CONTENIDOS

TRIPLE DEDICATORIA 4

EL CRITICO - Juan Bautista Bergua 5

PROLOGO 7

   BREVE HISTORIA DEL MAS ALLA 7

   LA IDEA DEL MAS ALLA EN LA FILOSOFIA 22

   SOBRE EL LIBRO DE LOS MUERTOS 35

EL LIBRO DE LOS MUERTOS 53

NOTAS 169

LA CRITICA LITERARIA 233

TRIPLE DEDICATORIA

Dedico este libro:

1º A la VERDAD, tan difícil siempre de alcanzar por ir de ordinario apartándola de los que la buscan el fanatismo y la ignorancia.

2º A los que en todos los tiempos y lugares fueron incansable y valerosamente tras ella.

3º En fin, a otro gran defensor de la verdad: A aquel que «molido y aturdido, sin alzarse la visera, como si hablara dentro de una tumba, con voz debilitada y enferma dijo: Dulcinea del Toboso es la más hermosa mujer del Mundo, y yo el más desdichado caballero de la Tierra, y no es bien que mi flaqueza defraude esta verdad: aprieta, caballero, la lanza y quítame la vida, pues me has quitado la honra». Y, por supuesto, a la memoria siempre querida del ingenio sin par que le imaginó.

Juan B. Bergua

EL CRITICO - JUAN BAUTISTA BERGUA

Juan Bautista Bergua nació en España en 1892. A los 16 años empezó la universidad y obtuvo el título de abogado en tan sólo dos años. Fascinado por los idiomas, en especial los clásicos, latín y griego, tradujo por primera vez al español las más importantes obras de la antigüedad. A lo largo de su extraordinaria vida, llegó a convertirse en un célebre crítico literario, traductor y en un especialista en filosofía y religiones del mundo.

Su librería, la editorial y la "Generación del 27"

Juan B. Bergua fundó la Librería-Editorial Bergua en 1927, luego Ediciones Ibéricas y Clásicos Bergua. Quiso que la lectura de España dejara de ser una afición elitista. Publicó títulos importantes a precios asequibles a todos, entre otros, los diálogos de Platón, las obras de Darwin, Sócrates, Pitágoras, Séneca, Descartes, Voltaire, Erasmo de Rotterdam, Nietzsche, Kant y las poemas épicos de La Ilíada, La Odisea y La Eneida. Se atrevió con colecciones de las grandes obras eróticas, filosóficas, políticas, y la literatura y poesía castellana. Su librería fue un epicentro cultural para los aficionados a literatura, y sus compañeros fueron conocidos autores y poetas como Valle-Inclán, Machado y los de la Generación del 27.

El Partido Comunista Libre Español y las amenazas de la izquierda

Poco antes de la Guerra Civil Española, en los años 30, Juan B. Bergua publicó varios títulos sobre el comunismo. El éxito, mucho mayor de lo esperado, le llevó a fundar el Partido Comunista Libre Español que llegaría a tener mas de 12.000 afiliados, superando en número al Partido Comunista prosoviético oficial existente. Su carrera política no duró mucho después que estos últimos le amenazaran de muerte viéndose obligado a esconderse en Getafe.

La Censura, quema de libros y sentencia de muerte de la derecha

Juan B. Bergua ofreció a la sociedad española la oportunidad de conocer otras culturas, la literatura universal y las religiones del mundo, algo peligrosamente progresivo durante la dictadura de Franco, época reacia a cualquier ideología en desacuerdo con la iglesia católica.

En el 1936 el ejército nacionalista de General Franco llegó hasta Getafe, donde Bergua tenía los almacenes de la editorial. Fue capturado, encarcelado y sentenciado a muerte por los Falangistas, la extrema derecha.

Mientras estuvo en la cárcel temiendo su fusilamiento, los falangistas quemaron miles de libros de sus almacenes por encontrarlos contradictorios a la Censura, todas las existencias de las colecciones de la Historia de Las Religiones y la Mitología Universal, los libros sagrados de los muertos de los Egipcios y Tibetanos, las traducciones de El Corán, El Avesta de Zoroastrismo, Los Vedas (hinduismo), las enseñanzas de Confucio y El Mito de Jesús de Georg Brandes, entre otros.

Aparte de los libros religiosos y políticos, los falangistas quemaron otras colecciones como Los Grandes Hitos Del Pensamiento. Ardieron 40.000 ejemplares de La Crítica de la Razón Pura de Kant, y miles de libros más de la filosofía y la literatura clásica universal. La pérdida de su negocio fue un golpe tremendo, el fin de tantos esfuerzos y el sustento para él y su familia…fue una gran pérdida también para el pueblo español.

PROTEGIDO POR GENERAL MOLA Y EXILIADO A FRANCIA

Cuando General Emilio Mola, jefe del Ejército del Norte nacionalista y gran amigo de Bergua, recibe el telegrama de su detención en Getafe intercede inmediatamente para evitar su fusilamiento. Le fue alternando en cárceles según el peligro en cada momento. No hay que olvidar que durante la guerra civil, los falangistas iban a buscar a los "rojos peligrosos" a las cárceles, o a sus casas, y los llevaban en camiones a las afueras de las ciudades para fusilarlos.

¿El General y "El Rojo"? Su amistad venia de cuando Mola había sido Director General de Seguridad antes de la guerra civil. En 1931, tras la proclamación de la Segunda República, Mola se refugió durante casi tres meses en casa de Bergua y para solventar sus dificultades económicas Bergua publicó sus memorias. Mola fue encarcelado, pero en 1934 regresó al ejército nacionalista y en 1936 encabezó el golpe de estado contra la República que dio origen a la Guerra Civil Española. Mola fue nombrado jefe del Ejército del Norte de España, mientras Franco controlaba el Sur.

Tras la muerte de Mola en 1937, su coronel ayudante dio a Bergua un salvoconducto con el que pudo escapar a Francia. Allí siguió traduciendo y escribiendo sus libros y comentarios. En 1959, después de 22 años de exilio, el escritor regresó a España y a sus 65 años comenzó a publicar de nuevo hasta su fallecimiento en 1991. Juan Bautista Bergua llegó a su fin casi centenario.

Escritor, traductor y maestro de la literatura clásica, todas sus traducciones están acompañadas de extensas y exhaustivas anotaciones referentes a la obra original. Gracias a su dedicado esfuerzo y su cuidado en los detalles, nos sumerge con su prosa clara y su perspicaz sentido del humor en las grandes obras de la literatura universal con prólogos y notas fundamentales para su entendimiento y disfrute.

Cultura unde abiit, libertas nunquam redit.
Donde no hay cultura, la libertad no existe.

El Editor

PROLOGO

BREVE HISTORIA DEL MAS ALLA

Primus in orbe deos fecit timor (1)

El miedo, causa del primer impulso del hombre hacia lo supraterrestre, ha contribuido siempre y sigue contribuyendo más que toda otra cosa al mantenimiento de las religiones.

Que el temor a lo desconocido fue lo que haría doblar la primera vez al hombre la rodilla, parece fuera de toda duda. Aterrado ante los cataclismos naturales, truenos, rayos, relámpagos, volcanes, temblores de tierra, que ni podía explicarse ni evitar, lo lógico era que, incapaz de considerarlos como simples fenómenos naturales, creyese que todo cuanto sobrepujaba en mucho a lo normal era obra de poderosos seres superiores, y lo lógico asimismo que sintiéndose inerme ante ellos se prosternase aterrorizado. Luego, con el tiempo, al evolucionar lo religioso, el miedo evolucionó también, acabando el hombre por temer la acción de los dioses no durante su vida (pues llegaría a convencerse de que todo en ésta obedece tan sólo a causas naturales), sino luego de ella, es decir, tras la muerte.

Pero este segundo período de temor no advendría sino tras una evolución lentísima, de muchos centenares de siglos, pues fue preciso antes no tan sólo llegar al culto de los muertos y al animismo, sino que éste evolucionase a su vez de tal modo que el concepto «espíritu» quedase concretado en la palabra «alma». Es decir, que el espíritu, en vez de ser como para los vitalistas una especie de alma de segunda categoría (la fuerza vital, la vida), llegase a ser una esencia inmortal y dotada de razón (2).

En su forma más primitiva y sencilla, el animismo empezaría a manifestarse al imaginar los hombres que en todos los seres de la Naturaleza había espíritus. El origen de esta creencia y del subsiguiente culto a los espíritus (o a los muertos) lo explica Alberto Reville del modo siguiente en sus Prolegómenos a la historia de las religiones: «La vista del cadáver sugiere desde muy pronto al hombre que lo que hacía querer, hablar, obrar algunas horas antes no estaba ya allí, pero no podía haber sido destruido. Su propia experiencia, fundada sobre todo en el fenómeno del sueño, le dirigía en el sentido de una conclusión análoga (3). El primer paso estaba dado. El segundo consistiría en creer que en todos los seres animados ocurriría igual: que su espíritu podía, como el de los hombres, dejar su envoltura ordinaria y marcharse lejos de ella.» El tercero, pensar que el espíritu no tenía en realidad nada que ver con la naturaleza física y que incluso era superior a ella. En fin, el cuarto y definitivo cuando nació la idea de que en otro mundo era inevitable la justicia retributiva según la cual los hombres serían premiados o castigados según sus méritos o deméritos en esta vida.

Veamos brevemente la marcha de esta idea a través del tiempo.

Para conjeturar sobre lo que pensaban los hombres primitivos acerca de la vida de ultratumba, tenemos dos fuentes: la prehistoria, y el estudio de la creencia respecto a esta cuestión de los pueblos menos civilizados actuales. Por supuesto, sin olvidar que entre éstos y el hombre verdaderamente primitivo hay ya una diferencia enorme.

En lo que a la prehistoria respecta, todo tiene que ser puramente conjetural y basado en el examen de lo que queda como sepulturas de entonces. Según éstas, parece que se puede afirmar que el hombre del período paleolítico inferior (4) enterraba ya a sus muertos. En la época munsteriana (5) el hombre empleaba ya instrumentos de sílex tallados por una sola cara; convivía con el mamut, con el rinoceronte tichorhinus (de nariz tabicada), con el caballo, con el bisonte, con el reno, con el oso y con el león de las cavernas, entre otros animales. Es el Homo neanderthalensis del que se poseen esqueletos completos que demuestran aún una gran inferioridad morfológica, encontrados en fosas mortuorias en las que junto a los esqueletos (recubiertos intencionadamente por montones de huesos de animales o de piedras), había collares, piedras talladas puestas en las manos y otros objetos de adorno, trabajo o lucha, lo que evidentemente prueba que se suponía que el muerto podía necesitar todo ello en la nueva vida que había empezado. De la época del reno (6) no tan sólo se han encontrado esqueletos enterrados bajo los hogares al lado de «mobiliarios familiares» rudimentarios, sino sujetos al suelo mediante una piedra o mediante huesos; todo lo que indica no solamente que se creía que seguía viviendo, e incluso cerca de los suyos, sino que ya había nacido la idea (idea que se encuentra hoy en muchos pueblos salvajes) de que era preciso impedir a los muertos, sujetándoles, que viniesen a perjudicar a los vivos. En la época neolítica (7) todo parece ya indicar que la creencia en otra vida tras la muerte no sólo es cosa corrientemente admitida, sino que preocupa, pues de no realizar con el cadáver ciertas prácticas, la acción de aquel «algo» que ha escapado del cuerpo al morir éste, podía tener consecuencias con frecuencia no favorables para los vivos. Por ello el enterrar a los muertos no tan sólo en grutas naturales cuya entrada se cerraba con un muro, sino en dólmenes, túmulos y otros enterramientos artificiales, así como el descarnar los cadáveres y pintar de rojo los esqueletos, y el enterrarlos siempre con sus objetos personales (armas, joyas, etc.) para que pudieran servirse de ellos en la nueva vida; y, en fin, y por primera vez, la práctica seguida aún en el Tibet hoy día de atar los cadáveres en la posición llamada embrioniforme, es decir, doblados con las rodillas subidas hasta el pecho, quizá para indicar con ello que nacían a una nueva vida, tal vez para tener mayor seguridad de que no podrían salir y venir a inquietar a los vivos. Todo ello parece probar tres cosas: la primera, la idea de que el espíritu (alma) era ya considerada como cosa distinta del cuerpo y que se separaba de él al morir, idea por tanto antiquísima; segunda, que se creyó también muy pronto (era consecuencia lógica de lo anterior) que el difunto, en su nueva vida, tenía necesidades semejantes a las que había sentido en ésta, y por ello el poner junto al cadáver lo que corrientemente había usado, más (práctica que duró muchísimos siglos) alimentos; tercera, que considerando la otra vida menos grata que ésta, se supusiera que los muertos, desesperados, trataban de volver y, en su rabia, perjudicaban a los vivos, y por ello los procedimientos para ver de impedirlo. Y a causa de estos procedimientos es por lo que dice Luquet (8) que «las fosas y las tumbas fueron para los muertos no abrigos, sino prisiones».

Bien que todo lo anterior no pase, como es natural, de conjeturas, su veracidad parece demostrada viendo lo que ocurre en los pueblos salvajes modernos. Entre éstos, no obstante la diversidad de creencias, hay una porción de ellas comunes a todos, que permiten deducir que lo conjeturado acerca de los pueblos prehistóricos no parece en modo alguno descaminado. Por ejemplo, en todos ellos existe la creencia, más aún, la certeza, no tan sólo de que el cuerpo humano tiene un doble (espíritu o alma) (9), sino que este doble conserva luego de la muerte las mismas necesidades y sentimientos que tenía en vida, por lo que será «favorable» si se le honra convenientemente y no es desgraciado, y lo contrario en caso opuesto. Incluso en muchos sitios se cree tan sólo en esto último, atribuyéndolo a que está rabioso al ver cómo su cuerpo se descompone. Además, los que han muerto de modo no natural, sobre todo si han sido asesinados, son implacables y piden continuamente venganza. Otra idea connatural a la de vida tras la muerte es la de que el lugar en que esto se realiza influye también en la conducta posterior del muerto. Ni que decir tiene que sobre estas cuestiones (como sobre todo cuanto no tiene otro fundamento que la fantasía) las creencias son sumamente variadas y hasta contradictorias. Como lo prueba el hecho muy corriente de pensar, como dice Lévy-Bruhl (10), que ha estudiado perfectamente cuanto a esto atañe, que: «el muerto se encuentra a la vez en su tumba, en las inmediaciones de la casa en la que ha muerto, y lejos, en camino hacia el país de las Sombras, si es que no ha llegado ya a él».

He dicho «contradictorias», pero en realidad, si el salvaje observa que su cuerpo, en vida, no puede estar en cada instante sino en un solo lugar, mientras que su espíritu va libremente de un lado para otro, ¿por qué en la otra vida, que es la vida del doble (del espíritu), éste no podrá estar donde y como le plazca al mismo tiempo? Es natural también (y lo más cómodo de imaginar) que la vida en el otro lado sea la misma que en éste; incluso, de pensarlo un poco, mejor; pues lejos los espíritus sencillos, como los de los salvajes, de preocupaciones filosófico-meta-físicas y de complicados problemas de justicia póstuma, suelen imaginar inocentes paraísos en los que la vida es mucho más fácil y grata que en la Tierra: cosechas pródigas, abundancia de caza (según se trate de tribus agricultoras o cazadoras), y, con frecuencia, vida cómoda y placentera libre de todo esfuerzo y trabajo. En una palabra, entre los pueblos primitivos actuales es general también, como entre los prehistóricos, la creencia en que la vida no acaba aquí, y de que luego de la muerte empieza otra muy semejante a ésta, bien que ora mejor, ora peor. Pero vida en todo caso puramente material y sin preocupaciones (ni esperanzas, claro) que impliquen la idea de «salvación» o de «expiación», sin duda porque una moral rudimentaria no les empuja a creer que los actos que realizan en la Tierra, encaminados siempre a su bienestar personal, merezcan recompensa o castigo ni tengan acción fuera de las ventajas o desventajas personales que les puedan acarrear.

Mas como el espíritu del hombre tiene una incontenible tendencia hacia lo irreal y lo fantástico a causa de ser la imaginación o fantasía la primera de las facultades mentales en cuanto a su aparición y facilidad de desarrollo, de aquí que admita la posibilidad de otra vida luego de la muerte, no obstante la total y absoluta carencia de algo en que apoyarse para hablar con fundamento sobre tal cuestión, pues jamás ha habido ni un solo testimonio, pero ni uno, absolutamente cierto y comprobado, que permita asegurar que la vida del hombre no termina con su muerte (y que me perdonen los «espiritistas» y demás idealistas, pero ahora me pongo en el terreno de los «hechos», no en el de las «hipótesis», por respetables y aun posibles que éstas puedan ser); de aquí el cúmulo de supuestos sobre lo que puede ocurrir en el más allá, y que las creencias más o menos disparatadas sobre ello no sean propias tan sólo de los pueblos primitivos (bien los prehistóricos, ya los actuales no bien civilizados), sino que puedan observarse en todos los pueblos y en todos los tiempos, sin exceptuar los actuales. Así se da el caso curioso de que en el incesante devanar de la cuestión, las creencias que pudiéramos llamar rudimentarias, tales que las ya expuestas, hayan venido a sumarse en el transcurso de los siglos a un acervo aún mucho más considerable de otras elaboradas, que voy a enumerar brevemente.

La antiquísima idea ya mencionada (idea rudimentaria en lo que afecta al alma; en todo caso anterior a la distinción entre el alma y el cuerpo por la filosofía primitiva) de que el espíritu habitaba en la tumba o en sus inmediaciones, no es exclusiva y propia de las razas inferiores, sino que trascendió a pueblos como Egipto, donde, arraigada desde tiempo inmemorial, nunca ya se vieron libres de ella. A causa de ello, esta idea fue la que les movió a construir pirámides al parecer eternas, para que sirviesen de moradas a sus reyes y reinas difuntos (11). Esta creencia ancló también en los hebreos (era natural, puesto que estuvieron tan en contacto con los egipcios), que asimismo consideraban la tumba como la morada del muerto (12). E idéntica creencia en Grecia y en Roma (13). Por supuesto, el hecho de que los muertos habitasen en las tumbas no impedía que pudiesen vagar y presentarse allí donde mejor les convenía.

Consecuencia de la creencia anterior fue la costumbre, básica en el culto a los muertos, de ofrecer a éstos, puesto que vivían en las tumbas, lo necesario para ello. Esta práctica de las ofrendas funerarias constituyó también en todas partes y durante muchos siglos (el llenar las tumbas de flores, hoy, es un residuo de tal costumbre, e inútil insistir sobre que tan superfluo le es a un muerto un bollo o una jarra de vino, como una rosa; pero el que nos sintamos invenciblemente inclinados a hacer tal cosa, prueba en qué modo costumbres practicadas por nuestros antepasados durante siglos han labrado surcos en nuestra conciencia en virtud de los cuales prácticas y hasta creencias, en todo caso inclinaciones que creemos espontáneas, son no tan sólo adquiridas, sino que incluso nos son impuestas), en todas partes y durante muchos siglos, decía, uno de los modos del culto a los muertos. Este culto nada tenía que ver en realidad con la religión, bien que a causa de su generalidad acabase por constituir una especie de variedad de manifestación religiosa, pero en todo caso demuestra cómo en innumerables ocasiones los hombres, que empiezan a obrar por instinto, al caer este instinto en costumbre, como la práctica seguida acaba por conferir a los actos una especie de carácter sagrado, es muy difícil luego, con el tiempo, darse cuenta de las verdaderas razones en virtud de las cuales se obra (14). En todo caso el culto a los muertos fue y sigue siendo general en todos los pueblos, y largo sería enumerar las fiestas y prácticas que aún se celebran en su honor, residuo de antiguas costumbres; de tal modo es difícil desarraigar cuanto afecta particularmente a los sentimientos, tanto más cuanto que estos sentimientos no hacen sino renovarse, pero sin cambiar, muy especialmente en los medios más atrasados espiritualmente.

Lo mismo podría decirse respecto a las relaciones con los muertos. Admitido que seguían viviendo, lógico era (puede haber lógica y de hecho la hay, por extraño que parezca, aun en lo que carece de ella) que tratasen de relacionarse con los vivos, y que se les apareciesen, ora en estado de fantasmas, bien mediante los ensueños. Y naturalmente, los hombres no se contentaron con que los muertos se les manifestasen voluntariamente, por decirlo así, sino que la costumbre y arte de evocarlos fue y sigue siendo hoy una práctica que estoy por llamar corriente. Una práctica y hasta un arte. Y digo «arte» porque en estas cuestiones como en todo cuanto es susceptible de explotación, en todo tiempo apareció siempre junto al «crédulo», el «avisado» que vivió a costa de su fanatismo y de su candidez.

Y como, naturalmente (no podía ocurrir de otro modo), el timón de la creencia en lo que a lo sobrenatural afecta ha sido siempre el «antropomorfismo», si en virtud de él los hombres imaginaron a los dioses semejantes a ellos, con mucha más razón tenían que hacer igual con los «espíritus» que, habiéndose alojado en cuerpos humanos, natural parecía que conservasen las maneras de ser y de comportarse antes adquiridas. A causa de ello nacieron los espíritus favorables y los perjudiciales (es decir, como los propios hombres en sus relaciones unos con otros), y sobre estos últimos recayó, de momento, el «miedo» sentido primitivamente hacia los dioses; miedo que también se fue perdiendo poco a poco y que acabó por manifestarse tan sólo en los momentos de peligro inmediato (poco más o menos como ocurría en las súplicas, que la más sentida y directa era la del momento de la necesidad). Así, en todas partes, durante siglos sólo se suplicó fervorosamente a los diversos Zeus o para que no enviasen rayos o para que enviasen lluvias; y a los Neptunos y Poseidones cuando las olas embravecidas amenazaban tragarse las embarcaciones, o los terremotos asolarlo todo; por algo ha quedado como adagio lo de que «nadie se acuerda de Santa Bárbara hasta que truena» (15).

En general, los «espíritus» eran considerados como favorables, y por ello, y para suplicarles consejos y beneficios, se les invocaba. Pero también los había funestos a causa de estar disgustados por motivos especiales, por ejemplo el haber quedado su cuerpo sin sepultura, por haber muerto de muerte violenta, por estar sedientos de venganza, o por cualquiera de las muchas circunstancias que pueden hacer que una muerte en vez de normal sea angustiosa. Particularmente peligrosos eran los espíritus de los suicidas, de los acabados de muerte violenta y de los ahogados, y páginas enteras se podrían llenar refiriendo las supersticiones a que estas creencias dieron lugar, y no ya antiguamente, sino en la actualidad, sobre todo en los pueblos menos civilizados (16), pues sabido es que la ignorancia es el gran exponente de fanatismos y supersticiones. Citaré, por poner siquiera un ejemplo, el terror que sienten los indígenas de las islas Fidji y Pelew hacia los espíritus de las mujeres muertas de parto. En la Nigeria austral se llega hasta llenar su boca con pez y abandonar su cuerpo lejos, entre la maleza de la selva, para impedir que atormente a los vivos. En fin, las muertes prematuras (el morir de niños o en plena juventud) ha sido considerado en muchos sitios como causa y origen de espíritus malignos; y ello, esta vez, por estimarse buena la vida y mala la muerte. Pero nada tan adverso como los vampiros; razón: porque los vampiros no son siquiera espíritus, sino cuerpos muertos no corrompidos reanimados por su espíritu, que se nutren de la sangre de los vivos. Ni que decir tiene que la fantasía trabajó sobre esto como sobre todo lo demás relacionado con la muerte, y pronto se aseguró no sólo qué muertos estaban particularmente dispuestos para ser vampiros (los suicidas y los fallecidos de muertes violentas, los que no se habían beneficiado de ritos fúnebres completos, los que llevaron una vida excepcionalmente perversa e inmoral, los brujos y brujas, los que maldijeron en el momento de expirar, los excomulgados, etc.), sino como eran. Y se los describió particularmente espantosos: unas veces muy delgados, otras como odres hinchados a causa de la sangre bebida; a veces con ojos de fuego; según los chinos, con el cuerpo cubierto de pelos blancos y las uñas enormes y ganchudas, y, en fin, de fuerza sobrehumana (para que nadie esperase librarse de ellos) y también de sobrehumana rapidez (17).

Junto a estas ideas que imaginaban a los muertos habitando en las tumbas o en lugares inmediatos a los vivos, se elaboraron sin tardar otras en virtud de las cuales fueron atribuidas a los espíritus de los difuntos moradas especiales que, como era natural, se enderezaban hacia dos tipos distintos: o lugares semejantes a los de la Tierra, pero donde todo sufrimiento y trabajo había desaparecido e incluso cuyas condiciones de vida eran mucho más favorables (como creen los indígenas de Nigeria, los basutos, en el Congo, en Rodesia del Norte, los akambas, los konde y otros pueblos africanos; y en América los indios hopi, y también los naturales de ciertas islas de Oceanía), o, por el contrario, los que sitúan a los espíritus en lugares lúgubres e incómodos, como actualmente los naturales de Melanesia y los tchibugs del Oregón, y los germanos de la época pagana, cuya poesía hablaba de un mundo sin calor y sin alegría, «país de aguas muertas y glaciales»; país del «abajo» o del «fondo», como decían por su parte los japoneses, que se imaginaban estos lugares llenos de sombras y de corrupción; o el Tuonela de los finlandeses (véase mi Mitología Universal), compendio de todo cuanto de odioso y siniestro (animales feroces, aguas negras, antros horrendos y repugnantes) podía imaginar la fantasía humana.

Por supuesto, babilonios, hebreos, griegos y romanos habían echado ya a volar la imaginación a propósito de estas hipotéticas regiones de desventura, creando respectivamente el Aralú, el Cheol, el Haides y el Orco, todos ellos primos hermanos en tristeza y desilusión, y a propósito de los cuales, y por no repetirme, envío al lector a mi mencionada Mitología Universal. Pero entre todas las mansiones de los muertos, ninguna tan pintoresca como la que inventaran los egipcios, es decir, el reino de Osiris, dios muerto por su hermano Seth, resucitado por su hermana y mujer Isis, y de quien dependía la suerte de los difuntos. El Libro de los Muertos es una continua alusión a él y a su reino, que, como veremos, Ra (el Sol) recorría cada noche en su barca (es decir, cuando el Sol dejaba en tinieblas la Tierra, hasta que volvía a aparecer por Oriente); viaje que se calculaba de doce horas durante las cuales atravesaba, en cada una de ellas, una de las asimismo doce regiones del Mundo Subterráneo (18).

Por variados y ricos que sean los mundos subterráneos, como se ve por lo anterior y por la nota 18, tanto en topografía como en «delicias» interiores, no agotaron ni mucho menos la pródiga fantasía de los creadores de los «más allá», que asimismo imaginaron mansiones para los espíritus de los muertos no en lugares de la Tierra más o menos apartados o profundos, sino enteramente alejados de ella. En general, el lugar exacto en que está este nuevo tipo de mansiones infernales no se sabe; tan sólo la dirección que a ellos conduce. En cuanto a la distancia a la que se encuentran, también es muy variable. A creer a los hindúes, los dominios de Yama, rey de los Muertos, están a unas 85.000 leguas en algún sitio hacia el sur. Otros, como los temi de Nueva Guinea y los habitantes de los poblados del Queensland, creen por el contrario que hay que buscar por el Norte el país de los espíritus. Los indios norteamericanos, los ojibways, los choctaws, los indígenas de Chile y los australianos piensan como pensaban los antiguos egipcios, que llamaban a los muertos «los del Oeste». Otros, por ejemplo, los tapones, suponen que las almas van a regiones montañosas de difícil acceso. Los celtas, en cambio, los alojaban en rientes valles en lugar de en cimas ásperas, frías y escarpadas. En general, también cuantos imaginan a los espíritus en regiones distantes pero terrestres, suponen que en ellas llevan una vida más fácil y feliz que en sus países natales.

Hay también los partidarios de enviar las almas al cielo; bien entendido que este cielo no es la región a la que se supone que todos los muertos pueden llegar de haberse comportado aquí en la Tierra como mandan los diversos catecismos, sino una esfera especial reservada a determinados grupos. Así hacen, por ejemplo, los indígenas de las islas Marquesas y los maoríes de Nueva Zelanda. Pero los ejemplos más numerosos de esta variedad se dan en América. La idea, por supuesto, es muy antigua. Se la encuentra ya en los primitivos libros religiosos de la India, en los que se ve cómo ya hace 3.000 años las almas de los difuntos amigos de los dioses eran enviadas por Yama, señor de los muertos, a su propia residencia, mansión bañada de luz «donde todos los deseos eran satisfechos». Pero una vez más, nadie llevará ventaja en esto tampoco a los egipcios de la época de las Pirámides, que ya XXV siglos antes del Cristianismo estaban seguros de que sus reyes, al morir, iban junto al dios solar Ra, y que habitaban con él en la región de la luz celeste. Claro que puesto que eran dioses ellos mismos, ¿adónde hubieran podido ir sino a tan privilegiada mansión? Si algunos dioses han bajado a los Infiernos ha sido como si dijéramos en visita de inspección, es decir, puramente de paso. Más tarde, la vida de los espíritus en el Sol, la Luna y las estrellas, sueño de los pitagóricos y de los estoicos, pertenece ya a un nivel de cultura superior al que nos ocupa ahora.

Y llegamos a un nuevo tipo de destino para las almas: la reencarnación, que no es exactamente la «metempsicosis», puesto que el acto de pasar el espíritu del difunto a otro cuerpo una vez fuera del suyo no exige un previo período de elección, en general bastante largo según las creencias antiguas, sino que se verifica inmediatamente que el alma queda libre al separarse del cadáver.

Esta idea tiene como base en muchos pueblos salvajes (que es donde generalmente se cree en la reencarnación) el suponer que el número de almas es limitado, de donde lógicamente se deduce que deben reaparecer en generaciones sucesivas. Así, en todos los pueblos aborígenes de Australia Central, tienen por seguro que los espíritus de los muertos renacen en este Mundo como niños, y que por consiguiente no existen vivos que no sean reencarnación de un muerto. Los medios para que esta reencarnación se verifique son sumamente variados; me refiero al «acecho» por decirlo así, de los espíritus que acaban de quedar vacantes, para hallar la ocasión oportuna de meterse en el nuevo cuerpo. Estanques, gargantas, rocas, árboles, todos los sitios son buenos para acechar a una mujer encinta con objeto de penetrar en ella y renacer. Africa y América del Norte son muy particularmente los continentes que ofrecen en esta modalidad los campos más ricos en ejemplos. En Nigeria septentrional, por ejemplo, se imaginan a las almas de los muertos vagando por los árboles de rama en rama (por los árboles inmediatos a los poblados), acechando la oportunidad de colarse en una matriz. Otras muchas prácticas destinadas a facilitar la reencarnación (como, por ejemplo, la de trazar un camino entre la tumba de un niño y la casa en que había vivido, cual hacían los hopi de Arizona, para que su alma no encontrase dificultad alguna cuando viniese a resucitar en el próximo bebé) se podrían enumerar, pero lo interesante es sentar la idea y demostrar que existe en la práctica.

Variante de lo anterior es la transmigración de las almas, creencia que se apoya en la idea de que teniendo también alma los animales, un espíritu humano puede con la misma facilidad reaparecer en un cuerpo de animal que reencarnar en otro de su misma especie. Esta creencia, muy extendida hoy entre ciertos pueblos salvajes, es muy antigua. La tenían ya los celtas y los germanos, y mucho antes se podría recordar, por no citar sino un ejemplo típico, que Platón no sólo admitía la transmigración en cuerpos de animales, sino que aseguraba incluso, como puede verse en la República, en qué animales reencarnaban los tiranos, los asesinos y los impíos.

La mayor parte de las creencias relativas a la vida futura, que acabamos de examinar, son enteramente rudimentarias y sus relaciones con la religión, mínimas. En todo lo que afecta a los pueblos primitivos (prehistóricos), y a los aún atrasados (salvajes), la religión, puramente animista, no es en realidad todavía verdadera religión, puesto que los dioses no han hecho aún su aparición; los dioses no aparecen, en todas partes, sino con un grado de civilización ya superior, y dando lugar al hacerlo al tipo de creencias religiosas llamado politeísmo, forma típica de las religiones llamadas de la naturaleza, precisamente por ser estos dioses simples personificaciones de fuerzas, de fenómenos y de elementos naturales: espíritus del rayo, del trueno, de las nubes, de las montañas, del mar, de las fuentes, de los ríos; o dioses no tan sólo de estos elementos, sino del Sol, la Luna, los astros, etc.

En todo caso, si en los cultos animistas los espíritus son temidos, y en los politeístas espíritus y dioses adorados, es simple y únicamente porque se espera, de aquéllos, que no sean perjudiciales, de los dioses que se muestren benéficos y concedan bienes terrestres: cosechas abundantes, riqueza, salud, hijos; en una palabra, cuanto interesa o se puede desear. ¿Hay una vida futura? Por supuesto. Como hemos visto, se supone, se admite y hasta se fantasea abundantemente sobre ella. Pero salvo tal vez en la religión egipcia, en las demás, ora de tipo animista, ya politeísta, no la relaciona con los dioses, sino que se llegará a ella a causa de un proceso, por decirlo así, natural: se muere, y al separarse el espíritu del cuerpo empieza para él una vida nueva aquí o allá, en estas o aquellas condiciones, pero sin que los dioses en el animismo, ni siquiera en el politeísmo, intervengan en esta nueva vida de un modo especial. Sólo en casos excepcionales (Sísifos, Tántalos, Ixión, las Danaides...) vemos a la Divinidad (Zeus aquí) dictar condenas y someter a los condenados a ellas.

Es decir, que hace falta llegar a las religiones llamadas superiores o de salvación para que esto, la «salvación de las almas», pase a primer término, y para que los bienes terrenales, lo material, no tan sólo no sea esencial, sino muchas veces una rémora, un perjuicio, un obstáculo grave para obtener lo verdaderamente codiciable: la salvación y, gracias a ella, una vida eterna y mejor tras la muerte. Este tipo de religión superior está representado muy especialmente para lo que ahora nos ocupa (la suerte del alma tras la muerte), por las religiones griegas a base de «misterios»; por el Zoroastrismo persa, el Budismo, el Judaismo en su madurez, el Cristianismo y el Mahometismo (19). Y para llegar a ellas había sido necesaria una evolución profunda, como es natural, del concepto «alma».

El primer paso, por decir así, en la historia del alma (espíritu) había sido, como hemos visto, dado muy pronto y en todas partes (téngase en cuenta, por supuesto, que este «pronto», sobre todo en los avances primitivos, supone períodos larguísimos, pues la evolución del espíritu humano necesitó, hasta llegar a los tiempos «históricos», centenares, tal vez millares de siglos). Este paso había consistido en considerar el alma como independiente del cuerpo y distinta de él, bien que de naturaleza material, como era considerada aún en tiempos de Platón. Luego vendría el paso definitivo al añadir a lo anterior que no tan sólo el alma era algo distinto del cuerpo, sino esencialmente diferente, puesto que de naturaleza divina y, consecuentemente, inmortal. Tan notable progreso fue debido, en Grecia, a los cultos a base de «misterios», es decir, los órfico-dionisíacos y los de Eleusis o de Demeter-Perséfone (20).

Los misterios dionisíacos tuvieron por base la siguiente leyenda (que con todo detalle puede ver el lector, si gusta, en la nota 406 de mi Mitología Universal): Zeus había tenido a Dionisos con Semele (según otra versión a Iakchos-Zagreus, otros nombres de Dionisos, con Perséfone), y sentía hacia él tanto cariño que pensaba que fuese su sucesor en el puesto de Padre y Amo de dioses y hombres. Pero Hera, eternamente celosa, lanzó contra el niño a los Titanes. Y aunque Dionisos, o Zagreus, como se quiera, por ver de escapar, se transformó de diversas maneras, la última en toro, fue reconocido por sus perseguidores, cogido, descuartizado y puesto a cocer en una caldera. Advertido Zeus de lo que ocurría acudió en socorro de su hijo amado, mató a los Titanes con el rayo (cuyas cenizas esparció por la Tierra toda), pero cuanto halló vivo del pobre niño fue el corazón, que le trajo Atena, corazón que se tragó al punto, regenerándole al hacerlo y volviéndole a la vida. Y a causa de ello los Misterios Dionisíacos: de una parte la impureza y necesidad de redención de los hombres nacidos ya en pecado, bien que de naturaleza divina: en pecado porque Zeus había esparcido por la Tierra las cenizas de los Titanes; de naturaleza divina, porque éstos se habían comido ya todo el cuerpo de Dionisos-Zagreus menos el corazón, que, como hemos visto, se tragó Zeus; por otra, la posibilidad de renacer, como había renacido el niño-dios a una vida nueva, luego de la muerte, con sólo iniciarse en los «misterios», yendo el alma, puesto que era de naturaleza divina, a reunirse con los dioses, en vez de permanecer sin pena ni gloria en un Haides sombrío y triste, como les esperaba a las almas de los no iniciados.

El fondo de los misterios de Eleusis era el mismo: la promesa de renacer a una vida mejor a favor de la protección de Demeter, iniciándose en sus Misterios. El mito-imagen era aquí el eterno despertar de la primavera, cuando Perséfone, tras haber pasado seis meses en el Haides (el período de los fríos en que la Tierra está como muerta), volvía a encender la vida vegetal con su presencia (21).

Por supuesto, los pensadores griegos (los pensadores, no la masa, pues hay que hacer siempre la diferencia entre los que piensan y creen en lo que piensan y los que, incapaces de pensar por su cuenta, dan por bueno lo que los que lo hacen, dicen) eran demasiado independientes y originales para aceptar lo sentado (ahora lo relativo a los Misterios), sin pruebas, aun por cerebros del temple de Platón. Así veremos al punto rebelarse a Aristóteles contra las peregrinas afirmaciones de su maestro a propósito del «alma», y afirmar que lo que es indestructible y eterno es «el intelecto activo», es decir, la parte pensante del espíritu humano, que nada tiene que ver con el «alma» imaginada por Platón, y cuya sobrevivencia no entrañaba, puesto que se trataba de una pura abstracción, esperanza alguna de inmortalidad personal. Para los estoicos el alma era, como para Platón (éste había hablado incluso de cuatro clases de almas, como puede verse en el Timaios), de naturaleza sutil, pero no inmortal; en el caso más favorable no podría perdurar a la destrucción del Mundo entero, que marcaría el término de la época actual. Demokritos y Epikouros iban más lejos aún: el alma era un simple agregado de átomos que, cuando la muerte los separa, perece. En todo caso, las ideas de Platón pasaron a través de la filosofía neoplatónica a la teología cristiana, que, en lo que se refiere a la naturaleza del alma y a su suerte posterior es la heredera inmediata del pensamiento greco-platoniano. Conviene decir también, puesto que hablamos de los «Misterios», que durante los dos siglos que precedieron a la llegada de Cristo y durante el primero de la era cristiana, las religiones de este tipo, nacidas en lugares otros que Grecia, se multiplicaron prodigiosamente: de Egipto llegaron los misterios asociados de Isis-Serapis (doble de Osiris, dios que como se sabe resucitó también como Zagreus, luego de muerto); de Siria, el Misterio de Kibelc; de Persia, por el Asia Menor, los Misterios de Mitra. Estos, sobre todo, llegaron a extenderse de tal modo por toda Europa y Africa del Norte, que con razón ha podido decir Renán que de no haber prevalecido sobre ellos el Cristianismo, el Mundo sería hoy mitraísta. El Cristianismo pudo prevalecer porque, además de ofrecer todo lo que ellos ofrecían, es decir, «la gran esperanza», extendió esta «esperanza» no a un grupo de iniciados, sino a todos los hombres sin distinción, del Emperador al último de los esclavos.

Los hebreos, como todos los pueblos, habían concebido desde muy antiguo la noción de una vida de ultratumba, pero su Cheol (mansión de los muertos) no era más brillante que el Aralú babilónico o que el Haides griego, inmensas tumbas comunes las tres, moradas frías, polvorientas, oscuras, donde las impotentes almas, sin distinción de buenas o malas ni idea de recompensas o castigos, llevaban una existencia infinitamente peor que habían llevado en la Tierra. El lamento de Aquiles a Ulises cuando éste baja al Infierno en el canto XI de la Odisea: «Preferiría ser labrador y servir a otro aunque fuese un hombre indigente y que tuviese pocos recursos, a reinar sobre los muertos» se repite en el Eclesiastés (IX): «Un perro vivo vale más que un león muerto», a causa de lo cual aconseja a los que viven «gozar de la vida con la mujer amada..., pues no hay ni obra, ni pensamiento, ni ciencia, ni arte en la mansión de los muertos a la que se va.» No obstante, antes ya del neoplatonismo en el siglo III, las ideas de Platón relativas a la naturaleza y porvenir del alma habían llegado a los judíos, les habían hecho reflexionar y empezaban a cambiar de modo de pensar respecto a esto (22). En efecto, en el libro llamado La Sabiduría de Salomón, bien que nada tenga que ver con este rey, escrito en griego por un judío alejandrino unos cincuenta años antes de Cristo, la influencia del platonismo es clara. En él se lee: «El cuerpo corruptible, oprimiendo al alma, la rebaja», y: «El tabernáculo terrestre, a causa de su peso, reprime el impulso del espíritu.» El autor de este libro seguramente tenía, al escribir, el Faidon a la vista, o lo había leído, puesto que además pinta el nacimiento como la caída en una existencia inferior, y la muerte como la liberación de una cautividad. Luego fueron los Apocalipsis, que menudearon durante los dos siglos anteriores a la venida de Cristo; y, sobre todo, el famoso Libro de Henoch, escrito sucesivamente por varios autores anónimos, probablemente entre los años 150-100, en el que se reflejan no solamente la diversidad de las creencias populares, sino la evolución durante los años mencionados: a la llegada del Mesías, los enemigos de Israel y los malos judíos serían exterminados y durante varios siglos quedaría instaurado el nuevo Reino. Luego será el Juicio final y todos los muertos de todas las generaciones de todos los pueblos se levantarán de sus tumbas y comparecerán ante Dios, que con ayuda del Angel que registra las acciones humanas en el Libro, juzgará a cada uno según sus méritos, asignando a los justos una vida eterna en el bienaventurado Paraíso, y a los demás las penas de la Gehenne (23).

La creencia en la transmigración de las almas, como ya hemos visto, es decir, que el alma, tras la muerte del cuerpo al que anima, va a encarnar en otro, es frecuente entre los pueblos poco civilizados. Ahora bien, esto se verifica, a dar crédito a quienes tal cosa piensan y creen, de un modo puramente casual (a menos que la herencia o la situación social del difunto intervengan de un modo inmediato), pero nunca, en todo caso, las reencarnaciones son consecuencia de una verdadera retribución, que es lo que precisamente caracteriza las transmigraciones de las religiones superiores. Así, en la India, el estado de toda alma ha sido determinado por el Karma de cada persona, es decir, por los «actos» que ha realizado durante su vida anterior; así como su vida inmediata futura dependerá de su comportamiento en la actual; con lo que todas sus existencias estarán invariablemente sometidas a la ley del Karma, ley que pudiera expresarse diciendo que «cada uno recoge según lo que siembra»; también podría decirse que todo hombre se comporta según como ha nacido: el que hace el bien es que ha nacido bueno, el que practica el mal porque ha nacido malo; mediante obras santas se llega a ser santo, y criminal mediante actos criminales; tal es la conducta tal será el destino (24).

El Budismo admitió la transmigración e incluso se habla en él de «la rueda de las reencarnaciones», puesto que según esta doctrina el alma no cesa de reencarnar hasta que rescatada al fin en virtud de sus propios actos, puede alcanzar el Nirvana. El Budismo extendió esta idea hacia Oriente (China, Tibet, Japón y otras regiones del Asia) y el Hinduismo hacia Occidente (Grecia y Roma), pero sin llegar jamás a adquirir en Occidente carácter popular. No, jamás fue aceptada la metempsicosis por la masa, y sólo admitida en sectas cerradas tales que el orfismo y el pitagorismo. O por filósofos como Platón, que incluso introdujo variantes a su capricho. Tras él (y seguramente a causa de él) vemos más tarde esta doctrina en Plotino, Porfirio, Virgilio (que la recoge en la Eneida), Salustio y algún otro escritor romano. Paró su curso la Iglesia asegurando que Dios fabrica especialmente un alma para cada recién nacido, y considerando como herejes a quienes aseguraban lo contrario (maniqueos, cátaros, etc.). Es una lástima, porque la idea de que podemos regenerarnos a fuerza de existencias sucesivas cada vez más perfectas es consoladora; la de que basta lo realizado en una sola para fijar nuestra suerte para toda la eternidad, no.

Y ya no queda sino decir unas palabras respecto a la resurrección de la carne, última etapa según ciertas creencias, en la evolución del ciclo de post mortem. La primera religión que enseñó cosa tan difícil de aceptar sin la ayuda de la fe fue el Zoroastrismo, religión que, como se sabe, dominó en Persia hasta la instauración del Islamismo, impuesto por los árabes al hacerse dueños de este Imperio a fines del siglo VII. El propio Zoroastro abogó por la resurrección en el Avesta (compuesto siete siglos antes de nuestra era), y aún en vigor, como libro santo, entre los persas, únicos adeptos ya de esta doctrina. Según el Avesta, las almas son juzgadas tres días después de la muerte, en el puente Tchinvat, y enviadas inmediatamente después al Cielo o al Infierno. Pero ni felicidad ni tormentos constituyen para ellas un estado definitivo; dicho de otro modo, el alma no permanece desencarnada para siempre. Muy por el contrario, al cabo de 12.000 años, contando desde la creación, o 3.000 desde la venida de Zoroastro, llegará la renovación del Mundo. Entonces, y en el momento marcado para su aparición, surgirá el Saoshyant, el Salvador, y a su llamada «los muertos se incorporarán, la vida será reintegrada a cada cuerpo respectivo y éstos recobrarán el aliento». Allí donde cada uno murió, allí resucitará; y con los mismos elementos que otra vez le compusieron. Los huesos saldrán de la tierra (o se formarán en la tierra), la sangre del agua, los pelos de las plantas, la vida del fuego. Todos los seres humanos, los justos como los injustos, revestirán de nuevo su cuerpo y, en tan enorme asamblea como se producirá, se reconocerán unos a otros. Además todos sus actos quedarán de manifiesto. «En esta asamblea un hombre perverso no atraerá menos la atención que un carnero negro en un rebaño en que todos son blancos.» Como lógicamente habrá tantos carneros negros, parece que lo lógico hubiera sido decir: «En esta asamblea un hombre justo no atraerá menos la atención que un carnero blanco en un rebaño en que todos son negros.» Los buenos serán puestos aparte para el Cielo; los malos irán a pasar tres días al Infierno y por primera vez sufrirán un castigo corporal (puesto que gracias a la resurrección han recuperado su cuerpo). El cuarto día tendrá lugar la formidable escena final de la Renovación del Mundo. Las montañas, fundidas en fuego, se hundirán y empezarán a deslizarse como ríos; y por esta corriente de metal en fusión todos los hombres tendrán que pasar: los virtuosos creerán marchar sobre leche caliente, los perversos, que se hunden en fuego líquido. Buenos y malos, purificados de este modo, se volverán a encontrar y charlarán llenos de alegría inmensa que será común a todos, se expresarán en un solo y único idioma, y mediante sus unánimes alabanzas celebrarán al dios supremo Ahura-Mazda, a sus innumerables ángeles y a sus arcángeles augustos. Entonces Saoshyant sacrificará un buey y con su grasa preparará el místico brebaje de inmortalidad. Cuando todos hayan bebido (¡cómo será el buey!), los adolescentes se sentirán tan robustos como los cuadragenarios, los niños como los jóvenes de quince años. El amigo reconocerá al amigo, cada esposo a su mujer y a sus hijos, pero ya no podrá ocurrir que engendre de nuevo. En fin, Ahura-Mazda morderá a su archienemigo Ahrimán, jefe de los demonios, y el Infierno se consumirá. Con lo que en adelante, eternidad tras eternidad, el bien ya triunfante reinará en medio de la beatitud universal (25). Ha llegado hasta nosotros un cuento delicioso (en verso) de Molavi, poeta compatriota de Omar Khayyám (siglo X después de Cristo), que prueba que ya entonces había espíritus que encontraban un poco fuerte la teoría de la resurrección. Hele aquí: Un hombre inmensamente sabio y profundamente creyente llamó a su mujer cierto día y le dijo que preparase una pira de leña, a la que una vez encendida pensaba subir tras haberse purificado. Y como ella, aterrada, le preguntase qué le movía, puesto que eran tan felices, a tomar tal resolución, el santo y sabio varón le replicó con admirable serenidad: «Aprende, ¡oh mujer!, lo que yo mismo he sabido gracias a mi ciencia y a los infalibles cálculos astrológicos. Mañana hará exactamente seis meses que la sultana, acosada a causa de un ensueño por el deseo de volver a ver a Radicha, la princesita de cuya muerte acaecida hacía cien lunas no había podido consolarse, hizo abrir la sepultura tras hacer arrancar el cerezo y los rosales que por voluntad de Kadicha, que tanto amaba los frutos del uno y las flores de los otros, la cubrían. Como sabes muy bien, y todo el mundo, cuanto se halló de lo que en vida había sido una flor también, ¡y la más bella de todas!, y un delicado fruto humano, fue un poco de pelo y unos huesos sueltos y desarticulados. Entonces me mandó, no lo ignoras tampoco, que emplease toda mi ciencia en saber qué había sido de aquel cuerpecito de nácar y de raso, y si era posible que un día, como asegura el Profeta, volviese a verla tal cual estaba al morir, gracias a la reunión, otra vez de los dispersos elementos. Y he aquí lo que he averiguado: Todos los elementos y esencias que constituyeron el cuerpo de la princesa, vueltos pronto podredumbre, pasaron, ora directamente ya a través de innumerables gusanos una vez acabado también su ciclo, a las raíces de cerezo y rosales, de éstas a las flores y frutos del primero y a las rosas de los segundos, así como a diversos zumos de ambas plantas; y de todo ello a mil otros gusanos e insectos que vinieron a beber en los tallos o a libar en las flores para hacer a su vez mieles, aromas y nuevos productos que fueron consumidos por otros animales. De modo que entre lo transformado y distribudo de mil maneras y lo que los vientos se llevaron, como esencias y perfumes, lo que había sido cuerpo de la princesa había quedado ya transformado en compuestos nuevos alejados y dispersos, cuando fue abierta la sepultura. Los huesos mismos, que parecían estables, destinados estaban a reducirse a polvo y a perderse también a través de transformaciones y cambios, es decir, ayudando a la Naturaleza en su obra infatigable de producir día tras día nuevos seres y nueva vida. Y al comprender esto me vino a la mente la siguiente reflexión: Que Alá, el día del Juicio, para volver a la vida a millones y millones de seres desaparecidos y transformados en otros distintos en el largo transcurso de los tiempos, tendrá que emplear, además de todo su poder, una dislocación hacia atrás y un esfuerzo tan grandes, que como verdadero creyente yo debo facilitarle, por ínfima que sea mi ayuda, el trabajo de que con mi cuerpo se vea en tan grave apuro; por ello, una vez reducido a ceniza en la hoguera, encerrarás estas cenizas en una arquilla de plomo, y ésta, tan profundamente como sea posible bajo una peña.» Al oír esto habló la mujer: «Pero, señor, ¿es que acaso no ocurrirá que cuando venimos al Mundo ya nuestros elementos y esencias no sean el producto de incontables transformaciones? Y si tal ocurre, ¿qué más da que nuestro cuerpo sea preservado en forma de ceniza, o que sufra unas cuantas transformaciones más, si de ser así lo que ocurre jamás nuestra personalidad será otra cosa que un ensueño y nuestro «yo» una pura quimera?» El gran sabio se quedó mirando a su mujer, asombrado de su infalible lógica, y sólo al cabo de mucho rato acertó a balbucear un poco turbado: «¿Qué hacer y qué pensar entonces?» Ella añadió dulcemente: «No parece, señor y esposo, que queden sino dos caminos: o seguir creyendo sin meternos en averiguaciones, o considerar esto como una de tantas fábulas y continuar viviendo tranquilos sin hacer daño a nadie, seguros de que lo que tenga que ocurrir ocurrirá, ya que nada ni nadie puede modificar el curso de lo que está escrito.» El sabio, al cabo de otro gran momento de reflexión, abrazó a su mujer, besó con unción aquella frente de la que brotaban cosas tan razonables y sencillas, y dijo: «Sigamos, sí, adelante nuestro camino como dices, sin hacer daño a nadie, pero sin hacérnoslo tampoco a nosotros mismos inquietándonos con preocupaciones quiméricas.» Y desde aquel día, cada vez más sabio y cada vez más justo, continuó por la senda que le había trazado el Destino, pero sin volver a preocuparse por los inescrutables designios de Alá. He aquí por qué este cuento de Molavi se llama: Cómo y por qué el santo y sabio Nezami-ol-Molal dejó de ser creyente.

El sistema persa tiene con el judío semejanzas tan sorprendentes (por ejemplo, la idea o creencia de la vuelta a la vida de nuestros cuerpos) que muchos sabios han visto en la doctrina judía un simple préstamo hecho directamente de la persa. En todo caso, la idea de que Dios tratará a cada uno según sus méritos aparece ya en el siglo VI en el profeta Ezequiel: «El alma que peca, ésta es la que morirá; el hijo no soportará la iniquidad del padre; la justicia del justo estará en él; la maldad del malo estará en él.» Pero como en el espíritu de los judíos se hallaba perfectamente anclada la idea de que el hombre se compone de un alma y un cuerpo, si el alma no moría, el cuerpo tampoco, y para ello forzoso era que resucitase («¡Presente!») cuando llegase la hora de alcanzar el Reino prometido. Por ello, esta doctrina de la «resurrección de la carne» quedó expuesta como cosa segura e indudable en una serie de libros escritos durante los dos siglos que precedieron al nacimiento de Cristo, y en el primer siglo de nuestra era, libros que son los llamados Apocalipsis o Revelaciones, por ser su propósito «revelar», mediante alegorías y símbolos misteriosos, los acontecimientos futuros de los que Dios había trazado el plan (26). De la ortodoxia judía salió directamente la fe cristiana en la resurrección, y de ambas deriva la doctrina de Mahoma (Muhammed en realidad) relativa al más allá. Para Jesús la doctrina de la resurrección era cosa tan cierta, como judío que era, que apenas se preocupa de hablar de ella (27). Pablo, en esto como en tantas cosas, dejó expedito el camino a la Iglesia. Luego, durante los siglos de pensamiento cristiano que siguieron, ésta mantuvo con obstinada constancia el tema de la resurrección, en el que insistieron todos los Padres y Doctores desde Atanágoras e Ireneo hasta Santo Tomás. En el símbolo cristiano más antiguo de todos, en el Credo Apostólico (última mitad del siglo II), el carnis resurrectio quedó sentado, y hoy, como entonces, es uno de los dogmas inconmovibles de la doctrina romana.

En cuanto a Mahoma, más tributario en esto de los judíos que de los cristianos, en muy poco se apartó de la fuente en la que había bebido. Como puede verse en el Corán, el día de la resurrección es para el Profeta una certeza que afirma y reafirma sin cesar: «El Dios de la verdad devuelve el aliento a los muertos y sobre todos es todopoderoso. Y la hora llegará—¡que nadie lo dude!—en que levantará a los que yacen en sus tumbas.» Lo mismo que los Padres de la Iglesia, contra los que dudan de cosa tan extraordinaria y al parecer imposible, enarbola el todo poder de Dios que claro, si no convence acalla; sobre todo, cuando al tiempo que la palabra en la boca se tiene en la mano una espada. «El hombre dirá: "¡Cómo! ¿Una vez que haya perecido volveré a revivir?"» «Pero, ¿acaso olvida el hombre que le hemos creado de la nada?» Por supuesto, Platón y todos los filósofos griegos se hubieran dejado degollar antes que admitir que de la nada pudiera salir algo, pero claro, Mahoma hacía algo mejor que filosofar: dogmatizaba; y del modo más rotundo, pues lo hacía no tan sólo en nombre de Alá sino del alfanje que blandía como jefe militar, además de como califa. Más aún, a los que dudaban exclamando: «¡Cómo! Una vez que no seamos sino briznas de huesos deshaciéndose en polvo, ¿una nueva creación nos levantará?» El Profeta responde: «Comenzará por animar a los que ha producido. Dios, que creó los Cielos y la Tierra sin sentir la menor fatiga, capaz es de levantar a los muertos.» Y como los apologistas cristianos, Mahoma invoca la analogía con la primavera, la vuelta al parecer milagrosa de la vegetación tras el invierno; todo lo que, si realmente nada prueba ni nada tiene que ver con la cuestión que defiende, tiene, como la descripción no menos fantástica de sus paraísos llenos de jardines, fuentes y huríes, cierta poesía. Y aún añade: «Es Dios quien envía los vientos y quien produce las nubes, y con el agua de estas nubes regamos un país muerto y por este medio reanimamos la tierra. Pues cosa semejante será la resurrección.» Dada la total ignorancia de aquellos a quienes se dirigía hacía bien en hablarles así: nada les hubiese llegado mejor al espíritu que las mentiras y las fantasías.

LA IDEA DEL MAS ALLA EN LA FILOSOFIA

De los dos caminos que hay para intentar conocer lo susceptible de ser conocido respecto al más allá, el camino de la fe y el camino de la razón, hasta ahora nos hemos adentrado tan sólo por el primero, exponiendo brevemente una mínima parte del rico tesoro de invenciones que satisficieron y siguen satisfaciendo aquí y allá a los que no se resignan a volver serena y modestamente a la eterna paz de la que la casualidad les hizo salir un día, prefiriendo a ello crear divinidades y esperanzas, llamarse parientes de aquéllas, y en virtud de las segundas constituir imaginativamente infinitos tinglados de los cuales hemos visto algunos rápidamente. En cuanto a los de «razonar ante todo», como empiezan por no gustar de los que dogmatizan y afirman sin pruebas, no les queda otro recurso que seguir una vía diferente y ver de disipar sus dudas, si ello es posible, buceando, en vez de en las religiones, que encuentran tan diversas y cambiantes, en las filosofías; o de acudir a las religiones, dirigiéndose a sus fuentes esenciales, es decir, antes de haber sido manoseadas y corrompidas por hombres y tiempos. Pues cosa indudable es, y el Budismo ofrece, como ya ha sido indicado un ejemplo perfecto, que entre la semilla sembrada por los fundadores de religiones y la cosecha que a través de escuelas y teologías recogen los hombres, hay profundas diferencias.

Lo malo es que si estos grandes espíritus poseían la clave de los secretos del más allá, no se la revelaron a los que recogieron otras enseñanzas de sus labios. Algunos, incluso, como Confucio, parecen haberla ignorado completamente. Ya he citado la afirmación de este gran hombre a uno de sus discípulos: «Desconociendo lo que es la vida, ¿cómo podríamos saber lo que es la muerte?» Buda, por su parte, repetía sin cesar que su doctrina no entrañaba creencia alguna en divinidades cuya existencia él no concebía, sino que era una simple regla de vida que enseñaba a liberarse del dolor huyendo del deseo; un método para escapar a la dura cadena de las existencias sucesivas y, por consiguiente, era inútil hundirse en vanas metafísicas. Admitía, sí, que se podía reencarnar en los diferentes órdenes de criaturas (animales, hombres, demonios y espíritus), pero si sabía algo de lo que exactamente le ocurre al hombre después de la muerte, se negó a decirlo, asegurando muy por el contrario que era inútil para lo que nos interesaba: conseguir la liberación. Jesús habló, sí, del reino de Dios, y hasta con increíble violencia en criatura tan dulce como él, del Infierno, por lo menos en una ocasión («¡Serpientes, raza de víboras! ¿Cómo podríais evitar el ser conducidos al fuego del Infierno?»), pero nada indicó tampoco de preciso sobre tal fuego ni tal Infierno. Zoroastro y Mahoma fueron más explícitos, pues ellos mismos determinaron el destino de las almas en la vida futura, haciéndole depender de su conducta en ésta, y asegurando que tras un juicio formal (juicio que responde en ciertas religiones superiores a las exigencias éticas de un Dios personal; en otras, tales el hinduismo y el budismo, en vez de juicio obra, para los mismos efectos, silenciosamente, inevitablemente una Ley, la ley del Karma) iban, ora a un lugar de premios, ora a un lugar de castigos. E incluso dieron precisiones sobre tales lugares sumamente pintorescas, es decir, ora espantosas, ya semejantes a los más deliciosos ensueños.

En cuanto a los Profetas, por lo que sabemos de ellos no parece tampoco que estuviesen enterados de cuál era la suerte de los hombres tras la muerte. Por los pensadores sabemos algo más. Ahora bien, perteneciendo por lo general a una secta o clase, hay que acudir también a una especie de fe para creer lo que dicen. Los de la India jamás pusieron en tela de juicio la sobrevivencia del alma. Desde la más remota antigüedad el destino del alma tras la muerte quedó allí perfectamente fijado. Había dos caminos: el que conducía a los Padres y el que conducía a los Dioses. En el momento de morir los elementos sutiles del ser se concentraban en el corazón y luego ascendiendo, por lo general (pues había otras salidas), el alma escapaba por la parte superior de la cabeza yendo a la región que le estaba destinada: unas al Sol, otras a la Luna (entendiendo estas palabras en sentido simbólico).

En Egipto, el alma «ba» (28), era inmortal y de naturaleza divina, y tras su separación definitiva del cuerpo emprendía el viaje al más allá, viaje del que como verá el lector tanto se habla en El Libro de los Muertos; texto en el que también se evidencia que lo absolutamente necesario tras el obligado viaje, para un final feliz, era poseer una suma de conocimientos mágicos que, de no tenerlos de antemano (y no los tenía nadie a no ser los sacerdotes), eran los que el Libro procuraba (29).

La Kabbala, es decir, la doctrina secreta de los judíos, apoya su tradición (30) en revelaciones divinas. Según este Libro el hombre posee además de su cuerpo físico varios cuerpos invisibles que se interpenetran entre ellos y que en el momento de la muerte se disocian. Hay un cuerpo vital y pasional (Nephesch), un alma (Ruach), y el espíritu, es decir, el ser verdadero (Neschamah). Estas tres partes se mezclan una a otra como los colores del espectro solar que, bien que sucesivos, se confunden gradualmente. El espíritu superior, Neschamah, está en contacto con el estado de espiritualidad absoluta, que es la Divinidad. Los kabalistas llaman caída al alejamiento del estado divino. Cuando todo lo que el hombre tiene de espiritual se haya depurado, entonces es cuando vuelve al estado divino (algo semejante al Budismo, en el que el alma alcanza el Nirvana una vez depurada gracias a las sucesivas reencarnaciones; como la fantasía humana es limitada, es lógico que todas las religiones tengan muchas cosas muy semejantes) (31).

Pasemos de nuevo a Grecia. Como ya hemos visto, las almas de los muertos (las sombras, los «eidolon») iban al Haides, un Haides sin interés, a desesperarse entre los asfódelos de aquellos aburridos campos. Una idea más elevada del alma, llegando incluso a la inmortalidad (idea que profesaban en secreto los adeptos de la secta órfica y los iniciados en los misterios dionisíacos), no adquirió cierta amplitud hasta Pitágoras, a principios del siglo V a. de J. Este sabio de Samos, creía además, y predicó a sus discípulos, en la metetnpsicosis. Pero como según esta doctrina la reencarnación dependía de la calidad del alma, pues de no estar suficientemente purificada podía ir a parar al cuerpo de un animal, los discípulos de Platón no han estado nunca conformes con que el gran filósofo creyese por su parte en esta doctrina y, no obstante, haber pensado Plotino lo mismo, los últimos neoplatónicos protestaron de lo que juzgaban atentatorio contra la dignidad humana; Proklos incluso intentó justificar a su maestro diciendo que se trataba tan sólo de puras ficciones simbólicas. No obstante, justo es conformarse con lo escrito y reconocer que en Platón no hay símbolos, ficciones, esoterismos ni dobles sentidos (los mismos mitos platonianos, tan célebres, son simples mitos, pero sin doble sentido tampoco), y, por consiguiente hay que admitir que lo escrito sobre la metempsicosis en la República y en el Timaios, cuanto prueba es, que en esto como en otras muchas cosas, Platón seguía a los pitagóricos. Ello no impide, por supuesto, que el maestro de Aristóteles haya sido el gran paladín del alma a la que consideraba inmortal, eterna y sin principio ni fin, como verdadera chispa divina que era para él. Así como que de él nos haya llegado directamente la idea de una justicia retributiva en la otra vida, es decir, premios para los buenos y castigos para los malos. Lo que no dijo Platón es por qué desde el Mundo de las Ideas soberanas, las diversas almas fueron precipitadas a los cuerpos humanos, en los que quedaron prisioneras y como en destierro. Pero, en fin, ignorar una cosa más, ¿qué es para el hombre que tiene aún tanto que aprender?

En Aristóteles cambio de panorama. Para el estagirita el alma es sencillamente principio de actividad vital, «forma» del cuerpo, y que es a él lo que la visión al ojo. Luego desaparecido el cuerpo, el alma debe desaparecer, del mismo modo que desapareciendo el órgano de la visión, se acabó ésta. Ahora bien, Aristóteles habla asimismo de «un alma de otro género», la inteligencia, el Nous, principio del pensamiento que se apoya en el cuerpo sin mezclarse con él, y constituye una especie de «sobreforma» que orienta las actividades de la «forma» del cuerpo. Como esto amenaza complicarse demasiado, pues cuando los filósofos se ponen a inventar dejan en pañales a los novelistas, y además lo suelen hacer de modo menos grato, pasemos a los «estoicos», bien que las ideas de éstos sobre la vida futura no sean tampoco en modo alguno claras, cosa lógica, primero, dada la índole particular del tema, ya que se carece en absoluto de datos ciertos en los que apoyarse; segundo, por ser el estoicismo una doctrina que sostiene que todo lo que existe, incluso Dios y el alma humana, es de naturaleza material, y además presta a la materia un dinamismo creador que parece encerrar en ella un principio espiritual. Ambigüedad, pues, en lo esencial: respecto a Dios, por considerarle, por una parte, de naturaleza material, como acabo de decir, mientras que por otra como una fuerza interior de las cosas, como un Principio ígneo que anima las diversas partes del Universo, y hasta como Ser Supremo, providencial y trascendente al Mundo que anima; en cuanto al alma, parecida ambigüedad y confusión: por un lado, principio corporal de la naturaleza y del aire y del fuego; por otro y paralelamente, «fragmento de Dios» (32).

De los neoplatónicos fijémonos en el más destacado de ellos, en Plotino, para quien todas las almas (y en el Universo había muchas clases de ellas diferentes de las del hombre) eran una de las innumerables emanaciones del Uno divino infinitamente rico, manifestándose espontáneamente en producciones múltiples.

En fin, antes de dejar a los antiguos, que, salvo Platón, nos enseñan sobre lo que nos ocupa pocas cosas interesantes, voy a decir unas palabras sobre un gran escritor por muchos conceptos notable: Orígenes (33). Orígenes admitía dos clases de creyentes: los capaces de especulaciones elevadas y los demás, la masa. Platoniano en su base, no ocultaba su preferencia por los primeros (véase en el Banquete el desprecio con que Platón, por boca de Sókrates, habla, en lo que a las cosas del espíritu afecta, del pueblo, de la masa inculta) y su indiferencia hacia la ignorancia. Según él, se llegaba a Dios, luego de la muerte, a favor de la perfección moral y de la cultura (idea también platoniana, pues, como se sabe, para Sókrates y para Platón virtud y ciencia eran una y la misma cosa: todo hombre sabio era virtuoso e imposible ser virtuoso sin ser sabio; en fin, idea y creencia que Spinoza defendería también con el mayor tesón). En el más allá los «cuerpos» variaban según las cualidades de cada uno. El hombre que había cumplido en la vida las purificaciones necesarias, tenía un cuerpo etéreo, de forma esférica como el cráneo, que era su símbolo físico, y como los planetas de los cielos. Este cuerpo se asemejaba a aquel del que había hablado San Pablo, el cuerpo del espíritu. Era «el cuerpo luminoso» de Pitágoras y el «carro ligero del alma» de la famosa imagen del Faidros, de Platón. El cuerpo que, condensando su esfera sutil, ocupaba de nuevo un lugar en la carne. Porque Orígenes, como los Primeros Padres de la Iglesia (34), Clemente de Alejandría, Gregorio Nazianzeno, Justino Mártir, creía en la transmigración de las almas a través de cuerpos diferentes.

Según él, el alma, parte de lo divino, preparaba su vuelta valiéndose de la forma humana. En ella creaba una esfera espiritual, más o menos etérea. Esta esfera, a la muerte, hacía una estancia en el Infierno, donde encendía con su propia sustancia la llama que debía consumirla. Esta llama era el remordimiento de las malas acciones que había realizado, y ardía durante largo tiempo con fuego cruel (la idea, platoniana también, de que el alma, aunque etérea y sutil era de naturaleza material, no parece perdida, pues de no ser materia, ¿cómo podría arder? A no ser, como creía Orígenes, que se tratase de otra clase de «fuego», del fuego del remordimiento; en cuyo caso el concepto «infierno» y sus «penas» variaba enteramente, como es lógico). Este fuego era interior, sin resplandor (fuego de dolor, de remordimiento). No alumbraba las «tinieblas exteriores», que eran las tinieblas de la ignorancia. La esfera se depuraba consumiéndose, pero un tiempo vendría, bien que lejano, en que las esferas, vueltas cada vez más puras, perderían toda apariencia de cuerpos y no tendrían ya realidad material. Llegarían a ser todo espíritu. Entonces alcanzarían un estado perfecto: el de Cristo encontrado, en que la corporeidad no tiene ya sentido, y que es el estado sin forma del Budismo.

Fantasías, se dirá. Por supuesto, pero ¿quién sería capaz de asegurar, sin mentir, que hay algo de real en todo lo que, cual vamos viendo, se ha imaginado sobre el más allá? En todo caso lo que sí es real y verdadero, es que los representantes de la Iglesia, reunidos en el Concilio de Constantinopla el año 553, bajo la presidencia de Justiniano, no pudieron admitir que al cabo de edades incontables, los que llamaban «los malos», espiritualizados al fin, fuesen perdonados y entrasen en el reino de Dios, y condenaron las teorías de Orígenes.

Y pasemos a los filósofos modernos.

Entre ellos nos vamos a encontrar con tres clases de pensadores; los naturalistas o materialistas, que nos darán poca guerra, puesto que niegan toda realidad espiritual fuera del sujeto, y la que admiten en él la consideran como simple función o resultado de las combinaciones orgánicas, muy especialmente el cerebro. Los idealistas, que creen, por el contrario que la verdadera realidad es de naturaleza espiritual y que, consecuentemente, tienen que interesarse en grado sumo por el alma; y una variedad de éstos, los «idealistas subjetivos», para quienes la realidad espiritual es de naturaleza individualizada y evolutiva, es decir, en vías de «progreso».

Para Descartes, el alma, sustancia puramente pensante y totalmente distinta (heterogénea) de la sustancia material, era inmortal. Además, según él, los animales no tenían alma; lo que se mostraba en ellos era un simple mecanismo desprovisto de todo principio espiritual (Schopenhauer, de haberle oído, se hubiera encogido de hombros, y luego, de mal humor, se hubiera marchado gritando que de cien personas con las que se cruzaba cuando iba caminando, noventa por lo menos tenían menos alma (inteligencia) que «Atma», su perro).

Leibniz edificó una doctrina completa de la sobrevivencia en función de su idea fundamental relativa a que el Universo está compuesto de una infinidad de átomos psíquicos indestructibles, de «almas» (que él llama «mónadas»)" infinitamente variadas en perfección (35), y con tendencia interna espontánea a desarrollar esta perfección hacia un estado superior. Luego en él se encuentra el primer ejemplo, ya a finales del siglo XVII, de una concepción de la sobrevivencia como «progreso» (36). El alma humana (mónada central del cuerpo), con perfección suficiente como para tener conciencia de sí y posibilidad de adquirir «conocimientos», es no sólo «espejo del Universo, sino incluso imagen de la Divinidad» (37), mueve a pensar que su sobrevivencia consiste en un conocimiento cada vez más completo, pero que jamás será algo acabado a causa de ser, tanto el Universo como Dios, infinitos. Además, ¿dónde esta sobrevivencia? ¿En un astro diferente del nuestro? Los filósofos, a menos de ser teólogos al mismo tiempo, por idealistas que sean, suelen ser discretos en el afirmar respecto a las últimas conclusiones. Admiten hipótesis y dejan que los demás las expliquen, si pueden, o que en todo caso las acepten sin demostrarlas.

Spinoza, en nada concordante con Leibniz, se acerca por el contrario a los estoicos y a Aristóteles. Su representación de la sobrevivencia del alma es puramente impersonal y «estática». Según él, lo que llamamos almas y cuerpos no son sino «modos» unidos y complementarios como la cara y la cruz de una moneda, mediante los cuales la Substancia suprema única se manifiesta y se desenvuelve espontáneamente.

Rousseau se limita a sostener la tesis clásica de la inmortalidad del alma apoyándose en la intuición del «corazón» y en el argumento de la Justicia divina.

Carlos Bonnet, de acuerdo con sus propios trabajos biológicos, desarrolla la noción leibniziana de «metamorfosis»: cada ser vivo lleva en él «gérmenes de restitución» invisibles e indestructibles, encajados los unos en los otros, en los cuerpos vivos donde esperan su momento de crecer y manifestarse, lo que les permitirá, tras una muerte aparente, revivir una existencia nueva adaptada a un nuevo estado del Universo (38).

Voltaire se empapó en Inglaterra de empirismo (39), uniéndose a la idea o noción de un alma encerrada en el cuerpo «como en un estuche». Pero como no obstante creía en un Dios «remunerador y vengador» (pues grave error es suponer a Voltaire ateo; Voltaire era deísta, creía en Dios, claro que no en el dios «personal» de la Biblia), parece admitir una cierta sobrevivencia del ser que será sometido a tal Juez.

Locke se inclina a una duda harto significativa, pues piensa como Bayle, que decía: «Como filósofo no creo en la inmortalidad del alma, pero la acepto como cristiano.» Como de cristiano no tenía sino el miedo a los perjuicios que le pudiesen sobrevenir si negaba serlo, muy poco o nada creía en la inmortalidad del alma.

En cuanto a Kant (dejo de citar a muchos filósofos, ora porque si son católicos, como Malebranche, por ejemplo, piensan en estas cuestiones enteramente como la Iglesia, como es natural, ya por no haberse ocupado especialmente de ellas, si no lo son), como se sabe, acude a la moral para llegar mediante ella a donde no hay medio de llegar con la inteligencia pura. Como prueba en su Crítica de la Razón pura, ni a Dios ni a las demás hipótesis relativas a lo supraterrestre se puede llegar mediante el conocimiento y sí tan sólo por el sentimiento. Pero si la metafísica racional nada puede enseñarnos respecto a estas cosas, en cambio descubrimos en nosotros por intuición moral (no intelectual) cierto «imperativo categórico» inexplicable, pero que nos empuja en toda clase de circunstancias a obrar como lo haría todo ser humano razonable que se encontrase en las mismas condiciones. Es decir, que diríase que hay en nosotros, en cuanto seres razonables (pues el estímulo hacia el bien falta, por idiosincrasia, por constitución en los hombres no inclinados naturalmente hacia lo razonable), algo que nos impulsa a ponernos de acuerdo (en cuanto a realizar aquello que no perjudica a los demás) con todos los hombres dotados de razón. Pero como la armonía ideal (que Kant llama «el reino de los fines») parece imposible de realizarse aquí en la Tierra, pues necesita un progreso indefinido, al necesitar nuestra alma un campo indefinido para realizarla, necesario es que sea inmortal.

En el siglo XIX, como si todo en filosofía (lo fundamental por lo menos) estuviese ya dicho, los pensadores parecen tener necesidad de oscurecer los pensamientos y hacer juegos malabares con ideas faltas de claridad y enjundia, en su prurito por decir algo. Hay excepciones, naturalmente, pero las excepciones no hacen siempre sino confirmar las reglas. Por supuesto, me refiero no a la filosofía en general, sino a la rama de ella relativa a lo que ahora nos ocupa: el más allá. Es decir, que salvo los negadores (cada vez más numerosos, pues se unen a ellos en porcentaje abrumador los científicos), los otros, cual si tratasen de envolver sus dudas en laberintos que las disimulen, no es fácil saber con precisión lo que piensan.

Según Maine de Biran, el hombre no puede elevarse completamente a la vida pura del espíritu sino mediante el apoyo divino, que es preciso esperar volviéndose «del único lado por donde puede venir, como volvemos los ojos hacia el Sol». Como se puede apreciar, palabras y sólo palabras. Sobre lo que nos interesa ahora, que es la posibilidad o imposibilidad de que haya otra vida en el más allá, nada.

Fichte parece haber pasado (digo «parece» porque si hay algún filósofo con el que jamás sea posible saber con seguridad lo que piensa—ni falta que hace en general, por supuesto—, es éste) en el curso de una evolución filosófica de veinte años de duración, de un punto de vista puramente kantiano a la concepción de un Absoluto del cual nos vienen inteligencia e inclinaciones hacia el bien. Sin meternos, pues, en los laberintos entre el «yo» y sus luchas con el «no yo» en que él se enzarza, deduzcamos de lo anterior lo que mejor nos parezca, si creemos que vale la pena, respecto a lo que nos ocupa.

Reynaud tiene la ventaja, a mi modo de ver las cosas al menos, de no perderse en especulaciones enrevesadas en las que si difícil es entrar, más aún salir. Para Reynaud, nuestra vida actual es la continuación de una existencia anterior de la que expía las faltas, y preparación de otra que tendrá lugar en alguna parte allá en un mundo celeste. Es decir, una especie de karma de reducidas dimensiones; de metempsicosis modesta, pero sin paraísos ni infiernos en el sentido teológico clásico, sino un camino a recorrer, con frecuencia doloroso, durante el cual el alma mejora progresivamente. Esto podrá no ser sino una de tantas formas de cierta fantasía en la que ya pensaron otros, pero por lo menos es claro.

Que Fourrier fue en todo cuanto tocó un fantástico absoluto y total (recuérdese su famoso «falansterio»), es innegable; pero como en una cuestión como la que nos ocupa, en la que no hay medio de partir de algo real (fuera, por supuesto, de que morimos), no hay otro medio que entrar de la mano de la fantasía, como han hecho, según hemos visto, cuantos se han ocupado de ella, no debe incomodarnos mucho que Fourrier nos diga que cada astro es un ser animado y que en todos ellos cada uno de los seres que los habitan tienen un alma eterna, bien que inferior a la del astro mismo (¿no nos dice Platón, en el Timaios, que estos mismos astros son dioses y que están animados por el Alma del Mundo?); que a la muerte del individuo empieza la serie de sus reencarnaciones (pensemos en la famosa «rueda» de los hindúes); que estas reencarnaciones son exactamente 1.620 durante 81.000 años (27.000 en la Tierra y 54.000 en el más allá), y, en fin, que nos perfeccionamos a través de tan numerosas vidas, pero sin cambiar esencialmente nuestra manera de ser. Habrá, pues que cambiar el refrán y decir: «Genio y figura hasta en las 1.620 sepulturas».

La fantasía de Renouvrier es menor en cuanto a precisiones numéricas, pero no en amplitud. Según él «el neo-criticismo—por él inventado—no funda la inmortalidad en la indestructividad de una sustancia espiritual, sino sobre los derechos de la persona moral a la persistencia y al progreso». Luego cree en la «inmortalidad»; cree, como Leibniz, en las «mónadas» (precisamente vincula la inmortalidad en las mónadas espirituales); cree (en contra de Leibniz ahora) que estas mónadas son en número finito; cree que están indisolublemente ligadas a gérmenes materiales, de los que saldrán nuevos órganos cuando las condiciones sean favorables (ley de vida filosófica); cree «que la vida actual de cada persona no es sino una de las vidas que reclama el trabajo de su reconstitución moral tras la caída»; cree que hay por sobre nosotros seres sobrehumanos superiores al hombre en inteligencia, moralidad, poder, etc., y cree, en fin, que sobre todos estos seres superiores está Dios, Dios que no es un Absoluto ni una Sustancia, sino un Orden moral, la Ley de la Justicia universal.

En Schelling encontramos: pluralidad de espíritus finitos al servicio de lo Absoluto (puesto que gracias a ellos éste se desarrolla cada vez más, adquiriendo conciencia de sí mismo); encontramos «caída» (noción clásica, como se sabe pero interpretando Schelling el mal y la decadencia como consecuencia de la voluntad humana a causa de querer ésta existir por sí y ser su fin y su universo), y encontramos «vuelta» (vuelta que completa la caída) hacia una unión final de los individuos con el Dios-Absoluto. Total: mezcla de soleras apolilladas ya, con caldos nuevos de mediana calidad. Resultado: nada o muy poco bueno.

No es mejor la mezcla de Bellanche tratando de conciliar las creencias cristianas tradicionales con la idea de que la historia tiene un sentido y la convicción en el valor mecánico de la sociedad. Admite, sí, que el alma es imperecedera, pero como ve su progreso a fuerza de sucesivas civilizaciones y de vueltas indefinidas, se acaba por no saber si hablar de almas individuales o de un alma universal de la que cada una de las individuales no son sino parte. Además, ¿no acabará el Mundo que habitamos ahora antes que las «vueltas», puesto que son «indefinidas», con lo que el progreso del alma, por lo menos de las humanas, quedará en flor?

Renán, que tan bien sabía pensar (tan bien como escribir), debió encontrarse al enfrentarse con el problema que nos ocupa como quien se encuentra con un callejón sin salida. Sin salida, claro, a menos que se haga marcha atrás y se encoja uno de hombros, o que se tome, recurso el más corriente, el helicóptero de la fantasía. Y tal vez, no pareciéndole bien agarrarse a una de las escapatorias corrientes, salió del paso imaginando un Centro consciente, síntesis de toda las consciencias del conjunto del Cosmos formado al cabo de millares de años. Los seres futuros, tomando su sustancia espiritual en la esencia ya elaborada y perfecta de este Centro, constituirían sobrehumanidades capaces de todo: de hacer milagros científicos, de modelarse a sí mismos en busca de una mayor perfección, de rehacer la Naturaleza, e incluso de rehacer el pasado y llamar de nuevo a la vida a los seres desaparecidos en el curso de la fenomenal evolución. Es decir, la resurrección de la Iglesia (de la que se apartó Renán sin poder dejar de sentir su atracción bien a pesar suyo), pero realizada por un Dios compendio de la Inteligencia superior elaborada o resultado de las inteligencias depuradas hasta lo infinito a fuerza de tiempo. Oigámosle a él: «Si el Universo puede alguna vez llegar a ser un único Ser absoluto, este Ser será la vida de todo, renovará en él a todos los seres desaparecidos y en su seno revivirán todos cuantos han sido.» Y como «un sueño de mil millones de siglos o un sueño de una hora es lo mismo, si la recompensa que yo imagino nos es concedida, nos parecerá que nos llega inmediatamente después de la muerte». En todo caso lo ideado por Renán es un tipo curioso de megalofantasía filosófica.

Pero la idea de un Alma universal es más clara en W. James, para quien la persona moral es el valor supremo. Que es tanto como decir que la religión o las religiones no son nada y que la moral lo es todo: «El fin último de nuestra creación parece consistir en un mayor enriquecimiento de nuestra conciencia ética a través del juego de los contrastes más intensos y la mayor diversidad de caracteres.» Nada, pues de «un cielo poblado de ángeles blancos tocando el arpa... Elíseo en armonía tan sólo con los burgueses», sino un cielo más grande, especie de confluencia de nuestras conciencias en una conciencia más vasta; en una continuidad entre nuestra alma y una especie de Alma universal que simpatiza con los creyentes y que puede ayudar a su salvación. Creencia, pues, a su modo, en un alma más que humana a la cual podemos llegar, por lo demás, esta «gran alma» no es para (ames ni única, ni un Dios, ni un Absoluto. De existir un Dios es finito y de él nosotros somos las partes internas y necesarias. Es decir, que tiene necesidad de nosotros. Hasta puede que haya varios Dioses. En pocas palabras, según James este Universo es un universo complejo, lleno de almas escalonadas en multitud de grados de diversa perfección y en comunicación entre ellas, a la cual nuestra conciencia puede, tras la muerte, unirse y llevar su ayuda en virtud de la espiritualidad y del dinamismo moral que se haya procurado en esta vida terrestre. He aquí un punto de vista como otro cualquiera. El señor James podría decir como el baturro del cuento: «Como la vihuela es mía pongo los dedos donde me da la gana.» Claro que la tendencia hacia el bien que supone el poner en primer plano la moral es estimable, pero ¡qué laberinto!

Y acabemos diciendo dos palabras sobre Bergson, cuya posición antimaterialista no da lugar a dudas. Para él el alma no sólo no es emanación del cuerpo, como pretenden los materialistas, para quienes el cerebro es el órgano del pensamiento y éste su función, sino que «el espíritu desborda al cerebro por todas partes», «y no hay razón alguna para suponer que el cuerpo y el espíritu estén inseparablemente ligados uno al otro». De donde se deduce (según Bergson, claro) que al ser el espíritu autónomo del cuerpo y éste únicamente un medio para que aquél pueda aplicarse o manifestarse, «da sobrevivencia se hace tan verosímil que la obligación de la prueba incumbe a aquel que niega más bien que al que afirma. Pues la única razón para creer en la extinción de la conciencia luego de la muerte, es que se ve cómo se desorganiza el cuerpo, razón que queda sin valor si la independencia de la casi totalidad de la conciencia con respecto al cuerpo es, a su vez, un hecho que se comprueba». Es más, luego de la muerte el alma de cada uno irá a colocarse y a tomar parte en la «evolución creadora» universal, según el lugar que le corresponda de acuerdo con su actuación en la Tierra. O como él mismo dice, este fino filósofo que para pensar en esto como el más conspicuo de los cardenales no le hubiera hecho falta sino no ser judío: «Donde la elevaban ya virtualmente aquí abajo la cualidad y la cantidad de su esfuerzo, como el balón lanzado en la Tierra adopta el nivel que le asigna su densidad» (L'energie spirituelle, cap. I).

Y ya no nos queda sino decir unas palabras acerca del espiritismo, parte del ocultismo (40), doctrina que cree en las apariciones de los difuntos y que propaga como cosa cierta e indudable sus actividades no tan sólo inmediatas y directas, sino en virtud de los testimonios de ultratumba obtenidos gracias a los médiums. Es decir, doctrina según la cual los espíritus (almas) de los muertos sobreviven conservando un cuerpo material de extremada tenuidad (periespíritu), y que bien que invisible de ordinario, puede entrar en comunicación con los vivos gracias a determinadas circunstancias, muy especialmente en virtud de la acción de los mencionados médiums (41).

Como es indudable que entre muchas fantasías y fraudes había en las prácticas espiritistas algunos fenómenos curiosos difíciles de explicar en virtud de los medios corrientes mediante los que se da razón de los hechos físicos y aun psíquicos (42), a mediados del siglo pasado sabios y filósofos tomaron cartas en el asunto, y en la famosa Society for Psysichal Research, de Londres, empezaron a llevarse a cabo estudios serios y sin posibilidades de fraude, acerca de una serie de fenómenos que fueron llamados metapsíquicos, tales que la telepatía, la levitación sin contacto, la previsión, la aparición de los «fantasmas», etc., que, repito, los espiritistas atribuyen a los «espíritus» del más allá que, según ellos, se ponen en contacto con los humanos (45).

Pero hay que decir que los resultados obtenidos del modo más serio por la citada Sociedad de Londres no han sido muy satisfactorios. Descartadas las supercherías y fraudes tan lógicos, por decirlo así, cuando para mejor aparición de los espíritus se exigen condiciones que tanto se prestan al engaño (oscuridad, necesidad de una asistencia favorable que simpatice con los fenómenos, es decir, que se «trague» cuanto se le ofrezca, etc.), los espíritus del más allá se han manifestado siempre de un modo tan deficiente, torpe y poco alentador (y, por supuesto, a través de un «medium» masculino o femenino), que como decía el doctor Richet: «Si la sobrevivencia debe consistir en tener la inteligencia que manifiestan estos desencarnados, yo prefiero no sobrevivir.» De acuerdo con él, Maeterlinck (44) dice por su parte: «Nuestros muertos de hoy se asemejan extrañamente a los que Ulises evocaba hace tres mil años en la noche cimeriana: pálidas y vanas sombras espantadas, inconscientes, pueriles y llenas de estupor. No tienen siquiera suficiente vida para ser desgraciadas y parecen arrastrar no se sabe dónde una existencia precaria y desocupada, vagar sin fin, rondar en torno nuestro... y, cuando una fisura se produce en su noche, acudir de todas partes como torbellinos de pájaros ávidos de luz y de una voz humana...» Y es que claro, imposible es que Platón, Archímedes, Virgilio, Dante, Napoleón, Wagner o cualquier otro hombre eminente e ilustre por cualquier concepto, diga otra cosa que vaciedades a través de un pobre «médium» que fuera de «trance» (y por supuesto en «trance» lo mismo) es un tendero de ultramarinos, un zapatero de viejo, un sastre de portal o un modesto empleado, muy bueno tal vez en su profesión, pero sin cultura alguna o con una cultura elemental. Si al menos un hombre verdaderamente eminente fuese por casualidad «médium», entonces sería otra cosa: por su mediación no oiríamos, evidentemente, a ningún espíritu de hombre desaparecido, pero le oiríamos a él, y de oírle a él escucharíamos cosas sensatas e interesantes.

En todo caso, si alguno de los lectores interesados por la cuestión quiere iniciarse en ella, puede hacerlo no tan sólo en la mencionada obra de Maeterlinck, La mort, y en otra de este mismo autor sumamente interesante, L'hôte inconnu (de ésta, «El huésped desconocido», hay una traducción castellana), sino en otro libro, éste de Carington, llamado La telepatía, en el que su autor ha tratado de ver qué relación podía existir entre los «espíritus» y los «números», más especialmente con el «cálculo de probabilidades» (¿había alguna «probabilidad», por remota que fuese, de que el espíritu sobreviviera a la materia?). En este libro se puede ver cómo el señor Carington acaba por opinar que de existir el más allá, el otro mundo debe revestir el aspecto perfectamente característico de un ensueño. No que tenga que ser puramente fantástico en el sentido vulgar y corriente de la palabra, sino regido solamente por leyes psíquicas, no físicas, a las cuales nos hará falta cierto tiempo para adaptarnos; exactamente como a nuestra entrada en éste. Que no obstante dejamos fatalmente cuando llega la hora, bien que siempre esta hora nos parece prematura. El señor Carington, para no desanimar demasiado tal vez a los que le lean, añade: «Es, pues, muy probable que las condiciones que encontraremos tras la muerte se revelarán, una vez que nos hayamos habituado a ellas, sensiblemente más agradables que aparecerán en la descripción precedente.» Y con este menos ingrato sabor de boca dejo yo también a los que esto lean, pues sería desconsolador para ellos de estar llenos de ilusiones, el inclinarse a pensar como yo, que, la verdad, sólo espero hallar en el otro mundo lo que tenía antes de llegar a éste: LA PAZ ETERNA, bien tan difícil de comprender y admitir cuando se está lleno de quimeras, como de estimar.

En el breve y forzosamente incompleto resumen anterior, ha quedado expuesto en grandes líneas, parte de lo que en el transcurso de los siglos han concebido a propósito del desconocido más allá, teólogos, filósofos, metafísicos y poetas. Para que el cuadro quede, por decirlo así, completo, me parece justo mencionar también las opiniones de ciertos pensadores que no ven en todo lo anterior sino un cúmulo de fantasías nacidas en los campos del fanatismo, campos abonados por la ignorancia, regados por el interés y florecidas aquéllas al calor de ese sol oscuro bien que profundamente vivificador que es la fe, sostén de creencias y religiones.

Ahora bien, entre la sólida muralla de los que creen apoyándose en la «fe» y la de los que niegan escudándose en la «razón» se abre siempre el angustioso barranco de la duda (45). La fe y la duda son dos rosas, una blanca y otra negra, que siempre florecieron en el rosal de la inteligencia humana. Todos los hombres tienen a causa de su conformación espiritual una inclinación indomable, verdadera facultad de creer o de no creer, que obra fuera y por encima de su inteligencia. Así, mientras incontable número se han abandonado, se abandonan y se abandonarán en la plácida y esperan/adora corriente de la fe, otra multitud de hombres, bien que tal vez menos numerosa, al considerar lo que eran en realidad, reconocieron que eran tan poca cosa que juzgaron imposible que tanta pequeñez fuese eterna. Y ello les llevó a pensar que la muerte era el fin total de un breve ensueño, la vida, transcurrido entre sonrisas y lágrimas.

He hablado de murallas, pero más exacto hubiera sido decir abismos. La duda y la fe son, sí, dos abismos que allá en el fondo se confunden. Nacen en la naturaleza humana y son hijos del modo de ser de cada uno. Y aunque enteramente opuestos tienen una cosa común: ni todas las dudas de la Tierra ni todas las fes prueban nada. Por otra parte, tan natural es que el hombre, hecho de materia y que no ve sino materia, no atribuya realidad sino a la prueba material, como que sintiendo que dentro de él hay algo que no le parece materia se incline hacia este algo, imagine que no puede perecer, e incapaz de descorrer el tupido velo con que la Naturaleza ha recubierto con sabia habilidad el misterio de la vida futura, se abandone en manos de la fe. Tanto más cuanto que la fe es dulce, mientras que la duda es amarga. Por lo mismo, el abismo de la fe es más temible, por más atractivo, que el de la duda. De él se desprende un perfume, un opio adormecedor doblemente grato, puesto que hunde en un sueño tanto más embriagador cuanto que el pensamiento queda totalmente anulado y en reposo. Sin esfuerzo alguno nos sume en un dulce charco de ilusiones. El epíteto de ciega que con frecuencia se hace seguir a la palabra fe, es significativo. En efecto, no obstante no ver nada en este abismo placentero, se entonan alegremente himnos cuyo sentido se desconoce.

El secreto, pues, para conseguir algo tan importante como la tranquilidad de espíritu consiste, o en hundirse a ojos cerrados en el pantano de la fe, o en, abriéndolos muy bien por el contrario, franquear de un salto poderoso el abismo de la duda «alegres, con la gracia de un joven campesino que atraviesa de un salto, el río», como dijo con expresión feliz el poeta.

Muchos hombres dieron este salto y su espíritu se libró de la duda respecto a lo que ahora nos ocupa. Por ejemplo, Zenón y Epikouros, que aunque se interesaron por el problema de la muerte, no creyeron en la vida futura. Lucrecio, por su parte, afirmaba (en De rerum natura, III, puede leerse aún) que el alma, íntimamente ligada al cuerpo, era mortal como él. Cicerón dice a su vez: «Cuando ya no sea, todo sentimiento habrá desaparecido en mí.» «La muerte nos consume y nada de nosotros deja subsistente», afirma Séneca. Oigamos a Iuvenal: «No hay niño ni viejo tan tontos como para creer lo que se cuenta sobre la otra vida.» En Loukianos se lee: «En las virtudes y excelencias de los príncipes, en la bondad, poder y providencia de los dioses y en lo que se cuenta sobre otra vida luego de ésta, cerremos los ojos si queremos aceptarlo, porque de abrirlos no veremos sino hombres vulgares y con frecuencia más perversos que los otros en los primeros y fábulas y mentiras en todo lo demás.» Según Petrarca, he aquí lo que se creía en Avignon entre los que rodeaban al Papa: «El mundo futuro, el juicio final, las penas del Infierno, las alegrías del Paraíso, tratado es todo de fábulas pueriles.» Y Descartes: «Podemos hacer muchas conjeturas en favor nuestro y tener hermosas esperanzas, pero certeza, ninguna.» Y me detengo, porque lo que el propio pueblo antiguo acabó por creer sobre esto, fácil es de deducir por los epitafios que se han conservado (46) y recoger citas de escritores y filósofos descreídos a partir del siglo XVIII sería inacabable. Como, por supuesto, de los que opinan lo contrario. Que tal variedad de ideas ni nos desconsuele ni nos desanime; de decidirnos a entrar en liza, no lo hagamos sin llevar en las manos el estandarte de la tolerancia.

Todo cambia, todo progresa, así las concepciones filosóficas y científicas como la propia manera de expresar lo que se piensa. Pero en el fondo, los materialistas (llámeseles monistas, naturalistas, ateos, marxistas, existencialistas, partidarios de la teoría físico-química de la vida, o como se les quiera llamar con objeto de marcar bien su oposición a los espiritualistas o idealistas), todos están de acuerdo, lo cual no quiere decir que tengan razón (hay que volver siempre al abismo de la duda) con las fórmulas sencillas pero sólidas que establecía Le Dantec allá por el año 1890: El hombre no es otra cosa «sino un movimiento momentáneo de materia que a causa de la herencia ha sido arreglado de cierto modo.» «No hay ninguna razón para creer que la personalidad de un individuo pueda existir fuera de su mecanismo estructural del cual no es sino la síntesis actual.» De un modo aún más claro el mismo Le Dantec decía también: «José josefaba (se portaba tal cual era); le han cortado la carótida, ha perdido toda su sangre; ahora lo que queda ya no josefa más (ya no se comporta de modo alguno).» Y Renán: «No hay ninguna prueba, pero ni una tan sólo, cierta y verdadera, de que algo de lo considerado como extraterrenal se haya manifestado jamás de manera indudable a los hombres.» Negación, pues, total, como la de los «mecanicistas» (y ni que decir tiene de los partidarios del «materialismo histórico»), de todo lo aparentemente extraño al Universo. Universo en el que, como decía Poincaré, «el espíritu no es sino un relámpago entre dos eternidades de noche». O sea que, según el gran matemático francés, se sale sin saber cómo del reino del silencio, para volver a él en un abrir y cerrar de ojos. Auger afirma también en el hombre microscópico: «La vida, el pensamiento, la ciencia, no habrán sido sino etapas de una hermosa aventura cósmica, condenada desde su nacimiento precisamente por ser muy improbable que durase mucho tiempo». Y Wagener: «Sabemos, detalle más o menos, cómo nació nuestro planeta; sabemos cómo morirá, cómo puede y tiene que morir: una chispa, el apagarse la chispa; la vida, la muerte, la chispa de nuevo. Todo cuestión de pocos segundos en una etapa del Universo. ¿No es locura pensar que hay algo más para esta chispa ni preocuparse por este soñado algo más?»

Lucrecio invocaba en apoyo de sus ideas simples pruebas de buen sentido, haciendo observar que con abrir los ojos podemos darnos cuenta de la influencia de las enfermedades en lo espiritual; en la identidad, desde el punto de vista de los fenómenos fisiológicos, entre el cuerpo y el alma, y cosas semejantes; «hoy los materialistas, muy particularmente los científicos más al tanto de estas cuestiones, se apoyan en la biología y en la cibernética para demostrar que las actividades llamadas «elementales» no implican en modo alguno la noción de un «alma», sustancia sobreañadida al organismo. Por su parte, los psicólogos behavioristas (47) intentan reducir el «psiquismo» a encadenamientos complejos de reflejos; mientras que la descripción de lo fenomenológico trata de destruir lo que llaman «el mito de la conciencia» como contenido autónomo, y a asimilar el pseudo-«yo» espiritual al todo de las actividades del individuo respecto al Mundo y a otro.» Pero inútil disimular que tras estas sutilezas se encuentra siempre la robusta argumentación desarrollada por Le Dantec (La science et la vie), probando en definitiva que frente a una fe hay otra fe; es decir, que si los creyentes tienen, y sin duda hacen bien, una que les reconforta, los descreídos tienen perfecto derecho asimismo a enarbolar una contraria que a su vez les estimula: «Para mí no hay experiencia más probante que ésta: aplasto a un mosquito A; se acabó el mosquito A. Mato a un perro B; se acabó el perro B. Todo ser vivo morirá totalmente; yo soy un ser vivo; yo moriré totalmente.»

Frente a una fe otra fe. Las dos igualmente honradas si honradamente son sostenidas como lo son por los hombres de uno y otro campo verdaderamente superiores en inteligencia. Lo malo son las falsas fes. Las que nacen de la pasión o del interés y se encierran por puro egoísmo en que su verdad es la única Verdad. Y es que, así como hay una religión elevada y verdadera religión y otra falsa que se las da de religión siendo tan sólo fanatismo, así hay también una fe bastarda que se cree que para servir intereses que estima superiores, el mejor medio es aliarse a la parcialidad, a la pasión, a la ignorancia y a la mentira. Sea nuestra divisa y estandarte: «Vivir honestamente, no perjudicar a nadie y dar a cada uno su derecho» y adelante dejando que cada uno piense lo que quiera.

SOBRE EL LIBRO DE LOS MUERTOS

La creencia en la sabiduría y ciencia suma de los sacerdotes egipcios era general en la antigüedad. De tal modo que sabemos sin género de duda que aun en pleno auge de la filosofía, de la ciencia y del arte griego, se volvían los ojos al Egipto «misterioso», y que muchos hombres, algunos de los cuales sobresalieron de tal modo que su nombre aún perdura, fueron allí en busca de conocimientos. Uno de ellos Platón, que en plena juventud marchó a Egipto en un barco que por lo visto cargó de aceite para con el producto de su venta costearse los gastos del viaje. Si Herodotos había escrito y les había atribuido «la invención de la geometría, que los griegos trajeron a su país», y asimismo: «que habían inventado, los primeros de todos los hombres, el año y lo habían dividido en doce partes, para formar el ciclo de las estaciones, observando los astros», Platón debió quedar mucho menos satisfecho de su ciencia, pues de sus relaciones con el geómetra Teodoros, de Kirene, y con otros positivos sabios de entonces, como, por ejemplo, Archítas de Tarento, conservó siempre vivo recuerdo, pero de su visita a Egipto cuanto sacó de positivo fue su afirmación (en la República) de que, en general, el pueblo egipcio era «un pueblo de tenderos», y la desdeñosa afirmación que pone en boca de Sókrates asimismo en el Faidros, de que había oído decir que Thoth había sido el inventor de la aritmética, del cálculo, de la geometría y de la astronomía. En cuanto a los famosos sacerdotes (cuyos profundos conocimientos científicos atribuye Aristóteles a la fuerte organización de una agrupación sacerdotal que empleaba sus ocios en los trabajos intelectuales, entre ellos observar los eclipses, bien que no haya la menor prueba referente a esto en lo que sabemos acerca de la astronomía egipcia); en cuanto a los famosos sacerdotes, decía, de éstos no se volvió a acordar Platón sino cuando en el Kritias, dispuesto a echar a volar la fantasía a propósito de la Atlántida (Atlantis), no encontró mejor modo de hacerlo que volviendo los ojos a aquellos sacerdotes invocando a los cuales se podía asegurar sin miedo, pero que seguramente tanto le habían defraudado, en lo que a «ciencia» respecta, de joven.

Como todo es relativo, si hoy esta «ciencia» nos parece insignificante, lógico es que entonces fuese estimada como hoy no puede serlo. Además hay que tener en cuenta que había llegado a su apogeo, por decirlo así, cuando aún otros muchos pueblos, entre ellos Grecia, estaban apenas saliendo de la barbarie. Ahora, este apogeo jamás alcanzó un nivel superior a lo rudimentario. Lo que sabemos relativo a los conocimientos aritméticos de los egipcios por dos papiros no completos del Imperio Medio (1900-1800), los papiros de Kahum y de Berlín, por otros dos textos más largos y algo más recientes (copias de los tratados anteriores), los papiros de Rhind y de Moscú, por dos tabletas de madera del museo de El Cairo, más cuatro documentos aún más recientes (un papiro demótico, de la época romana, la tabla bizantina, la tabla copta y el papiro de Akhmim), prueban, como digo, que la aritmética egipcia era rudimentaria y la geometría aún inferior (geometría puramente intuitiva y empírica); y que era poca cosa parece probarlo también Demókritos cuando proclama con orgullo que nadie en su tiempo le había aventajado en construir figuras con líneas, ni en demostrar sus propiedades, «ni siquiera los herpedonaptes—tendedores de cuerda—egipcios». En cuanto a astronomía (de la que a falta de papiros que se ocupen de ella, como los hay sobre matemáticas y medicina, hay que deducir lo que sabían de las representaciones astronómicas acompañadas de leyendas que encontramos en los monumentos funerarios del Nuevo Imperio, bien en los «calendarios diagonales» que adornan las tapas de los sarcófagos del Imperio Medio), tampoco nada de particular, salvo el calendario. Si se tiene en cuenta, además, que esta ciencia rudimentaria era el resultado de ensayos empíricos (salvo, en parte, lo relativo a las fracciones) y estaba mucho más cerca de la técnica que de la ciencia, y de una técnica puramente positiva y libre de toda influencia religiosa, mítica o mágica, y que además sabemos por un documento muy interesante (una inscripción mortuoria del siglo XXVIII) que cuando el faraón Ne-ferirkere fue a visitar los trabajos conducido por su primer arquitecto Veshptah, éste de pronto cayó sin conocimiento, por lo que el faraón hizo llamar al punto a los mejores médicos, todo ello permite conjeturar, así como los colegios de escribas donde se copiaban los tratados de medicina y los ejemplares del Libro de los Muertos, que si bien los sacerdotes se ocupaban sin duda de la ciencia (los inclinados a ella, en sus «ratos de ocio», como quiere Aristóteles), fuera de ellos existía un cuerpo de técnicos, sobre todo, en arquitectura (y a causa de ella en matemáticas, pues no hay arquitectura sin cálculos), autores de pirámides, templos y monumentos funerarios; y que la ciencia de los sacerdotes iría a lo propio suyo: lo esotérico; es decir, allí donde cupiese el esoterismo como en astronomía (entiéndase su forma en la antigüedad más floreciente, la astrología), en la que los sacerdotes serían maestros, pero no en matemáticas ni arquitectura, a propósito de la cual todas las combinaciones numéricas que se ha pretendido establecer entre las pirámides—particularmente la de Gi-zek—y una aritmología fantástica no pasa de esto, de fantasías numéricas sin fundamento; como sin fundamento todas las claves numéricas mediante las cuales se ha pretendido hallar sentidos ocultos a libros enteramente claros tales que la Biblia, los Diálogos de Platón, y modernamente a las obras de Bacon, Shakespeare e incluso el Quijote, de Cervantes. En todo caso parece indudable la existencia de un cuerpo de técnicos, como decía, que nada tenía que ver con los colegios sacerdotales. Estos intervendrían y serían fuertes, como digo, en astrología, magia y hasta, en cierto modo, en medicina, cuando de curar se tratase, a falta de remedios naturales, mediante sortilegios y encantamientos. El papiro de Smith (esle papiro, más el de Berlín, el de Ebers, el de la Universidad de California y el de Londres, encierran cuanto sabemos sobre la medicina egipcia) se divide en tres partes perfectamente distintas, que comprueban lo que acabo de decir. La primera es un tratado completo de medicina (cirugía, medicina quirúrgica, terapéutica externa y anatomía); pero la segunda parte es un en cantamiento para desviar los vientos, los años de peste, y la tercera otro encantamiento para transformar a un viejo en un hombre de veinte años.

En resumen: una ciencia verdadera, muy afamada y, para la época, importante; otra falsa (a base de esoterismos, magia y astrología) más importante aún, y positiva base, sin duda, en unión de pirámides y templos colosales, de la nombradía, envuelta siempre en «misterio», de aquel país.

Se lee, en efecto en Isis y Osiris, de Ploutarchos (Plutarco por mal nombre): «Las Esfinges que los egipcios han colocado delante de sus templos significan que la ciencia de su doctrina sagrada es enigmática.» En esta ciencia está encerrado el noventa y nueve por ciento del secreto del triunfo y renombre de la ciencia egipcia en la antigüedad. «El hombre tiene necesidad de creer en lo que no ve», ha dicho Faguet, y hubiera podido añadir: «y en lo que no comprende, sobre todo». En efecto, la naturaleza humana ha llegado a adquirir, a fuerza de centenares y millares de siglos de vivir en la casi total ignorancia, la tendencia a esperarlo todo de lo desconocido. Y este continuo anhelar lo imposible de conseguir por medios naturales, ha dejado una incontenible inclinación, un verdadero surco en el espíritu del hombre hacia lo oculto y misterioso (y todo lo es cuando a ello no llega el verdadero conocimiento), que ha sido luego el mejor espejuelo de muchas creencias. Y como es muy probable que los primeros en sacar partido de este deseo hacia lo maravilloso fuesen los sacerdotes egipcios, de aquí el que, por creerles depositarios de secretos maravillosos sobre la vida y la muerte (tales como curar sin remedios, predecir el porvenir, resucitar los muertos, conversar con dioses y difuntos y, en una palabra, conocer la esencia de las cosas), su fama de «sabios» que hacía que acudiesen a ellos no tan sólo griegos y romanos, como he dicho, sino los judíos (en realidad no es que éstos acudiesen a ellos, sino que fueron sus prisioneros, como se sabe), que más que otro pueblo alguno consideraba a la tierra de los faraones como la tierra de los secretos. De tal modo era fuerte esta creencia que en el Talmud se lee, hablando de Cristo, «que se había hecho iniciar en Egipto, en los misterios», lo que bastó para explicar a sus ojos el poder que le atribuyen los Evangelios respecto a curar a los enfermos y resucitar a los muertos (48). Acabó de consolidar esta fama la enigmática figura de Hermes Trismegisto (49), cuyos secretos se esforzaron por descubrir los alquimistas de la Edad Media. Más tarde, charlatanes del tipo de un Cagliostro y de un Saint-Ger-main (50), ¿no tenían la audacia de decirse hijos de Egipto y poseedores de sus secretos? Es más, hoy mismo encontramos en el vocabulario británico una prueba aún de la fama que siempre tuvo el país de los faraones en todo lo relativo al ocultismo: «gypsy» es sinónimo de «bruja» y de «adivinadora».

Una cosa es evidente en todo caso, a saber: que la religión estuvo durante muchísimo tiempo (y aún lo están las religiones inferiores) íntimamente unida a la magia, a causa de tener tanto una como otra el mismo origen: la necesidad, hija de la ignorancia, de creer en una fuerza superior; necesidad nacida a su vez en el deseo y esperanza de utilizar este poder supraterrestre para fines temporales. En vista de ello y por obtener (o tratar de obtener) lo que deseaban, los hombres pedían a los dioses, mediante palabras y gestos rituales, el cumplimiento de ciertos actos en el terreno de lo puramente temporal. Es decir, que les concediesen beneficios de utilidad inmediata en la vida. Un paso más lo dieron los egipcios no limitándose a pedir sino a exigir a los dioses lo que querían obtener, valiéndose para ello de los grandes trujamanes, que eran los sacerdotes. Y esto, no ya en lo que se refería a los beneficios para esta vida, sino para la otra. De tal modo que se atrevían a amenazar a las Divinidades: «Si no lleváis la Barca hasta él (él era el que pagaba la invocación: La Barca era la de Ra, que tenía que recogerle para que emprendiese el camino final) arrancaré los rizos de vuestras cabezas como arrancaría los botones en flor de la orilla de un lago.» O si la dignidad a la que pretendía el muerto no se le concedía, el sacerdote-mago invocaría al rayo para que fuese a herir el brazo de Shu, el que sostiene la bóveda del cielo.

Y ello porque la religión egipcia era esencialmente mágica, a causa de ser, como todas las religiones antiguas (a excepción del Budismo) entera y totalmente realista. Hasta la llegada del Cristianismo no entra, en verdad, un rayo de espiritualidad en las religiones. Los dioses egipcios (como por supuesto los de la India, los de Grecia y los de Roma) son poco más o menos como los hombres que los han inventado: los mismos vicios e idénticas virtudes, bien que más fuertes físicamente, y muy superiormente poderosos a causa de sus poderes mágicos. Pero no tan sólo tienen los mismos vicios y defectos que los hombres, sino que como ellos, nacen, comen, beben, aman, se multiplican, envejecen y tienen que morir. En el Libro de los Muertos vemos las almas de los difuntos vueltas dioses gracias también a su «saber mágico»; es más, sentirse felices y jóvenes junto a las divinidades ya envejecidas. En cuanto a esta magia (que los hombres pueden llegar a compartir con los dioses hasta el punto de igualarse a ellos), las divinidades egipcias la poseen en alto grado y en ella está el secreto de su poder. Cuando Isis recupera al fin los trozos sembrados aquí y allá por Seth, del cadáver de Osiris, su hermano y esposo (31), para resucitarle se posa sobre él transformada en milano, y agitando suavemente las alas le vuelve a la vida.

La religión egipcia, pues, estaba toda ella fundada y sostenida por la magia. De tal modo, que las prácticas mágico-religiosas no se detenían con la muerte; al contrario, no tan sólo ciertos ritos mágicos eran practicados en favor del difunto, sino que éste, de ser embalsamado según las reglas (32), es decir, de ser perfectamente envuelto en vendas mágicas y provisto de los necesarios amuletos, dejaba de temer la muerte (esperanza admirable que bien valía el engaño de que era víctima), seguro de que había dado el primer paso favorable hacia la vida del más allá, primer ventajoso paso en un camino difícil y lleno de asechanzas y peligros, que luego el Libro de los Muertos le ayudaría a recorrer librándole de todas sus dificultades. Y he aquí por qué este libro, verdadero guíaformulario para la otra vida, era colocado junto a la momia (o bajo su cabeza), y otras veces transcrito total o parcialmente en las paredes de la tumba. Pero lo más frecuente era que le dejasen junto al cadáver, para que éste pudiera manejarle con facilidad a través del viaje que emprendía el alma apenas separada del cuerpo. De modo que gracias a los encantamientos mágicos del libro, el difunto podía vencer todos los obstáculos (monstruos, demonios, puertas a franquear, etc.), que tratarían de impedirle ir más allá de los 21 pilones, pasar por las 15 entradas y cruzar las siete salas con objeto de poder llegar hasta Osiris y los 42 jueces que tendrían que juzgarle. Gracias al Libro conocería también algo absolutamente esencial para su salvación: el nombre mágico de los dioses (53).

Todo ello prueba suficientemente la enorme importancia que debió de tener el Libro de los Muertos para los egipcios desde el momento en que seguros, que es lo que ahora nos interesa, de que la vida no acababa aquí en la Tierra (54), creían que gracias a los conocimientos mágicos que les procuraba, conseguirían no tan sólo seguir viviendo y con una vida mucho mejor, sino llegar al estado y calidad de dioses. ¿Ha sido otro el deseo más ardiente de los hombres desde que fueron inventadas las religiones a base de Misterios, que tan gran bien ofrecían? (55).

En cuanto al Libro mismo, empecemos por decir que su verdadero título es «Salida hacia la Luz del Día»; y que el de Libro de los Muertos le fue dado por Ricardo Lepsius al hacer la primera versión, publicada en 1842; título que, aunque inexacto, es tan gráfico y expresivo que ha sido aceptado por todos los egiptólogos. En realidad, quien descubrió El Libro de los Muertos fue Champollion estudiando los monumentos egipcios del museo de Turín, muy especialmente un largo papiro de cerca de veinte metros escrito en jeroglíficos dispuestos en líneas verticales; como descubriese en otros papiros fragmentos idénticos, llamó al conjunto «Ritual funerario», puesto que en ellos se trataba de la muerte y del culto a los muertos. Cuando en 1836 Lepsius, aún muy joven, pasó por allí, le estudió igualmente; y como advirtiese que contenía muchos trozos destinados a ser pronunciados por los difuntos, al publicarse por primera vez en 1842, ya dividido en capítulos, le dio el nombre de Todtenbuch, que ha conservado.

Pero antes de opinar sobre lo que pueda ser en realidad este libro y sobre lo que sus traductores y comentadores creen que representa, conviene hacer un breve resumen de su contenido. Veamos. Destinado, como sabemos, a guiar el alma de cada difunto por el más allá, nos informa que apenas esta alma ha franqueado el «Portal de la muerte», es decir, ya en el más allá, queda deslumbrada por la «plena luz del día». Una vez repuesta (del susto, sin duda), trata de volver al cuerpo que acaba de abandonar, pero las entidades encargadas de guiarla la «arrastran» lejos del ataúd. Entonces atraviesa una primera región de tinieblas, camino difícil e incluso con frecuencia obstruido, donde el aire y el agua faltan. La segunda etapa es la llegada del difunto (56) al Amenti (57), morada de Osiris, donde es juzgado. Allí, de pie ante el principal de sus jueces y con los brazos levantados en señal de adoración, queda ante el dios que inmóvil, enigmático, como petrificado, contempla al alma que ante él comparece. Detrás de él están Isis y Neftis, hermanas de Osiris (y aquélla su esposa además) y ante el triunvirato, el difunto pronuncia las fórmulas sagradas. Una vez hecho, la unión mística queda realizada: su alma y Osiris son ya un solo ser. ¿Por qué entonces, en la tercera etapa, el difunto comparece ante el famoso tribunal de justicia presidido, siquiera nominalmente, por Osiris, puesto que ya se ha identificado con él? Pero no busquemos más razones allí donde la sinrazón es el sol que alumbra todo. Según el Libro, el compareciente es conducido por Horus, o por Anubis, ante un tribunal compuesto por 42 jueces. La diosa de la Verdad-Justicia tantas veces citada, está presente, pero no toma parte en el debate. Thoth hace de escribano. Tras recitar el difunto su confesión negativa (es decir, no lo que ha hecho, sino lo que ha dejado de hacer), Anubis pesa en una balanza el corazón del que acaba de defenderse. También se pregunta uno para qué, puesto que el sacerdote-mago protector o director espiritual del difunto en la Tierra, si los dioses no enviaban a su cliente al Amenti, intervenía amenazándoles con «no hacer subir ya nunca más a Ra al cielo (entiéndase con impedir que el Sol volviese a hacer su recorrido diario), y, por el contrario, hacer que se hundiese en el Nilo para que viviera de peces» (los peces estaban entre los alimentos impuros). No obstante, el Libro parece que dice (58) que si el resultado del juicio es condenatorio, el alma del difunto es enviada al Duat donde debe permanecer un tiempo, que no se fija. De ser absuelta, el difunto queda convertido en Espíritu santificado. Y desde aquel instante empieza para él una nueva vida cuyo signo distintivo parece ser la libertad absoluta, puesto que puede recorrer a su capricho Cielo, Tierra y Mundo Inferior, reconfortar a los condenados, socorrer a los que diríanse han perdido toda esperanza, visitar los Campos de la Paz y los de los Bienaventurados (el Paraíso u otro de los Paraísos, pues a veces parece que los hay por docenas, como los infiernos), sentarse en la Barca de Ra para hacer el diario recorrido nocturno (el recorrido del Sol desde que se pone hasta el amanecer), o en la de Khepra y navegar por el Océano celestial; burlarse de los demonios y de sus lazos y asechanzas; conversar con las divinidades de igual a igual, puesto que él es ya una; visitar las estrellas más alejadas y, de propina, transformarse a su capricho en lo que mejor le plazca: pájaro, flor, serpiente, etc. Más aún: sentirse no tan sólo dios, sino dios joven en medio de divinidades que a causa del mucho tiempo que hace que nacieron dan ya muestras de marcada decrepitud. Y todo gracias al Libro, que le pone en condiciones de conseguir tanta excelencia a cambio de un poco o de un mucho de magia (es igual, puesto que ya el Libro es suyo, pues lo ha comprado), y de enseñarle las «palabras de potencia» ante las cuales ni dioses ni demonios podrán resistirle.

En cuanto a esta «magia» de la que tanto el Libro como la religión egipcia parece impregnado, ¿qué decir? Puesto que respecto a ella, como respecto a todo lo extranatural, a todos los ocultismos y a todo lo esotérico, no hay sino tomar una de estas dos actitudes: la de los que creen que todo ello son puras mentiras y supercherías, o la de los que, por el contrario, están seguros que existió siempre y sigue existiendo una elevada e importante ciencia esotérica, misteriosa hoy a veces a causa de haberse perdido el hilo conductor en la sima de los siglos, pero que para los iniciados no tiene secretos e incluso para los demás puede ser clara y diáfana con sólo encontrar el hilo perdido a fuerza de estudiar profundamente el sentido de los textos (59).

Como yo soy de los escépticos, vamos a otra cosa.

Del Libro de los Muertos existen tres ediciones en inglés: la de Birch, de 1867; la de Page Renouf (no terminada), de 1897, y la de W. Budge, de 1898. En francés la primera traducción es la de P. Pierret, del año 1882, y una muy reciente, del año 1954, de Gregorio Kolpaktchy.

De todas ellas la más fácil de leer, gracias a ser la menos exacta como traducción, es la de este último. El señor Kolpaktchy, en efecto, ha tenido el acierto de, en vez de traducir literalmente el texto egipcio (como hicieron el señor Birch y el señor Pierret), interpretarle (sin decir, por supuesto, cosas esencialmente distintas de lo que el texto pone), sobre todo en los pasajes más difíciles; con lo cual, si bien se pierde una exactitud generalmente innecesaria, se gana en claridad, que lo es y muy mucho, por el contrario. Un egiptólogo escrupuloso tal vez llegase a encontrar algún contrasentido, pero sobre que jamás éstos son graves, tratándose de lo que se trata, mejor es mil veces una versión hábil gracias a la cual se encuentre sentido a lo que se lee, que una exactitud que obligue a formar del texto un concepto deplorable. Además, ¿qué ventaja ofrecería hacer una traducción perfectamente literal si luego, al analizar las ideas, no había medio de hallar sentido? No es, pues, su manera de traducir aclarando el texto lo que yo criticaría al señor Kolpaktchy, pues gracias a ello su versión es la más legible y clara de cuantas he citado, sino el adoptar frente a lo que traduce, pero de un modo total y decidido, una de las tres posturas que se suelen adoptar respecto a este libro. Estas tres posturas son: primera, la de la mayor parte de los egiptólogos, que siguiendo a Champollion y a De Rougé, consideran el Libro de los Muertos como lo que es, un simple ritual funerario; es decir, sin tratar de encontrar en su texto significaciones misteriosas y profundos esoterismos; segunda, la de los traductores anteriores al señor Kolpaktchy y a no pocos eruditos que tomando el todo por la parte (o el «rábano por las hojas», que decimos nosotros) a causa de leer este libro en traducciones que por ser literales son, como he dicho, punto menos que incomprensibles, consideran a los antiguos egipcios como un pueblo bárbaramente supersticioso o disparatadamente fantástico y de mentalidad atrasada (60); y, en fin, tercera postura, la de ocultistas y amigos de lo esotérico, que interpretando a su capricho y fantasía lo que el libro dice, por mejor decir, no dice, creen descubrir en el Libro de los Muertos la exposición de una profunda doctrina esotérica y califican el libro de «muy hermoso» (que es precisamente la actitud del señor Kolpaktchy), cuando en realidad a mí me parece (apartándome de unas y otras opiniones) que se trata simplemente de una de las más grandes supercherías y de las más completas imposturas sacerdotales de la antigüedad (61).

Y voy a ver de demostrar ambas cosas, y la primera el engaño de los «esoterismos». Engaño, por supuesto, de parte de los que envuelven las cosas a propósito en «misterio» para mejor apoderarse de la voluntad de aquellos a los que se dirigen. Ahora bien, lo primero sobre lo que hay que insistir una vez más, es en la tendencia del espíritu humano hacia lo sobrenatural y misterioso, hecho que tan favorablemente prepara el terreno para sembrar en él, con seguridad de que arraigue profundamente, las semillas de todo lo sobrenatural, todo lo misterioso, todo lo milagroso y todo lo esotérico. Nada más fácil, por otra parte, que comprobar este gusto por lo irreal, tanto mayor cuanto mayor es la ignorancia. Esta comprobación puede hacerla inmediatamente todo el que quiera (sin pensar ya en los niños, a los que se mantiene en estado de continuo encanto a costa de hadas, enanos, ángeles, Reyes Magos, gnomos, silfos y demás creaciones de la fantasía, o por el contrario, de terror, con diablos, brujas, duendes y demás) de uno de los dos modos siguientes: o dándose la pena de bajar los ojos hasta una Historia de las Religiones y reflexionar unos instantes sobre lo que han creído, pero hasta el punto de hacerse matar o matar a su vez por ello, durante centenares de siglos, e incluso siguen creyendo millones de pueblos como los salvajes, los de la India y otros; o tomándose el trabajo (con un poco de habilidad y de audacia, por supuesto) de aprovechar la primera ocasión oportuna en una reunión de personas tenidas por serias y sensatas para decir (repito que con el debido misterio y habilidad para que la superchería no sea descubierta desde el primer momento) algo extraordinario y fuera de lo corriente; por ejemplo, que está muy alarmado (el que hace la experiencia), porque uno de sus familiares, o sirvientes, tiene apariciones sobrenaturales; o bien, si le parece mejor, que su casa está encantada y que ocurren en ella por las noches desde hace algún tiempo fenómenos inexplicables. Dicho esto no tan sólo atraerá inmediatamente la atención de todos, sino que por poca habilidad que tenga refiriendo, no solamente se «tragarán» cuanto les diga, por enorme que sea, si sabe envolverlo en apariencias de verdad, sino que no faltarán media docena de personas que aprovecharán la ocasión para meter baza diciendo: «Ya que habla usted de esto...» y empezarán a referir cosas semejantes y aún más extraordinarias que ellas tienen de muy buena fuente. Hágase la prueba y se verá. Y ahora volvamos a lo anterior: hacia lo increíblemente absurdo de las antiguas religiones, no obstante lo cual presidieron la vida entera de Imperios o de pueblos que, como el griego, aún nos asombran a causa de su filosofía, de sus artes o incluso de su ciencia, bien que ésta naciente. Pero entre ellos, fijémonos unos instantes en el que ahora nos ocupa: Egipto.

Durante varios milenios, la religión constituyó en Egipto (como en la India, como en Palestina, como en Persia, como en Grecia, como en Roma, como en todas partes) una de las palancas aparentemente más importantes de la vida tanto pública como privada (62). No obstante, cuando conocemos, por poco que sea, esta religión integrada en su parte esencial, las divinidades, por dioses-magos y por dioses-animales, qué digo, por animales mismos, puesto que se adoraba a un buey: el Buey Apis, ¿qué pensar de tal religión y de la mentalidad de los que la imponían y de los que la aceptaban? No obstante este pueblo es considerado por los ocultistas como el pueblo por excelencia en cuanto a esoterismos, iniciaciones y Misterios. El señor Kolpaktchy empieza el estudio preliminar que encabeza su traducción del Libro de los Muertos con estas palabras: «Entre los pueblos de la antigüedad ninguno ha manifestado por el misterio de la muerte un interés tan apasionado y tan exclusivo como el pueblo egipcio. Inclinado hacia este enigma desde el alba de su civilización, buscando soluciones, organizando toda su vida política, social y religiosa en función de este problema, el antiguo Egipto, en posesión de una tradición esotérica inmemorial, creyó poder dominar la muerte. La flor del pueblo—los iniciados—elaboró una técnica que—creía—permitía al difunto dirigir su existencia póstuma.» Y ahora vamos a ver, también tomándolo del prólogo de la misma traducción, lo que según el señor Kolpaktchy y los ocultistas como él (63) constituía, por lo visto, la importantísima «tradición esotérica inmemorial» mediante la cual el pueblo egipcio (¿el pueblo egipcio? ¿los esclavos también? ¿o sólo los que les explotaban: sacerdotes, faraones y el puñado de sus dignatarios?) pensaba «dominar la muerte».

»Se sabe, según lo que precede, que el Libro de los Muertos estaba destinado no solamente a los familiares del difunto deseosos de procurarse, para uso del desaparecido, «un pasaporte para el más allá», sino también para aquellos que eran atraídos, de cerca o de lejos, por los conocimientos iniciáticos y por los misterios. En resumidas cuentas venía a ser lo mismo, pues la muerte era—y para muchos lo es aún—una especie de iniciación... Ahora bien, para los seres primarios, inclinados hacia la materia (y en todos los tiempos ha constituido la mayoría), la realidad espiritual reflejada en el Libro de los Muertos aparecía bajo el velo de imágenes cotidianas tomadas a la letra: La Barca del Sol—bien entendido, semejante en todo a las barcas que se veían todos los días bogar por el Nilo—; el alimento terrestre—cerveza, pan, leche, carne, fruta—, que tanto había sido apreciado en vida; los viajes agitados, etc. Pero para un egipcio de los escogidos, y, sobre todo, para un iniciado, la realidad era muy diferente, y la abordaba con espíritu enteramente distinto.

»Tomemos como ejemplo la imagen de la Barca solar, la más frecuente y la más importante entre todas las visiones; este motivo simbólico de barca llevando al disco del Sol o imagen del dios Ra se vuelve a tomar—bajo formas variadas—todo a lo largo del Libro, ¿qué significaba para una conciencia esotérica? Es evidente que el disco del Sol, o el dios Ra, significaba el principio solar. Y la Barca misma, ¿qué representaba?

»Bajo esta imagen, familiar a cada egipcio, se ocultaba—esquematizada y estilizada— el principio lunar, el Cuarto creciente de la Luna. (Thoth, en su calidad de dios de la Luna, acompañaba con frecuencia a la Barca.) Se trataba, pues, en este símbolo, de una Unión o de una «Sinarquía» (64) de las dos Luminarias. Se recordará que el mismo símbolo—el Sol inscrito en el medio círculo del Cuarto creciente—adornaba la cabeza de Apis, así como las de Hathor, de Thoth, de Isis, de Khonsu y de tantas otras divinidades; esta imagen forma, es seguro, el núcleo central de toda la teología egipcia. Entonces se plantea toda la cuestión siguiente: ¿de dónde venía la importancia atribuida por el esoterismo egipcio a esta sinarquía de las Luminarias?

»La Luna, considerada desde el punto de vista espiritual, no es en modo alguno inferior al Sol; los dos principios se oponen como dos fuerzas absolutamente iguales, equipolentes. Ahora bien, la Tradición esotérica enseña que unidos en un principio y formando cuerpo con la Tierra, las Luminarias se escindieron de ésta, luego se separaron entre sí; éste fue el punto de partida de la Involución cósmica o, usando el lenguaje de la Biblia, la etapa inicial de la «Caída».

»Se trata, entiéndase bien, no solamente del Hombre (cósmico o no), sino del Cosmos entero. La catástrofe bíblica no era sino el último eslabón de una larga cadena de derrumbamientos cósmicos de los que habla el Libro de los Muertos; ahora bien, una de las etapas iniciales recorridas fue la oposición de las dos Luminarias o más bien la de los Seres espirituales de los dos campos respectivos. Sus naturalezas, en efecto, son diametralmente opuestas.

»La naturaleza física de la Luna es húmeda y fría; su naturaleza psíquica es vaga y cambiante; gobierna la germinación, la gestación, la imaginación y la esfera afectiva; favorece la adaptación, la asimilación, las «metamorfosis». Manda en las fuerzas de diferenciación y del «Llegar a ser»; es «femenina».

»El Sol, considerado desde el punto de vista físico, es seco y caliente; gobierna la razón discursiva, impersonal y objetiva; principio de integración, fija e inmoviliza todo cuanto penetra su campo de acción; es el Orden cósmico y la Justicia imparcial, el Ser absoluto (opuesto al Llegar a ser); el Sol es «masculino».

»Desde el punto de vista espiritual, las dos Luminarias se encuentran, cada una, a la cabeza de un «campo» o de un campo de fuerzas, y la interacción de estos dos principios (Yinn y Yang del esoterismo chino, las dos columnas del Arbol sefirótico de la Kabbala, el Sulfur y el Mercurio de la Alquimia) produce la «subida y bajada dé los Cubos de Oro»...

»No obstante, la Tradición no perdía de vista el carácter provisional de la Involución, que no era, en suma, sino un por pasar, un arreglo hecho inevitable. El fin esencial seguía siendo siempre la vuelta hacia la Subida, hacia la Evolución.

»Los autores del Libro de los Muertos proponían, pues, a la meditación de sus lectores esta visión de la Barca Solar, símbolo de la suprema Salvación. Cuando el «Sol» y la «Luna», decían, en vez de oponerse uno a otro y de agravar el estado de Involución, hayan llegado a una Sinarquía, entonces serán vencidos el Sexo y la Muerte, estas nefastas consecuencias de la «Caída».

»Osiris, cuyas afinidades, tanto lunares como solares, han sido puestas en evidencia por los egiptólogos, es la pareja inicial Sol-Luna; la Sinarquía original, una vez rota, los «miembros» arrancados del «cuerpo» divino fueron diseminados, desparramados por todos los rincones de Egipto, es decir, del Universo. Son los planetas, las estrellas fijas, las Luminarias y todos los seres de la Naturaleza. La «resurrección» del dios-mártir significaría el restablecimiento de la Sinarquía en su integridad primera...

«Entre tanto, Osiris, atado a la muerte, encerrado en sus vendutas de momia, es el Mundo todo entero atado, petrificado, cristalizado, anquilosado y materializado, privado de libertad y sometido a las «leyes» de la Naturaleza y a los ritmos implacables del destino.

»Es la derrota de Osiris la que hizo más tarde inevitable el sacrificio redentor de Cristo...

»Osiris es el Cristo prefigurado. Como un Anunciador del Mesías, «prepara el camino». No obstante, la doctrina cristiana presenta un trastrocamiento sorprendente de los papeles representados por los dos protagonistas divinos: el Padre sacrificará en él al

Hijo; en el Osiriano, por el contrario, es el Padre quien se sacrifica, y el Hijo (Horus) quien restablece la situación...

«Gracias a la muerte trágica de Osiris, Egipto podía hacer penetrar la Vida en el dominio de la Muerte y transformar toda una zona del más allá en una «isla» cósmica artificial.

»La significación de la Sangre vertida en la Cruz es completamente distinta: el sacrificio del Cristo incorpora a la vida terrestre la muerte, con objeto de que sea vencida aquí abajo mediante un esfuerzo moral de todos los instantes. Pues el hombre hoy, a causa del efecto continuo de la Involución, es colocado, ya se verá, en una situación infinitamente más difícil que la del antiguo egipcio. Cada vez más la amenaza de la «segunda muerte» pesa sobre él; por eso la doctrina cristiana enseña que no podrá apartarla sino poniendo en provecho de tal empresa su breve permanencia en la Tierra...

»En los primeros siglos de nuestra era, en la época de la proliferación de las religiones y de las Iglesias, Egipto vio nacer dos poderosas escuelas de gnosticismo, la de Basílides y la de Valentín (65); más tarde, un gran movimiento esotérico partió de Egipto, trasplantándose al Irán, se mezcló con otras corrientes gnósticas, así como con elementos locales, dando nacimiento al maniqueísmo, religión poderosa y profunda (66) que alcanzó una existencia milenaria.

«Irradiando hacia el Este hasta China y al Oeste hasta África del Norte y España, las diferentes corrientes gnósticas alcanzaron la región de los Pirineos (Monte Salvatge) y la de la Bretaña. Allí se amalgamaron con las concepciones del cristianismo esotérico y con las tradiciones druídicas sobrevivientes, y terminaron en la visión del Santo Grial. Bien que la filiación histórica no es fácil de establecer de un modo cierto, la similitud de las visiones ocultas hace pensar en una inspiración egipcia.

»Por complejo que sea el simbolismo del Santo Grial, el símbolo central, el Grial (Gradalis)—el Santísimo Barco, la «escudilla» de la Cena, en la que Jesús comió con los doce y donde fue recogida la Sangre preciosa, ora cáliz, ora copón de la misa—, simboliza el Cuarto creciente de la Luna, el Principio lunar; la hostia representa, por encima del cáliz, el Principio solar.

»Así, pues, Apis fue el símbolo prefigurado del Santo Grial. El «rescate del viejo Adán», he aquí lo que representa la Barca celestial llevando el disco de Ra...»

Nada más (67).

Otro botón de muestra. Y que conste que no hago sino traducir literal y rigurosamente lo que escribe el señor Kolpaktchy. En el capítulo XCIV, donde el texto del Libro de los Muertos dice: «He aquí que llego a ser escriba de Thoth; yo traigo la podredumbre de Osiris, el polvo de su cuerpo...», el señor Kolpaktchy pone una nota que dice: «Idea muy profunda. Lo mismo que el mundo visible, ese libro cósmico representa un cuadro de desparramamiento de los miembros arrancados de Osiris, así los caracteres sagrados (los jeroglíficos)—ese don de Thoth—son trazados con la ayuda del «polvo de Osiris».

Leyendo estas cosas y otras semejantes (porque el Ocultismo es una religión que tiene en todas partes numerosos y rendidos adeptos y de ellos, los capaces de escribir, llenan libros de cosas semejantes a las anteriores, prodigiosas, desconcertantes para los no iniciados, pero que ellos imaginan, escriben y digieren como pan bendito; aún andarán por ahí las obras de un hombre personalmente excelente y polígrafo fecundo, de Mario Roso de Luna, en las que el lector que no quiera ir directamente a la fuente (a la famosa Blavatzky (Helena-Petrovna Hahn), la gran teósofa rusa (1831-1891), fundadora de la Sociedad de este nombre en 1875, es decir, leer aunque no sea más que su Isis desvelada y La Llave de la teosofía) podrá encontrar con qué satisfacerse en cuestiones de esoterismo; decía que leyendo estas cosas y otras semejantes, pienso contristado: puesto que hay tanta gente para quienes todo esto no tan sólo forma parte del tesoro de lo verdadero, sino que es la claridad misma, ¿cómo puedo yo ser tan nulo que no solamente no alcanzo a comprender lo que tiene de profundo, sino que incluso me parecen montones de desvaríos? Pero me consuelo pensando en los centenares, millares de religiones desaparecidas, todas las cuales tuvieron adeptos y creyentes que hubieran llegado al martirio por ellas, pese a lo cual hoy nos asombra que pudiesen triunfar un día (68). Adelante, pues, sin desánimo.

En fin, para que el lector que tenga la curiosidad y gusto de iniciarse un poco en esoterismos se convenza de que va a quedar satisfecho con la traducción que le ofrezco, voy a abrir el texto al azar por un par de sitios y a copiar media docena de líneas. Lo he abierto por la página correspondiente al principio del capítulo CLXXIX, cuyo título es: «Para marchar del Ayer hacia el Hoy», y que empieza del modo siguiente: «El Ayer me ha traído al Mundo. He aquí que el Hoy ha creado los Mañanas. Yo soy el dios Seps saliendo de su Árbol. Yo soy el dios Nun manifestando su potencia. Yo soy el Señor de la Corona blanca Ureret...» Vuelvo a abrir. Ahora hemos caído en el capítulo CV: «Para hacer ofrendas al Doble etérico». Veámoslas: «¡Salve, oh mi Doble etérico! ¡Mira! ¡Yo duro todavía! ¡Vivo! Vengo hacia ti lleno de vigor y de potencia mágica... Me levanto lo mismo que el Sol, en posesión de un alma inmortal y de invencible voluntad, traigo incienso para purificar tus emanaciones...»

Tras todo lo indicado a quiénes creer, ¿a los que no ven en este libro sino una serie de insensateces y de locuras, o, a los que, por el contrario, le consideran como un monumento de esoterismo maravilloso y de ciencia profunda perdida hace mucho tiempo, pero posible de hallar a través de los iniciados en los insondables, bien que para ellos evidentes, laberintos del ocultismo?

Que cada uno piense lo que quiera. Tan difícil sería hacer desdecirse a los primeros como a los segundos. Los acostumbrados a gustar de lo que ordinariamente se considera como sabiduría no les place caminar por campos en los que todo les parece pasión, fantasía y engaño, o por lo menos error. Los que en cambio se deleitan con misterios, oscuridades y cuanto se presta a secretos e iniciaciones, desdeñan todo otro saber que el suyo. Dejo, pues, a unos y a otros (con los primeros no puedo alternar, con los segundos no quiero), y voy a opinar por mi cuenta.

¿Cuál es mi opinión sobre el Libro de los Muertos? Respecto a él, ¿qué creo yo?

Pues creo (y me extraña mucho que los no esotéricos no lo hayan visto al punto, a excepción tal vez del señor Salomón Reinach) que este libro que tanto tiene en verdad de locura falsamente misteriosa y de esoterismos asimismo buscados y archi-buscados para el mejor éxito de lo que se proponían los que lo escribieron, es ni más ni menos que un testimonio, esta vez sí, «clarísimo» y «evidente» de la superchería sacerdotal del antiguo Egipto.

Todo el Libro, hecho a propósito «en oscuro» para mejor despistar y engañar a la ignorancia y fanatismo de entonces, tenía como único y verdadero propósito esto: engañar; engañar a los que a causa de su favorable situación económica estaban en condiciones no tan sólo de «comprar» el libro, sino de seguir «pagando» las ceremonias y paparruchas complementarias que, en unión del famoso Libro, harían no tan sólo que el muerto se ahorrase penas, fatigas y tormentos en el desconocido más allá, sino que llegase a ser él mismo una divinidad. Ante tal esperanza, ¿quién, pudiendo pagar, encontraría caro lo que se le pidiese? Si a favor de la magia —que se podía adquirir mediante un puñado de monedas—, todo el que pagaba librábase de la justicia retributiva de ultratumba y aunque hubiese sido el más miserable y criminal de los hombres gracias al Libro y a los poderes mágicos del sacerdote desvergonzado que tal le ofrecía a cambio del clásico «do ut des», llegaba de pronto a la categoría de dios, ¿hubiera dejado de acudir a él, o, en caso necesario, sus parientes y deudos? En una palabra, este famoso Libro no era sino una de las ruedas del negocio montado por aquellos «sabios» (ciertamente no eran tontos, no) sacerdotes, que en virtud de su saber mágico podían desafiar (desde sus seguramente bien servidas mesas) y vencer en favor de sus dirigidos espirituales, a los dioses mismos. Cuando Platón llamaba a los egipcios «pueblo de tenderos», ¿no pensaba que, en efecto, allí todo era mercancía, todo se vendía, lo mismo las lentejas que la salvación?

Y voy a probar lo que digo, que por cierto no me costará mucho trabajo. Desde luego la primera prueba del doble negocio (si ganaba el que vendía el Libro más el que lo compraba, pues por algo inútil en el otro mundo, el dinero, iba a llegar a ser dios) es que los rollos de papiro encontrados en dos diferentes sarcófagos no son iguales (69). Es decir, que según lo que se pagaba, la salvación y transformación en dioses era más o menos fácil, rápida y completa. Además, y por si el Libro era poco (tal vez podía ocurrir, había que preverlo todo, que el difunto no supiera valerse debidamente de las fórmulas mágicas que contenía), ayudaban a la salvación y glorificación una nube de amuletos santificados (mercancía celestial sabiamente dosificada): figurillas representando dioses— ¡y había donde escoger!—o al difunto mismo, barcas de Ra, halcones adornados con una corona blanca, piedras de «Meht» con inscripciones maravillosas, barquitos alargados de porcelana verde decorados con imágenes de Espíritus-guardianes, piedras votivas y, ¡qué sé yo!, mil cosas más encontradas en los sepulcros junto a las momias. Sobre el efecto de todo ello, así como el de las ofrendas, en el ánimo de los providentes dioses (a través siempre, como se puede comprender, del estómago de sus sacerdotes de aquí, junto al Nilo) envío al lector a mi traducción del Ramayana, pródigo también en ofrendas y sacrificios, y sin, por fortuna, esoterismos; es, por el contrario, el libro más claro e interesante de la antigüedad. Que los sacerdotes fuesen hindúes, egipcios, caldeos o griegos, el propósito era idéntico: vender esperanzas contra monedas (en verdad, si convencían, daban más que recibían, pues la esperanza no tiene precio); el resultado el mismo: vivir estimados, crasos y lustrosos. Sigo. Y conste que no tengo manía a los sacerdotes antiguos ni me encarnizo contra ellos. Si se la tiene la Verdad, no es mía la culpa.

Además, como el lector verá, a continuación de muchos capítulos (en algunos, al final del Libro, delante) va una rúbrica. Estas rúbricas son edificantes. En ellas, ya sin máscara (sin la máscara del esoterismo) y de un modo claro, neto, rotundo, se ve adonde los autores del Libro iban a parar y lo que en realidad querían con él: hacer negocio. Una, por ejemplo (la del capítulo CLXI), dice que nada más conveniente «para abrirse un camino a través del Cielo» que haber sido previamente iniciado. Cuánto costaban las «iniciaciones», todo comprendido, ceremonias, ofrendas, gratificaciones a los oficiantes, propinas a sacristanes, acólitos y ayudantes menores, esto no lo sabemos; el Libro no llega a estos detalles. Pero no hace falta. El Mundo ha sido siempre una feria en la que los mejores tratos los han hecho siempre aliándose el interés y la vanidad. En todo caso la rúbrica nos dice que recitados los encantamientos que enseña el capítulo, ante el cadáver del que en vida fue iniciado, «su Cuerpo Glorioso (Sahú) atravesará las cuatro aberturas del Cielo». Luego describe las cuatro aberturas y hasta los vientos que las acarician, añadiendo que «los que no han sido iniciados no conocen aquellas cosas ocultas, pues se trata de un Misterio ignorado del vulgo». Y añade (había que no estropear el negocio: el que quisiera «saber», que pagase iniciándose): «No lo comuniques a nadie, salvo a tu padre o a tu hijo.»

En tumbas y sarcófagos se han encontrado también, como he dicho, gran cantidad de figurillas (el capítulo IV habla de ellas y dice a qué estaban destinadas) llamadas «ushebti» («las que responden a la llamada»), que animadas mágicamente hacían por el difunto los diversos trabajos que éste tenía que realizar en el más allá. Nada más. En el capítulo LXXXV se ve adónde llegaba, por una parte, la audacia de los que habían compuesto el Libro, y por otra la candidez, la insensata candidez de los que en él creían, puesto que empieza por decir: «Yo soy el Alma de Ra nacido del Océano celestial. Yo soy el dios Hu, Néctar de los dioses.» Y tras una serie de afirmaciones no menos disparatadas y peregrinas (pues el que decía esto era el alma del difunto que acababa de dejar el cuerpo), terminaba afirmando también antes de finalizar el capítulo: que su alma, eterna, es el alma de un dios, «y mi Cuerpo, lo sé, es la Eternidad misma». Dice además: «Que es el primogénito de los dioses y el señor del Cielo.» Y puesto que todo el que compraba el Libro podía decir otro tanto y creerse y esperar llegar a ser otro tanto, ¿no tienen razón los que tachan el Libro de los Muertos de hatajo de disparates y locuras?

El señor Kolpaktchy está lejos de opinar de este modo. Al contrario, sale al paso aquí como en tantas ocasiones a lo que parece un engaño a favor de un desvarío, mediante una explicación místico-esotérica; véase: «No creo que se trate de una insensatez (de tal manera tiene el aspecto que no se atreve a desconocer de un modo rotundo el tono de la afirmación). Una experiencia mística inmediata (y esto es una) puede ser subjetivamente verdadera sin serlo objetivamente. Millones de seres humanos pueden ponerse en condiciones de vivir la experiencia de la Unión Mística, de ser efectivamente sumergidos por el sentimiento de la Presencia divina, de una Potencia sin límites, de Felicidad, de luz Infinita, etc., sin que por ello, objetivamente, nazcan millones de dioses...» A esto se pueden objetar dos cosas: la primera, que los manicomios están llenos de pobres criaturas que se creen gallos, gatos, perros, su propia sombra, o ser Napoleón, San Francisco de Asís, Jesucristo o el propio Dios Padre, y que precisamente por ser esto verdad subjetivamente, es por lo que están allí; segundo, que si la gracia, si la Unión Mística total del hombre con la Divinidad no es cosa que el hombre pueda conseguir sino, como afirma la Iglesia, en virtud de un don de Dios, éste, sólo, un Dios tal Dios y no Ra, Thoth, Osiris, Horus o Anubis, es decir, cualquiera de las supuestas divinidades de entre las quinientas del panteón egipcio, ni todas juntas, pueden realizar tal cosa, puesto que carecen de toda realidad y posibilidad de ser. Luego si un hombre, o millones, como dice el señor Kolpaktchy, que creen en divinidades imposibles, pueden ser objeto de la Unión Mística, es decir, creerse unidos y embargados por una Presencia y Potencia divinas que no existen, ¿no se trata, aunque ellos crean otra cosa, de un perfecto y total estado de locura? Pero volvamos a las rúbricas.

La que encabeza el capítulo CLXIII es muy curiosa. Contiene una serie de encantamientos destinados a librar al difunto de una multitud de desgracias que le pueden ocurrir en el Mundo Inferior (protegerle contra los gusanos que tratarán de devorar su cuerpo; contra los Espíritus devoradores de almas, etc.), pero una de estas «protecciones» merece especial atención, pues trata: «De cómo impedir que los crímenes espantosos que haya podido cometer durante su vida terrestre se presenten ante sus ojos de espíritu.» Esto es muy curioso porque a causa de ello podemos saber en qué consistía la moral, no ya del pueblo egipcio (pues los pueblos suelen tener la moral y la religión que se les impone mediante cuantos medios hay para ello, empezando por una enseñanza dirigida), sino la moral, por mejor decir, la falta de ella de los que compusieron el Libro de los Muertos, gracias al cual «todos los crímenes, por espantosos que sean», se pueden borrar no a fuerza de arrepentimiento, sino de «magia». En otras palabras y sin eufemismos: adquiriendo el libro que la enseña. Este libro (el de los Muertos, naturalmente) aconseja también, en otros momentos, ora que se tenga la audacia de negar con todo desparpajo, ya la cobardía de suplicar a los dioses: todo menos el camino recto y único del arrepentimiento.

Como naturalmente no puede haber una religión que merezca tal nombre sin moral, es más, sin moral codificada, por decirlo así, ya que lo único estimable que ha habido en la casi totalidad de las religiones antiguas era la moral que se escondía tímidamente entre los disparates religiosos, la religión de los egipcios no carecía tampoco de una cierta moral, bien que esta moral se confundiese con frecuencia con el «interés» de los que la dictaban. Especialmente en el Libro de los Muertos se la puede ver, codificada y todo, en el capítulo CXXV, que lleva el curioso título de «La Confesión negativa». Esta confesión negativa estaba constituida por una parte de las palabras que el difunto debía pronunciar al llegar a la entrada del Santuario de Maat, la diosa de la Verdad-Justicia. Y esta confesión, que constituye un verdadero código de moral, es llamada «negativa», porque el que se defendía con ella, tras exponer lo primero, no lo que había hecho en la Tierra, sino en el más allá una vez llegado a él (alcanzar la morada de Osiris, hacerle ofrendas de incienso, presentarse ante el templo de la diosa Satit, hacer naufragar la barca cargada de enemigos, viajar en paz por el Lago, contemplar el cuerpo sagrado del toro Kam-Ur, etc.), todo para disponer favorablemente en su favor a los 42 jueces, sólo tras ello y al llegar a lo que realizó en el Mundo terrestre, decía, no lo que hizo, sino «lo que no hizo», medio cómodo de defensa, puesto que hasta el mayor criminal y el más empedernido pecador puede haber dejado de realizar una porción de actos pecaminosos e inmorales. No obstante, como digo, esto dejado de hacer (véase el texto) puede constituir un pequeño código de moralidad.

Ahora bien, lo que ocurre es que incluso aquí «se les ve el plumero», como dicen los castizos, a los avisados que redactaron el Libro de los Muertos, pues entre los méritos por omisión figuran los siguientes, de los que se alaba el que habla: «No he sustraído las ofrendas de los templos», «No he robado los panes de los dioses», «No he arrebatado las ofrendas destinadas a los Espíritus santificados», «No he disminuido la ración de las ofrendas», «No he cogido, con lazos, a las aves destinadas a los dioses», «No me he apoderado de ganado perteneciente a los templos de las divinidades», etc. En fin, en otras rúbricas leemos: en la del capítulo primero (sin duda para empezar ya como es debido), que «si el difunto ha aprendido el capítulo durante su vida en la Tierra, y le ha hecho escribir en las paredes de su ataúd (es decir, si ha comprado el Libro y ha dado trabajo a los sacerdotes-escribas) obtendrá tales y cuales ventajas; en la rúbrica del capítulo XVIII: «Que el que recite el capítulo en la Tierra será fuerte. Si en el más allá, podrá salir hacia la plena Luz y revestir a su capricho la forma de todos los seres»; en la del XIX: «Que recitándole tras haber colocado una corona previamente consagrada en la cara del difunto mientras el sacerdote pronuncia su nombre y esparce incienso, la victoria del muerto sobre sus enemigos es segura»; y lo mismo si el capítulo XX es recitado «por un hombre ritualmente puro». En fin, no es cuestión de hacer más larga esta enumeración, sobre todo estando el texto entre las manos del lector donde puede comprobar cuanto digo: que mediante un lenguaje casi siempre incomprensible y falsamente misterioso para que causase más impresión en la ignorancia y fanatismo del lector, cuanto como es evidente se proponían los redactores del Libro de los Muertos era engañar a los vivos y sacarles los cuartos incluso antes que tuvieran que ir a meterse en la Barca de Ra; y una vez muerto, a sus herederos; bien que dándoles ya a cambio de positivas ofrendas y dones tangibles (luego se extendería por todo el mundo antiguo el pingüe negocio), las más dulces esperanzas, esperanzas que la fe transformaría al punto en soñadas realidades, para después de la muerte.

En fin, y para que no se crea que la he tomado contra los «sabios» sacerdotes egipcios, voy a citar otros botones de muestra que probarán que en todas partes, en la antigüedad, se cocían habas, y que si he citado el guisado egipcio ha sido tan sólo por estarnos ocupando de los egipcios precisamente. Pero tomémonos la pena de dar un salto hasta la India. Y una vez en ella, cojamos el Atharva-Veda y tengamos el valor de entrar en su Infierno a ver si nos parece mejor que el que acabamos de dejar del Libro de los Muertos. Y me parece que hemos caído bien. Aquí tenemos, sí, el castigo que este libro santo reserva en su infierno negro, ciego, tenebroso, a los miserables que cometen el crimen consistente «en no haber hecho en vida bastantes dones a los brahmanes»: los culpables que en tal incurran, «sentados en un charco de sangre que se irá coagulando poco a poco, serán obligados a masticar cabellos».

Pero claro, yo soy un ser raro que muchas veces, ¡ay!, no pienso como los demás. ¿No acabaré de censurar sin razón a los pobrecitos brahmanes, y lo justo será también que los que no les colman de dones deben ir al Infierno a masticar cabellos en un charco de sangre? Por si acaso, y puesto que aún me queda algo que decir en este prólogo —poco ya, tranquilízate, lector—, dejaré que otro hable por mí. Pasemos del Hinduismo al Budismo, y, en efecto, dejo hablar a J. T. Addison, eminente profesor de Historia de las Religiones en la Escuela Teológica Episcopal de Cambridge (Mass.), que a nadie, espero, parecerá sospechoso: «Bien que el Budismo no haya sufrido jamás, en el mismo grado que el Brahmanismo, la plaga de esos sacerdotes-vampiros que se abaten sobre una religión para explotarla, no faltan, en su literatura, textos probando que la influencia de los monjes tendió a mezclar a las exigencias de la esencial moralidad otras exigencias de carácter manifiestamente eclesiástico o profesional. Para aquellos, por ejemplo, que estudian y recitan ciertas Escrituras, especiales recompensas son prometidas, y con frecuencia van acompañadas de amenazas proféticas relativas al destino de los burlones y de los herejes que se ríen de ellas o les oponen una negativa destructora. Atentar al honor de un monje es un medio seguro de ir al infierno; pero no es medio menos seguro abusar de un laico fingiéndose monje. En cambio, dar a un monje vestidos, o alimentos, o bebidas; dar a un santuario flores e incienso, erigir un monumento sobre una reliquia cualquiera de Buda, actos son de devoción que llevan al paraíso.»

Vamos ahora a un país siempre grato: Grecia. Aquí, como se sabe, las religiones o creencias a base de Misterios cambiaron totalmente el modo de pensar de los que se iniciaban en ellas, y con sólo abandonar la Mitología oficial (en silencio, claro está, pues de otro modo hubiera sido peligroso porque el fanatismo siempre fue implacable) se abrieron ante ellos nuevos horizontes para la vida futura. Partiendo del para ellos axioma, es decir, del contraste que había entre un vil cuerpo mortal y un alma por el contrario inmortal y divina, los iniciados sentaron (Platón lo repetirá hermosamente muchas veces por boca de Sókrates) que la materia corporal no podía ser y. no era sino una pesada carga para el espíritu, nacido del Cielo. Consecuencia, la vida con el cuerpo era vivir muriendo, mientras que la muerte era, para el alma, «da puerta de la libertad». En el Faidón vemos a Sókrates asegurar que todo hombre sabio, todo filósofo, cuanto debe aspirar es a morir lo más pronto posible. Silenos, Nereus y otros héroes antiguos habían ya asegurado «que el mejor bien para el hombre era no nacer; de hacerlo, morir lo antes posible». Solón, uno de los Siete Sabios: «que hasta el fin nadie es dichoso». Para los órficos, dada la naturaleza del cuerpo, había que esforzarse por suprimirle mediante un régimen dietético estricto y en virtud de otras formas de disciplina ascética. Sólo la práctica de la santidad personal aseguraba al alma la liberación, de los lazos que la encerraban, preparándola debidamente de este modo a la última consumación de su destino inmortal. Pero los órficos (atención, que ahora se les va a ver el plumero a éstos), como otras iglesias, consideraban insuficiente, para salvarse, la pureza de vida. Exigían que el creyente fuese iniciado, a su entrada en la secta, mediante ritos místicos, y sostenido, a medida que iría ascendiendo en grados, mediante sacramentos que le harían participar en la naturaleza divina. Sin negar el valor de la vida pura, estimaban que la virtud más alta no salvaría al alma del virtuoso, a menos que éste hubiese sido debidamente iniciado. Oigamos a Platón: «El que llega al Haides no iniciado, y sin haber participado en los misterios, en él permanecerá en el fango.» Naturalmente, esto pareció tan injusto a los espíritus independientes, que pronto menudearon las burlas de los poetas cómicos, cuando no las protestas. Así, Diógenes (el llamado el «Cínico»; con frecuencia pecan de cinismo los partidarios de la verdad, e incluso tienen pocos amigos), diciendo lo que pensaban muchos de sus contemporáneos, se limitó a preguntar: «¿Será acaso entonces mejor tratado más tarde, sólo con iniciarse, un ladrón como Pitakos, que Epameinondas?»

Y tras todo lo dicho a ti el juzgar, lector, si este Libro de los Muertos es una serie de locuras y disparates producto de unas creencias absurdas, si por el contrario es una masa sublime de ciencia esotérica, o simplemente, como a mí me parece, un medio de que se valían aquellos «sabios» sacerdotes egipcios para ver de vivir mejor, ellos, aquí en la Tierra, ofreciendo a los demás el medio, fuese o no fuese verdad, de poder hacer lo mismo allá en el Cielo.

EL LIBRO DE LOS MUERTOS

CAPITULO I

Aquí empiezan los Capítulos (70) que relatan la Salida del Alma hacia la plena Luz del Día, su Resurrección en el Espíritu, su Entrada y sus Viajes en las Regiones del Más allá. He aquí las Palabras que hay que pronunciar el día de la Sepultura, en el momento en que, separada del Cuerpo, el Alma penetra en el Mundo del Más allá. Salve, ¡oh Osiris, Toro del Amenti! (71). He aquí que Thoth, Príncipe de la Eternidad, ¡habla por mi boca! En verdad, ¡yo soy el gran dios que acompaña en su navegación a la Barca celeste! Llego ahora para combatir a tu lado, ¡oh Osiris!, pues yo soy una de esas antiguas divinidades que, cuando la Pesada de las Palabras (72), hacen triunfar a Osiris de sus enemigos. Ahora, ¡oh Osiris!, vivo en lo que te rodea, lo mismo que los otros dioses, nacidos de la diosa Nut, que deshacen a tus enemigos y capturan a los demonios. Pues yo formo parte de tu séquito, ¡oh Horus! Yo marcho al combate en tu Nombre. Yo soy Thoth, que hace triunfar a Osiris de sus enemigos, mientras que en el gran santuario de Heliópolis son pesadas las Palabras. En verdad, yo soy Djedi, hijo de Djedi (73); mi Madre, Nut, me ha concebido y me ha traído al Mundo en la ciudad de Djedu. Yo soy de los que se lamentan y lloran por Osiris en la región de Rekht y que hacen que Osiris triunfe de sus enemigos. Ra ha enviado a Thoth para que Osiris triunfe de sus enemigos. Mas he aquí que Thoth me hace triunfar a mí, de mis enemigos. El día en que la Momia real de Osiris es vestida yo me encuentro al lado de Horus y hago brotar los manantiales de agua para purificar «el Ser-divino-del-Corazón-Detenido» (74). He aquí que descorro el cerrojo de la Puerta que se abre ante los Misterios del Mundo Inferior (75). Estoy al lado de Horus cuando, en la ciudad de Sekhen (76), arranca a los enemigos el brazo izquierdo de Osiris (77). Entro y circulo, indemne, por entre las flameantes divinidades el día en que los demonios son destruidos en Sekhen. Yo acompaño a Horus durante las fiestas de Osiris. Yo hago ofrendas en el templo de Heliópolis (78) el sexto día de la fiesta de Denit. Ahora, soy sacerdote en Djedu, encargado de las libaciones. Y he aquí el día en que la Tierra está en culminación. Y he aquí que ante mí tienen lugar los Misterios de Re-Staú... En Djedu, recito fórmulas consagradas a Osiris. Pues, sacerdote de los muertos, me ocupo de ellos. Soy asimismo el gran Amo del saber mágico, en el momento en que se pone sobre los trineos el barco del dios Sokari (79). Yo recibo una pala, cuando las ceremonias, cuando es preciso horadar la tierra en Herakleópolis. ¡Oh vosotros, Espíritus divinos, que hacéis penetrar a las Almas perfectas en la sacrosanta morada de Osiris, dejad ir a vuestro lado, a mí, Alma perfecta! ¡Dejadme entrar en el Santuario de Osiris! ¡Que pueda oír como vosotros oís, ver como vosotros veis, permanecer a mi capricho, como vosotros, de pie o sentado! ¡Oh vosotros que lleváis ofrendas a las almas perfectas en la mansión sacrosanta de Osiris, traed ofrendas consagradas para que viva mi Alma! ¡Oh vosotros, Espíritus divinos, que abrís la Vía y separáis los obstáculos, abrid a mi

Alma la Vía hacia la morada de Osiris! ¡Que pueda penetrar con toda seguridad! ¡Que pueda salir de ella en paz! ¡Que no sea rechazada a la entrada y obligada a hacer marcha atrás! ¡Que pueda entrar y salir a su capricho y que su palabra de Potencia sea victoriosa! ¡Que sus órdenes sean ejecutadas en la morada de Osiris! ¡Oh vosotros, Espíritus divinos, mirad!: he aquí a mi Alma que marcha a vuestro lado. Ella os habla: como vosotros, santificada está también, pues la Balanza del Juicio se ha pronunciado en su favor.

He aquí que llego hacia la Región de la Verdad-Justicia (80). En mi cualidad de divinidad viva recibo una corona; grande es mi esplendor entre los dioses que me rodean por todas partes; pues yo soy igual, soy su hermano. Sentado a su lado, comparto su alimento celeste, mientras escucho una voz que recita plegarias... (Es mi sacerdote, en la Tierra, de pie, quien, ante mi ataúd, las recita...) ¡Salve, oh Osiris Señor del Amenti! ¡Déjame entrar en paz en tu Reino! ¡Que los señores de la Tierra Santa me reciban con gritos de júbilo! ¡Que me concedan un puesto a su lado! ¡Que encuentre a Isis y a Neftis en el momento propicio! ¡Que el Ser Bueno me acoja favorablemente! ¡Que pueda acompañar a Horus en el Mundo del Re-stau y a Osiris a Djedu! ¡Que pase por todas las metamorfosis posibles y por todas las regiones del Más allá como mejor le plazca a mi Corazón!

RÚBRICA (81)

Si el difunto ha aprendido este capítulo durante su vida en la Tierra y si ha hecho escribir estos textos en las paredes de su ataúd, podrá salir de su Mansión o penetrar en ella a su voluntad, sin que nadie le pueda oponer la menor resistencia. Además, pan, cerveza y carne estarán a su disposición en el altar de Ra; habitará los campos de Sekht-Iaru, cuyas cosechas de trigo y de cebada serán compartidas con él; y será fuerte y prosperará allí lejos, como lo fue en la Tierra... (82).

CAPITULO II
PARA REVIVIR TRAS LA MUERTE

¡Oh tú que irradias en las soledades nocturnas, dios del Disco lunar! ¡Mira! ¡También yo te acompaño, entre los habitantes del Cielo que te rodean! Yo, difunto, Osiris, yo penetro a mi capricho ora en la Región de los Muertos, ora en la de los Vivos sobre la Tierra, a todas partes donde mi deseo me conduce.

CAPITULO III
PARA SALIR HACIA LA LUZ DEL DÍA Y PARA VIVIR TRAS LA MUERTE

¡Salve, oh Tum, tú que te yergues por encima de los abismos cósmicos! ¡Grande es, en verdad, tu resplandor! ¡Delante de mí surges bajo la forma de un León con doble cabeza... Déjame entender tu Palabra de Potencia! ¡Presta tu Fuerza a los que de pie, ante ti, la escuchan! ¡Aquí me tienes que llego y me mezclo a la multitud de dioses que te rodean, oh Ra! ¡He ejecutado las órdenes que has dado, en la tarde, a tus servidores, oh Ra! En verdad, igual que Ra, yo vivo tras la muerte, día tras día, e igualmente que todos los días Ra renace de la víspera, así yo renazco de la muerte. Todas las divinidades del Cielo se alegran viendome vivir, así como se alegran viendo a Ptah, en el momento en que, en el gran templo de Heliópolis, se muestra en todo su esplendor.

CAPITULO IV
PASO POR ENCIMA DE LA VÍA CELESTE EN EL RE-STAU

¡He aquí que atravieso los Abismos de las Aguas, celestes que se extienden entre los Dos Combatientes (83) y que llego hacia los campos de Osiris... ¡Que pueda disponer de ellos a mi placer!

CAPITULO V
PARA NO TRABAJAR EN EL MÁS ALLÁ

Llego de Hermópolis para levantar el brazo de aquellos que están impotentes y abatidos. Yo soy el alma viva de los dioses. Yo he sido iniciado en la Sabiduría de los Espíritus-servidores de Thoth (84).

CAPITULO VI
LAS FIGURILLAS MÁGICAS (85)

¡Oh tú, Figurilla mágica, escúchame! He sido convocado, he sido condenado a ejecutar trabajos de todas clases, esos que obligan a hacer a los Espíritus de los muertos en el Más allá; sabe pues, ¡oh Figurilla mágica: puesto que ahora posees ya útiles, que debes obedecer al hombre en su necesidad! Aprende pues que serás tú la condenada en mi lugar, por los vigilantes del Duat: a sembrar los campos, a llenar de agua los canales, a transportar arena del Este hacia el Oeste... (La Figurilla responde:) —Aquí me tienes... Espero tus órdenes...

CAPITULO VII
EL PASO A ESPALDAS DEL ABOMINABLE APOPI (86)

¡Oh tú, nefasta criatura de cera, que vives para la destrucción de los débiles y de los desamparados! ¡Aprende que yo no soy débil! ¡Que no soy un alma agotada y desfalleciente! ¡Que tus venenos no podrán penetrar en mis miembros! Pues mi cuerpo es ¡el Cuerpo del propio Tum! (87). Y de no sentirte tú mismo agonizar ¡tampoco las angustias de la agonía podrán alcanzar mis miembros! ¡Porque yo soy Tum en medio del Océano celeste! Y en verdad, ¡todos los dioses me protegen, eternamente! Mi nombre es un misterio (88); mi morada es sagrada, eternamente. Ya no tendré que afrontar más a los Jueces infernales; pues en adelante acompaño al propio Tum. ¡Y soy poderoso! ¡Muy poderoso!

CAPITULO VIII
EL PASO A TRAVÉS DEL AMENTI

Penetro en los Misterios de Hermópolis (89), pues Thoth mismo ha puesto un sello en mi cabeza; y el ojo de Horus que he liberado me protege, poderoso. El resplandece sobre la frente de Ra, Padre de los dioses. En verdad, yo soy Osiris y yo permanezco en el Amenti. Osiris, él que conoce la hora fasta, ¡no existirá, sin que yo exista! ¡Pues yo soy Ra, en medio de los otros espíritus divinos, y no pereceré, en toda la eternidad! ¡Arriba pues, tú, Horus Resucitado! ¡Los propios dioses han reconocido tu cualidad de dios!

CAPITULO IX
Luego del paso por la tumba

¡Oh tú gran Alma, poderosa y llena de vigor! ¡Heme aquí! ¡Llego! ¡Te contemplo! He atravesado las Puertas del Más allá para contemplar a Osiris, ¡mi Padre divino! Ahora, disperso las tinieblas que te envuelven, pues te amo, Osiris, y vengo a contemplar tu Rostro. Yo he atravesado el corazón de Seth; yo he cumplido todos los ritos fúnebres por Osiris. Padre mío. Yo abro los caminos en el Cielo y en la Tierra, pues yo soy tu hijo, Osiris, que te ama-Heme aquí, vuelto Espíritu puro y santificado. Estoy acorazado mediante Palabras de Potencia... ¡Dioses del vasto Cielo! ¡Espíritus divinos! Vosotros todos, ¡Miradme! Pues en verdad, habiendo terminado mi viaje aquí llego ante vosotros.

CAPITULO X
Un encantamiento contra los enemigos

He forzado la entrada del Cielo. Hundo ahora las Puertas del Horizonte. Recorro la Tierra toda entera. Espíritus poderosos están en mi poder, pues mis encantamientos mágicos se cuentan por millones. Mi boca y mis mandíbulas son poderosas. En verdad, yo soy el Señor del Duat, para toda la Eternidad; pero las vías de mi Ascensión no os serán reveladas...

CAPITULO XI
Un encantamiento contra los enemigos

¡Oh tú, Espíritu que devoras tu propio brazo, apártate de mi camino! ¡Pues yo soy Ra que se levanta en el Cielo contra sus enemigos! Este dios poderoso los ha dejado entre mis manos y no podrán ya escapárseme. He aquí que traigo al Amo de la Corona (90) mi brazo como ofrenda. A medida que las diosas se levantan, yo alargo mis pasos... En verdad no, ¡no seré entregado a mis enemigos!, pues puestos en mis manos no podrán ya escapárseme. Yo estoy de pie como Horus; yo estoy sentado como Ptah; yo soy poderoso como Thoth; yo soy irresistible como Tum. Mis piernas me llevan en su carrera; mi boca deja oír Palabras de Potencia. He aquí que recorro el Cielo en busca de mis enemigos, que me serán entregados y no podrán ya escapárseme.

CAPITULO XII
Para entrar y salir a voluntad

Que tu nombre sea bendito, ¡oh Ra, Guardián de las Puertas misteriosas de las que parte una Vía hacia Keb y la Balanza que lleva en sí la Verdad y la Justicia! ¡Mira!

¡Yo fuerzo mi camino a través de la Tierra! ¡Ojalá pueda, como un niño, renacer a la vida! (91).

CAPITULO XIII
La entrada en el Amenti

Entro en el Cielo como un Halcón. Recorro las regiones del Cielo como un Fénix Los dioses adoran a Ra y él prepara los caminos. Ahora, penetro en paz en la bella Amenti. Heme aquí junto al Estanque sagrado de Horus; tengo atados a sus perros. ¡Que la Vía sea abierta para mí! ¡Pueda penetrar en ella y venir a adorar a Osiris, Señor de la Vida Eterna!

Rúbrica

Recitar este capítulo junto a un brazalete hecho con flores ANKHAM, colocado en la oreja derecha del difunto; recitarle igualmente junto a otro brazalete envuelto por un tejido color púrpura en el cual el día de los funerales será inscrito el nombre del difunto.

CAPITULO XIV
Para poner término a los sentimientos de vergüenza en el corazón de los dioses

¡Que vuestros nombres sean santificados, oh dioses, reguladores de los Ritmos sagrados, vosotros que presidís el desenvolvimiento de los Misterios! Escuchad mis palabras: «En verdad, los dioses quedan avergonzados y confusos cuando ven mis iniquidades; pero bajo los golpes que hará caer sobre mis pecados el dios de la Verdad y de la Justicia ¡mis manchas y mis taras desaparecerán!» ¡Oh dios de la Verdad y de la Justicia, destruye el mal que anida en mí! ¡Haz desaparecer mi Maldad y mis crímenes, barre de mi corazón todo el Mal que podría separarme de ti, para que quede en paz contigo! Y tú, ¡oh Señor de las Ofrendas, heme aquí trayéndote lo que te hará vivir, con objeto de que yo también pueda vivir! Y el sentimiento de vergüenza que hay en tu corazón, a causa de mí, ¡destrúyele para todo la Eternidad!

CAPITULO XV
Himno a la gloria de Ra (el Sol)

¡Salve, oh Ra!, Semejante a Tum te levantas por encima del Horizonte; y semejante a Horus-Khuti culminas en el Cielo (92). Tu hermosura regocija mis ojos y tus rayos iluminan mi Cuerpo en la Tierra. Cuando navegas en tu Barca Celeste, la paz se extiende por los vastos Cielos. He aquí que el viento hincha las velas y alegra tu corazón; con marcha rápida atraviesas el Cielo. Tus enemigos son derribados y la Paz reina en torno tuyo. Los Genios planetarios recorriendo sus órbitas cantan tu gloria. Y cuando desciendes en el Horizonte, detrás de las montañas del Oeste, los Genios de las Estrellas Fijas se prosternan ante ti y te adoran... Grande es tu Hermosura al alba y por la tarde, ¡oh tú, Señor de la Vida y del Orden de los Mundos! ¡Gloria a ti, oh Ra, cuando te levantas en el Horizonte y cuando por la tarde, semejante a Tum, te acuestas! ¡Pues en verdad, tus rayos son hermosos cuando desde lo alto de la Bóveda celeste te muestras en todo tu esplendor! Allí es donde habita Nut que te trajo al Mundo... He aquí que eres coronado Rey de los dioses. La diosa del Océano celeste, Nut, tu Madre, se prosterna, en adoración, ante ti. El Orden, el Equilibrio de los Mundos de ti emanan. Desde la mañana, cuando partes, hasta la tarde, a la llegada, a grandes zancadas, recorres el Cielo. Tu Corazón se alegra y el Lago Celeste queda pacificado... ¡Derribado es el Demonio! Sus miembros son cortados, sus vértebras ¡seccionadas! Vientos propicios empujan tu Barca hacia el puerto. Las divinidades de las cuatro Regiones del Espacio te adoran, ¡oh tú Sustancia divina de la que proceden todas las Formas y todos los Seres...! He aquí que acabas de pronunciar una Palabra; y la Tierra, silenciosa te escucha... Tú, Divinidad Unica, tú reinabas ya en el Cielo en una época en que la Tierra con sus montañas no existía aún... ¡Tú, el rápido! ¡Tú, el Señor! ¡Tú, el Unico! ¡Tú, el Creador de cuanto existe! Al Alba de los tiempos tú modelaste la Lengua de las Jerarquías divinas; tú arrancaste los Seres del Primer Océano y los salvaste en una Isla del Lago de Horus... ¡Pueda yo respirar el Aire de las ventanas de tu Nariz y el Viento del Norte que envía Nut, tu Madre! ¡Oh Ra! ¡Dígnate santificar mi Espíritu! ¡Oh Osiris! ¡Devuelve a mi alma su naturaleza divina! Gloria a ti, ¡oh Señor de los dioses! Sea alabado tu Nombre: ¡Oh Creador de Obras admirables! Aclara con tus rayos mi Cuerpo que reposa en la Tierra, para toda la Eternidad...

CAPITULO XVI
(Este capítulo tan sólo contiene una viñeta)

CAPITULO XVII
Para entrar en el Mundo Inferior y para salir de él

Aquí empiezan los himnos de adoración que hay que pronunciar en el momento en que el difunto salido (del cuerpo) penetra en el glorioso Mundo Inferior y en la hermosa Amenti (o bien): en el momento en que, saliendo hacia la plena Luz del Día, puede manifestarse a voluntad bajo todas las formas de la existencia. Entonces, sentado en una sala, podrá jugar a las damas o tal vez emprenderá, dada su cualidad de alma viva, largos viajes. Y dirá:

Yo soy el dios Tum, solitario de los vastos Espacios del Cielo. Yo soy el dios Ra levantándose al alba de los Tiempos Antiguos, semejante al dios Nut. Yo soy la Gran Divinidad que se procrea ella misma. Los poderes misteriosos de mis Nombres crean las celestes Jerarquías. Los dioses no se oponen a mi progresión; pues yo soy el Ayer y yo conozco el Mañana. El duro combate al que se entregan los dioses, unos contra otros, es conforme a mis voluntades. Yo conozco los Nombres misteriosos de la Gran Divinidad que está en el Cielo; yo soy el Gran Fénix de Heliópolis (93); yo soy el Guardián del Libro del Destino en el que se inscribe todo cuanto fue y todo lo que será. Yo soy el dios Amsu en el momento en que aparece; y las dos Plumas de la diosa Justicia y Verdad adornan mi cabeza. He aquí que llego de Mi Patria de origen (94); y espero el lugar de mi residencia fija. El Mal que había existido en mí ha sido arrancado hasta con sus raíces. Mis defectos y mis taras han sido barridas. Yo recorro las rutas del Más allá... En verdad, familiares me son. La dirección de mi marcha es la de la Ordenación de los Mundos. Ahora, llego hacia el país del Horizonte, franqueo el Portal Sagrado... ¡Oh dioses! ¡Vosotros que marcháis a mi encuentro, tended hacia mí vuestros brazos! Pues he llegado a ser un dios, ¡vuestro igual! En el momento en que el Ojo divino, cuando la Batalla de Horus con Seth (95), estaba a punto de apagarse yo le devolví su vigor. Y luego del gran Derrumbamiento de los Mundos yo puse en orden los Circuitos celestes... Ayer vi nacer a Ra, en el momento en que salía de las profundidades del Cielo. ¡Luego su fuerza es mi fuerza!, pues, en verdad, yo soy un Espíritu poderoso entre los que rodean a Horus... ¡Salve, oh Guardianes del Orden de los Mundos, vosotros, Jerarquías divinas que rodeáis a Osiris, que destruís el Espíritu del Mal, y vosotros, servidores de la diosa Hotep-Sekhus (96) dejadme que llegue hasta vosotros. ¡Destruid el mal que se agarra a mi Alma! (Como ya habéis purificado a los siete Espíritus Obedientes a su Señor, Sepa). He aquí a Anubis (97) que dispone sitios para ellos durante este Día notable cuyo nombre es: «¡Por aquí, ven!» Yo soy aquel cuya Alma reside en la noble divinidad Djafi (98). Yo soy ese gran Gato Divino (99) que ha hendido el Árbol sagrado de Heliópolis durante la Noche de la Destrucción de los demonios, esos enemigos de Neberdjer (100). ¡Oh Ra! ¡Tú que habitas en el Huevo Cósmico, que reluces como el Oro puro en tu Disco sol, que subes por encima del Horizonte y navegas por un Cielo de bronce, tú, sin igual, único entre los dioses! El Cielo enderezado sobre los Pilares del dios Shu, tú le recorres en toda su extensión... Un hálito de Fuego sale de tu Boca y tus gloriosos Espíritus iluminan las dos Tierras... ¡Oh Ra! ¡Líbrame de ese demonio que tiene el rostro oculto tras un velo! (Sus dos cejas son los Brazos de la Balanza, cuando la Noche fatal en la que, antes de ser destruidos, mis pecados serán computados.) ¡Líbrame de esos Espíritus-Guardianes armados con largos cuchillos y cuyos dedos hacen tanto daño! Yo sé: la matanza de los servidores de Osiris es su gozo... ¡Que no tengan fuerza alguna contra mí! ¡Que no me arrastren hacia sus calderas!, pues yo conozco vuestros nombres, ¡oh dioses!, como conozco a ese Ser divino oculto en los dominios de Osiris, cuyo Ojo (bien que él mismo permanezca invisible y velado) resplandece en el Cielo. Rodeado de una envoltura de fuego que sale de su boca recorre el Cielo dando órdenes al dios del Nilo celeste; y no obstante permanece invisible.

¡Pueda yo llegar a ser vigoroso en la Tierra, junto a Ra! ¡Pueda llegar en paz hacia mi Puerto de amarre, junto a Osiris! ¡Pueda, oh dioses, encontrar intactas en vuestros altares las ofrendas que me son destinadas! Pues soy de los que siguen a Osiris... Y el «Libro de las Metamorfosis» dice: «Yo vuelo como un halcón, yo grito como un ganso salvaje; como Neheb-Kau, jamás pereceré» (101).

¡Oh Ra-Tum, Príncipe de los dioses! Tú que miras eternamente en la inmensidad del Espacio, líbrame de este demonio cuya cara se asemeja a la de un perro, pero cuyas cejas son semejantes a las de un ser humano... Monta la guardia en los canales del Lago de Fuego; devora los cadáveres de los muertos; acuchilla los corazones y arroja porquerías... ¡Oh tú, poderoso Señor de las dos Tierras, amo de los Demonios Rojos!, sé que imperas en los lugares de las ejecuciones y que los intestinos de los muertos son tu alimento preferido... ¡Aléjate!

He aquí que la Corona Real acaba de ser puesta en la cabeza de cierta divinidad de Herakleópolis (102) primera entre los dioses, el día de la Reunión de las Dos Tierras ante Osiris (103). ¡Oh dios de la cabeza de Carnero, Señor de Herakleópolis, destruye el Mal que se agarra a mi Alma! ¡Condúceme a lo largo de los Senderos de la Vida Eterna! ¡Líbrame de este Espíritu demoníaco que acecha en las Tinieblas!, pues se apodera de las Almas y devora los Corazones. Se nutre de basuras y de todo lo podrido. Las Almas tibias e inertes tienen miedo de él... ¡Oh Khepra, tú que bogas en la Barca celeste! (104) las jerarquías divinas de que tu cuerpo se compone se manifiestan a mis deslumbrados ojos. ¡Oh Khepra! ¡Líbrame de los Espíritus que montan la guardia cerca de los Condenados! Pues éstos les fueron abandonados por Osiris con orden de velar sobre sus enemigos, de agarrotarles y de darles muerte en sus dominios. ¡No es fácil, en verdad, escapar a esos acechadores!, ¡ojalá no caiga bajo sus cuchillos!, ¡que no sea entregado sin defensa a sus cuevas de tortura!, pues en verdad nada he hecho de lo que los dioses aborrecen; y es purificado de todos mis pecados como he penetrado en Mesket (105). Hacia la tarde, en el Tehenet, gozo con mi cena; Tum construye mi morada, y el dios de doble cabeza de León es el que ha dibujado los planos. He aquí que me traen perfumes sagrados; Horus es purificado, Seth cubierto de incienso; Seth purificado, Horus cubierto de incienso. Yo soy admitido en esta Tierra y con mis propios pies tomo posesión de ella.

Yo soy el dios Tum. He aquí que llego a mi Patria de origen... ¡Retrocede pues! ¡Retrocede, oh León Rehu! Llamas salen de tu boca; tu cabeza está rodeada de fuego; pero por la potencia de mi Palabra ¡serás rechazado! ¡Sabe que estoy preparado!, ¡que soy invisible! Isis viene a mi encuentro; extiende su espesa cabellera sobre mi rostro... Ahora me siento concebido por Isis y engendrado por Neftis. Estas dos diosas persiguen a mis enemigos. Mi Potencia me sigue, acompañada del Terror. Mis brazos vigorosos siembran el pánico. Llenos de amor y de esperanza millones de Seres me rodean por todas partes... Disperso las multitudes de los Espíritus enemigos y me apodero de las armas de los demonios. Isis y Neftis hacen mi vida dulce y dichosa. Mi voluntad dirige el curso de las cosas en Kheraha y en Iunu (106). Todas las divinidades tienen miedo de mí; pues yo soy inmenso; ¡mi poder es terrible! lanzo mis flechas contra todos los que blasfeman; vivo según mejor me place; pues yo soy la diosa Uadjit, dueña de la Llama (107), ¡ay de los que se levanten contra mí!

CAPITULO XVIII

El sacerdote dice:

¡Oh vosotras, Soberanas Jerarquías del Cielo, de la Tierra y del Mundo de los Muertos! ¡He aquí que, seguido de un difunto, vengo a vosotras! ¡Que permanezca, pues, para siempre entre vosotras!

El difunto dice:

¡Salve, oh Señor del Más allá, Osiris, Amo del Re-stau, Dios-Bueno del santuario de Abidos! He aquí que llego ante ti. Mi corazón siempre ha sido fiel a la Vía del Bien. El mal jamás habitó mis pensamientos. En mi pecho ¡nada de pecado! Yo jamás mentí deliberadamente, ni obré con duplicidad. ¡Que las ofrendas, pues, afluyan hacia mí!, que pueda aparecer ante el altar del Señor, de él, ¡el Dueño de la verdad y de la Justicia! Pueda, sí, entrar en la Región de los Muertos y salir de ella a mi capricho. ¡Que mi alma no sea rechazada! ¡Séame dado contemplar eternamente los divinos Espíritus de la Luna y del Sol!...

¡Yo te saludo, oh Rey de la Región de los Muertos, Príncipe del Reino del Silencio! Heme aquí que llego ante ti... Conozco tus voluntades y las leyes de tu Reino; tengo el dominio de las Formas y de las Metamorfosis practicadas en la Región de los Muertos. ¡Concédeme un lugar en tu Reino junto al Señor de la Verdad y de la Justicia! ¡Ojalá pueda morar en la Región de los Bienaventurados y recibir en tu presencia ofrendas sepulcrales! ¡Oh Thoth!, tú que haces que Osiris triunfe de sus enemigos, defiéndeme contra los míos: en esta noche tenebrosa, en esta noche de combates, en esta noche en la que serán derribados los enemigos del Señor de los Mundos... Defiéndeme ante los tribunales: de Heliópolis, de Busiris, de Sekhem, de Pé y Dep, de Rekhti, de Djedu, de Nairerf, de Re-staú...

RÚBRICA

Si se recita el capítulo que precede, el difunto—luego de su llegada al Más allá—podrá salir hacia la plena Luz del Día, y conseguirá revestir las formas de todos los seres. Todo el que haya recitado este capítulo llegará a ser robusto en la Tierra. Cuando en el Más allá tenga que atravesar las regiones de Fuego, no será encerrado sin salida a causa de las malas acciones cometidas durante su vida en la Tierra; éstas no le mantendrán prisionero por toda la eternidad.

CAPITULO XIX
La Corona de la Victoria

Tum ha preparado para colocarla en tu frente, una Corona de Victoria; con objeto de que, fiel a los dioses puedas vivir eternamente; pues Osiris, Señor de la Región de los Muertos, hace que triunfes de tus enemigos; Keb te ha ecogido como su legatario universal. Ven, pues, y canta la gloria de Horus, hijo de Isis y de Osiris, que te hace subir sobre el Trono de Ra, tu Padre divino y te concede el imperio sobre las Dos Tierras. Tum lo ha decidido también, y la Jerarquía divina de su séquito ha ejecutado esta orden, pues el todo poder de Horus, hijo de Isis y Osiris, ha nacido de la Victoria... Asimismo yo seré victorioso, yo, sí, eternamente... Todas las Regiones, todos los dioses y todas las diosas, las del Cielo y las de la Tierra, concurren al triunfo de Horus, hijo de Isis y de Osiris. Esta victoria conseguida ante Osiris era necesaria, a fin de que yo pudiese, yo, triunfar de mis enemigos. El día en que Horus consigue la victoria sobre Seth y sus demonios, yo, difunto, yo triunfo de mis enemigos, durante la noche de la Fiesta en que el Dios Djed es elevado en Djedú, ante las divinidades que residen sobre las Vías de la Muerte... Esto sucede durante la Noche de los Misterios de Letó-polis, ante los poderosos Seres de Pé y de Dep, la Noche del establecimiento de Horus en sus derechos como Heredero, la Noche de la Palabra pesada ante los Grandes Jueces; la Noche en que Horus toma posesión del Lugar del Nacimiento de los dioses; la Noche en que Isis, en el lecho, vela y llora a su Hermano bienamado (108); la Noche en que Osiris triunfa de sus enemigos... He aquí que, durante cuatro veces, Horus pronuncia las Palabras de Potencia; y sus enemigos, aplastados, yacen ya por tierra. Yo, difunto, yo pronuncio las mismas Palabras, cuatro veces. ¡Ojalá mis enemigos sean derribados y hechos pedazos! He aquí que Horus, hijo de Isis y Osiris, es celebrado en millones de fiestas, mientras sus enemigos son entregados a la gran Destrucción del Abismo y de la Nada... ¡Jamás podrán escapar a la poderosa vigilancia de Keb! (109).

Rúbrica

Este capítulo será recitado por sobre una corona debidamente consagrada y colocada sobre el rostro del difunto; durante este tiempo el sacerdote lanzará, pronunciando el nombre del muerto, el incienso sobre el fuego. Esto asegurará la victoria del difunto sobre sus enemigos durante el «paso» de la muerte; y cuando se sienta revivir, se encontrará en las inmediaciones de Osiris; y allí, mientras contemplará la imagen del dios, dos brazos aparecerán ante él, uno llevando pan, el otro la bebida sagrada... Pronunciar este capítulo al alba, dos veces seguidas. Este texto es de una eficacia infalible (110)

CAPITULO XX

¡Oh Thoth, tú que haces triunfar a Osiris de sus enemigos, coge también en tus lazos a los enemigos míos! En presencia de todos los dioses y de todas las diosas, en presencia de los grandes dioses de Heliópolis, durante la noche de los combates en Djedú y de la derrota de los demonios, durante la noche de la puesta de pie del Djed en Letópolis, durante la noche de las catástrofes en medio de las tinieblas, que tendrán lugar en Letópolis, en Pé y en Dep; durante la noche del establecimiento de Horus en sus derechos de heredero sobre los dominios de su Padre Osiris, en Rekhti; durante la noche en que Isis se lamenta en Abidos ante el ataúd de su Hermano Osiris; durante la noche de las ceremonias de Haker en las que serán separados los condenados de los elegidos que atraviesen las vías de la muerte; durante la noche de la ejecución de las almas condenadas, cuando la gran ceremonia de la labranza de la tierra que se celebrará en Naarerutf y en Re-staú; durante la noche, en fin, en que Horus triunfe de sus enemigos... En verdad, ¡grande es Horus! Los dos Horizontes del Cielo están llenos de alegría; y el corazón de Osiris lleno de contento... ¡Oh Thoth! Déjame, pues, triunfar de mis enemigos delante de las Jerarquías de los dioses y de las diosas que juzgan a los muertos, en nombre de Osiris, reunidos detrás de la capilla mortuoria de este dios...

Rúbrica

Si este capítulo es recitado por un hombre ritualmente puro, el difunto saldrá—tras su llegada al Puerto (111)—hacia la llanura Luminosa del Día; y podrá revestir a su voluntad todas las formas de los seres y cruzar sin peligro a través de la Zona del Fuego (112).

CAPITULO XXI
PARA DEVOLVER A UN DIFUNTO LOS PODERES DE SU BOCA (113)

¡Salve, oh Príncipe de la Luz, tú que iluminas la Mansión de las Tinieblas! ¡Mira! ¡Ante ti llego santificado y purificado! Pero ¿qué veo? ¡Tus dos brazos dirigidos hacia atrás repelen todo cuanto te llega de tus Antepasados! (114). ¡Concede a mi boca los poderes de la palabra, con objeto de que en la hora en que reinan la Noche y las Nieblas, pueda dirigir mi Corazón!

CAPITULO XXII
PARA DEVOLVER A UN DIFUNTO LOS PODERES DE SU BOCA

He aquí que subo al Cielo del Universo misterioso, semejante al Huevo Cósmico rodeado de sus rayos... (115). Que el poder de mi boca me sea restituido, ¡que pueda pronunciar ante el Señor del Más allá las Palabras de Potencia! ¡Que la súplica de mis dos brazos tendidos con fervor no sea rechazada por las Jerarquías divinas, pues en verdad, yo soy Osiris, Señor del Re-stau! Pueda, pues, compartir la suerte de los que se encuentran en la cima de la Escalera celeste. Llegado he aquí por voluntad de mi corazón; he atravesado el Lago de Fuego (116), y mi presencia ha apagado sus llamas.

CAPITULO XXIII
LA APERTURA DE LA BOCA DEL DIFUNTO

¡Ojalá pueda Ptah abrir mi boca! ¡Ojalá pueda el dios de mi ciudad desatar las vendillas que cubren mi rostro! ¡Ojalá Thoth armado de las Palabras de Potencia quite estas nefastas vendillas, herencia de Seth! (117). ¡Ojalá pueda Tum tirarlas a la cara de los enemigos que quisieran, con ayuda de esas vendillas, volverme impotente para siempre! ¡Ojalá Shu pueda abrir mi boca con el arma de hierro (118) que abre la boca de los dioses! Porque yo soy la diosa Sekhmet que habita en la Región de los Grandes Vientos del Cielo... Yo soy el Genio de la Constelación Sahú (119) en medio de los Espíritus divinos de Heliópolis. ¡Ojalá todos los encantamientos dirigidos contra mí dejen indiferentes y seguros a los dioses y a los Espíritus que los oigan!

CAPITULO XXIV
UN ENCANTAMIENTO PARA EL DIFUNTO (120)

Yo soy el dios Tum. Yo soy Khepra el dios del eterno Llegar a ser que, oculto en el seno de su Madre celeste, Nut, esculpe y modela su propia Forma. Los que habitan en el Océano celeste tórnanse malos como lobos; los espíritus de las Jerarquías tórnanse rabiosos como hienas escuchando mis Palabras de Potencia. Pues estas Palabras de Potencia, yo las busco y recojo por todas partes con más velocidad que la luz, con más celo que un perro de caza. En cuanto a ti que haces avanzar la Barca de Ra, ¡mira! Las vergas y las velas de tu Barca hinchadas son por el soplo del viento, mientras se desliza por el Lago de Fuego en la Región de los Muertos. He aquí que yo reúno todas las Palabras de Potencia de todas las Regiones en donde se encontraban, así como en el corazón de todo ser humano que las haya albergado... Yo las busco y yo las reúno con más velocidad que la luz, con más celo que un perro de caza. Yo soy aquel que hace surgir a los dioses del Abismo y que, una vez su Ciclo cumplido, los ve descender hacia la Nada y la destrucción mediante el Fuego. He aquí que yo reúno todas las Palabras de Potencia que buscaba con más velocidad que la luz, con más celo que un perro de caza.

CAPITULO XXV
Para restituir al Difunto su Memoria

¡Que mi nombre me sea devuelto en el Templo del Más allá! ¡Que pueda guardar el recuerdo de mi Nombre en medio de las Murallas abrasadas del Mundo Inferior, durante la noche en que serán contados los Años y enumerados los Meses! Pues yo permanezco junto al gran dios del Oriente celeste. He aquí que todas las divinidades se alinean detrás de mí; y a medida que cada una de ellas pasa yo puedo pronunciar su Nombre.

CAPITULO XXVI
Para restituir al Difunto su Corazón

¡Ojalá mi corazón «ib» se encuentre en su lugar! (121). ¡Ojalá mi corazón «hati» se encuentre en su lugar! ¡Que mi corazón permanezca en paz conmigo! ¡Que pueda comunicar con Osiris, al Este de la pradera florida y subir y bajar en mi Barca el Nilo celestial! ¡Que los poderes de mi boca me sean devueltos, con objeto de que pueda caminar! ¡Y los de mis brazos con objeto de que pueda derribar a mis enemigos! ¡Ojalá las puertas del Cielo permanezcan abiertas para mí! ¡Pueda Keb, Príncipe de los dioses, abrir mis dos mandíbulas! ¡Pueda también quitar la espesa venda que cubre mis dos ojos! ¡Pueda asimismo desatar la que me impide separar las piernas! ¡Que Anubis endurezca mis muslos, para que me sea posible ponerme en pie! ¡Pueda la diosa Sekhmet conducirme al Cielo! ¡Que mis decretos sean proclamados en Menfis! Mi saber visionario, se lo debo a mi Corazón «ib»; mi poder mágico, se lo debo a mi corazón «hati». Mando en mis dos brazos, y mis piernas me obedecen. En verdad, puedo cumplir las voluntades de mi Ka; mi alma no será aprisionada en mi cadáver en las Puertas del Más allá; pues podré entrar en él y de él salir en paz.

CAPITULO XXVII
Para que el corazón no le sea arrebatado al Difunto

¡Salve, oh divinidades terribles que os apoderáis de los Corazones y los destruís, vosotros los Señores de la Duración, Príncipes de la Eternidad! De mi Corazón «ib», ni mi Corazón «hati», no os apoderéis de ellos, y que las palabras de acusación no sean pronunciadas contra mí. ¡Oh vosotros que hacéis pasar por Metamorfosis, de acuerdo con sus actos pasados el Corazón del hombre! ¡Ojalá que mi conducta en la Tierra no me perjudique a vuestro juicio, en el Más allá! Pues este Corazón que veis aquí pertenece a un dios, dueño de los Nombres mágicos, cuyas palabras son poderosas sobre los Cuerpos; que ha dirigido su Corazón hacia sus entrañas y le ha renovado delante de los dioses. A este poderoso, ¡que no se le hable más de lo que haya hecho en la Tierra! Su Corazón, como sus Miembros, obedece sus órdenes. ¡Su corazón no le abandonará! Así, pues, victorioso, te ordeno que me obedezcas en el Mundo Inferior y en las Regiones de la Eternidad.

CAPITULO XXVIII
Para que el Corazón no le sea arrebatado al Difunto

¡Salve oh dios de la doble cabeza de León, ¡mírame!, yo soy una planta floreciente! ¡Por eso el cadalso me espanta! ¡Ojalá mi Corazón no sea arrancado de mis entrañas por los dioses de Heliópolis que se combaten con encarnizamiento! ¡Oh tú, Espíritu bienhechor que adornaste con vendillas la Momia de Osiris; tú que acechaste, atacaste y derribaste a Seth, mírame! Ese Corazón que es el mío, y que llora ante Osiris, suplicando está por mí... He aquí que en el Templo del dios del terribilísimo rostro yo le he concedido todo cuanto deseaba; y en Khemenú me he apoderado de ofrendas para él. ¡Oh Espíritus! ¡No me arrebatéis ya más mi Corazón!, pues os dejo penetrar en mi morada con objeto de que podáis en seguida llevar este Corazón con vosotros hacia los Campos de los Bienaventurados... Hacedle vigoroso: ¡Defendedle contra todos cuantos le inspiran horror! No le privéis del alimento espiritual que está en vuestro poder, pues mi Corazón ha sido fiel a los decretos de Tum, y ha dado muerte a sus enemigos en las guardias de Seth... Que este Corazón «hati» que veis aquí no sustituya al Corazón «ib» ante las divinidades del Mundo Inferior. Y aquel que encuentre una de mis piernas o vendillas que hayan pertenecido a mi Momia, ¡que le sea dado enterrarlas con cuidado!

CAPITULO XXIX
Para que el Corazón no le sea arrebatado al Difunto

¡Partid! ¡Marchaos de aquí, Mensajeros del Señor del Más allá! ¿Venís para arrebatarme mi Corazón dotado de vida eterna? En verdad no, ¡no os será entregado! Los dioses se darán pronto cuenta, a medida que avanzo, pues ofrendas y rezos en mi favor hay por todas partes: encima de ellos y debajo de ellos, cada una en su lugar... Yo guardo, en verdad, el dominio de mi Corazón, ¡y jamás, no, me será arrebatado! Pues yo soy el Señor de los Corazones y yo concedo una nueva duración a los Corazones que viven en la Justicia. Yo soy Horus que habita en los Corazones, en el centro de los Cuerpos. Yo vivo por mi Palabra de Potencia. ¡Que mi corazón «ib» no me sea, pues, arrebatado! ¡Que mi corazón «hati» no sufra cambio alguno! ¡Que ninguna violencia sea ejercida contra mi persona! Pues yo habito en el Cuerpo de Keb, mi Padre, y en el de Nut, ¡mi Madre divina! Y no habiendo cometido acción que los dioses abominen ¡pueda una Victoria coronar esta prueba!

CAPÍTULO XXX
PARA QUE EL CORAZÓN DEL DIFUNTO NO SEA RECHAZADO

Mi Corazón «ib» me viene de mi Madre celeste. Mi Corazón «hati» me viene de mi vida en la Tierra. ¡Que no sean pronunciados falsos testimonios contra mí! ¡Que los Jueces divinos no me rechacen! ¡Que sean verídicos los testimonios concernientes a mis acciones en la Tierra ante el Vigilante de la Balanza y el divino Señor del Amenti! ¡Salve, oh mi Corazón «ib»!, ¡salve, oh mi Corazón «hati»!, ¡salve, oh entrañas mías! (122), ¡salve, oh divinidades majestuosas de luminosos Cetros, Señores de sagrada cabellera! (123). ¡Que vuestras Palabras de Potencia me protejan ante Ra!, ¡hacedme vigoroso ante Neheb-Kau! En verdad, aunque mi Cuerpo esté unido a la Tierra no moriré, pues seré santificado en el Amenti... ¡Oh tú, Espíritu encargado de la Balanza del Juicio, sábelo: tú eres mi Ka!, ¡pues habitas en los límites de mi Cuerpo! Tú, emanación del dios Khnum, tú das la Forma y la Vida a mis Miembros. Ven, pues, hacia los lugares de la felicidad hacia los cuales marchamos juntos. ¡Que mi Nombre no se pudra ni apeste a los ojos de los Señores todopoderosos que modelan los Destinos de los hombres! ¡Y que la Oreja de los dioses se regocije y sus corazones estén satisfechos cuando mis Palabras sean pesadas en la Balanza del Juicio! ¡Que no sean pronunciadas mentiras delante del dios poderoso, Señor del Amenti! En verdad, ¡grande seré el día de la Victoria!

RÚBRICA

Pronunciad las fórmulas sobre un escarabajo de piedra adornado de cobre y provisto de un anillo de plata, y que sea luego puesto en el cuello del difunto.

El capítulo que precede fue encontrado en la ciudad de Khmenú (Hermópolis Magna) a los pies de una estatua representando al dios sacro-santo (Thoth). La inscripción, grabada en un bloque de hierro en la propia escritura del dios *(es decir, en jeroglífico)* fue descubierta en tiempos del rey Men-Kau-ra *(Menkara, 2700 años a. d. C.)* por el príncipe real Herutataf, con motivo de su viaje de inspección a los templos.

CAPÍTULO XXXI
PARA RECHAZAR A LOS ESPÍRITUS CON CABEZA DE COCODRILO

¡Vete! ¡Atrás, oh tú Sui, demonio con cabeza de cocodrilo! ¡Ciertamente no, no tienes poder sobre mí, pues, Espíritu santificado, existo por obra de la Potencia mágica que vive en mí! Mira cómo pronuncio en tu presencia el Nombre de la gran divinidad, para que ella te deje en manos de sus mensajeros uno de los cuales se llama: «Señor de los dos Cuernos», y el otro tiene por nombre: «Tu cara se vuelve hacia la Verdad y la Justicia». Las Revoluciones de los Cielos se conforman a los Ritmos de los Tiempos; asimismo, mi Verbo de Potencia rodea y protege mis dominios. La magia, la magia que sale de mi Boca, crea una red infranqueable y mis dientes son semejantes a un cuchillo de sílex. Tú, demonio sentado en acecho mirándolo todo con tu ojo inmóvil, sabe que mi Palabra de Potencia no podrás, ¡no!, arrebatármela. Tú, demonio de cabeza de cocodrilo, cuyo único alimento son las Palabras de Potencia arrancadas a la fuerza, palabras que mantienen tu vida, las mías, ¡sábelo!, ¡no me las podrás arrebatar!

CAPITULO XXXII
ENCANTACIÓN PARA RECHAZAR A LOS ESPÍRITUS CON CABEZA DE COCODRILO

La gran divinidad antigua ha caído, derribada... Reposa sobre un costado, el rostro contra la tierra; no obstante, las Jerarquías celestes la levantan... Y he aquí que mi Alma llega: Conversa con su Padre divino, y le libera de las emboscadas de ocho demonios con cabeza de cocodrilo... En verdad, sus Nombres los conozco y sé de qué se alimentan; yo libro a mi Padre celeste de la acción de estos demonios. ¡Huye, demonio de cara de cocodrilo, tú cuya morada está en el Oeste! ¡Sé que te alimentas de los signos del Zodíaco! Sabe, pues, que yo traigo en mi corazón ¡lo que tú más detestas! ¿Cómo? ¿Te encarnizas con la frente de Osiris? Pues escucha: yo soy ¡Ra! ¡Huye, demonio de cara de cocodrilo, tú cuya morada está en el Oeste! Sabe que el Espíritu-Serpiente Naau ¡habita en mi pecho! Le voy a lanzar contra ti, para que tu fuego no pueda perjudicarme. ¡Huye, demonio de cara de cocodrilo, tú cuya morada está en el Este! ¡Tú te alimentas de los que devoran las basuras! Lo que yo traigo en mi Corazón es... ¡Lo que tú detestas más! ¡Mira! ¡Mira cómo camino! En verdad yo soy ¡Osiris! ¡Huye, demonio de cara de cocodrilo, tú cuya morada está en el Este! ¡La diosa-serpiente Naau habita en mi pecho! La suelto contra ti, ¡míralo! ¡Tu fuego no podrá perjudicarme! ¡Huye, demonio de cara de cocodrilo, tú cuya morada está al Sur! ¡Tú que subsistes entre basuras y deyecciones! En mi corazón traigo lo que más detestas. ¡Que la llama roja no esté en tu mano! Yo soy, ¡mírame bien!, Septu, la divinidad solar. ¡Huye, demonio de cara de cocodrilo, tú cuya morada está al Sur! ¡Mírame, sano y salvo estoy, caminando entre flores enteramente abiertas! Sabe, pues, que no seré entregado a ti, ¡no! ¡Huye, demonio de cara de cocodrilo, tú cuya morada está al Norte! Tú que subsistes de violencias de las que te aprovechas hora tras hora. En mi pecho traigo lo que tú más detestas. Que tu veneno, pues, no sea para mí que en verdad soy, ¡Tum! ¡Huye, demonio de cara de cocodrilo, tú cuya morada está al Norte! ¡Mira! ¡La diosa Serket (124) habita en mi pecho! En verdad, yo soy la diosa de ojos de esmeralda. Las cosas creadas ¡bajo el poder de mi brazo están! En cuanto a los mundos futuros, las posibilidades que germinan, encerradas están aquí, en mi pecho. Acorazado estoy con Verbos mágicos de gran poder. Han sido sacados del Cosmos, de la parte de encima y del Cosmos, de la parte de abajo de mí. En cuanto a mi Ser, sublimado y engrandecido ha sido. Mi Laringe reposa en el seno de mi Padre Celestial (125) el dios antiguo, el grande, que ha puesto al alcance de mi poder el hermoso Amenti, País de los Muertos con cuantos están condenados y cuantos vivirán... En lo que afecta a él mismo, este dios, en tiempos poderosos, allí habita también, para siempre inerte e inmóvil... ¡Mira! mi rostro ha quedado sin velo, mi corazón está en el lugar que debe estar, y mi cabeza se adorna con la Corona de serpientes. ¡Porque yo soy Ra y sabré protegerme! En verdad, ¡ninguna influencia nefasta podrá alcanzarme!

CAPITULO XXXIII
Para rechazar a los Demonios-Serpientes

¡Detente, Rerek! ¡Atrás, demonio de cabeza de Serpiente! ¡Mira, ahí tienes a Shu y a Keb que cortan tu camino! ¡No te muevas! ¡Quieto donde estás!, pues te alimentas de ratas, que Ra abomina, y mordisqueas los huesos del gato podrido.

CAPITULO XXXIV
Para evitar las mordeduras de los Demonios-Serpientes

¡Oh tú, diosa de cabeza de Serpiente, mira! Yo soy la Llama que alumbra los millones de años futuros. He aquí la divisa inscrita en mi estandarte: «Lo porvenir florece viniendo a mi encuentro»; pues yo soy la diosa de cabeza de Lince.

CAPITULO XXXV
Para no ser devorado por los Demonios-Serpientes

¡Mira, Shu! ¡He aquí Djedú! ¡Mira, Djedú! ¡He aquí a Shu!, uno y otro están en posesión de la corona de Hathor, y sus cuidados están consagrados a Osiris. He aquí a dos demonios que se acercan dispuestos a devorarme... Pero sin que el demonio Seksek lo advierta, paso entre ellos. Este ser que implora: ¡Tened cuidado de mi tumba!, es Osiris; es decir, yo mismo. El príncipe de los dioses dirige su Ojo hacia él y le purifica; de acuerdo con el Juicio pronunciado, le concede su parte de Verdad-Justicia.

CAPITULO XXXVI
Para rechazar a los Demonios

¡Atrás!, ¡vete, demonio de las abiertas fauces!, pues yo soy Khum, Señor de Pshenú. Yo traigo a Ra las palabras de los dioses, un mensaje al Amo de esta casa.

CAPITULO XXXVII
Invocación a Isis y a Neftis

¡Salve, oh diosas hermanas Isis y Neftis: os anuncio mis Palabras de Potencia! He aquí que, rodeado de irradiaciones, navego en mi Barca celeste. En verdad, yo soy Horus, hijo de Osiris: vengo aquí para ver a Osiris, mi Padre.

CAPITULO XXXVIII
Para vivir por la Respiración (Papiro Nu)

Yo soy el dios Reti, primogénito de Ra y de Tum. Los Espíritus cuyas moradas están ocultas preparan para mí los caminos en medio de los Abismos del Cielo. Heme aquí cumpliendo los Circuitos prescritos siguiendo el camino que recorre la Barca de Tum... Erguido en medio de la Barca de Ra recito las palabras de los Iniciados y ruego por aquellos cuya laringe no ha salido indemne de la prueba de la muerte... Y he aquí que la Tarde llega... Mi Padre celeste pesa mis actos y me juzga... Sellados están los labios de mi boca, pues he sido nutrido con la Vida Eterna... En verdad, yo vivo en Djedú; yo vivo una vida nueva tras la muerte, semejante a Ra, renanciendo cada día.

CAPITULO XXXVIII (Papiro Nebseni)

Yo soy el dios Tum saliendo del Océano de antes y recorriendo los Abismos del Cielo. He aquí que un puesto me ha sido asignado en la Región de los Muertos. He dado órdenes a los Espíritus santificados cuyas moradas están ocultas, y a los Servidores de la divinidad de la doble cabeza de León. Ha sido cantando los himnos como he recorrido el Cielo en la Barca de Kheprá. Un soplo vivificante me ha nutrido... Gracias a él, sentado en la Barca de Ra, obtengo los poderes mágicos. Ra prepara para mí los caminos y abre las Puertas de Keb. Yo arrastro tras de mí a aquellos que viven en las inmediaciones de la poderosa divinidad. Yo guío a los que habitan en sus capillas mortuorias... los dioses Horus y Seth. Yo indico el camino a los jefes de los hombres. Yo entro en la Región de los Muertos y de ella salgo a mi capricho. Mi laringe está sana y salva; yo navego en- la Barca de la diosa Maat; yo paso al punto a la Barca de Ra. Yo me encuentro al lado de este dios en sus mansiones celestiales; entre el séquito que rodea a este dios... Heme aquí vivo tras la muerte de todos los días de mi vida. Me siento vigoroso y semejante al dios de la doble cabeza de León... En verdad, vivo tras la muerte y liberado estoy. Me extiendo por la Tierra y la lleno. Me abro, semejante a la azucena de esmeralda, yo, dios Hotep de dos países.

CAPITULO XXXIX
Para rechazar al Demonio Apopi (126)

¡Vete!, ¡atrás!, ¡largo de aquí, oh demonio Apopi, o serás ahogado en lo profundo del Lago del Cielo, allí donde tu Padre celeste había ordenado que murieses...! ¡No te acerques al sitio donde nació Ra! (En verdad, ¡lleno de miedo estás!) ¡Mírame!, ¡yo soy Ra!, ¡yo siembro el terror!, ¡retrocede, pues, demonio ante las flechas de mi luz que te hace daño! He aquí que los dioses desgarran tu pecho; la diosa de cabeza de León inmoviliza tus miembros; la diosa de cabeza de Escorpión hace llover sobre ti su copa de destrucción; la diosa Maat te arroja lejos de su camino... Desaparece, pues, Apopi, tú, ¡enemigo de Ra! Tú querrías atravesar las Regiones Orientales del Cielo sembrando la destrucción entre truenos... Pero he aquí que Ra abre de pronto las Puertas del Horizonte, en el momento mismo en que Apopi aparece; y éste se hunde, en verdad, al verse atacado y destrozado. ¡Yo cumplo tus voluntades, oh Ra!, yo hago lo que conviene hacer, con objeto de que la paz de Ra sea asegurada; yo preparo tus cuerdas, ¡oh Ra! y he aquí que las tiendo... ¡Apopi ha caído! Es atado, encadenado por las divinidades del Sur, del Norte, del Este y del Oeste. Todas ellas le han encadenado... Ra está ahora satisfecho... En paz cumple sus revoluciones celestes. ¡Apopi ha sido derribado! ¡Retrocede el enemigo de Ra! El dolor que te ha infligido la diosa Escorpión ¡bien lo has sentido! ¡Ah cómo sufres ahora! ¡En verdad que ha obrado poderosamente contra ti! Emasculado, serás siempre, ¡oh tú, Apopi!, enemigo de Ra. ¡Ya no volverás a conocer los goces del amor! ¡Ra te hace retroceder! ¡Te odia! ¡Ahora, ahora te mira!... ¡Atrás, pues, Apopi! Te pega en la cabeza, hace mil cortes en tu cara, quebranta tus huesos; secciona tus miembros; pues, en verdad, esta Región es, ¡su propio dominio! Tú, Apopi, enemigo de Ra, tú has sido condenado por el dios Aker. Los espíritus divinos de tu séquito, ¡oh Ra!, calculan y suputan tu ruta, y mientras avanzas hacen reinar la paz en torno a ti... Ora te detienes, ora emprendes de nuevo tu Viaje; y tu Ojo avanza él también, irresistiblemente. ¡Ojalá no escuche yo ningún juicio desfavorable salido de tu boca! ¡Que tu Ojo divino me sea propicio! Pues yo soy Seth que desencadena las tempestades del Cielo, como lo hace Nedjeb-ib-f... He aquí: Tum habla, y dice: «¡Reanimad nuestro valor, oh soldados de Ra! ¡Ved cómo yo rechazo al demonio Nendja! ¡Cómo le he expulsado de la presencia de los dioses!» Keb dice: «¡Manteneos firmes en vuestros tronos en la Barca de Khepra! Lanza en puño, ¡forzad el paso!» Hathor dice: «¡Empuñad vuestros cuchillos!» Nut dice: «¡Venid conmigo! Rechacemos al demonio Nendja que ha penetrado hasta los santuarios del Señor del Universo, ese Viajero solitario...» Entre tanto las Jerarquías celestes recorren sus circuitos en torno al Lago de Esmeralda. ¡Venid!, ¡adoremos a la Gran Divinidad! ¡Liberémosla! De su santuario han salido todas las Jerarquías celestes. ¡Adorémosla! ¡Venerémosla! ¡Unios todos a mis preces! He aquí a Nut que hablando de mi dice al más dulce de los dioses: «¡Mira cómo avanza! ¡Cómo busca y encuentra su Vía!» Entonces los dioses me cogen y me estrechan e.ntre sus brazos. He aquí a Keb que avanza con su todo-poder. Las Jerarquías avanzan también para unirse con Hathor que, a su vez, hace reinar el terror. En verdad, ¡Ra ha vencido a Apopi!

CAPITULO XL
PARA RECHAZAR AL DEMONIO AM-AAU (127)

¡Atrás, oh demonio Hai, horror de Osiris! Tu cabeza ha sido cortada por Thoth. Las crueldades que yo he ejercido en tu persona me han sido ordenadas por las Jerarquías del Cielo. ¡Atrás, pues, oh demonio Hai, tú hacia quien Osiris siente horror! Aléjate de mi Barca empujada por vientos propicios! ¡Dioses del Cielo que habéis derribado a los enemigos de Osiris, vigilad! Los dioses de la vasta Tierra están atraillados. ¡Vete, demonio Am-aau, el dios, Señor de la Región de los Muertos, te detesta! ¡Te conozco!, ¡te conozco!, ¡te conozco! ¡Vete, demonio!, ¡no me ataques, pues soy puro y me acomodo a los ritmos cósmicos! ¡No te acerques, tú que vienes sin ser llamado! ¡A mí no me conoces, demonio e ignoras que conservo el dominio sobre los encantamientos de tu boca! Pues bien, ¡sábelo! Así como que estoy al abrigo de tus garras. En cuanto a ti, ¡oh demonio Has-as!, he aquí a Horus que corta tus uñas. En verdad, destruido has sido en Pé y en Dep con tus legiones de demonios en orden de batalla. ¡Es el Ojo de Horus quien te ha vencido! A medida que avanzas, demonio, ¡yo te rechazo! Te he vencido mediante el aliento de mi boca, a ti que torturas a los pecadores y los devoras. Pues bien, sabe que en mí no hay Mal. Devuélveme, pues, mi Tableta de Escritura con todas las acusaciones que contiene. ¡Yo no he cometido pecados contra los dioses!, por consiguiente, ¡no me ataques! Toma tan solo lo que te doy yo mismo. No me lleves contigo. ¡No me devores!, pues yo soy el Señor de la Vida, Soberano del Horizonte.

CAPITULO XLI
Para rechazar las Matanzas

¡Oh Tum! Llegado soy cerca de la divinidad de la doble cabeza de León, ¡ojalá sea santificado! ¡Que este gran dios abra para mí las Puertas de Keb! He aquí que me prosterno ante el gran dios de la Región de los Muertos. Se me conduce junto a las Jerarquías divinas del Amenti. ¡Oh tú, Espíritu-Guardián de la Puerta, deja que el Hálito vivificante me nutra! ¡Que un Espíritu poderoso me conduzca hacia la Barca de Khepra! He aquí que la Tarde llega... Déjame hablar a los Espíritus sentados en esta Barca, para que pueda entrar y salir de ella a mi capricho. Que pueda contemplar los Misterios en el interior de la Barca y poner en pie a esta divinidad que ya no respira... (128). He aquí que le dirijo la palabra: «¡Dios poderoso, heme aquí! Habiendo pasado por el Portal de la Muerte ¡existo y vivo!» En cuanto a vosotros, hombres de la Tierra que lleváis las ofrendas y que abrís la boca de mi cadáver, ¡mostrad la lista de lo que ofrendáis!; ¡estableced a Maat, la diosa, en su Trono!; ¡mostradme la Tableta de mis acciones pasadas!, ¡colocad a Maat delante de Osiris, príncipe de la Eternidad, que, inmóvil, suputa los Años que pasan...! He aquí que habiendo escuchado las palabras que vienen de las Islas, eleva al aire su brazo izquierdo dando órdenes a los antiguos dioses... En verdad, El es quien me envía junto a mis Jueces del Mundo Inferior.

CAPITULO XLII
Para rechazar las Matanzas

He aquí la Región en la que la Corona Blanca sobre la cabeza (129), el Cetro de mando en la mano, se mantiene sentado el Ser divino. Llegado ante él, detengo mi Barca y pronuncio estas palabras: «¡Oh Dios poderoso! ¡Señor de la Sed!, ¡mírame!, acabo de nacer!, ¡acabo de nacer!, ¡acabo de nacer!» (130). El responde: «Sobre el tajo de los castigos que ves aquí muéstranse a plena luz tus malas acciones. Tú las conoces mejor que nadie... No obstante, voy a despertar el recuerdo de tus faltas» (131). Yo replico: «Yo soy Ra que hace fuertes a aquellos a quienes ama. Yo soy el Nudo del Destino cósmico oculto en el hermoso Arbol sacro-santo (132). Si yo prospero, Ra prospera. En Verdad, ¡mira!, los cabellos de mi cabeza son los propios del dios Nu. Mi cara es el Disco solar de Ra. La fuerza de la diosa Hathor vive en mis ojos. El Alma de Up-Uaut resuena en mis dos orejas. En mi nariz viven las fuerzas del dios Khenti-Khas. Mis dos labios son los labios del Anubis. Mis dientes son los dientes de la diosa Serkit. Mi cuello es el cuello de la diosa Isis. Mis dos manos son las manos del poderoso Señor de Djedú. Es Neith, soberano de Sais, quien vive en mis dos brazos. Mi columna vertebral es la de Seth. Mi falo es el falo de Osiris. Mi hígado es el hígado del Señor de Kher-Aha. Me pecho, el del Señor de los Terrores. Mi vientre, mi espalda, los de la diosa Sekh-met. Las fuerzas del Ojo de Horus circulan por la parte baja de mi espalda. Mis piernas son las piernas de Nut. Mis pies son los pies de Ptah. Mis dedos son los dedos del doble Halcón divino que vive eternamente. En verdad, ni uno sólo de los miembros de mi cuerpo deja de ser asiento de una divinidad. En cuanto a Thot, él mi Cuerpo entero todo, protege. Semejante a Ra, cada día me renuevo. Nadie podría inmovilizar mis brazos ni apoderarse de mis manos: ni los dioses, ni los Espíritus santificados, ni las Almas condenadas, ni las Almas de los antepasados, ni los Iniciados, ni los Angeles del Cielo... Yo soy el que marcha hacia adelante y cuyo nombre es un Misterio. Yo soy el Ayer. «El que contempla millones de años» es mi Nombre. Yo recorro los senderos del Cielo... He aquí que el título de Señor de la Eternidad me ha sido conferido. Yo soy proclamado el dios de lo Porvenir, el Dueño de la Corona real. Yo habito en el Ojo divino de Horus y en el Huevo Cósmico. El Ojo de Horus me confiere la Vida Eterna, y cuando se cierra me protege... Rodeado de radiaciones avanzo por mi camino y penetro por todas partes, a capricho de mi Corazón. Yo existo y vivo... Yo soy Horus que recorre los millones de años. La Palabra y el Silencio equilibrados están en mi boca. Sentado en mi Trono, yo ejerzo el mando... En verdad, mis Formas están ahora cambiadas (133). Yo soy Unnefer, el Ser perfecto, dios que se conforma a los Ritmos de los Tiempos. Mi esencia está oculta en mi Ser. ¡Solo existo!... ¡Solo!... ¡Solo!... Solo recorro las soledades cósmicas... En verdad, yo habito en el Ojo de Horus y ningún Mal puede alcanzarme. He aquí que abro las Puertas del Cielo y que envío Nacimientos hacia la Tierra. Y el niño por nacer no será atacado en la vereda que conduce a la Tierra... Yo soy el Ayer. Yo soy el Hoy de las generaciones innumerables. Yo soy el que os protege, todos los días de vuestra vida. ¡Oh vosotros, habitantes de la Tierra y del Cielo!, ¡los del Norte, del Sur, del Este y del Oeste! En verdad, el miedo ante mí ¡aprieta vuestro corazón!, pues yo me he modelado y formado por mí mismo. Y no moriré por segunda vez. Algunos rayos de mi Ser alcanzan vuestros pechos; pero mis Formas las guardo ocultas en mí; pues yo soy aquel que nadie conoce... ¡Oh vosotros, Demonios Rojos!, en vano volvéis vuestras caras hacia mí: un triple velo me oculta. Imposible volver a aquella época lejana en que el Cielo fue creado por mí, en que la Tierra fue separada; en que fueron puestos en lados distintos los seres nacidos del Cielo y los nacidos de la Tierra. Una vez separados ya no volverán a reunirse en la Fuente primera... Mi nombre extranjero es a la mácula del Mal. Poderosas son las Palabras mágicas que mi boca os dirige. Una radiación de Luz emana de todo mi Ser. Yo soy un Ser rodeado de murallas, en medio de un Universo rodeado de murallas también. Yo soy un Solitario en medio de mi Soledad... Ni un día pasa sin mi saludable intervención... ¡Pasan!, ¡pasan!, ¡pasan ante mí! En verdad yo soy un Ser hinchado de savia, nacido del Océano celeste... Mi Madre es la diosa del Cielo, Nut. Es ella quien ha modelado mi Forma. Inmóvil, soy el Gran Nudo del Destino que reposa en el Ayer; en mi mano descansa el Destino del Presente. Nadie me conoce; pero yo, yo os conozco. Nadie puede cogerme; pero yo puedo cogeros. ¡Oh Huevo Cósmico! ¡Escúchame! ¡Yo soy el Horus de millones de años! Yo envío hacia vosotros el Fuego de mis rayos, para que vuestros corazones se vuelvan hacia mí. Yo soy el Amo del Trono; liberado de todo Mal, recorro la Tierra y los Espacios... Yo soy el Cinocéfalo de oro, sin piernas ni brazos, tonante en el templo de Menfis... Sabedlo: si yo prospero ¡también prospera él, el Cinocéfalo de oro de Menfis!

CAPITULO XLIII
Para impedir que sea cortada la cabeza del Difunto

Príncipe yo mismo, Hijo de un Príncipe soy. Salido del Fuego divino yo soy el dios del Fuego. Así como la cabeza de Osiris no le ha sido arrebatada, igualmente mi cabeza, tras las matanzas, me será restituida... Volviendo a ser joven, renovándome, mantengo intacto mi Ser múltiple, pues yo soy Osiris, Señor de la Eternidad.

CAPITULO XLIV
Para no morir por segunda vez en el Más Allá

Mis moradas misteriosas han sido profanadas; mis escondites han sido revelados; los Espíritus santificados han sido precipitados en las Tinieblas; pero el Ojo divino de Horus me ha santificado y Up-Uaut me ha nutrido con la leche de sus tetas. Ahora me oculto entre vosotras ¡oh Estrellas fijas! En verdad, mi frente es la frente de Ra. Mi rostro se quita el velo; mi corazón está en su justo lugar. Yo soy el Dueño del Saber Sagrado y del Verbo mágico. Como Ra, yo me protejo a mí mismo. Nadie podrá ignorarme ni hacerme daño. En verdad, tu Padre celestial vive para ti, ¡oh tú, hijo de la diosa Nut! He aquí ¡oh Príncipe de los dioses! que llego junto a ti. Yo soy tu Hijo y he asistido a tus Misterios... Coronado Rey de los dioses no moriré por segunda vez en el Mundo Inferior.

CAPITULO XLV
Para impedir la Descomposición del Cuerpo en el Mundo Inferior

¡Oh tú inmóvil e inerte como Osiris, tú inerte e inmóvil como Osiris cuyos miembros están helados, sal de tu inmovilidad, para que tus miembros no se pudran!, ¡que no se separen de tu cuerpo y te abandonen!, ¡que mi cuerpo no se pudra! Pues yo soy Osiris...

CAPITULO XLVI
Para revivir en el Mundo Inferior

¡Salve, oh Hijos de Shu! ¡Salve, oh Hijos de Shu! He aquí que al alba de cada día ese dios se apodera de su Diadema; es por las generaciones que han de nacer por quien lo hace... En verdad, si yo renazco, Osiris renace.

CAPITULO XLVII
Para que su Trono no le sea arrebatado al Difunto

He aquí mi sitio en el Mundo Inferior ¡y he aquí mi Trono! Recorriendo los circuitos me acerco a él y pronuncio estas palabras: «Yo soy vuestro Señor, ¡oh dioses!, venid hacia mí, ¡seguid mis pasos!, pues yo soy el Hijo de vuestro Señor. Mi Padre celestial os ha creado; por mí existís. ¡Oh dioses!»

CAPITULO XLVIII
(Repetición del Capítulo X)

CAPITULO XLIX
(Repetición del Capítulo XI)

CAPITULO L
PARA NO SUFRIR EL CASTIGO

He ajustado las vértebras de mi cuello en el Cielo, lo mismo que en la Tierra. He aquí que Ra, tras el día de la Matanza y de la Confusión, establece y ajusta a los Retrasados la columna vertebral encima de sus piernas. Y he aquí que Seth, ayudado por las Jerarquías, devuelve a las vértebras de mi cuello su vigor pasado. ¡Que nada pueda conmoverlas!, ¡fortificad, pues, mi ser para que pueda resistir a los asesinos de mi Padre celestial! (134). He aquí que tomo posesión de mis dos Tierras; y es la propia Nut quien consolida las vértebras de mi cuello... Tienen la apariencia de otros tiempos, allá cuando la diosa Maat no era aún visible y cuando los dioses, que flotaban en las extensiones celestes, no habían nacido aún... ¿Dónde estoy ahora? Estoy ante las Jerarquías divinas.

CAPITULO LI
(Variante del Capítulo LII)

CAPITULO LII
UN ENCANTAMIENTO CONTRA LAS BASURAS

¡Horror!, ¡repugnancia!, ¡no, yo no comeré de ellas, pues un horror y una repugnancia son para mí esas basuras en vez de ofrendas para mi Espíritu!... ¡Que jamás sienta esa tentación!, ¡que no las toque con mis manos!, ¡que no las pise con mis sandalias! Entonces ¿de qué vivirás? Veo a los dioses llegar hacia mí. Traen los Siete Panes que me serán destinados, esos panes que me harán vivir, los mismos que, en otro tiempo, le fueran llevados a Horus y a Thoth... «¿Qué quieres comer?» preguntan los dioses. Yo respondo: «¡Ojalá pueda comer bajo el Arbol sagrado de Hathor, mi diosa! ¡Ojalá llegue mi turno entre esos Espíritus, que revoloteando, descienden sobre las ofrendas! ¡Ojalá los Campos de Djedú me sean atribuidos! ¡Ojalá pueda prosperar en Heliópolis! ¿Mi alimento? Son los panes hechos con Trigo Blanco. ¿Mi bebida? La cerveza extraída del Trigo Rojo (135). Que las Formas de mi padre y de mi madre me sean traídas aquí ¡oh guardianes de mi Puerta!» Ved cómo, mediante el Verbo de Potencia de mi boca, fuerzo mi pasaje, ensancho mi ruta y permanezco allí adonde mi corazón le place.

CAPITULO LIII
OTROS ENCANTAMIENTOS CONTRA LAS BASURAS

Yo soy el Toro Sagrado, Señor del Cielo, Amo de la Luz que sale de la Llama. Yo ordeno los Ritmos del Cielo y el curso de los Años. Gracias al dios de la doble cabeza de León puedo vivir como Espíritu santificado. (¡Horror, repugnancia!, ¡yo no como basuras!, ¡yo no bebo orines!) ¡Ojalá no ande con la cabeza hacia abajo!, pues yo poseo panes de las ofrendas de Heliópolis. Mis panes están en el Cielo delante de Ra. En la Tierra mis panes están delante de Keb. Las dos Barcas me los traen al templo del gran dios de Heliópolis. Alegre recorro el Cielo en compañía de los Espíritus. Como lo que ellos comen. Vivo de lo que ellos viven. Yo como pan consagrado proveniente del templo del Señor de las Ofrendas.

CAPITULO LIV
Para respirar aire en el Mundo Inferior

¡Oh Tum!, ¡déjame respirar el aire vivificante tan dulce a las ventanas de tu nariz!, pues yo soy el Huevo del Océano Cósmico. ¡Puedan mis Formas cambiantes permanecer bajo la buena guarda de los dioses!, pues yo soy un Mediador entre Keb y la Tierra... Si yo vivo, ella vive. Ahora bien, yo soy joven, yo vivo y yo respiro. Yo soy la fuente del Equilibrio de los Mundos. Yo giro en círculo en torno al Huevo Cósmico; mis rayos le iluminan. (Sin embargo, Horus está en guerra con Seth...) ¡Oh vosotros, Espíritus divinos que alegráis las dos Regiones a una con néctar y a la otra con lapislázuli, montad buena guardia ante el Huevo Cósmico que reposa en el fondo del Nilo celeste! ¡Ved!, yo, joven dios, voy a vuestro encuentro...

CAPITULO LV
Para respirar aire en el Mundo Inferior

Yo soy un Purificado entre los Purificados. Yo soy el dios Shu que, en las regiones de los dioses luminosos, atrae hacia él el Aire del Océano celeste, hasta los límites del Cielo, hasta los límites de la Tierra, hasta los límites de la luz divina. Que el aire vivifique, pues, a este joven dios y ¡que despierte!

CAPITULO LVI
Para respirar aire en el Mundo Inferior

¡Que el aire dulce de respirar llegue a las mías como llega a las ventanas de tu nariz, oh Tum! ¡Bendito sea tu santuario de Unnu! He aquí que, planeando en medio del Océano celeste, yo monto la guardia ante el Huevo Cósmico de Gengen-Ur... Si yo florezco, este Huevo vive a su vez. Pues el Aire que yo respiro y que me vivifica es el propio Aire que le vivifica a él.

CAPITULO LVII
Para obtener Poderes sobre las Aguas en el Más Allá

¡Oh Nilo celeste, tú, gran divinidad del Cielo!, por tu propio Nombre que es: «Aquel-que-atraviesa-el-Cielo-de-parte-a-parte», yo te conjuro; ¡concédeme sobre tus celestes aguas un poder semejante al que posee la diosa Sekh-met! Cuando la terrible Noche de las Tempestades y de las Inundaciones, ella es la que monta la guardia ante Osiris... Séame dado llegar hasta los Espíritus divinos que habitan en las Fuentes de las Aguas celestiales, así como estos Espíritus aspiran a llegar hasta la sacrosanta Divinidad cuyo Nombre es un Misterio. He aquí que llego a Djedú y que las ventanas de mi nariz son abiertas (136). Luego descanso en Heliópolis. Es la diosa Sesheta quien ha construido para mí una morada (137). El propio dios Khnum la ha ayudado. Cuando el viento viene del Norte, me siento al Sur. Cuando el viento viene del Sur, me siento al Norte. Cuando el viento viene del Este, me siento al Oeste. Cuando el viento viene del Oeste, me siento al Este. Olfateo con las ventanas de mi nariz el viento que se acerca, penetro por todas partes, según el deseo de mi corazón, y allí fijo mi morada.

CAPITULO LVIII
Otro encantamiento para obtener Poderes sobre las Aguas

—¡Abreme la Puerta!

—¿Quién eres? ¿Adonde vas? ¿Cuál es tu nombre?

—Yo soy un Espíritu divino como vosotros.

—¿Quiénes son los que te acompañan?

—Son las dos diosas-serpientes.

—¡Sepárate de ellas si quieres avanzar!

—¡No! Ellas me ayudarán a llegar hasta el santuario donde encontraré a los dioses superiores.

«El Alma que se concentra» es el Nombre de mi Barca; «El Espanto» es el nombre de mis Remos; «La-que-estimula» es el nombre de mi Cala; «Navega-derecho-delante-de-ti», es el de mi Timón. De la misma manera, sábelo, es modelado mi Ataúd durante la travesía... Que mis ofrendas sean: leche, pan y carne del templo de Anubis.

CAPITULO LIX
Los Poderes sobre la Respiración y sobre las Aguas

¡Salve, oh Arbol sagrado de la diosa Nut!, ¡concede a las ventanas de mi nariz tu Soplo vivificante!, ¡que tu santuario de Unnu sea bendito! He aquí que monto la guardia ante el Huevo Cósmico de Gengen-Ur. Si respira, yo respiro; si aumenta, yo aumento; si vive, yo vivo también.

CAPITULO LX
Para abrir las Puertas del Cielo

¡Que las Puertas del vasto Cielo se abran ante mí!, ¡que las Puertas de la húmeda Tierran sean cerradas con cerrojo ante mí! He aquí ese dios, ese gran dios del Nilo celeste... que se conforma a los Ritmos de Ra... ¡Concededme, oh dioses, poder sobre las Aguas del Cielo!, pues en verdad, el día de las Tempestades en la Tierra yo sabré dominar a Seth, mi enemigo. He aquí que yendo por el borde del camino, adelanto a esos poderosos dioses de los brazos robustos alineados a mi paso, así como ellos, por su parte, adelantan a ese dios luminoso acorazado de fórmulas mágicas, cuyo Nombre no será revelado... En verdad, ya he adelantado a los dioses de los poderosos brazos...

CAPITULO LXI
Los Poderes sobre las Aguas del Cielo

Heme aquí yo que, hinchando y desbordando los Abismos, hice surgir las Aguas del Cielo... Ellas me hicieron flotar sobre sus Espacios líquidos... A causa de ello ¡en mi poder quedaron las aguas celestiales!

CAPITULO LXII
Para beber Agua en el Mundo Inferior

¡Puedan los Abismos de las Aguas, morada de Osiris, abrirse delante de mí y dejarme pasar a su través! Puedan abrirse ante mí (¡Oh Señor de los dos Horizontes!) el Océano celeste de Thoth y las aguas del Nilo celestial, pues mi nombre es: «Aquel que penetra victorioso». Que el dominio de las aguas me sea concedido, ¡pues yo poseo ya el de los miembros de Seth! He aquí que atravieso el Cielo... Yo soy el dios de la cabeza de León y yo soy Ra; yo soy el dios Smam (138); en mi interior resplandece la constelación de Khpesh (139). Ahora, recorriendo los lagos y los senderos de los Campos de los Bienaventurados, yo entro en posesión de mi Herencia divina. La Eternidad sin límites me ha sido concedida; y la Duración infinita es mi bien... En verdad, ¡yo soy el Heredero de la Eternidad!

CAPITULO LXIII
Para no ser escaldado bebiendo el Agua

¡Salve, oh Toro del Amenti!, he aquí que ante ti yo me presento, yo, el remo de Ra. Fue gracias a mi ayuda como este dios consiguió tomar a bordo a las antiguas divinidades debilitadas por su edad y hacerlas atravesar sanas y salvas el Abismo de las Aguas. ¡Que el Fuego celeste destructor sea impotente ante mí! En verdad, yo soy el Hijo primogénito de Osiris y yo habito en el Ojo divino. Toda divinidad que en Heliópolis se presente ante él ¡tendrá que soportar mi mirada!, pues yo soy el heredero de los dioses y mi poder es grande. Ora estoy hundido en un profundo sueño, ora me despierto y desbordo de vigor. Mi nombre es: «Yo-te-libro-del-mal-y-tú-vives-en-mí-Eternamente».

CAPITULO LXIV
La Salida del Alma hacia la Luz del Día

Yo soy Hoy. Yo soy Ayer. Yo soy Mañana. A través de mis numerosos Nacimientos permanezco joven y vigoroso. Yo soy el Alma divina y misteriosa que, en otro tiempo, creó a los dioses y cuya esencia oculta nutre a las divinidades del Duat, del Amenti y del Cielo. Yo soy el Timón del Oriente, Señor de las dos Caras divinas. Mi radiación ilumina a todo ser resucitado que, no obstante pasar, en el Reino de los Muertos, por Transformaciones sucesivas busca su camino penosamente a través de la Región de las Tinieblas. ¡Oh vosotros, Espíritus con cabeza de gavilanes, de ojos impasibles, vosotros que como suspendidos allá muy arriba, escucháis atentamente las palabras mágicas medidas en verso por los que acompañan a mi Ataúd caminando hacia su oculta morada!

Y vosotros, que precedéis y vosotros que seguís a Ra en su marcha hacia el punto culminante del Cielo. Mientras que Ra, él mismo, el Señor del santuario, de pie en su Barca, hace, en virtud de su radiación, brotar los frutos de la tierra, vosotros todos, ¡aprended! Que en verdad, ¡soy yo quien es Ra! ¡Y que Ra es, por el contrario, yo! Que soy yo quien con cristal ha cincelado el firmamento de Ptah. ¡Oh Ra! Tu Espíritu está satisfecho y tu corazón contento, cuando contemplas la hermosa ordenación de este día, cuando penetras en esta ciudad celeste de Kheme-nú y en seguida la dejas por la Puerta del Este... Los primogénitos de los dioses que te habían precedido avanzan a tu encuentro y te saludan con gritos de alegría... ¡Oh Ra! ¡Hazme dulces y agradables los caminos recorridos por tus rayos solares! ¡Ensancha para mí tus Senderos luminosos, el día en que emprenda mi vuelo desde la Tierra hacia las Regiones Celestiales! Extiende tu luz sobre mí, ¡oh Alma misteriosa!... He aquí que llego ante ti, ¡oh dios, cuya voz resuena como un trueno en la vasta Región de los Muertos!... Los pecados de mis padres, ¡que no me sean imputados a mí! Líbrame de ese Espíritu malhechor y falso cuyos dos ojos parecen cerrados al llegar la Tarde y que, durante la Noche, mata a los mortales... En verdad, yo desbordo de posibilidades sin límite y mi nombre es: «El Gran Negro» (140). Lo que en mí está oculto yo lo hago manifiesto entre las variaciones de mis cambiantes Formas... He aquí al dios grande y sin límites cuya voz misteriosa despierta a las divinidades ocultas en mi Corazón. He aquí que este Dios, levantando su brazo poderoso, dice: «¡Ven!, ¡franquea el Abismo!, ¡mira!, ¡ante ti, reducido a la impotencia, yace, tu Enemigo! Sus muslos atados están a su cuello; su parte inferior agarrotada con su cabeza...» ¡Oh vosotros, Príncipes divinos de la Región de los Muertos!, ¡que Isis y Neftis puedan, aquel día, hacer cesar en mí el manantial de mis lágrimas (141), en el momento en que, desde la otra orilla contemple a mi otro Yo obligado, por las exigencias de mi Destino, a recorrer los Circuitos del Abydos Celeste! Y los cuatro Pilares de las cuatro Regiones del Espacio, con sus Puertas y los Cerrojos de sus Puertas (sea en el Mundo al Interior o al Exterior de mí) ¡puedan quedar entregados al poder de mi brazo! Rápidas y semejantes a las de un perro son mis piernas, cuando recorro los santuarios del Más allá. El dios de la doble cabeza de León ha nutrido mi Cuerpo; Igó mismo ha colocado mi Cuerpo en el ataúd (142); vigorosa es mi Alma. Forzando las Puertas del Más allá, yo paso. Para mí penetra hasta las Regiones más alejadas del Cielo la luz que brota a rayos de mi Corazón; pues mi Nombre es: «El que conoce los Abismos». Es para asegurar vuestra salvación, ¡oh vosotros, Espíritus desencadenados que por millones habitáis el Más allá! por quienes obro en este momento calculando y teniendo en cuenta Días y Horas propicias, para las estrellas de Orión y las doce divinidades que las rigen. He ahí que juntan sus manos, cada una con cada una, pero entre ellas, la sexta, al borde del Abismo no está en el momento de la derrota del Demonio... Vedme aquí llegando como triunfador ante una vasta plaza del Mundo Inferior. Traigo mis ofrendas al dios Shu... Cuando tras las Matanzas la sangre de los impuros se haya enfriado y la Tierra enteramente reunida de nuevo, vuelva a florecer y a dar frutos, yo me manifestaré en calidad de Señor de la Vida. Mi esplendor será grande en medio del magnífico Ordenamiento, ¡del renaciente Día! En verdad, yo quebrantaré la resistencia de aquellos que ocultándose se unen contra mí, ¡forjando planes para rechazarme!... ¡Ah! ¡Vosotros demonios que os arrastráis sobre vuestros vientres!, ¡sabedlo!, ¡yo llego aquí como plenipotenciario del Señor de los Señores para vengar a Osiris! Mi ojo sabe reprimir sus lágrimas. Yo soy enviado por Aquel cuyo brazo es sólido y que es Dueño de sus posesiones. Yo he recorrido todos los caminos de Sekhem a Heliópolis (143) para instruir al Fénix divino sobre las cosas del Mundo Inferior... ¡Salve a ti, oh Reino del Silencio, y a los Misterios que encierras!, ¡oh tú, que creas las Formas de la existencia semejante al dios Khepra mismo, déjame contemplar el Disco de Ra! ¡Que el gran dios Shu del cual la eterna Duración es su Mansión, me haga comparecer ante él! ¡Que mis Viajes a través del Más allá puedan proseguir en paz! ¡Que pueda atravesar el Firmamento y admirar los esplendores de la radiación que deslumhra! ¡Pueda también semejante a un pájaro, planear en el aire y contemplar, día tras día, reunidos junto a Ra a los Espíritus santificados! ¡Pueda ser socorrido por los rezos de los Iniciados en ese instante, en que, sus ligeras sandalias apoyadas en la arena, marchan en silencio...! Y tú, Ser poderoso de movimientos rápidos que conduces a las Regiones Inferiores las sombras de los Espíritus santificados, ¡permíteme, en calidad de favorito de los dioses, recorrer en paz la Región de los Muertos! ¡Ten piedad de mí, pues, debilitado como estoy, sólo muy penosamente mantengo la cohesión de las Almas múltiples!... En cuanto a ti, demonio, que allí lejos te ocultas y devoras en silencio las Almas, ¿quién eres? ¡No te acerques!, ¡no me toques!, ¡yo soy, entérate, el Príncipe del Re-stau! ¡Yo soy aquel cuyo Nombre es suficientemente poderoso como para abrir las Puertas del Mundo Inferior!... En el momento en que salga, mi Nombre será: «Divinidad-que-busca-y-que-aspira, Señora-de-la-Eternidad-de-la-Tierra». Apenas la diosa encinta hubo colocado, tras dar a luz, su carga, cuando la Puerta de en medio de la Muralla fue empujada, cerrada y echado el cerrojo. (Yo me regocijo por haberla cerrado.) El Ojo, al Alba, devolvió a la gran divinidad resplandor y Rostro. (¡Lejos de mí todo lo que es podredumbre!) Pues yo me he vuelto en todo semejante al dios-León adornado con flores consagradas a Shu. ¡Yo no temo las Aguas del Abismo! ¡Bienaventurados aquellos que, desde el Más allá, contemplan en paz los restos mortales ese bendito día en que Osiris, «Dios-de-Corazón-Detenido», desciende planeando sobre su despojo! En verdad yo soy aquel que marcha ¡hacia la plena Luz del Día! En presencia de Osiris llego a ser Dueño de la vida. Mi Ser es ya para siempre inalterable y eterno; heme aquí rodeando con mis brazos el Sicómoro sagrado; Él, a su vez, me abre sus graciosos brazos... Llegado ante el Ojo de Horas, tomo posesión de él. (¡Que reine en paz sobre los Mundos!) Yo contemplo a Ra cuando se acuesta; cuando aparece, al alba, me uno a su Soplo vivificante. Puras son mis manos cuando le adoro. ¡Puedan, pues, todas las partes de mi Ser guardar por entero su cohesiór.! ¡Que no sean dispersadas! He aquí que vuelo semejante a un pájaro y que desciendo, planeando, hacia la Tierra... A medida que avanzo, debo seguir la huella de mis actos anteriores, pues yo soy el Hijo de Ayer (144). Las dos divinidades Akeru presiden mi porvenir... (145). ¡Que la poderosa Tierra me preste, en el momento del peligro, su robusto vigor propio! ¡Que el poderoso dios que marcha detrás de mí mientras me dirijo al Más allá, se apiade constantemente de mí y me guarde! Para que mi Carne se torne cada vez más fuerte y sana, mi Espíritu, santificado, monte la guardia por encima de mis miembros, y mi Alma los cubra y los proteja con sus alas y les hable dulcemente, como una amiga... ¡Ojalá las jerarquías divinas escuchen mis palabras! ¡Ojalá, sí, entiendan mis palabras!...

RÚBRICA

Si el difunto conoce el capítulo que precede, podrá, tras la muerte, salir hacia la plena Luz del Día; no encontrará obstáculos en las puertas del Mundo Inferior, ora penetrando por ellas, ya al abandonarle. Podrá pasar a voluntad por todas las Metamorfosis. No morirá (146). Su alma se abrirá como una flor. Además, si se conoce este capítulo, será victorioso tanto en la Tierra como en el Más allá y podrá cumplir todo acto de que es capaz un ser humano que viva en la Tierra. En verdad, ello constituye un gran don de los dioses.

Este capítulo fue hallado en tiempos del rey Man-Kau-ra (147), en la ciudad de Khemenú, bajo los pies de una estatua del dios (Thoth). Estaba grabado en un bloque de hierro y la inscripción estaba incrustada con verdadero lapislázuli. El hallazgo fue hecho por el príncipe real Heru-tataf con motivo de su viaje de inspección a los templos. Un cierto Nekht, que le acompañaba, consiguió descifrar su sentido oculto. Al punto el príncipe, dándose cuenta del gran misterio que contenía la inscripción, que ningún ojo humano había contemplado antes, se la dio a conocer al rey.

Todo aquel que recite este capítulo debe estar ritual-mente puro. No debe haber comido carne de animales de los campos, ni pescado, ni haber tenido comercio carnal con mujeres.

Haced un escarabajo de piedra que tenga un reborde de oro y colocadle en la parte interior del corazón del difunto; este amuleto realizará en él la apertura de la boca. Ungirle con pomada de ANTI pronunciando, al hacerlo, la fórmula mágica (148).

CAPITULO LXV
PARA TENER EN SU PODER A LOS ENEMIGOS

Ra está sentado en su Trono en la Mansión de los Millones de Años. Delante de él, de pie, están las Jerarquías divinas y los Espíritus de los rostros velados que obran en la Región del Eterno Llegar a ser (149). Ellos regulan el curso de las cosas absorbiendo lo demasiado super-fluo (150). Ellos hacen dar vuelta a los cielos con su Disco de Fuego, cogidos a su vez en el propio movimiento. ¡Ojalá pueda apoderarme de los cautivos de Osiris y no caer jamás en manos de los demonios de Seth!... En cuanto a vosotros que disfrutáis del reposo en los bancos verdeantes de los ríos celestiales en la Región de Aquel que gobierna las Almas, ¡ojalá pueda yo estar sentado en el puesto de Ra mientras mi Cuerpo es confiado al dios de la Tierra! ¡Ojalá pueda triunfar de Seth y sus acechadores nocturnos de cara de cocodrilo, así como de los acechadores de rostros ocultos, cuando, con apariencia de dioses, se desimulan, el séptimo día de las Fiestas, en el templo del dios del Norte! En verdad, diríase que sus lazos están calculados para toda la eternidad, y sus cuerdas para aguantar indefinidamente. Desde aquí percibo a un demonio: su sombra etérica, sedienta y peligrosa, maniobra en el Valle de las Tumbas... Yo sé: que los que nacen a la vida tras la muerte se exponen a sucumbir en los lazos de este demonio... Pero yo, yo he nacido para el mundo del Más allá bajo la forma de un Espíritu santificado lleno de vida... ¡Salve, oh Iniciados que moráis bajo la Tierra! ¡destruid y extirpad el Mal que se aferra a mi persona! ¡Oh Ra!, ¡déjame contemplar tu Disco de fuego!, ¡ayúdame en mi lucha contra los enemigos!, ¡permíteme justificarme ante el Tribunal divino presidido por la Gran Divinidad! Pero si resistes y me impides que triunfe de mis enemigos y que me justifique ante el Tribunal divino, entonces... ¡Entonces que el Orden natural sea trastornado!, ¡que el Nilo pueda escalar el Cielo y vivir de la sustancia de la Verdad-Justicia, y que Ra sea quien haga vivir a los peces del Nilo! Pero si yo triunfo de mis enemigos, entonces... ¡Entonces pueda Ra subir al Cielo, vivir de la sustancia de la Verdad-Justicia y que el Nilo sea quien haga vivir a los peces!... En verdad, cuando yo haya deshecho a mis enemigos, ¡entonces será un gran día en la Tierra! He aquí pues que preparo una campaña contra mis enemigos. Han sido entregados a mi poder y yo los deshago ante las Jerarquías divinas.

CAPITULO LXVI
La Salida del Alma hacia la Luz del Día

La ciencia oculta, ¡yo la he apagado! Yo, sé que la diosa Sekhmet me ha llevado en sus costados, que la diosa Neith me ha traído al Mundo, que soy, a la vez, Uadjit el de cabeza de Serpiente y una emanación del Ojo divino de Horus... He aquí que planeo como un pájaro del Cielo, que desciendo sobre la Frente de Ra y que navego sobre el Océano celeste sentado en paz en la proa de su Barca...

CAPITULO LXVII
Para abrir las Puertas hacia el Más allá

He aquí que los diques del Océano celeste son forzados y los pasos de los Hijos de la divina Luz, quedan libres. Las Puertas del santuario oculto de Shu se entreabren... ¡Ya lo están! Y puesto que este dios sale con toda libertad, asimismo puedo yo salir también con toda libertad, ¡yo! Marcho pues hacia mis dominios, recibo ofrendas y me apodero de las tribus del Príncipe de los Muertos. Luego avanzo hacia mi Trono levantado en medio de la Barca de Ra... Allí, protegido contra las Fuerzas del Mal ¡ojalá navegue en paz!... ¡Y salve a ti, oh radiación divina del Lago celeste!

CAPITULO LXVIII
La Salida del Alma hacia la Luz del Día

He aquí que las puertas del Cielo me son abiertas y que las Puertas de la Tierra no se oponen ya a mi paso... ¡Quitad los Cerrojos de la Puerta de Keb! ¡Dejadme penetrar en la Primera Región! En verdad, los brazos invisibles que me habían rodeado y protegido en la Tierra y que dirigían mis pasos, se han apartado de mí. La Región de los Canales y de las Corrientes se abre ante mi mirada y puedo recorrerla a mi placer... En verdad, soy el Amo de mi corazón «ib» y de mi corazón «hati», el Amo de mis brazos, de mis piernas y de mi boca, el Amo de mi cuerpo todo entero, el Amo de las sepulcrales ofrendas, el

Amo del Agua, del Aire de los Canales y de los Ríos, el Amo de la Tierra y de sus Surcos, y el Amo de los Seres mágicos que obrarán para mí en el Mundo Inferior. Yo tengo pues completo dominio sobre todo cuanto podía serme ordenado en la Tierra. ¡Oh vosotros, Espíritus divinos! ¿no habéis pronunciado, hablando ante mí, estas palabras: «¡Que participe en la Vida eterna Comulgando con el Pan consagrado de Keb!» ¡Lejos de mí las cosas que detesto!, mi pan de comunión será hecho con Trigo blanco, mi Bebida de Comunión sacada será del Trigo rojo, moraré en un lugar puro y santificado, bajo las ramas de la Palmera, árbol sagrado de Hathor, princesa del Disco solar. Hela aquí que avanza hacia Heliópolis con el Libro de las divinas Palabras de Thoth (151) en sus brazos. En verdad, yo soy el Amo de mi Corazón «ib» y de mi Corazón «hati», el Amo de mis brazos, de mis piernas y de mi boca, el Amo del Agua, de los Canales y de los Ríos, el Amo de los Seres mágicos que obran para mí en el Mundo Inferior. Tengo pues dominio sobre todo cuanto me podría ser ordenado tanto en la Tierra como en el Mundo Inferior. Si se me coloca a la derecha, me dirijo hacia la izquierda; si se me coloca a la izquierda, me dirijo hacia la derecha. Sentado o de pie, suspiro mediante el Hálito vivificante del Aire... En verdad, mi Boca y mi Lengua: ¡He aquí mis guías!

RÚBRICA

Si las palabras anteriores son conocidas (por el difunto), podrá salir hacia la plena Luz del Día; podrá recorrer la Tierra mezclándose con los vivos, y sus posibilidades físicas no sufrirán, eternamente, disminución alguna.

CAPITULO LXIX
LA SALIDA DEL ALMA HACIA LA LUZ DEL DÍA

Soy un Espíritu de Fuego, hermano de todos los Espíritus de Fuego. Yo soy Osiris, hermano de Isis. Mi hijo, Horus, y mi padre, Isis, encadenan, para vengarme, los brazos de mis enemigos que han cometido contra mí crímenes sin número... Yo soy Osiris, el Primogénito de los dioses, heredero legítimo de Keb, su padre divino. Yo soy Osiris, Amo de los Manantiales Primeros de Vida... Poderosos son mi espada y mi pecho; mi fuerza generatriz penetra por todas partes allí donde habitan los hombres. Yo soy Orión que, pasando ante los innumerables ejércitos de Estrellas, recorre la Región del Cielo. En verdad, el Cielo es el seno de Nut, mi Madre divina, que me ha concebido y traído al Mundo según su voluntad. Yo soy Anubis, el Día en que llega a ser Sepa. Yo soy el Toro Sagrado en medio de su Pradera... En verdad, ¡yo soy Osiris! El día de la Gran Catástrofe escondido fui por mi Padre y mi Madre... El dios Keb es mi padre; mi madre la diosa Nut... (152). Yo soy Horus, el Primogénito de Ra, el día de su culminación. Yo soy Anubis el día en que llega a ser Sepa. Yo soy Tum, Señor de los Mundos. Yo soy Osiris... Salve, ¡oh tú, Divinidad muy Antigua!, he aquí que entras y diriges la palabra a Thoth, el Escriba divino, Guardián de la Puerta de la mansión de Osiris... Déjame recorrer tus Regiones, visitarlas en paz, alcanzar a ser un Espíritu santificado, ser juzgado y justificado, llegar a ser divinidad y volver a voluntad a la Tierra, ¡para proteger allí mi Cuerpo! Ahora, sentado cerca de donde en tiempos nació Osiris me dispongo a destruir el Mal que le contamina. En verdad, ¡poderoso soy! Habiendo venido al Mundo con Osiris, en el mismo sitio en que él nació en tiempos, me torno dios... ¡me torno joven! ¡me torno joven!, y me apodero de este muslo que es mío, y que es también el de Osiris, y con él abro la boca de los dioses. He aquí que entonces Thoth aparece, y yo me coloco a su lado... Pueda mi corazón ser fortificado por las ofrendas en el altar de mi Padre divino: Pan, cerveza, carne, aves. He aquí que traigo ofrendas a Horus, a Seth y a Enheri-Ertitsa...

CAPITULO LXX

He aquí que llego a buen puerto. Por decreto de Enheri-Ertitsa mi Corazón se hace vigoroso. Mis ofrendas adornan los altares de mi Padre Osiris. Yo soy el amo de Busiris sobre cuya región vuelo. Yo aspiro por sus cabelleras los Vientos del Este. Yo agarro por sus bucles a los Vientos del Norte. Por su piel, me apodero de los Vientos del Oeste. Tengo bien cogidos por las cejas a los Vientos del Sur. Recorro el Cielo; las cuatro Regiones del Espacio me obedecen. Traigo el Soplo vivificante a los Espíritus santificados para que lo absorban como ofrendas sepulcrales...

CAPITULO LXXI

¡Salve, oh dios de cabeza de halcón, Amo de la diosa Mehurt! (153). He aquí que irradias en medio del Océano celeste. En verdad, si tú eres vigoroso, ¡entonces yo lo soy también! Muestra pues a la Tierra tu Rostro radiante, ¡oh tú, que sucesivamente te manifiestas y te eclipsas! ¡Que tu voluntad sea hecha! Y ¡mira!, ¡he aquí que el «Dios-de-Cara-Unica» está conmigo! El dios de cabeza de Halcón mora en su santuario. Con un movimiento brusco descorro la cortina que le oculta. ¿Qué veo? ¡He aquí que ante mí aparece Horus, el hijo de Isis! ¡Oh Horus! ¡Devuelve a mis cerebros el vigor así como yo devuelvo el vigor a tus miembros! ¡Oh tú que sucesivamente te manifiestas y te aclipsas, que tu voluntad sea hecha! ¡Mira! ¡Mira cómo el «Dios-de-la-Cara-Única» está conmigo! Horus se encuentra en el Horizonte del Sur y Thoth en el Horizonte del Norte. Yo calmo el Incendio que devasta los Mundos, yo conduzco la diosa de la Verdad-Justicia hacia los dioses que la veneran. ¡Oh Thoth, Thoth, escucha mi voz! ¡Hazme vigoroso así como te haces vigoroso a ti mismo! Muestra a la Tierra tu Rostro radiante. ¡Oh tú que sucesivamente te levantas y te eclipsas, que tu voluntad sea hecha! ¡Mira! el «Dios-de-la-Cara-Única»! está a mi lado! En verdad, yo soy una Planta de las zonas desérticas, ¡una Flor de los horizontes misteriosos!... He aquí a Osiris... ¡Oh Osiris, escucha mi voz! ¡Vuélveme vigoroso, cual a ti mismo te vuelves vigoroso! Muestra a la Tierra tu Rostro radiante, oh tú que sucesivamente te levantas y te eclipsas, y ¡que tu voluntad sea hecha! ¡Mira! ¡el «Dios-de-la-Cara-Única» está a mi lado! ¡Oh tú, Ser que te yergues sobre tus dos poderosas piernas y que sabes aprovechar el momento propicio; tú a quien obedecen los dos Espíritus Djefi (154), vuélveme vigoroso, como tú te haces tú mismo vigoroso! Muestra a la Tierra tu Rostro radiante, ¡tú que sucesivamente te levantas y te eclipsas, y que tu voluntad sea hecha! ¡Mira!, el «Dios-de-la-Cara-Única» está a mi lado! ¡Oh tú, Dios Nekhen, que moras en el Huevo cósmico, Señor de la diosa Mehurt, vuélveme vigoroso, cual a ti mismo te vuelves vigoroso! Muestra a la Tierra tu Rostro radiante, ¡oh tú que sucesivamente te levantas y te eclipsas, que tu voluntad sea hecha! ¡Mira!, ¡el «Dios-de-la-Cara-Única» está conmigo! He aquí a Sebek, el dios de cabeza de cocodrilo que recorre sus dominios. He aquí a Neith, señora de Sais, que recorre sus canales y sus plantaciones... Tú, que sucesivamente te levantas y te eclipsas. ¡Que tu voluntad sea hecha! ¡Mira!, ¡el «Dios-de-la-Cara-Única» está conmigo! ¡Oh vosotros, los siete Jueces que lleváis a hombros la Balanza, cuando la Gran Noche del Juicio! El Ojo divino, por orden vuestra, corta las cabezas, acuchilla los cuellos, arranca, destroza los corazones y deshace a los Condenados en el Lago de Fuego. En verdad, yo os conozco y conozco vuestros Nombres, y lo mismo que yo conozco vuestros Nombres asimismo vosotros me conocéis a mí... He aquí que avanzo hacia vosotros ¡oh dioses! así como vosotros avanzáis hacia mí. Vosotros vivís en mí, así como yo vivo en vosotros. Volvedme vigoroso mediante los Cetros mágicos y su fuerza ¡esos Cetros que tenéis en vuestros brazos! ¡Concededme gracias al Verbo mágico de vuestra boca, una larga vida! Que los años de mi vida se añadan a los años, que los meses de mi vida se añadan a los meses, que los días de mi vida se añadan a los días, que las noches de mi vida se añadan a las noches, para que pueda aparecer ante mi estatua funeraria y la ilumine con mis rayos... ¡Conceded a las ventanas de mi nariz el soplo de Vida para que puedan mis ojos ver claro y distinguir cada uno de los dioses del Horizonte el día esperado, en que serán pesadas y juzgadas las iniquidades cometidas en la Tierra!

RÚBRICA

Si este capítulo es recitado, el difunto podrá recorrer la Tierra bajo la mirada benévola de Ra; su permanencia junto a Osiris será agradable y, en general, la recitación será de gran provecho para el difunto que se encuentre en el Mundo Inferior. Las ofrendas sepulcrales no le faltarán, y podrá aparecer (ante Ra) todos los días, eternamente.

CAPITULO LXXII
Para abrirse camino en el Mundo Inferior

¡Salve, oh Señores de la Ordenación de los Mundos, vosotros que, exentos de Mal y de Pecado, permanecéis en la Eternidad y en la infinita Duración! He aquí que yo abordo la Vía que me conducirá a vosotros. Yo, Espíritu santificado, recorro todas las Formas del llegar a ser. Mi verbo mágico me da el poder. Yo he sido juzgado y santificado. Libradme pues de los demonios con cabeza de Cocodrilo que se ocultan en estas Regiones y frecuentan la Comarca de la Verdad y de la Justicia. ¡Conceded a mi boca la Palabra de Potencia en mis manos, pues yo os conozco y conozco vuestros Nombres! Yo conozco, sí, el Nombre de ese Dios Grande. Conceded una ofrenda a ese Espíritu que abre la Vía en el Horizonte Oriental del Cielo, y desciende planeando hacia el Horizonte Occidental. He aquí que viene hacia mí decidido a volverme vigoroso, para que los demonios no se apoderen de mí. ¡Que no sea rechazado de vuestra Puerta, dioses! ¡Que no la encuentre cerrada con cerrojo! Pues mis ofrendas sólidas están en Pé, y mis ofrendas líquidas en Dep se hallan (155). Es allí donde junto con mis dos brazos... ¡Ojalá pueda pues contemplar a Tum, mi Padre establecido en sus dominios del Cielo y de la Tierra! En verdad, mis ofrendas carecen de límites, pues es mi hijo, salido de mi Cuerpo, quien me nutre... Conceded-me, pues, comidas sepulcrales, incienso, cera, y además cosas buenas y puras, necesarias real y eternamente, ¡para la vida de un dios! ¡Que pueda pasar a voluntad por todas las Metamorfosis y descender y volver a subir en mi barca los canales de Sekht-Ianrú, pues yo soy el dios de la doble cabeza de León!

RÚBRICA

Si el difunto ha aprendido este capítulo durante su permanencia en la Tierra o le ha hecho inscribir en su ataúd, podrá salir hacia la plena Luz del Día y recorrer a voluntad toda la gama de Metamorfosis; además, no será expulsado del lugar que le es debido. Ofrendas en el altar de Osiris no le faltarán. Podrá penetrar en el Sekht-Ianrú y conocer el decreto del dios (Osiris) que mora en Djedú. Allí hallará trigo y cebada. Allí prosperará, lo mismo que había prosperado en la Tierra. Y allí realizará sus voluntades, semejante a uno de los dioses del Duat, continuamente, millares de veces.

CAPITULO LXXIII
(Repetición del Capítulo IX)

CAPITULO LXXIV
PARA SERVIRSE DE LAS PIERNAS

Lo que debes cumplir en tu Mansión del Mundo Inferior, hazlo de pie, ¡oh dios Sokari!, sostenido por tus dos piernas. En cuanto a mí, yo irradio por encima de la constelación de la Cadera (156). He aquí que recorro el Cielo y que me siento en medio de los Espíritus Santificados... ¡Ay, qué débil soy! ¡Ay, qué débil soy! Mis piernas me obedecen, ¡pero me siento desfallecer! Desamparado me siento en medio de las violencias de las fuerzas brutales desencadenadas que reinan en el Mundo Inferior.

CAPITULO LXXV
PARA DIRIGIRSE HACIA HELIÓPOLIS Y PARA OBTENER ALLÍ UN LUGAR

¡Hecho está! ¡He recorrido todos los rincones ocultos de la vasta Tierra! Los Espíritus-servidores de Thoth que, con las manos juntas, saludan al Sol (157), me han concedido la Ciencia misteriosa de los Ordenes Internos... Mediante esta ciencia penetro en la Morada en donde son purificados los habitantes de los ataúdes... He aquí que fuerzo un paso muy temible, y llego a las mansiones de los dioses Remrem y Askhsesef. Luego me introduzco en la Región de los Misterios sacro-santos y me encuentro ante el dios Kemkem (158). Sus manos tendidas por encima de mí me protegen. Su hermana Khebent y su madre Seksekt reciben la orden de ayudarme. Soy colocado al Oriente, allí por donde Ra se levanta todos los días, y como él, yo me levanto en el Cielo y le recorro en todos los sentidos, Yo, Espíritu con atributos divinos. Y he aquí que llego ante el Santo Lugar situado en el camino que Thoth recorre cuando se va a pacificar a los dos Adversarios entregados a la Gran Batalla... Entonces paso por Pe y por Dep.

CAPITULO LXXVI
Para cambiar de forma a voluntad

He aquí que avanzo hacia la Morada del Rey de los dioses... (un espíritu alado me conduce). ¡Salve, oh tú que planeas por las extensiones del Cielo, y que iluminas al Hijo de la Corona Blanca! ¡Ojalá mi Corona Blanca pueda estar bajo tu protección! (159). ¡Ojalá pueda vivir a tu lado! He aquí que he recogido y reunido todos los miembros dispersos del Gran Dios. Ahora, tras haber creado enteramente un Camino celeste, avanzo por este Camino...

CAPITULO LXXVII
Metamorfosis del Difunto en Halcón de Oro

Semejante a un gran Halcón de Oro que sale de su Huevo, yo emprendo mi vuelo hacia el Cielo. Planeo en el Cielo igual a un gran Halcón cuya espalda mide cuatro codos y cuyas alas relucen como esmeraldas del Sur... Echo a volar desde el ataúd colocado en la Barca «Sektet» y llevo mi Corazón hacia las Montañas del Este. Luego desciendo, planeando, hacia la Barca «Mandjit»... (160). Las Jerarquías divinas se presentan ante mí. Se inclinan profundamente y me saludan mediante gritos de alegría. Entonces, semejante a un gran Halcón de Oro con cabeza de Fénix, emprendo mi vuelo hacia el Cielo... En verdad, Ra presente está ante mí todos los días escuchando mis palabras. Vosotros, dioses antiguos ¡oh Primogénitos de Nut, mirad cómo ocupo mi lugar entre vosotros! ¡Firme y estable soy! Los Campos de los Bienaventurados se extienden ante mis ojos hasta perderse de vista; ellos me alimentarán. Espíritu santificado en medio de la abundancia de estos Campos, vivo como le place a mi corazón. El uso de mi laringe me ha sido devuelto por el dios Nepra y guardo, poderoso, el dominio de todas las fuerzas de mi cabeza.

CAPITULO LXXVIII
Halcón de Oro

¡Salve, oh dios poderoso! He aquí que me dirijo hacia Djedú y que tú santificas mis caminos... Mientras recorro las Etapas de mi Viaje y visito mis Tronos, ¡acompáñame!, ¡renueva y exalta mi Ser!, ¡haz que el espanto y el temor acompañen a mi nombre, para que los dioses de la Región de los Muertos tengan miedo de mí y a causa de mí, combatan entre ellos mismos! Que todo el que quiera perjudicarme no pueda acercarse a mí en la Región de las Tinieblas allí donde las Almas débiles buscan un abrigo para ocultarse. He aquí que los dioses, Señores del séquito de Osiris, escuchan atentamente mis palabras. Hablando entre vosotros ¡oh dioses! guardad silencio sobre lo que habéis oído. No reveléis, ¡cuidado!, mis palabras a nadie, pues Maat podría oiros... Es Osiris mismo quien habla por mi boca. He aquí que cumplo mis Viajes. Entro y salgo, según la Potencia de mi Verbo... Contemplo tus Formas sucesivas creadas por la fuerza de mi Alma. Mediante el dominio que tengo sobre mis piernas, les transmito la fuerza y rapidez de sus movimientos; pues yo soy, ¡yo!, el igual de Osiris, Señor de los Mundos. Los dioses de la

Región de los Muertos tienen miedo de mí, y entre ellos combaten en sus moradas a causa de ello. Yo puedo circular por ellas, con los seres que por ellas circulan; y dado mi poder de Señor de la Vida, allí descanso en mi sitio habitual. Isis me protege; con su ayuda reformo el gran Todo de mi Ser, mientras que los demonios, invisibles, se oponen. Ora descanso, ora estoy en movimiento. Recorro los límites extremos del Cielo y converso con el dios Keb. El Señor de los Mundos me concede el Néctar divino... En verdad, los dioses de la Región de los Muertos ¡miedo tienen de mí! Entre ellos combaten en sus dominios, a causa de mí. Por mí renuevan el alimento de pescado y aves. En verdad, yo soy un Espíritu, del número de los Espíritus santificados, y del número de los Espíritus de Luz. He aquí que recorro a voluntad el ciclo de las Metamorfosis. Este dios no obstante llega y penetra en Djedú; imprimiendo un Sello a mi Alma la ha hecho divina e inmortal, y te habla de mis viajes en el Más allá y de mis proyectos... En verdad, mi presencia en la Región de los Muertos siembra el terror y la confusión. Los dioses tienen miedo y combaten en sus mansiones a causa de mí. Pues yo soy un Espíritu santificado, uno de esos Seres divinos creados por Tum mismo al principio de los Mundos, uno de esos seres que en su Ojo divino se cambian en Plantas Florecientes... Tum les hace recorrer los ciclos de las Metamorfosis y les vuelve perfectos y poderosos a causa de su Vida en Él. ¡Mirad! ¡Solo está en el Océano celeste (161) mientras que recorre el Horizonte! Himnos resuenan en torno suyo; el miedo y la veneración se apoderan de los dioses y de los Espíritus santificados que están a su lado. En verdad, yo soy una de las Serpientes de los tiempos antiguos creadas por el Ojo divino del Maestro Único... Isis, ella, que dio nacimiento a Horus, no estaba aún allí, cuando yo existía ya. Después he crecido, he envejecido entre los Seres Luminosos del Cielo que en el seno de Tum evolucionan conmigo. He aquí que soy coronado como Halcón divino. Me torno Cuerpo Glorioso, un Sahú, así como Horus lo es en su Alma, con objeto de que pueda penetrar en la Región de los Muertos y tomar posesión del dominio de Osiris...

Y he aquí que el dios de la doble cabeza de León, el propuesto para el Templo de la Corona de Nemmés (162), pero que permanece en lugar oculto, me dice: «¡Puedes partir! ¡Recorre los límites más lejanos del Cielo! Así como, llegando a ser Horus, has adquirido un Cuerpo Glorioso, «Sahú» (163), asimismo la Corona de Nemmés te ha sido adjudicada. En verdad, tu Palabra de Potencia alcanza hasta los límites extremos del Cielo. Tomo pues posesión de los atributos divinos de Horus que son los de Osiris en la Región de los Muertos... He aquí que Horus repite para mí las Palabras consagradas pronunciadas por su Padre, el día de los funerales: «Haz que el dios de doble cabeza de León te conceda la Corona Nemmés que él guarda, que puedas recorrer las Rutas del Cielo y ver lo que existe, ¡hasta los límites extremos del Horizonte! Que los dioses del Duat tengan miedo de ti y que a causa de ti ¡combatan en sus moradas! Todas las divinidades que pertenecen al Santuario del Dios Único, al oír estas palabras se inclinan profundamente... ¡Salve, oh tú, que mientras hacia mí avanzas planeas muy alto por encima de tu tumba! Sé que a causa de mí el dios-León te ha consagrado la Corona. Aprende, pues, que también planeo, yo, muy alto sobre tu tumba, que el dios Iahd ha preparado todos los caminos para mí y que el dios-León ha puesto la Corona en mi cabeza. ¡Concédeme un vestido de plumas!... He aquí que hace vigoroso mi Corazón mediante su espina dorsal y mediante su poder que es grande. En verdad, una vez llegado ante Shu no seré rechazado y haré las paces con mi Hermano, con el Ser-Bueno (164), Señor de los dos Uraei, ¡bendito sea! En verdad, yo conozco las rutas del Cielo. Sus alientos viven en los Ritmos de mi pecho. El demonio rabioso de cabeza de Toro no podrá, ¡no!, detenerme. Avanzo, pues, hacia los lugares donde, en los Espacios Eternos, se ven por todas partes las huellas del Hundimiento de los Mundos (165). Soy conducido en seguida hacia la Región de las Tinieblas, allí donde reinan los sufrimientos del Amenti. ¡Salve, oh Osiris! Yo atravieso todos los días la Morada del dios-León y de allí voy a la Morada de Isis. Digno soy y estoy preparado para asistir como maestro a la Consagración de los Misterios... ¡Ojalá sea admitido en el culto secreto, y me sea dado contemplar el Misterio del Nacimiento de la Divinidad! He aquí que con su Cuerpo Glorioso Horus viste mis miembros. Y mi Alma, comunicando con su Alma, ve lo que sucede en su interior. Cuando yo pronuncio las palabras sagradas ante el Portal resplandeciente del Sol, éste vibra y resuena, produciendo un gran eco. Pues yo estoy designado para suceder a Osiris, su Heredero en la Región de los Muertos. En verdad, yo soy Horus entre los Espíritus santificados, Dueño de su Diadema, Dueño de su Luz. He aquí que Horus, en su Palacio, está sentado en su Trono. En verdad, mi Rostro es el del Halcón divino y mi Espalda es la del Halcón divino. Yo poseo todos los atributos mágicos del dios mi amo. He aquí que avanzo hacia Djedú; contemplo a Osiris y me inclino ante él, a derecha e izquierda. Yo me inclino ante Nut; ella me mira fijamente. Los dioses todos, dejan caer sobre mí lentamente sus ojos. El Tercer Ojo de Horus, inmóvil en medio de su frente (166), me mira fijamente a su vez... Los dioses tienden, en silencio, sus brazos hacia mí... En la plenitud de mis fuerzas, adquiero impulso y rechazo a los demonios que se me oponen. Entonces los dioses me abren el acceso a la Vía sacro-santa... contemplan en silencio mi Variedad de Formas y escuchan con benevolencia las palabras de mi boca: «Oh vosotras, divinidades de la Región de los Muertos, vosotras que inclináis hacia mí vuestras caras y vuestras frentes, vosotras que, como guías de las Estrellas Fijas del Horizonte, creáis para el Señor del Terror la Vía sagrada, he aquí que una orden de Horus ha llegado! ¡Levantad vuestros rostros! ¡Miradme para que a mi vez yo pueda miraros cara a cara! Porque yo, ¡yo he sido coronado Halcón divino! Mi cuerpo glorioso, ¿no es el de Horus? Yo llego aquí para tomar posesión de la Herencia de mi Padre, Osiris, en la Región de los Muertos. Los demonios cabelludos que se opondrán a mí los disperso, atravieso sus filas y llego al punto a una Región en que los Espíritus están en guardia. Sin moverse, acechan a la entrada de sus moradas, a ambos lados del camino. Pero yo paso sin detenerme; mi Viaje me conduce a esos Espíritus ocultos en sus cavernas, los Guardianes de las mansiones de Osiris. Con energía, les dirijo la palabra haciéndoles darse cuenta de mi terrible poder; de mí que, enemigo de Seth, poseo los dos Cuernos.

Les revelo que me he apoderado del Néctar de los dioses, que me he apropiado los poderes mágicos de Tum... Y por consiguiente, que tienen que concederme el paso del Duat, ellos, los dioses, Guardianes innumerables de los dominios de Osiris, para que pueda llegar hasta él. Yo me apodero de los poderes nefastos de los demonios Ksemiú, yo santifico mediante mi Verbo las Rutas del Más allá y a los que garantizan su seguridad. Apenas llegado, vuelvo estables y seguros los dominios de Osiris y santifico para él las Rutas del Más allá. Cumplida así mi misión, llego a Djedú. Contemplo a Osiris y le hablo, le hablo de su Hijo Primogénito al que ama; el que ha atravesado el corazón de Seth... Contemplo esta divinidad inerte, le hago saber las hazañas realizados por Horus en tu ausencia, Osiris, mi Padre divino... ¡Salve, Señor de las Almas, tú que siembras el Terror! ¡Heme aquí llegado ante ti! ¡Deja caer sobre mí una mirada benévola! ¡Ojalá me glorifiques! ¡Abreme, sí, las Puertas del Duat, de la Tierra y del Cielo! ¡Oh Osiris, grande y sublime es tu Trono! Las noticias que te traigo, ¡oh Osiris!, te son gratas de oír. Inmenso es tu poder, ¡oh Osiris! Tu cabeza está sólidamente implantada, ¡oh Osiris! Tu frente es inatacable, ¡oh Osiris! Tu corazón está satisfecho, ¡oh Osiris! Tu laringe es fuerte y sana, ¡oh Osiris! Colmado estás de dioses que te rodean, ¡oh Osiris! Y proclamado eres Toro del Amenti, ¡oh Osiris! Tu hijo Horus está en tu Trono, ¡oh Osiris! La vida de los Mundos en tus manos, ¡oh Osiris! Millones de años no dejan de trabajar para él; millones de almas tiemblan ante él. Las Jerarquías divinas le temen y obedecen sus órdenes. Tal lo decidió en los tiempos antiguos Tum, dios poderoso, dios único. ¡Y tu Palabra, eterna es para mí siempre! Horus es a un mismo tiempo Néctar de los dioses y Sacrificio divino. El recoge y reúne los Miembros de su Padre, pues Horus es su Redentor, su Redentor... El recorre el Océano celeste mientras que el Cuerpo de su Padre se descompone... En verdad, Horus es el Amo y Señor de Egipto. El fija el curso de las cosas para millones de años. Día y noche los dioses trabajan para él. Su Ojo divino fuente es de Vida para millones de seres. El es Único, él, Dueño de los Mundos.

CAPITULO LXXIX
PARA SER TRANSFORMADO EN PRÍNCIPE DE LOS DIOSES

Yo soy Tum, que ha creado el Cielo y hecho nacer la Vida en la Tierra. He aquí que avanzo, engendrando seres, dando vida a los dioses, mis Hijos, y engendrándome yo mismo... ¡Salve, oh Señor de la Vida, Seres puros, Formas misteriosas de ocultos santuarios! ¡Salve, oh dioses de Te-nait (167), y vosotros, dioses del Circuito de las Regiones frías! ¡Salve, oh dioses del Amenti, y vosotros que moráis en las profundidades lejanas de los Cielos! Mirad: heme aquí llegando hasta vosotros, una vez vuelto Alma y Espíritu puro... En verdad, ¡un dios soy en todo su vigor! Sí, un dios entre los dioses que me rodean... Os traigo incienso y perfumes, y destruyo el influjo nefasto de vuestras bocas. Aquí llego para dominar y destruir el mal que habita en vuestros corazones, y para libraros de los pecados que os anonadan. Mirad: os traigo los bienes supremos: ¡La Verdad y la Justicia! Yo os conozco y conozco vuestros Nombres ocultos, vuestras Formas misteriosas que ningún otro conoce. He aquí, ¡oh dioses!, que yo llego a ser dios entre vosotros, y que soy coronado dios entre los hombres. Izado sobre un pavés, llego a ser vigoroso y lleno de poder entre vosotros. Los dioses, lanzando gritos de alegría, vienen a mi encuentro y las diosas me dirigen súplicas. Coronado como vuestras dos Hijas (168), avanzo hacia vosotros, ¡oh dioses!, y ocupo mi puesto en la Casa de los Dos Horizontes. Hacia la tarde recibo en mi altar ofrendas sepulcrales y comulgo con vosotros mediante los sacrificios líquidos. Avanzando, en medio de los gritos de alegría, he aquí que saludo a los dioses del Horizonte y los adoro; pues yo soy el Señor de los Seres Perfectos... Los dioses me saludan con sus gritos, como a una divinidad sagrada del Gran Sautuario que, librando mi Ser de las Entrañas del Cielo, aparezco a sus ojos, cuando Nut, mi Madre celestial, me da vida para otra existencia, en los Mundos del Más allá.

CAPITULO LXXX
Para ser transformado en un Dios que ilumina las Tinieblas

Yo soy la Cintura Luminosa, la que irradia en el Pecho de Nu y que expulsa las Tinieblas de la Noche. Mediante las invocaciones de mi boca, muy poderosas, calmo esa cólera de las dos diosas que libran, sin tregua, un combate en mi Corazón. He aquí que levanto a mi Padre, que ha caído, y con él a todos cuantos han caído en el valle de Abydos (169)... Yo estoy en paz... Yo estoy en paz... En verdad, yo soy el Recuerdo de mi Padre Osiris. Tomo posesión del Néctar de los dioses que he encontrado en mi Ciudad; y las Tinieblas, me las llevo cautivas... Yo he liberado al Ojo de los Mundos cuando ya se apagaba—cuando las fiestas del quinceavo día del mes—; yo he desembarazado a Seth de su adversario, ese Dios Antiguo; yo he provisto de armas mágicas a Thoth en la Casa de la Luna, cuando las fiestas del quinceavo día del mes, y yo he tomano posesión de la corona Ureret. La diosa Maat, cuyos Labios están hechos de Cristal y de Esmeralda, habita en mi Corazón. He aquí mis campos, que se extienden entre los canales de lapislázuli. En verdad, yo soy la diosa Nut, ella, ¡la que expulsa las Tinieblas! Avanzo: he aquí que la Luz se torna deslumbradora. Yo ataco y derribo a los demonios de cabeza de cocodrilo. Yo adoro las silenciosas divinidades ocultas en las Tinieblas. Yo sostengo y levanto a los que lloran, con las caras ocultas entre sus manos, sumidos en la desesperación... ¡Miradme! En verdad, yo soy la diosa Nut ¡que llega entre vosotros! ¡He escuchado vuestros lamentos! ¡Abro la Ruta de la Luz! ¡Yo soy Nut, que expulsa las Tinieblas!...

CAPITULO LXXXI
Para transformarse en Loto sagrado

Yo soy el Loto misterioso: esplendor de la pureza... Yo avanzo en medio de los Espíritus santificados, hacia las ventanas de la Nariz de Ra. Yo marcho y busco. ¡Mirad! ¡Yo soy puro! ¡Yo llego a los Campos de los Bienaventurados! ¡Salve, Loto, tú que te muestras bajo los rasgos del dios Nefer-Tum! (170). En verdad, yo conozco tu Nombre oculto, tus Nombres múltiples solamente conocidos de los dioses. Pues yo soy dios como vosotros, ¡oh dioses! ¡Oh! ¡Abridme el acceso hacia los dioses-guías de la Región de los Muertos! ¡Séame dado permanecer junto al Príncipe del Amenti, y llegar a ser ciudadano de la Tierra Santa! ¡Oh dioses, recibidme, vosotros todos, en presencia del Amo de la Eternidad! ¡Que mi Alma pueda recorrer el Más allá como bien la plazca! ¡Y que no sea rechazada delante de las Jerarquías de los dioses!...

CAPITULO LXXXII
Para ser transformado en dios Ptah y poder vivir en Iunú

Semejante al Halcón de Horus yo planeo en el Cielo; mis gritos son tan agudos como los de un Ganso salvaje. Desciendo revoloteando hacia la Región de los Muertos y llego a ella el día de la Gran Fiesta... (¡Horror! ¡Horror! ¡No! ¡No! ¡Yo no como de esas repugnantes basuras! ¡Mi Doble etérico siente horror de ellas! ¡No las dejaré, no, penetrar en mi Cuerpo!) En verdad, yo me nutro de alimentos puros que me conceden los Espíritus divinos. Lleno de potencia, vivo de ofrendas sepulcrales y pruebo las hojas de esa Palmera de la diosa Hathor. Mis ofrendas: pan, cerveza, vestidos y vasos. Me acerco, me siento a mi comodidad; mi cabeza es la cabeza de Ra. Mis cuatro extremidades son las de Tum. La Tierra, ante mis ojos se extiende y crece, se extiende y crece... He aquí que tomo impulso... mientras que las fuerzas mágicas de Ptah y de Hathor vibran en mi lengua y en mi garganta, hago surgir de mi memoria las Palabras sagradas que mi Padre, el dios Tum, había puesto en mi boca. He aquí que rechazo con violencia a esta diablesa nefasta a la cual el dios Keb había acuchillado la cabeza, la cara y los labios, ¡para que tuviese miedo! Mi boca deja oír himnos poderosos. Yo he sido proclamado heredero de Keb, el Señor de la Tierra... Aparece y me entrega su Corona. Los dioses de Heliópolis se inclinan ante mí: yo soy más poderoso que su Señor: mi potencia macho se extiende a través de millones de años...

CAPITULO LXXXIII
Para ser transformado en Fénix Real

He aquí que buceo en la Materia Primordial y que llego a ser Khepra, dios de las Metamorfosis. Reverdezco en virtud de la fuerza universal del reverdecimiento. Como una tortuga me cubro con un caparazón... En verdad, yo llevo en mí los gérmenes y posibilidades de todos los dioses... Yo soy los cuatro Ayer de las diosas-Serpientes. Yo llevo en mí las Siete Etapas del Amenti. Yo soy Horus, el del resplandeciente cuerpo, mientras combate con Seth. Yo soy Thoth, que separa a los dos combatientes y que, en las profundidades de su santuario, con la conformidad de los dioses de Heliópolis, pronuncia su Veredicto. Semejante a Thoth, yo hago surgir un torrente para separar a los dos Combatientes... He aquí que marcho hacia la plena Luz del Día, y que soy coronado dios, pues yo soy el dios Khon-su, el irresistible (171).

RÚBRICA

Si el difunto conoce este capítulo, será purificado. Saldrá—tras su llegada al puerto de los muertos—hacia la plena Luz del Día; pasará por todas las Metamorfosis que quiera; se encontrará entre los que rodean al dios Un-Nefer; quedará harto con las ofrendas sepulcrales de Osiris verá—luego de la muerte— el Disco del Sol; prosperará en la Tierra, bajo los rayos de Ra; será justificado una vez junto a Osiris. Y jamás, por nunca jamás, las Fuerzas del Mal triunfarán de él.

CAPITULO LXXXIV
Para ser transformado en Garza real

Yo domino y subyugo las Fuerzas Animales. Las cabezas de las Esmeraldas centelleantes, yo las he cortado, las de los largos cabellos ensortijados... ¡Oh vosotros, antiguas divinidades; vosotros, Espíritus de otros tiempos, Amos de los Ritmos del Universo (172), ¡sabedlo! ¡Sabed que mi poder es inmenso como el Cielo! ¡Que lo mismo que en otro tiempo deshice a mis enemigos, en la Tierra, igual los desharé en el Cielo! Ahora, yo soy puro. De una zancada recorro el Cielo, marcho hacia Aukert (173) y hacia Hermópolis. Dejo lejos detrás de mí a los dioses que recorren los caminos... Yo estimulo la vigilancia de las divinidades que velan en el fondo de sus santuarios. ¿Acaso no conozco al dios Nu? ¿No conozco acaso al dios Tatu-nen? (174). ¿No conozco a los Demonios Rojos, esos que surgen de pronto de sus guaridas y se oponen violentamente a los dioses? ¿No conozco las Palabras mágicas que les he oído cambiar entre ellos? Yo soy el que ha degollado el Toro Sagrado de que hablan las Escrituras... Al verme los dioses exclaman: «¡Bienvenido sea este Ser poderoso! ¡Que entre en posesión de su Dominio! Ciertamente, ¡grande es su poder y su esplendor! ¿Cómo oponernos a su avance?» (En verdad, los Ritmos sagrados del Universo ocultos están en mi Ser. ¡No podría volver a decírselos al dios Hu!) Mis malas acciones pertenecen al pasado; a medida que avanzo, la Verdad-Justicia brilla en mi frente. He aquí la Noche que llega... Y el que era Héroe de la Fiesta inerte está ahora, extendido por tierra, muerto. Es «el Antiguo de los Días» que la Tierra guarda en sus entrañas...

CAPITULO LXXXV
Para ser transformado en Alma viva

Yo soy el Alma de Ra nacida del Océano celeste. Yo soy el dios Hu, Néctar de los dioses. La vista del Mal me llena de horror. Pienso en el Bien y no vivo sino para la Verdad y la Justicia. Mi Nombre sagrado—el Nombre del Alma divina—puro está de toda mancha. En virtud de mi poder como dios Khepra, he creado mi Ser y el Ser del Océano celeste. Yo soy el Amo de la Luz. La Muerte me llena de horror, de repugnancia, y no entro en las cuevas de tortura del Duat. Glorificando a Osiris yo pacifico los corazones de esos Espíritus que, sembrando el terror a su paso, acompañan a este dios en sus periplos; y he aquí que subo más alto, más alto... Aquí donde he subido, al sitio que me fue concedido, llego a ser Nu, Señor del Cielo. Los malos no serían capaces de hacerme daño. En verdad, yo soy el Primogénito entre los dioses. ¡Miradme! Esta Alma es el Alma del Dios Eterno. Este Cuerpo es la Eternidad misma. Mi Llegar a ser sin límites hace de mí el Señor de los Años infinitos, el Príncipe de la eterna Duración... Soy yo quien ha creado las Tinieblas y las ha dispuesto en barreras infranqueables ¡en los confines del Cielo! Ora, mis piernas obedeciéndome, le recorro a mi capricho; ora, el cetro apretado entre mis manos y dispuesto a rechazar los ataques de los Espíritus-serpientes que acechan en sus escondrijos, vago a través de las extensiones del Firmamento, cumpliendo los celestes Circuitos. Ahora me dirijo hacia el Señor de los

Dos Brazos. En verdad, yo sé que mi Alma eterna es un Dios. Y mi Cuerpo, lo sé también, es la Eternidad misma. Yo soy una divinidad muy alta, Señor del país Tebú. Mi nombre, hele aquí, «Yo-llego-a-ser-el-Mozalbete-de-las-Praderas-yo-llego-a ser-el-Adolescente-de-las-Ciudades». En verdad, mi Nombre no perecerá jamás... Yo soy el Alma divina que, en otro tiempo, creó el Océano celeste (175). Mi morada en la Región de los Muertos es inabordable; indestructible es la Envoltura que me protege. El mal no se agarra ya a mi persona. He aquí a mi Padre divino, Señor del Crepúsculo, cuyo Cuerpo reposa en Heliópolis. Su poder se extiende sobre todos los seres de la Región de los Muertos...

CAPITULO LXXXVI
PARA SER TRANSFORMADO EN GOLONDRINA

Yo soy una golondrina, una golondrina... Yo soy también diosa Escorpión, la hija de Ra... ¡Oh dioses! ¡Cuan dulce y agradable me resulta vuestro perfume, que arde y sube hacia el Horizonte! Vosotros, que habitáis la Ciudad Celeste, ¡ved cómo llevo conmigo a los Guardianes de los celestes Circuitos! ¡Tended hacia mí vuestras manos protectoras para que pueda, sin peligro, residir en el Lago de Fuego! Y para que pueda desplazarme según las órdenes recibidas y avanzar según los decretos... Heme aquí que abro la Puerta. ¿Qué veo? Pronuncio las Palabras de Potencia. Digo: «¡Mirad bien! Yo soy Horus, yo que me apodero de la Barca celeste y vuelvo a poner en su Trono a Osiris, mi Padre. En cuanto a Seth, hijo de Nut, hele aquí paralizado, agarrotado mediante cuerdas que había preparado contra mí...» Yo sé lo que ocurre en los misterios de Sekhem; y aquí llego y tiendo mis brazos a Osiris... Mis movimientos se cumplen de acuerdo con los veredictos de los Jueces. Vengo aquí a deciros: «Dejadme entrar, para que el Juicio pueda verificarse en mi presencia.» Tras estas palabras, entro. Y el veredicto habiendo sido pronunciado, franqueo, como ya justificado, el Portal de la divinidad todo-poderosa (176). En verdad, purificado heme en el curso del largo Viaje. Yo he dominado el Mal que ensuciaba mi Corazón. Yo he arrancado mis Vicios y borrado los Pecados que mi Carne ha cometido en la vida terrestre. Dejadme, pues, pasar, ¡oh vosotros, Guardianes de las Puertas! Pues en adelante, ¡de los vuestros soy! ¡Hacia la Luz del Día Eterno marcho! Dueño de mis movimientos, avanzo. Vosotros, Espíritus de Luz, sabed: Que yo conozco los Caminos misteriosos de la Región de los Muertos; y los Senderos de los Campos de los Bienaventurados no son extraños para mí. Llego, habiendo quebrantado la resistencia de mis enemigos... Sin embargo, mi Cadáver, allá en la Tierra, le veo: En su ataúd, reposa tranquilo...

RÚBRICA

Si el difunto conoce este capítulo, podrá salir hacia la plena Luz del Día; no será rechazado en las Puertas del Mundo Inferior; podrá transformarse en golondrina, realmente, regularmente, una infinidad de veces.

CAPITULO LXXXVII
Para ser transformado en Serpiente

Yo soy un Hijo de la Tierra. Largos fueron mis años... Yo me acuesto por la Tarde: y renazco a la vida por la Mañana, según los Ritmos milenarios del Tiempo. Yo soy un Hijo de la Tierra. Yo le permanezco fiel. Ora muero, ora renazco a la Vida. He aquí que florezco otra vez y que me renuevo, según los Ritmos milenarios del Tiempo.

CAPITULO LXXXVIII
Para ser transformado en dios Sebek

Yo soy el dios Sebek en todo su vigor (177), violento y brutal... Yo soy también el Gran Pez de Horus que habita en Kem-Ur (178). Yo soy el Maestro de los adoradores del Santuario Oculto.

CAPITULO LXXXIX
Para unir el Alma al Cuerpo en el Más allá

¡Oh vosotros Espíritus divinos, que circuláis y lleváis las ofrendas al templo de la Gran Divinidad, conceded a mi Alma el poder de penetrar por todas partes donde desee! ¡Y alimentad mi Alma allí donde se encuentre! (¡Mira! ¡Es el Ojo de Horus, que se yergue, centelleante, ante ti!) En verdad, así como los Espíritus divinos del séquito de Osiris, siempre en movimiento, no se acuestan jamás en la tumba, así yo no seré jamás obligado a acostarme en la tumba, al revés de los que, en Heliópolis, por millares, echados por tierra, se unen a su carne que se descompone... Pues yo guardo poder sobre mi Alma; yo, Espíritu santificado que se encuentra en todas partes donde ella se encuentra... ¡Oh vosotros, Guardianes del Cielo, tened cuidado de mi Alma! ¡Restauradla! ¡Nutridla! ¡Permitidle que pueda volver a ver mi Cuerpo! (¡Mira! Es el Ojo de Horus, que se yergue, centelleante, ante ti!) ¡Oh vosotros, Espíritus divinos, vosotros que arrastráis la Barca del Amo de la Eternidad, que acercáis el Cielo a la Región de los Muertos, ¡acercad mi Alma a mi Forma gloriosa! ¡Que vuestros brazos estén bien equilibrados! ¡Coged con vuestros dedos las armas del combate! ¡Destruid al Enemigo, el Dragón! ¡Ved! ¡Arriba, en el Cielo, navega la Barca de Ra! En paz y sin obstáculos avanza el Gran Dios. Dejad, pues, pasar a mi Alma, al Horizonte Oriental, del Presente hacia el Pasado. Dejadme proseguir en paz este viaje en sentido contrario hacia el Horizonte Occidental. Ahora, advierto, allá en la Tierra, reunido a su Forma Gloriosa, mi cadáver que reposa en paz... En verdad, no serán degradados ni destruidos, ¡en toda la Eternidad!

Rúbrica

Estas palabras son para ser recitadas sobre un amuleto de oro incrustado de piedras preciosas y colocado en el pecho del difunto.

CAPITULO XC
Para conservar la memoria en el Más Allá

¡Oh tú, demonio, que cortas las cabezas y que acuchillas las frentes! ¡Oh tú, que apagas la memoria y vuelves la boca de los Espíritus santificados impotentes para pronunciar la Palabra mágica que vive en su Corazón...! En verdad, tú no verás, ¡no!, que con mis ojos yo vea cómo tú los miras. He aquí que yo me paseo y que de pronto vuelvo la cabeza mirando hacia atrás... Pero, ¡oh!, ¿qué veo?... Demonios que, inmóviles, me siguen con los ojos... Esos enemigos del dios Shu se disponen a cortarme la cabeza, a acuchillarme la frente y, por orden de su amo, a emplear la violencia contra mí... Entonces diré: «¡Ah! ¿Quieres cortar mi cabeza y acuchillar mi frente? ¿Quieres apagar mi memoria? ¿Quieres poner un sello en mi boca y privarla de las Palabras Poderosas que viven en mi Corazón, como has hecho con los otros Espíritus santificados? ¡Atrás, demonio! ¡Vuelve sobre tus pasos! ¡Te lo ordeno en virtud de la fuerza mágica de la Palabra que Osiris ha pronunciado, cuando te adelantabas obedeciendo las órdenes de Seth, su enemigo, con objeto de apagar la Palabra poderosa en la boca de Osiris!» Isis ha dicho entonces: «¡Atrás, demonio! ¡Que tu faz sea vuelta hacia tus partes vergonzosas! ¡Contempla más bien ese Rostro rodeado de llamas! ¡Mira! ¡Es el Ojo de Horus en llamas en medio del Ojo de Tum! En verdad, demonio, que no podrás escapar, ¡oh tú, desastre de esta Noche! Pues así como Osiris te había rechazado para que tu abominación no penetrase en él, así yo te rechazo, pues para mí ¡también eres una abominación! Te ordeno, pues: «¡No avanzarás hacia mí!» Aún una vez te digo: «¡Atrás, demonio, enemigo de Shu!»

CAPITULO XCI
Para que el Alma no sea capturada en el Más Allá

¡Oh tú, muy Alto, cuya Alma poderosa es venerada en todas partes; tú que siembras el terror y viertes una parte de tu poder en las almas de los dioses, inmensos sobre sus Tronos!... ¡Mira! ¡He aquí que recorro los Caminos de los Espíritus Bienaventurados! La protección mágica planea sobre mi Alma. Ella garantiza contra todo ataque a mi Espíritu y a mi Sombra. En verdad, yo soy un Espíritu perfecto que se dirige al lugar en que encontrará a Ra y Hathor.

Rúbrica

Si el difunto conoce este capítulo, podrá transformarse, en el Mundo Inferior, en un Espíritu santificado debidamente protegido contra todo ataque; no será hecho prisionero en ninguna de las puertas del Amenti jamás, sea entrando por ellas, bien saliendo.

CAPITULO XCII
Para abrir al Alma y a la Sombra acceso a la Tumba

Yo marcho hacia la plena Luz del Día... He aquí que los Sellos de la Muerte son levantados y que, por orden del Ojo de Horus, mi Alma ha quebrantado los que la sellaban. Ahora, me vuelvo la diadema deslumbradora que adorna la frente de Ra. Mis pies obedecen mis órdenes; vastas, en verdad, son mis zancadas, y poderosos mis miembros. Yo soy Horus, que venga a su divino Padre. Mis Palabras Poderosas forman otras tantas ofrendas hacia mi Padre divino, y mi Madre divina. Yo fuerzo el pasaje, gracias al poder de mis piernas, y contemplo la gran divinidad sentada en la Barca de Ra... Entre tanto, en la proa de la Barca, las Almas, según el número de los Años, sufren el juicio... ¡Oh Ojo de Horus! ¡Libera a mi Alma! ¡Colócala, como si fuese una joya, en la frente de Ra! En cuanto a vosotros, demonios que aprisionáis a Osiris, ¡ojalá seáis sumergidos en las Tinieblas! ¡Que mi Sombra no sea capturada por vosotros! ¡Que mi Alma no sea hecha prisionera por vosotros! ¡Que la vía sea abierta para mi Alma y para mi Sombra, para que las dos puedan contemplar, el día del Juicio, al Dios Grande en su santuario! Entonces recitaré las palabras mágicas de Osiris (cuya morada está oculta y es misteriosa). ¡Oh vosotros, demonios que aprisionáis los miembros dispersos de Osiris, y que dais caza a los Espíritus santificados. ¡Sabed! Sabed que, en verdad, el Cielo no me retendrá prisionero, ¡ni la Tierra podrá encerrarme en sus entrañas! No seré sometido, ¡no!, al poder de los demonios-verdugos. Mis piernas ¡me obedecen! He aquí que me dirijo hacia mi cadáver que está en la Tierra. ¡Ojalá sea salvado de los demonios que han aprisionado los miembros de Osiris!

CAPITULO XCIII
Para navegar hacia el Este en el Más Allá

¡Oh potencia macho de Ra generador! Cuando la tempestad cósmica fue apagada y la inercia del Mundo duró millones de años... No obstante yo, yo he llegado a ser más fuerte que los fuertes, más vigoroso que los vigorosos... Pero si, embarcado a pesar mío, fuese llevado hacia Oriente, si los demonios me torturasen, burlándose de mi Alma, si devorasen de Ra el órgano creador, así como la cabeza de Osiris... Pueda yo entonces ser conducido hacia los Campos en que las Formas mágicas siegan para los dioses... (179) ¡Si al menos no fuese rechazado por los cuernos de Khepra! ¡Si al menos no me tornase semejante al pus en el Ojo de Tum! ¡Que los demonios no me cojan ni me lleven hacia Oriente, donde les gustaría divertirse a costa de mi Alma! ¡Que no me hagan daño ¡Que no me asesinen!

CAPITULO XCIV
Para poseer un Tintero y un Pincel

¡Oh tú, gran Espíritu del que habla el Libro Sagrado de Thoth y que contemplas en silencio a tu Padre divino, he aquí que, vuelto Espíritu santificado, llego ante ti! Yo, Alma viva dotada de poderes mágicos sacados de los Libros Sagrados de Thoth... Yo tengo estos Libros en mis manos con objeto de pasar entre Seh y Aker (180). Traigo conmigo el Tintero y el Pincel y los dejo en manos de Thoth, el Escriba divino. (En verdad, es un gran Misterio...) He aquí que yo llego a ser Escriba de Thoth; traigo la podredumbre de Osiris, el polvo de su Cuerpo, con el cual trazo los signos sagrados... (181). Yo recito, todos los días, las Palabras de la gran divinidad bienhechora (182). Tus órdenes, ¡oh Horus!, me hacen el mayor bien; mis actos están de acuerdo con los decretos de Maat. En verdad, yo seguía en la Tierra las leyes del Dios-Sol, todos los días de mi vida.

CAPITULO XCV
PARA ACERCARSE A THOTH

Yo soy el muy poderoso Señor de las Tempestades que protege a la Corona divina contra sus enemigos. Con mi espada, que veis aquí, hiero. ¡Seth es asesinado! ¡Los buenos Espíritus, reconfortados! Protegiendo la Corona divina vuelvo la espada de los dioses fuerte e irresistible. ¡Ved cómo el brazo de Thoth hiere, en medio de las tempestades, a sus enemigos!

CAPÍTULOS XCVI Y XCVII
PARA ACERCARSE A THOTH

Yo soy Aquel que mora en el Ojo de Horus. He aquí que llego y pongo a Maat en manos de Ra. Calmo a Seth mediante ofrendas a Aker; calmo a los Demonios Rojos mediante mi adoración a Keb (Palabras pronunciadas en la Barca celestial:) ¡Oh Cetro de Anubis! ¡Aprende! Yo calmo a los cuatro Espíritus, vasallos del Amo del Universo; mediante su decreto llego a ser Dueño de los Campos, Padre de las Inundaciones, Guardián de los Estanques y Exterminador de la Sed. Yo os contemplo, ¡oh dioses antiguos, y a vosotros, los Grandes Espíritus de Heliópolis! ¡Sabed, pues, vosotros todos, que mi clase es más elevada que la vuestra! Que comparado con vosotros, yo alcanzo la perfección. ¡Miradme! ¿No soy tan puro como el Alma del dios, el antiguo, el grande? No tratéis, mediante la Palabra de vuestra boca, de soltar a los demonios, con objeto de impedir mi avance. (¡He aquí al impuro, que ronda en torno mío y se dispone a saltar sobre mí) En verdad, yo me he purificado en el Lago de la Balanza del Juicio. Yo me he bañado en los rayos del Ojo divino. Habiendo descansado bajo la Palmera de la diosa del Cielo, heme aquí capaz de reconfortar las Almas de los muertos. Allí donde aparezco aparece la Verdad y la Justicia. Yo soy su Testigo en la Tierra; ellas hablan por mi boca. Yo poseo el poder del Señor grande y único, ¡Ra! ¡Yo vivo en el seno de la diosa Maat! Ninguna mancha del pecado me contaminará; haga lo que haga envuelto soy por todas partes por la Luz del Día Eterno.

CAPITULO XCVIII
PARA PODER CONDUCIR UNA BARCA EN EL MÁS ALLÁ

¡Salve, oh Estrellas de la Cadera (183), vosotras que brilláis en el Cielo Boreal, en medio del Gran Lago! Vosotras, que sois testigo de mi muerte, ¡mirad!... Con la corona de un dios sobre mi cabeza ante vosotras me presento... Habiendo franqueado el Portal de la Muerte, he aquí que, coronado lo mismo que un dios, me yergo ante vosotras... He aquí que mis alas poderosas me llevan más lejos... Un grito penetrante, semejante al grito del ganso salvaje, sale de mi pecho. Como un halcón planeo por encima de las nubes. Yo recorro los vastos Espacios de la Tierra y del Cielo. Pues habiéndome enderezado Shu, me insufló un vigor nuevo. He aquí que los Espíritus luminosos, de pie a uno y otro lado de la Escalera del Cielo, me indican el camino; y los Planetas, en su curso, me llevan lejos de los lugares de las matanzas. Las fuerzas que tengo en reserva rechazan lejos de mí los ataques del Mal. Yo me dirijo hacia ti, ¡oh dios cuyo Nombre es: «Es él»!... A medida que vienes a mi encuentro, aumenta y crece ante mí tu Imagen. He aquí que llego ante el Lago de Fuego, entre los Campos de Fuego... En verdad, este Lago de Fuego, estos Campos de Fuego son los dos Manantiales de tu Vida. En cuanto a mí, permaneciendo cerca de este dios venerable me siento vivir... ¡Ah! ¡He aquí al dios Kaa! Llega en su Barca a traer cosas necesarias... (184). De pie estoy en el puente de la Barca, al timón, y la conduzco a través de la Superficie límpida de las Aguas... Así como, siguiendo las órdenes de este dios navego en esta Barca, así mi Verbo de Potencia no queda sin fruto. He aquí que recorro las rutas celestes con mi Barca y abro las Puertas de los Santuarios... En verdad, los Campos de la celeste Hermópolis me han sido adjudicados, a título de Herencia.

CAPITULO XCIX
Para conducir una Barca en el Mundo Inferior

¡Oh vosotros, Espíritus que navegáis sobre las impuras Vértebras de la espalda de Apopi! (185) ¡Ojalá pueda yo también navegar en mi Barca—en paz, en paz—enrollando y desenrollando su Cordaje! ¡Venid, pues! ¡Apresuraos! ¡Pues llego aquí para ver a Osiris, mi Padre! ¡Oh vosotros, dueños del vestido «Ansi»! ¡Mirad! Alegremente tomo posesión de él. ¡Oh vosotros, Señores de las Tempestades, y vosotros también, navegantes Machos sobre las Vértebras de Apopi! Vosotros que, tras haber escapado al cuchillo, volvéis a atar la cabeza, consolidáis el cuello, vosotros compañeros de la Barca misteriosa que domináis y atáis a Apopi, ¡miradme! Yo navego en mi Barca enrollando mis cuerdas, a medida que avanzo hacia la zona maldita en donde han caído, precipitadas hacia el Abismo, las Estrellas... En verdad, ellas no han podido volver a encontrar sus antiguas órbitas; pues su camino está obstruido por las llamas de Ra... «Andebú» es el nombre del Guía de las dos Tierras; Keb está al timón; su fuerza mágica abre la ruta al Disco Solar que planea por encima de los Demonios Rojos... He aquí que yo avanzo en mi Barca... ¡Pueda mi Doble y mi Espíritu dirigirse hacia el sitio que tú sólo conoces!...

—Adivina mi nombre, dice el poste de anclaje.

—Señor-de-las-dos-Tierras-reinando-en-su-santuario, he aquí tu Nombre.

—Adivina mi Nombre, dice el martillo de madera.

—El-Pie-del-Toro-Apis, he aquí tu Nombre.

—Adivina mi Nombre, dice la cuerda para tirar, en la orilla, de la Barca.

—Las-Vendillas-onduladas-de-las-que-se-sirve-Anubis-inclinado-sobre-las-Momias, he aquí tu Nombre.

—Adivina nuestro Nombre, dicen los toletes para los remos.

—Los-Pilares-del-Mundo-Inferior, he aquí vuestro Nombre.

—Adivina mi Nombre, dice la cala.

—El-dios-Aker, he aquí tu Nombre.

—Adivina mi Nombre, dice el mástil.

—El-que-trae-a-la-Soberana-tras-una-larga-ausencia, he aquí tu Nombre.

—Adivina mi Nombre, dice el puente interior.

—La-bandera-de-Up-Uaut, he aquí tu Nombre.

—Adivina mi Nombre, dice la barra de delante.

—La-Garganta-de-Mestha, he aquí tu Nombre.

—Adivina mi Nombre, dice la vela.

—La-diosa-Nut, he aquí tu Nombre.

—Adivina mi Nombre, dicen las correas.

—Piel-de-Toro-Mnevis-vuelta-por-Seth, he aquí vuestro Nombre.

—Adivina mi Nombre, dicen los remos.

—Los-Dedos-de-Horus-primogénito-de-los-dioses, he aquí vuestro Nombre.

—Adivina mi Nombre, dice el achicador.

—La-Mano-de-Isis-enjugando-la-Sangre-que-chorrea-del-Ojo-arrancado-de- Horus, he aquí tu Nombre.

—Adivina nuestro Nombre, dicen las clavijas.

—Mastha, Hapi, Duamid, Kebhsennuf, Hakau, Thetem-aua, Maa-an-tef, Ir-nef-djest, he aquí vuestro Nombre.

—Adivina nuestros Nombres, dicen los costados del buque.

—Las-diosas-Merti, he aquí vuestro Nombre.

—Adivina mi Nombre, dice el timón.

—Recto-y-leal-visible-en-el-agua-en-el-límite-de-los-f láñeos, he aquí tu Nombre.

—Adivina mi Nombre, dice la quilla.

—El-Muslo-de-Isis-que-Ra-hiere-con-su-cuchillo-a-fin-de-lle-nar-de-Sangre-su-barco-Seket, he aquí tu Nombre.

—Adivina mi Nombre, dice el marinero que se ocupa de las velas.

—El-proscrito, he aquí tu Nombre.

—Adivina mi Nombre, dice el viento que sopla.

—El-viento-del-Norte-que-te-envía-hacia-la-nariz-del-Khenti-Amenti, he aquí tu Nombre.

—Adivina mi Nombre, dice el río, si quieres seguir mi corriente.

—¡Cuídado!-¡ellos-te-miran!, he aquí tu Nombre.

—Adivina nuestro Nombre, dicen las deslizantes orillas.

—Destructoras-de-la-divinidad-de-brazos-poderosos-en-la-Casa-de-las-Purificaciones, he aquí vuestro Nombre.

—Adivina mi Nombre, dice la tierra firme, puesto que quieres pisarme.

—La-Serpiente-del-Cielo-que-se-dirige-hacia-el-Espíritu-Guardián-del-Embalsamamiento-morando-en-medio-de-los-campos-de-los-Bienaventura-dos-y-que-salen-felices-de-ellos, he aquí tu Nombre.

(Al punto recitarás, ante todas estas divinidades, las palabras siguientes:)

Salve, ¡oh dioses de la Naturaleza, como Ka resplandecientes, vosotros que existís y vivís eternamente, vosotros cuyo límite es el Infinito! He aquí que me he hecho un camino y que hacia vosotros marcho, ¡oh dioses! Conceded pues a mi boca las cenas sepulcrales, para que pueda servirme de ellas, y que pueda pronunciar las palabras poderosas. Concededme el pan consagrado de Isis, cuando me encuentre frente al Gran Dios. En verdad, yo conozco a este Gran Dios, ante el cual colocáis ahora las ofrendas. Su nombre es Thekem. Se dirige de Oriente a Occidente. Concededme que su viaje sea mi viaje y su periplo ' mi periplo, a fin de que no sea destruido en el Mesket (186) y que los demonios no puedan apoderarse de mis miembros. ¡Ojalá pueda encontrar el pan sagrado y en Dep la bebida sagrada! ¡Que vuestras ofrendas me sean servidas cada día! Que reciba trigo, cebada, pomada «Anti», vestidos; que estas ofrendas contribuyan a mi vida, a mi salud, a mi fuerza, para que pueda salir hacia la Luz del Día, para que pueda pasar, a mi voluntad, por múltiples Metamorfosis y alcanzar al fin los Campos de los Bienaventurados.

RÚBRICA

Si el difunto ha aprendido este capítulo, podrá alcanzar los Campos de los Bienaventurados; encontrará sobre el altar de la Gran Divinidad la bebida y el pan consagrados; poseerá campos de trigo y de cebada que los servidores de Horus segarán para él; de ellos se hartará; se frotará los miembros, y su cuerpo llegará a ser como el de un dios; podrá alcanzar los Campos de los Bienaventurados, tras haber revestido todas las formas que le plazca; podrá, en fin, circular por ellos en todo momento, realmente, eternamente.

CAPITULO C
Para hacer perfecto el Espíritu santificado

Semejante al Fénix divino yo navego, mi Barca se dirige hacia Oriente. Lo mismo que Osiris avanzó hacia Djedú. Yo abro las cisternas del Nilo, desembarazo los caminos del Disco Solar. Como el dios Sokari, avanzo en mi trineo (187). Yo soy poderoso como lo es la gran diosa cuando su culminación. Yo glorifico al Disco Solar y me uno a los Espíritus que al alba adoran al Sol. En verdad, yo soy el igual de esos Espíritus. Como ellos, yo soy una emanación de Isis. El poder mágico de Isis me hace vigoroso... He aquí que he enrollado mis cuerdas y que habiendo rechazado a Apopi, le hago volver atrás en su camino, Ra tiende sus brazos hacia mí, y sus navegantes no me rechazan. Pues yo soy fuerte gracias al poder del Ojo de Ra, y el Ojo de Ra es fuerte gracias a mi poder... En verdad, si no soy admitido a bordo de la Barca, Ra será separado del Huevo Cósmico...

Rúbrica

Este capítulo será recitado por sobre un dibujo ejecutado en papiro virgen, puro de toda escritura anterior; será escrito con tinta hecha con granos de «Abut» mezclados con líquido de «Anti»; este manuscrito será colocado sobre el pecho del difunto; no obstante, no deberá tocar sus miembros; tras la recitación de este capítulo, sea para el difunto que sea, éste podrá subir en la barca de Ra, regularmente y todos los días; el dios Thoth tendrá cuidado de él, a su llegada, así como en sus desplazamientos posteriores, y esto todos los días, regularmente, real y eternamente; el difunto llegará a ser Espíritu santificado en toda su perfección; podrá erigir el Símbolo del Djed y consolidar el de la Hebilla sagrada, y podrá navegar en la Barca de Ra por cuantas partes quiera.

CAPITULO CI
Para proteger la Barca de Ra

¡Oh Ra! Sentado en tu barca y hendiendo las olas, navegas por encima de' los Abismos... Te diriges hacia tu Pasado y hacia atrás le recorres... Y he aquí que te has unido, a mí que soy el reflejo de Osiris, yo, Espíritu santificado entre tus servidores. En verdad, ¡oh Ra! si tú prosperas, ¡también yo prospero! ¡Oh Ra! por la virtud de tu Nombre místico: «¡Ra!» mientras que tú atraviesas el Ojo cósmico, largo de siete varas y cuya pupila es larga de tres, ¡vuélveme poderoso! En verdad, Ra si tú prosperas, ¡yo prospero también! ¡Oh Ra! Por la virtud de tu Nombre místico «¡Ra!» cuando pasas por encima de aquellos que han llegado a ser, luego de la muerte, sus propios antípodas, ¡ten piedad de mí! ¡Enderézame! ¡Vuelve a colocarme sobre mis piernas! Pues en verdad, ¡oh Ra! si tú prosperas, ¡también yo prospero! ¡Oh Ra! en virtud de tu Nombre mágico: «¡Ra!»

cuando tú desvelas los Misterios de los Mundos del Más allá para iniciar los corazones, de los dioses tus servidores, revela esos secretos a mi Corazón, pues en verdad, si tú prosperas, ¡también yo prospero!

RÚBRICA

En virtud de las Poderosas Palabras de este capítulo, tus miembros llegarán a ser inalterables y sólidos como los del propio Ra. Pronunciad estas Palabras ante una vendilla de lino real fino sobre la cual se habrá trazado con anterioridad con pomada «Anti» dichas palabras. El día de Jos funerales llegado, esta vendilla será colocada en el cuello de la momia. Esto hecho, el cuello del difunto se tornará fuerte y resistente;, y el difunto podrá, cual si fuese un dios, cumplir cuanto su corazón desee. Podrá reunirse con los Servidores de Horus. Semejante a una estrella, ocupará, frente a Sothis, un lugar en el cielo. Su momia será venerada, cual una divinidad, por sus allegados, eternamente. La diosa Menket hará crecer plantas en su tumba. Y su Majestad el dios Thoth verterá a profusión la Paz eterna y la Luz increada sobre sus restos mortales, como en otro tiempo lo hizo para Su Majestad Osiris, rey del Norte y del Sur...

CAPITULO CII
PARA SUBIR A LA BARCA DE RA

¡Salve, oh gran divinidad, que navegas en tu Barca! Transportado hasta aquí, ¡ante ti aparezco! Déjame subir al puente de mando y dirigir la maniobra de la Barca, como hacen tus servidores, los Arcontes de los Planetas... (¡No! ¡no! ¡no! ¡de esas basuras yo no como! ¡Sólo tocarlas con mis manos o pisarlas con mis sandalias me inspira asco y horror!) Pues las ofrendas sepulcrales no me faltan: mis panes hechos están de trigo blanco; mi bebida sacada ha sido del trigo rojo. ¡Ah! los barcos traen mis ofrendas, ¡helos aquí! Y estas ofrendas son colocadas sobre el altar de Heliópolis... ¡Gloria al Ojo divino, él que recorre el Cielo! Si los Espíritus-perros me atacan, ¡yo sabré defenderme! He aquí que avanzo y arranco a ese dios de manos de mis enemigos que hacen daño a su torso, a sus brazos y a sus piernas. Yo circulo en la Barca de Ra y los decretos de este dios son mi única ley.

CAPITULO CIII
PARA PERMANECER JUNTO A LA DIOSA HATHOR

¡He aquí que, purificado, llego! ¡Mira, oh dios As-Ahi! ¡Mira! En verdad, me encuentro en este momento entre los servidores de Hathor...

CAPITULO CIV
PARA HABITAR ENTRE LOS GRANDES DIOSES

Ora estoy sentado entre los grandes dioses, ora me dirijo hacia la Región de la Barca Seket; luego, cual una mariposa que ha echado a volar llego junto a las grandes divinidades del Mundo Inferior y las contemplo en silencio. ¡Miradme! Aquí estoy, delante de vosotros, entre las Almas purificadas de los Bienaventurados.

CAPITULO CV
PARA HACER OFRENDAS AL DOBLE ETÉRICO

¡Salve, oh mi Doble etérico! (188) ¡Mira! ¡Aún duro! ¡Vivo! Hacia ti vengo lleno de vigor y de poder mágico... Me levanto como el Sol, en posesión de un Alma inmortal y de voluntad invencible, y te traigo incienso para purificar tus emanaciones. Lo que he dicho de malo, lo que de malo he hecho ¡no me lo reproches! Pues yo soy, en verdad, esa Tableta de Esmeralda que está suspendida al cuello de Ra, colocada por los Espíritus que habitan la Casa de los Horizontes. Si ellos prosperan, también yo prospero, pues mi Doble es semejante a su Doble; y el alimento de nuestros Dobles es el mismo. ¡Oh vosotros, Espíritus divinos, que levantáis muy alta, hacia las ventanas de la nariz de Ra, la Balanza de la Justicia, ¡no dejéis que mi cabeza caiga sobre hi hombro! En verdad, ¿no soy yo un Ojo que ve, una Oreja que oye? ¿No soy un poderoso campeón de Osiris que combate y rechaza a sus enemigos? Las ofrendas sepulcrales, ¿no han sido preparadas para mí por Espíritus muy elevados? Déjame, pues, que me acerque a ti, ¡oh dios poderoso! Pues yo estoy purificado y yo hago triunfar a Osiris de sus enemigos.

CAPITULO CVI
PARA RECIBIR OFRENDAS

¡Oh vosotros, Espíritus, dueños de las ofrendas sepulcrales, y vosotros, jefes de las Moradas celestes! Así como vosotros lleváis ofrendas al gran Ptah a su palacio, así traedme a mí ofrendas sólidas y líquidas. ¡Pueda yo ser purificado por el contacto del Anca sagrada (189) y mediante una ofrenda de vestiduras de lino! Y vosotros que navegáis entre los Campos de los Bienaventurados, sabed que las ofrendas que me están destinadas deben serme traídas a lo largo de este canal, mientras que vuestro Padre divino pasa en su Barca celeste.

CAPITULO CVII
(Variante del Capítulo CIX)

CAPITULO CVIII
PARA CONOCER A LAS ALMAS DEL OCCIDENTE

He aquí la montaña Bakhau (190); sobre ella reposa el Cielo oriental. Su altura es de treinta mil varas: Es ancha de quince mil varas. Se encuentra en el Horizonte oriental del Cielo, y el Templo de Sebek, Señor de la Montaña, está situado en su parte oriental. Extendida en el flanco de la montaña está acostada la gran Serpiente. Es larga de treinta varas, ancha de ocho. Su pecho está adornado de Sílex y de placas centelleantes. Pero yo conozco el nombre de la Serpiente de la Montaña... Escuchadle: «La-que-vive-en-las-llamas»... He aquí que tras haber navegado en silencio, Ra echa una mirada sobre la Serpiente. Bruscamente su navegación se detiene; pues aquel que está oculto en su Barca está en acecho... He aquí que se zambulle en el agua, bajo la cual nada siete varas. Ataca a Seth, lanza contra él su jabalina de acero. Entonces, alcanzado en pleno pecho, Seth devuelve por la garganta lo que ha tragado. Luego, sujeto, atado, ahí está metido en un calabozo... (Recitar durante este tiempo la fórmula mágica siguiente:) «Yo te golpeo, ¡oh Seth! con la lanza. Mírala aquí en mis manos. Lentamente, me acerco para apoderarme de ti. Con prudencia hago maniobrar la barca... He aquí que avanzo. Tú, por el contrario, retrocedes. En verdad, yo soy un macho invencible. Enlazo tu cabeza, hago palidecer tus labios... ¡Grande es mi vigor! En verdad, ¡poderoso soy! Yo soy el gran Maestro de la Magia, Hijo de la diosa Nut. Yo libero los Espíritus santificados, de tu dominio, ¡oh Seth!» ¿Qué es eso? ¿Qué Espíritu es ese que se arrastra sobre el vientre, sobre su cola, sobre sus vértebras? ¡Espera un poco! ¡Heme aquí! A tu encuentro voy! ¡Mide, si quieres, tu poder con el mío! ¡Aprende, demonio! ¡Estoy en el colmo de mi poder! ¡Combatiendo avanzo contra los enemigos de Ra! ¡Hecho está! ¡Dominados han sido por mí! La tarde desciende. Puedo descansar. Luego recorro el Cielo, mientras que tú, ¡oh Seth!, tú permaneces inmóvil, agarrotado. En verdad la orden que he recibido, ¡ejecutada está! ¡Ra permanece inatacable en su Horizonte! Yo poseo todos los medios para rechazar a Apopi. Yo conozco igualmente a los Espíritus del Occidente: este es Tum; más lejos está Sebek, Dueño de la Montaña Bakhau; en fin, Hathor enteramente al fondo, la soberana de la tarde.

CAPITULO CIX
PARA CONOCER LAS ALMAS DE OCCIDENTE

¡Salve, oh Portal del Cielo septentrional! Te conozco: tu parte meridional se encuentra en el país de Kharú; tu parte septentrional está formada por el canal Ersa, allí donde, en su Barca empujada por los vientos, Ra penetra en el Cielo. He aquí que izo las velas, de pie en mi barca que avanza sin detenerse... En verdad, yo conozco a los Espíritus que habitan en las ramas de los sicómoros de esmeralda, ornamento de los ríos que se deslizan silenciosos... He aquí que llegan a enderezar a Shu en el Portal del Soberano del Oriente, allí donde pasa Ra en su Barca. En verdad, yo conozco los Campos de los Bienaventurados, ¡ese Patrimonio de Ra! La muralla que los rodea es de hierro; en los Campos, el trigo "mide cinco varas: dos la espiga y tres el tallo. Los Espíritus que trabajan en los Campos son altos de nueve varas. Hacen la recolección al lado de las Almas divinas de la Región Oriental. Los conozco bien: tú, tú eres Heru-Khuit, tú, tú eres Heskheri, hijo de la Viuda; tú, en fin, tú eres Neterduai, Señor de la Estrella de la Mañana.

CAPITULO CX

Aquí empieza el Capítulo que se refiere a los CAMPOS DE LA PAZ. Cómo penetrar en plena Luz del Día, llegar a los CAMPOS DE LOS BIENAVENTURADOS, permanecer en los Campos de la Paz, gran Región Saberana de los Vientos; cómo tomar posesión de ella, cómo allí llegar a ser un Espíritu, cómo allí trabajar la tierra y cosechar el trigo, cómo allí comer, beber y cohabitar, en una palabra, cómo cumplir allí todos los actos de la vida terrestre (191).

¡Salve, oh maestros de las ofrendas! He aquí que vengo en paz hacia vosotros, para gustar el alimento que la gran divinidad me concede todos los días... Seth ha capturado a Horus mientras que vigilaba la construcción de las murallas en los Campos de la Paz. Pero yo he liberado a Horus del poder de Seth y abierto la Ruta a los dos ojos del Cielo (192). ¡He aquí a Seth! Lanzo al viento sus perniciosas emanaciones, para que caigan de nuevo sobre su Alma y su Ojo en la ciudad de Mert. Lo que había sido ocultado en el interior de Horus, yo lo he librado del dios Aker. Ahora, subido en mi gran barca navego por el Lago de la Paz. Penetrando en la morada de Shu, allí procedo al coronamiento de Horus, Entonces las estrellas centellean con aumentado vigor... Luego atravieso el Lago y alcanzo la Ciudad de la Paz; una paz profunda reina en ella, gracias a mí, en el ritmo de sus estaciones, en sus posesiones y entre sus dioses primogénitos. Yo calmo el ardor combativo de Horus y de Seth. Gracias a los Espíritus-Guardianes de la Vida, yo he creado el Bien, yo traigo la Paz, yo obligo a Horus y a Seth a respetar a sus arbitros y yo expulso las nubes hacia los que me atacan. Yo domino a los que violentan a los débiles y destruyo a los demonios que asaltan a los Espíritus bienaventurados. En verdad, yo conozco estas regiones de la Paz; yo he navegado por el Lago; penetrando en las Ciudades... Poderosos son los encantamientos de mi boca. En verdad, yo soy digno de llegar a ser un Espíritu santificado, y mis armas podrán resistir los ataques de los demonios... ¡Oh dioses! ¡Que me sea posible morar en vuestros Campos de la Paz que tanto queréis! ¡Pueda en ellos llegar a ser, tras haber adquirido el domino de mis respiraciones, un Espíritu bienaventurado, y allí comer, beber, arar, cosechar trigo, ejercer mi vigor y mi Verbo mágico! ¡Que no sea reducido a la esclavitud! ¡Que ejerza allí una autoridad sin igual! He aquí: tú has vuelto vigoroso al dios de la Paz, le has elevado sobre las Columnas luminosas de Sha unidas por los hermosos rayos del Sol, este ordenador de los Años. Sobre ello mi boca queda sellada; ella guardará silencio; las palabras que podría dejar escuchar preñadas estarían de misterio... En verdad, yo doy a luz a la Eternidad y yo tomo posesión de la Duración sin límites... Pues yo soy el Señor de la Estabilidad inmutable y mi Alma reposa en el seno de la Paz. He aquí a Horus que aparece bajo los rasgos de un Halcón. Sus alas tienen la longitud de mil varas. Su vida dura dos mil años. Con las armas en la mano, avanza, llega a su Lago bienamado y delante de su Ciudad. Engendrado en el templo del dios de la Ciudad en él recibe las ofrendas de este dios. Descansa en el centro de su radicación de Vida, y cumple los actos que tiene costumbre de cumplir en el Lago del Doble Fuego, allí donde nadie conoce la alegría, pues este lugar es un lugar de sufrimiento... (193) ¡Oh dios de la Paz! Séame dado llegar y partir, pasar y volver a pasar, unirme a lo que está en el templo de la Ciudad, descansar en el centro de mi radicación de Vida, y cumplir los actos que se tiene la costumbre de cumplir en el Lago del Doble Fugo, allí donde nadie conoce la alegría, pues es un lugar de sufrimiento... He aquí que yo vivo en el seno de la Paz divina... ¡Que la protección de mis Envolturas no me sea arrebatada por los Señores del Alimento! ¡Que los dioses me traigan ofrendas en abundancia y que pueda tomar posesión de ellas! He aquí que la Paz divina penetra, profundamente, en mi ser y que me apodero del gran Verbo de Potencia que vive en mi Corazón; pues, en verdad, me acuerdo en este momento porque mi memoria, gracias a las fórmulas mágicas, ignora el desfallecimiento. Yo circulo, aro, disfruto de la Paz en la

Ciudad celeste. De esta región conozco las aguas, las provincias, los lagos en los Campos de la Paz; allí es donde vivo, que mi vigor llegue a ser grande, que alcance a ser un Espíritu bienaventurado, que siembre, coseche y me alimente, que are y me entregue al amor, que esté en paz con la Paz divina, que engendre hijos y navegue por el Lago. Llego ante la Ciudad. Una paz suprema reina en ella. Mi cabeza adornada con dos Cuernos está. Traigo ofrendas para los Espíritus bienaventurados... En verdad, al llegar a la ciudad del dios Shu, conozco los nombres sagrados que la rigen. Navego por el Lago y hago avanzar a Ra hacia los Campos de la Paz... ¡Mira! ¡Qué Paz divina reina en el Cielo! A medida que me acerco a la Tierra mi corazón se calma. Hago por vosotros, Espíritus, lo que vosotros hacéis por mí. Yo conquisto la paz en virtud de mi fuerza que es grande; y mientras vivo en paz y avanzo en paz, mi Alma marcha detrás de mí. En mis dos brazos llevo el Néctar de los dioses... (194) ¡Oh Soberana de las Dos Tierras! ¡Confiere poder a mis encantamientos! ¡Que mi memoria sea vasta e infalible! ¡Que esté lleno de Vida! ¡Que mis enemigos no puedan alcanzarme! ¡Concédeme la alegría del corazón y la paz del espíritu! ¡Que mis articulaciones y mis arterias sean puestas en su sitio, cuando de nuevo aspire el soplo vivificante del Aire! ¡Que la paz sea conmigo! ¡Que llegue a ser el amo de mis respiraciones! ¡Que todo, todo mi ser y mis movimientos sean santificados por la paz! He aquí que entreabro mi cabeza... Adormecido en Ra, me despierto. ¿Qué veo? Una noche espesa llena la abertura del Cielo, pero gracias a mis fluidos, vuelo por encima de los obstáculos... Llego ante mi Ciudad, la grande. Calculo mis fuerzas; la atravieso y me dirijo hacia la Región de Uakh. En verdad, yo soy el Toro poderoso de los rayos azules, dueño del Campo de los Bienaventurados, Señor de los encantamientos mágicos. Yo soy la diosa Septet (195) en el momento de su culminación. ¡Ah! He aquí la región de Djeft. Entro en ella... Hecho, me endoso los vestidos consagrados de Horas. Y lo mismo que los otros dioses del Cielo, avanzo en seguimiento de Ra. Ahora, me encuentro en medio de los dominios del dios de la Paz, Señor de las Dos Tierras, Aquí me zambullo en las aguas del Lago Sagrado. ¡Fuera, lejos de mí toda impureza! ¡He aquí al gran Amo! Ante él, agarro pájaros y los como. Penetro al punto en la Región de Kenkent. En ella me encuentro en presencia de Osiris que tendrá que juzgarme. Me uno a mi madre y agarro a los demonios-serpientes. Me he liberado; pues conozco el Nombre del dios que está frente a la diosa Djesert. Tiene los cabellos lisos; su cabeza está provista de dos cuernos. Pasa el tiempo labrando sus campos; yo labro los míos. Al punto penetro en la región Hast y rechazo a los demonios. Respiro al unísono de los dioses. La gran divinidad me devuelve mi cabeza y un Espíritu de ojos azules la ajusta a mi cuerpo. Penetro al instante en la región de Usrt donde, en la parte alta de un templo, sirvo a los Espíritus una comida sepulcral. He aquí la región de Smam; penetro en ella. Una Corona blanca, adorna mi cabeza: mi corazón está prevenido. Guío a los Espíritus celestes y reconforto a los que están en la Tierra. Yo alegro los corazones de los dioses, pues yo soy su Soberano. Yo soy aquel que ordena los movimientos en los Espacios de turquesa. He aquí la Región del trigo y de la cebada. Penetro en ella. Mis servidores me traen aquí las ofrendas para los dioses. Amarro mi barca en una ensenada del Lago celeste; al punto, marchando a lo largo de la orilla, la arrastro, recitando las fórmulas mágicas y glorificando a los dioses de los Campos de la Paz...

CAPITULO CXI
(Variante del Capítulo CVIII)

CAPITULO CXII
PARA CONOCER LOS MISTERIOS DE LA REGIÓN DE BUTO (196)

¡Oh, tú cadáver, entre todos los cadáveres de la región de Mendés! ¡Oh tú, diosa de los cazadores de la región de Buto! ¡Y tú, diosa Shutet de las Estrellas Fijas! ¡En fin, vosotros, divinidades que llegáis trayendo vuestras ofrendas más pan y cerveza! ¿Sabéis, vosotros todos, por qué la Región de Buto fue ofrecida a Horas? Yo lo sé; pero vosotros, ¡vosotros no lo sabéis! He aquí: Ra dio esta región a Horus para indemnizarle de la herida sufrida por su ojo. Ra, en efecto, dijo a Horus: «Déjame ver lo que le ha sucedido a tu ojo» (197). Y lo miró... Luego Ra dijo a Horus: «Mira hacia allá. Vigila a ese Jabalí negro.» Y Horas le vigiló sin descanso. El jabalí, furiosísimo, le asaltó. Luego Horus dijo a Ra: «Ven a ver el golpe que Seth ha dado a mi ojo.» Y a causa del dolor, Horus empezó a desesperarse. Ra, entonces, dirigiendo la palabra a las divinidades que le rodeaban, dijo: «Encontradle un lugar seguro para que pueda curar su herida, pues Seth transformado en Jabalí negro acaba de asestar un golpe muy rudo al Ojo de Horus.» Dirigiéndose siempre a las divinidades que le rodeaban, Ra añadió: «Ese Jabalí negro, no inspira a Horus sino repugnancia. Pero yo os juro que Horus renacerá a la salud. ¡Ah! ¡Qué repugnancia insipira a Horus ese Jabalí negro!» Más tarde, cuando Horus llegó a ser su propio hijo, los dioses del séquito Ra trajeron a Horus, en sacrificio expiatorio, toros, ovejas y puercos. He aquí los nombres de los Hijos que tuvo Horus: Duatmutf, Hapi, Mestha, Kebhsennuf; e Isis es su madre. Luego Horus dijo a Ra: «Concédeme los dos gemelos divinos de Buto y los dos gemelos de Nekhen (198). En verdad, ¡oh dioses!, han nacido en vuestros Cuerpos y conmigo permanecerán hasta el Fin de los Tiempos. Entonces el Huracán de Fuego se calmará, la Tierra reaparecerá con su nuevo esplendor, y su nombre misterioso será «Horus-de-la-Tableta-de-Esmeral-da»... En verdad, yo conozco a los Espíritus divinos de la Región de Buto: sus Nombres son Horus, Mestha y Hapi.

CAPITULO CXIII
PARA CONOCER LOS MISTERIOS DE NEKHEN

En verdad, ¡yo conozco los Misterios de Nekhen! He aquí a Horus parido por su Madre, en medio del Océano celeste, por medio de sus palabras de Potencia: «Hecedme saber cuál ha sido la decisión que en cuanto a mí habéis tomado y en cuanto al camino de detrás de vosotros... Buscándola yo la encontraré.» Ra dijo entonces: «En verdad, al Hijo de Isis le ha sucedido una calamidad a causa del modo de obrar su Madre para con él.» Isis exclamó: «¡Que me traigan aquí mismo a Sebek, Señor de los Pantanos!» Entonces Sebek se puso a pescar y cogió peces. En cuanto a Isis, ella hizo crecer a Horus en un lugar que había preparado. Sebek, Señor de los Pantanos llenos de cañas, dijo: «He aquí que he venido y que he encontrado bajo mis dedos, al borde de las aguas, las huellas de su paso... Y las he encerrado en una red muy fuerte.» Ra dijo entonces: «¡Es el momento en que los peces estén en poder de Sebek! Pues es él quien ha encontrado los brazos de

Horus en el País de los Peces.» Ra añadió: «Una región de lagos será establecida en el sitio de la red de Sebek...» Entonces, mientras quitaban el velo de la cara de Horus, con motivo de las fiestas del primero y del quince del mes, fueron llevados sus brazos al País de. los Peces. Entonces Ra exclamó: «Como residencia de sus brazos, ¡daré a Horus la ciudad de Nekhen! Allí, en la ciudad de Nekhen, solemnemente, será quitado el velo de su cara ante sus dos brazos. Durante estas fiestas, ¡se apoderará de sus enemigos!» Entonces Horus dijo: «Dejadme, pues, llevar conmigo a Duamutf y a Kebhsennuf, para que guarden mi Cuerpo, y puedan llegar a ser los servidores del dios tutelar de Nekhen.» Ra respondió: «¡Te concedo lo que pides! Lo mismo que fuiste recibido en Senket, lo serás en Nekhen; y los cadáveres de tus enemigos estarán a tu merced.» Horus dijo: «¡Mira! ¡Ora están cerca de ti, ora cerca de mí! ¡Escuchan con atención las órdenes de Seth, cuando su voz resuena llamando a los Espíritus divinos de Nekhen!» Pueda yo, por mi parte, ser introducido, tras mi muerte, ¡entre los Espíritus divinos de Nekhen! ¡Pueda desatar los lazos de Horus! Pues yo conozco bien los Espíritus divinos de Nekhen: son Horus, Duamutf y Kebhsennuft (199).

CAPITULO CXIV
Para conocer los Misterios de Khemenú

He aquí que llevada en brazos, cuando las fiestas de la Ascensión de Neith, en Mathit, la estatuta de Maat avanza lentamente, mientras el Ojo divino resplandece... Veo ante mí la Balanza del Juicio... Yo he sido iniciado en estos misterios: yo sé lo que Maat trae a la ciudad de Kesi. Pero no se lo diré a los hombres ni lo repetiré delante de los dioses... Pues yo llego aquí por orden de Rá mismo, para colocar la estatua de Maat al paso de la procesión, con motivo de las fiestas de la Ascensión de Neith, en Mathit, cuando el Ojo divino será juzgado. He aquí que gracias a mi conocimiento de los misterios de Khemenú, llego aquí con todo mi poder. Pues, como vosotros, ellos aman aquello que saben... En verdad, yo conozco a Maat en todo su implacable rigor y acepto su veredicto con alegría. ¡Salve a vosotras, oh Almas divinas de Khemenú! Yo que os hablo, yo conozco las cosas ocultas y misteriosas que os son reveladas en los sacramentos de los meses y de los medios meses. Los misterios de la Noche que Ra guarda celosamente es Thoth mismo quien me los ha revelado. Y también otras cosas que vosotros sabéis... En verdad, yo os conozco, ¡oh Almas perfectas de Khemenú!

CAPITULO CXV
Para conocer los Misterios de Heliópolis

En verdad, largos fueron los tiempos de mi permanencia en medio de las Sombras del Pasado, entre los Espíritus de los Angeles antiguos... Desde el Alba de los Tiempos, sin cesar, en el seno del dios del Llegar á ser, Khepra, yo he recorrido el ciclo de las Metamorfosis... He aquí que penetro en la Región de las Tinieblas y que, de pronto, mi rostro se quita el velo ante el Ojo centelleante que le contempla... ¡Oh vosotras, Almas perfectas, sabedlo: yo soy una de las vuestras! ¡Pues yo conozco a los Espíritus divinos de Heliópolis! En verdad, el saber del Gran Vidente mismo (200) no sobrepuja a mi Saber oculto. ¿Acaso no he ido más allá, gracias a mi energía, de todos los obstáculos? ¿No he dirigido la palabra a los dioses? Por consiguiente, ¡no!, los demonios no podrán destruirme, a mí Heredero de los dioses de Heliópolis. Pues, en verdad, yo conozco los Misterios de la Hebilla que adorna la frente del Niño divino (201). He aquí que Ra habla al dios Amihaf, cuya boca, en otro tiempo, fue atacada, herida... Ra dice, pues, a esta divinidad: «Recibe de mis manos esta lanza, ¡herencia de la humanidad!» Y Amihaf recibió la lanza... Así nacieron los dos hermanos divinos que recorren su órbita en el cielo alrededor de Ra... Más tarde Amihaf se tornó mujer adornada de la Hebilla sagrada, ese paladión de Heliópolis... Y el heredero de su heredero, el Gran Vidente, llegó a ser el gran Sacerdote-Vidente de Heliópolis. ¡Oh vosotros, Espíritus divinos de Heliópolis! En verdad, yo os conozco: Sois Ra, Shu, Tefnut...

CAPITULO CXVI
(Variante del Capítulo CXIV)
PARA CONOCER LOS MISTERIOS DE KHEMENÚ

He aquí que Neith se levanta sobre la ciudad de Mathit y que, a su lado, avanza Maat la diosa. Aquel que devora las acciones malas cometidas por los hombres es el juez designado por ella. Entonces yo soy introducido por mi sacerdote. Penetro en el Santuario y contemplo los Misterios... En verdad, yo no se los revelaré a ningún mortal ni se los repetiré a ningún dios... ¡Salve, oh dioses de Khemenú, vosotros que me conocéis, así como yo conozco a la diosa Neith! (He aquí que el Ojo divino resplandece en las Tinieblas...) En verdad, yo las conozco, a las Almas divinas de Heliópolis. Las conozco, cuando se abren como flores, en las fiestas mensuales, y cuando se eclipsan, en las fiestas bimensuales. ¡Mirad! He aquí a Thoth, el misterioso... Más lejos, está Sa, el dios de la Sabiduría... En fin, está Tum, dios grande.

CAPITULO CXVII
PARA PENETRAR EN EL RE-STAU (202)

Dos caminos que pasan por encima de mí me conducen hacia el Mundo de Re-stau. Llevo el Cinturón de un dios y de un dios también la Corona. Avanzo y hago reinar el orden en Abydos. Yo abro las rutas que conducen hacia el Re-stau. Osiris alivia mis sufrimientos... He aquí que hago surgir las aguas y que en ellas establezco mi Trono. Yo recorro el Valle del Gran Lago. Pues yo hago triunfar a Osiris de sus enemigos; ¡un dios soy como vosotros los otros dioses! ¡Sabed, Espíritus divinos, que el Amo mismo de la Eternidad me protege! En verdad, ya camino como vosotros camináis; como vosotros yo permanezco de pie, o sentado, a mi antojo; y el imperio sobre el Verbo de potencia le poseo como vosotros le poseéis, ante el gran dios, Señor del Amenti.

CAPITULO CXVIII
PARA RECORRER EL RE-STAU

He aquí que yo nazco y que vengo al Mundo en el Universo de Re-stau... Gracias a las libaciones de mi sacerdote ante Osiris, gozo de la felicidad entre los Cuerpos Gloriosos, «Sahú». Yo soy recibido entre los Espíritus de Re-stau y allí crezco. Cuando, guiados por Osiris, ellos avanzan hacia su Doble Mansión, yo avanzo en su seguimiento, yo, divinidad única, hacia la Doble Morada de Osiris.

CAPITULO CXIX
Para recorrer el Re-stau

¡He aquí una gran divinidad con poderosa radiación que avanza hacia ti, Osiris! Soy yo, que me prosterno ante ti. ¡Mira! ¡He sido lavado de todas mis impurezas! ¡Tu Nombre ha sido consolidado en el Re-stau! Gloria a ti, ¡oh Osiris! En verdad, ¡grande es tu poder en Abydos! Planeando en lo alto del Cielo, en compañía de Ra, cumples, Osiris, tus celestes circuitos. Tu Ojo divino contempla desde lo alto a los Iniciados. Tú, Ra, el Único, el Solitario, ¡escúchame a mí, que te hablo, Osiris! «En verdad, aquí, en tu presencia, ¡he revestido mi Cuerpo Glorioso!» Ojalá pueda escuchar las palabras: «Este Ser que está aquí, jamás será rechazado ante tu presencia, Osiris!»

CAPÍTULOS CXX Y CXXI
(Repetición de los Capítulos XII y XIII)

CAPITULO CXXII
Para penetrar en el Amenti

«¡Abridme las Puertas!»—¡Antes responde, oh Alma! ¿Quién eres? ¿Adonde vas? ¿Eres capaz de Metamorfosis? ¿Cuáles son éstas para ti?—Lo mismo que vosotros, ¡oh dioses!, yo soy un Espíritu divino, y el Nombre mágico de mi Barca es el siguiente: «La-Cohesión-de-las-Almas-múlti-ples». «Terror-que-hace-erizar-los-cabellos», tal es el Nombre de mis remos. «Aquel-que-vela» es el Nombre de mi proa, «Estámal» es el Nombre de mi timón. «Navega-todo-derecho» es el Nombre de mi popa. En verdad, esta Barca ha sido construida para el Viaje del Más allá. (Llevadme, al templo de Anubis, las ofrendas siguientes: carne, pan, leche y bollos, en su totalidad.) ¡Pueda penetrar en el Más allá en forma de Halcón! ¡Pueda atravesar los Espacios celestes en forma de Fénix Estrellado! Entre habiendo recorrido en paz los caminos, en el hermoso reino del Amenti, delante del Lago de Osiris, para adorar allí a Osiris, ¡Señor de la Vida Eterna!

CAPITULO CXXIII
Para penetrar en el Gran Templo

¡Salve, oh Tum! ¡Mírame! En verdad, yo soy Thoth, el arbitro del combate entre Seth y Horus. Por mí, su lucha va a tener fin; yo domaré su furor y pondré término a las devastaciones que su guerra ha causado. He aquí que yo agarroto y rechazo al pez Andú. En lo que a él respecta, he ejecutado tus órdenes... Al punto me he acostado en la tumba en medio de las acciones de mi vida. En adelante, ya no encontraré obstáculos. He aquí que llego al templo del dios Uhem-Hra y que tú me contemplas en silencio. Transmito a este dios las órdenes de los dioses antiguos. En verdad) yo puedo servir de guía a los dioses inferiores...

CAPITULO CXXIV
Para efectuar la Metamorfosis en Fénix Real

Mi Alma construye para mí una morada estable en Djedú, y mientras yo prospero en la región de Buto mis servidores mágicos trabajan y cultivan mis campos. El rostro de mi Palmera es hermoso como el del dios Amsú. (¡No, no! ¡No comeré de eso! ¡Qué asco las basuras! ¡No, no comeré de ellas! ¡No acercaré siquiera a ellas mis manos! ¡No he de tocarlas ni aun con mis sandalias!) En posesión de mis hermosas ofrendas, ¡no pereceré! Pues dispongo de panes hechos con trigo y de cerveza sacada de la cebada que los barcos Sektet y Mandjit me traen regularmente (203). Sentado bajo el grato follaje de los árboles que me son queridos disfruto de paz y contemplo la abundancia de ofrendas. ¡Ojalá llegue a ser un Espíritu santificado! ¡Pueda la diosa-Serpiente enderezarme y poner sobre mi cabeza la Corona Blanca! ¡Oh vosotros, Espíritus, guardianes de las Puertas del Pacificador de los Dos Países! ¡Sabed! ¡Sabed que yo traigo en mi Ser sustancias que pueden servir de ofrenda a los dioses! (204). ¡Venid en mi socorro! ¡Ayudadme a disipar la niebla opaca que me rodea y me oprime! ¡Que los Espíritus santificados me abran sus brazos! ¡Que las Jerarquías divinas guarden silencio y no revelen las palabras que cambio con las almas de las Generaciones Futuras! (205). Poderoso entre los que revolotean en los aires, yo guío los corazones de los dioses que me protegen. En verdad, todo dios y toda diosa que me vuelva vigoroso, promovido será a Espíritu-Guía del Año. Bajo verdeantes follajes viviré disfrutando de las ofrendas puestas delante de mí (206), semejante a Osiris cuando aparece en Abydos. En mí se reconoce el antepasado de Ra y de los Seres Luminosos. Envuelto en mi vasto manto del estrellado Cielo, permanezco frente a frente de los antiguos dioses. El pan de la comunión en mi boca, comparezco ante los dioses Ahiú. ¡Que me hablen, pues, y les responderé! Yo hablaré con el Disco Solar y con los Seres de Luz. Grande es mi poder en medio de las Tinieblas que reinan en los Mundos de Mehurt, muy cerca del Ser venerado... En verdad, desde ahora no formaré sino un solo Ser ¡con Osiris! ¡Mirad! Me torno perfecto, lo mismo que Osiris es perfecto entre las divinidades antiguas. Yo hablaré a Osiris como lo hacen los hombres, y él me responderá en el lenguaje de los dioses... He aquí que, vuelto Espíritu santificado, llego aquí con la protección de las fuerzas mágicas y dirijo a la diosa Maat hacia los que la aman. Pues yo soy un Espíritu santificado armado de las fuerzas mágicas de todos los Espíritus santificados. Yo me manifiesto bajo la forma de Sahú en las ciudades de Heliópolis, Busiris, Herakleópolis, Abydos y Panópolis.

CAPITULO CXXV
Palabras para pronunciar a la Entrada del Santuario de Maat

¡Oh Maat! Heme aquí que llego ante ti. ¡Déjame, pues, contemplar tu radiante hermosura! ¡Mira! Mi brazo se levanta en adoración a tu Nombre sacrosanto. ¡Oh Verdad-Justicia, escucha! Llego ante los lugares en que los árboles no se dan, en que el suelo no hace surgir las plantas... He aquí que penetro hacia los lugares de los Misterios y que hablo a Seth, el dueño de estos lugares... Mi Guía-protector se acerca a mí; su rostro está cubierto con un espeso velo... Habiéndose prosternado ante los lugares de los

Misterios, penetra en el Santuario de Osiris y contempla los Misterios que en él se desarrollan. He aquí a los Espíritus Guardianes de los Pilones: su forma tiene la apariencia de los Espíritus santificados de los Muertos. Escuchad a Anubis, que empieza su discurso. Habla dirigiéndose a derecha e izquierda en el lenguaje de un hombre venido de la tierra de Egipto que conoce los caminos de vuestro país y sus ciudades. Dice: «El olor de este hombre ¡olfateadle! ¿Os parece que es uno de los vuestros?» Yo le respondo: «En verdad, ¡yo soy Osiris! Llego aquí para contemplar a los dioses, los grandes, y para entrar en posesión de la Vida Eterna comulgando con pan celestial. He venido hasta estos límites extremos del Cielo donde habita Osiris, Alma grande, Señor del Djedú... El me ha conferido la fuerza de los movimientos bajo la forma de un Espíritu con cabeza de Fénix... Dotado del Verbo de potencia, me zambullo en aguas corrientes; he hecho ofrendas de incienso; me he dirigido, como un niño, hacia el árbol Shendet... He aquí que he llegado a Elefantina, ante el templo de la diosa Satit. He hecho dar la vuelta a la Barca cargada de mis enemigos. He viajado en paz por el Lago y contemplado los Cuerpos gloriosos de Kam-Ur (207); he visitado la ciudad sagrada de Djedú; mas sobre esto yo guardo silencio... He devuelto a la divinidad el uso de sus piernas. He alcanzado el templo de Anubis y contemplado al Señor del lugar. He penetrado en el templo de Osiris y ensayado en mí mismo los Vestidos de este dios. He atravesado el Re-stau y he contemplado los Misterios de este lugar. He sido oculto y enterrado y he encontrado un camino de salida... He atravesado comarcas desoladas en las que nada crece y he cubierto mi desnudez con vestidos que allí he encontrado. He recibido para ungirme la pomada de las mujeres y me han sido enseñadas las Palabras de Potencia de los iniciados. He aquí a Seth que me habla a su manera... Yo le respondo: «Tu balanza, en verdad, es en nuestro Corazón donde hay que buscarla.» Su Majestad Anubis me dice: «¿Conoces el Nombre de esta Puerta de modo que puedas proclamarle ante mí?» Yo le respondo: «El-dios-Shu-el-destructor, ¡he aquí el Nombre de esta Puerta!» Su Majestad Anubis dice: «¿Conoces el Nombre de la Bisagra superior de esta Puerta y el de la Bisagra inferior?» Yo respondo: «El-Señor-de-Verdad-y-de-Justicia-sobre-sus-piernas», es el Nombre de la Bisagra superior. «El-Señor-de-la-doble-Potencia-Domador-del-Ganado» es el Nombre de la Bisagra inferior. Su Majestad Anubis pronuncia: «Pasa entonces, puesto que conoces estos Nombres mágicos.»

Entrando en la Doble Sala de la Verdad-Justicia, el difunto pronunciará lo que sigue, con objeto de desembarazarse de sus pecados, y de poder contemplar a los dioses.

La Confesión Negativa. I (Papiro Nú)

¡Salve, dios grande, Señor de la Verdad y de la Justicia, Amo poderoso: heme aquí llegado ante ti! ¡Déjame, pues, contemplar tu radiante hermosura! Conozco tu Nombre mágico y los de las cuarenta y dos divinidades (208) que te rodean en la vasta Sala de la Verdad-Justicia, el día en que se hace la cuenta de los pecados ante Osiris; la sangre de los pecadores (lo sé también) les sirve de alimento. Tu nombre es: «El-Señor-del-Orden-del-Universo-cuyos-dos-Ojos-son-las-dos-diosas- hermanas.» He aquí que yo traigo en mi Corazón la Verdad y la Justicia, pues he arrancado de él todo el Mal. No he causado sufrimiento a los hombres. No he empleado la violencia con mis parientes. No he sustituido la Injusticia a la Justicia. No he frecuentado a los malos. No he cometido crímenes. No he hecho trabajar en mi provecho con exceso. No he intrigado por ambición. No he maltratado a mis servidores. No he blasfemado de los dioses. No he privado al indigente de su subsistencia. No he cometido actos execrados por los dioses. No he permitido que un servidor fuese maltratado por su amo. No he hecho sufrir a otro. No he provocado el hambre. No he hecho llorar a los hombres, mis semejantes. No he matado ni ordenado matar. No he provocado enfermedades entre los hombres. No he sustraído las ofrendas de los templos. No he robado los panes de los dioses. No me he apoderado de las ofrendas destinadas a los Espíritus santificados. No he cometido acciones vergonzosas en el recinto sacro-santo de los templos. No he disminuido la porción de las ofrendas. No he tratado de aumentar mis dominios empleando medios ilícitos, ni de usurpar los campos de otro. No he manipulado los pesos de la balanza ni su astil. No he quitado la leche de la boca del niño. No me he apoderado del ganado en los prados. No he cogido con lazo las aves destinadas a los dioses. No he pescado peces con cadáveres de peces. No he obstruido las aguas cuando debían corren. No he deshecho las presas puestas al paso de las aguas corrientes. No he apagado la llama de un fuego que debía arder. No he violado las reglas de las ofrendas de carne. No me he apoderado del ganado perteneciente a los templos de los dioses. No he impedido a un dios el manifestarse. ¡Soy puro! ¡Soy puro! ¡Soy puro! He sido purificado como lo ha sido el gran Fénix de Herakleópolis. Pues, yo soy el Señor de la Respiración que da vida a todos los Iniciados el día solemne en que el Ojo de Horus, en presencia del Señor divino de esta tierra, culmina en Heliópolis. Puesto que he visto culminar en Heliópolis el Ojo de Horus, pueda no suce-derme ningún mal en esta Región, ¡oh dioses!, ni en vues-ttra Sala de la Verdad-Justicia. Pues yo conozco el Nombre de esos dioses que rodean a Maat, la gran divinidad de la Verdad-Justicia.

La Confesión negativa. II (Papiro Nebseni)

1. ¡Oh tú, Espíritu, que marchas a grandes zancadas y que surges de Heliópolis, escúchame! Yo no he cometido acciones perversas. 2. ¡Oh tú, Espíritu, que te manifiestas en Ker-aha y cuyos brazos están rodeados de un fuego que arde! Yo no he obrado con violencia. 3. ¡Oh tú, Espíritu, que te manifiestas en Hermópolis y que respiras el Aliento divino! Mi corazón detesta la brutalidad. 4. ¡Oh tú, Espíritu, que te manifiestas en las Fuentes del Nilo y que te alimentas sobre las Sombras de los Muertos! Yo no he robado. 5. ¡Oh tú, Espíritu, que te manifiestas en Re-stau y cuyos miembros se pudren y apestan! Yo no he matado a mis semejantes. 6. ¡Oh tú, Espíritu, que te manifiestas en el Cielo bajo la doble forma de León! Yo no he disminuido el celemín de trigo. 7. ¡Oh tú, Espíritu, que te manifiestas en Letópolis y cuyos dos ojos hieren como puñales! Yo no he cometido fraude. 8. ¡Oh tú, Espíritu de la deslumbrante máscara, que andas lentamente y hacia atrás! Yo no he sustraído lo que pertenecía a los dioses. 9. ¡Oh tú, Espíritu, que te manifiestas en Herakleó-polis y que aplastas y trituras los huesos! Yo no he mentido. 10. ¡Oh tú, Espíritu, que te manifiestas en Menfis y que haces resurgir y crecer las llamas! Yo no he sustraído el alimento de mis semejantes. 11. ¡Oh tú, Espíritu, que te manifiestas en

el Amenti, divinidad de las dos fuentes del Nilo! Yo no he difamado. 12. ¡Oh tú Espíritu, que te manifiestas en la región de los Lagos y cuyos dientes brillan como el Sol! Yo no he sido agresivo.

13. ¡Oh tú, Espíritu, que surges junto al cadalso y que, voraz, te precipitas sobre la sangre de las víctimas! Sábelo: yo no he dado muerte a los animales de los templos.

14. ¡Oh tú. Espíritu, que te manifiestas en la vasta Sala de los treinta Jueces y que te nutres de entrañas de pecadores! Yo no he defraudado. 15. ¡Oh tú. Señor del Orden Universal, que te manifiestas en la Sala de la Verdad-Justicia, aprende! Yo no he acaparado jamás los campos de cultivo. 16. ¡Oh tú, Espíritu, que te manifiestas en Bubastis y que marchas retrocediendo, aprende! Yo no he escuchado tras las puertas. 17. ¡Oh tú. Espíritu Aati, que apareces en Heliópolis! Yo no he pecado jamás por exceso de palabra. 18. ¡Oh tú, Espíritu Tatuf, que apareces en Ati! Yo no he pronunciado jamás maldiciones cuando se me ha causado algún daño. 19. ¡Oh tú, Espíritu Uamenti, que apareces en las cuevas de tortura! Yo no he cometido jamás adulterio. 20. ¡Oh tú, Espíritu, que te manifiestas en el templo de Amsú y que miras con cuidado las ofrendas que te llevan! Sabe: que no he cesado jamás, en la soledad, de ser casto. 21. ¡Oh tú, Espíritu, que apareces en Nehatú, tú, jefe de los antiguos dioses! Yo no he aterrorizado jamás a la gente. 22. ¡Oh tú, Espíritu-destructor, que te manifiestas en Kaui! Yo jamás he violado la ordenación de los tiempos. 23. ¡Oh tú. Espíritu, que apareces en Urit, y de quien escucho la voz que salmodia! Yo jamás me he entregado a la cólera. 24. ¡Oh tú, Espíritu, que apareces en la Región del Lago Hekat bajo la forma de un niño! Yo jamás fui sordo a las palabras de la Justicia. 25. ¡Oh tú, Espíritu, que apareces en Unes y cuya voz es tan penetrante! Yo jamás he promovido querellas. 26. ¡Oh tú, Espíritu Basti, que apareces en los Misterios! Yo no he hecho jamás derramar lágrimas a mis semejantes. 27. ¡Oh tú, Espíritu, cuyo rostro está en la parte posterior de la cabeza y que sales de tu morada oculta! Yo Jamás he pecado contra natura con los hombres. 28. ¡Oh tú, Espíritu con la pierna envuelta en fuego y que sales de Akhekhú! Yo jamás he pecado de impaciencia. 29. ¡Oh tú, Espíritu, que sales de Kenemet y cuyo Nombre es Ke-nemti! Yo no he injuriado jamás a nadie. 30. ¡Oh tú, Espíritu, que sales de Sais y que llevas en las manos tu ofrenda! Yo no he sido nunca querellador. 31. ¡Oh tú, Espíritu, que apareces en la ciudad de Djefit y cuyas caras son múltiples! Yo no he obrado jamás con precipitación. 32. ¡Oh tú. Espíritu, que apareces en Unth y que estás lleno de astucia! Yo no he faltado jamás al respeto a los dioses. 33. ¡Oh tú, Espíritu adornado de cuernos y que sales de Satiú! En mis discursos, nunca he usado palabras excesivas. 34. ¡Oh tú, Nefer-Tum, que sales de Menfis! Yo no he defraudado jamás ni obrado con perversidad. 35. ¡Oh tú, Tum-Sep, que sales de Djedú! Yo no he maldecido jamás al Rey. 36. ¡Oh tú, Espíritu cuyo corazón es activo y que sales de Debti! Yo jamás he ensuciado las aguas. 37. ¡Oh tú, Hi, que apareces en el Cielo! Sábelo: mis palabras jamás han sido altaneras. 38. ¡Oh tú, Espíritu, que das las órdenes a los Iniciados! Yo no he maldecido jamás de los dioses. 39. ¡Oh tú, Neheb-Nefert, que sales del Lago! Yo no he sido jamás impertinente ni insolente. 40. ¡Oh tú, Neheb-Kau, que sales de la ciudad! Yo no he intrigado jamás ni me he hecho valer. 41. ¡Oh tú, Espíritu, cuya cabeza está santificada y que de pronto sales de tu

escondite! Sábelo: Yo no me he enriquecido de un modo ilícito. 42. ¡Oh tú, Espíritu, que sales del Mundo Inferior y llevas ante ti tu brazo cortado! Yo jamás he desdeñado a los dioses de mi ciudad.

Ante los dioses del Mundo Inferior (Papiro Nú)

¡Oh vosotras, divinidades, que tenéis asiento en la vasta Sala de Justicia, yo os saludo! En verdad, yo os conozco y conozco vuestros Nombres. ¡No me abandonéis a la cuchilla del verdugo! ¡No insistáis sobre mis pecados ante el dios que es vuestro Señor! ¡Que la mala suerte no me alcance a causa de vuestra intervención! Haced que escuche la Verdad el Señor del Universo! Pues yo no he hecho, durante mi vida en la Tierra, sino lo que era verdadero y justo. Yo no he maldecido jamás de los dioses. ¡Puedan, pues, los Genios tutelares de los Días y de las Horas no afligirme con infortunios! ¡Oh vosotras, divinidades, que tenéis asiento en la vasta Sala de la Verdad-Justicia, yo os saludo! Vuestro corazón ignora la mentira y la iniquidad; vosotras vivís de la Verdad y la Justicia es vuestro alimento; vosotras permanecéis bajo la mirada fija de Horus, ¡el que vela en su Disco! ¡Libradme de Babai, que, en el día del Gran Juicio (209), se nutre de las entrañas de los Poderosos! ¡Dejadme penetrar hasta vuestra casa! Ved que no he cometido ni fraude, ni pecado alguno. Yo no he dado falso testimonio. ¡Que no me sea hecho, pues, daño alguno! Me he nutrido siempre, por el contrario, de Verdad y de Justicia. Mi modo de obrar era el que prescriben las buenas costumbres y es aprobado por los dioses. En verdad, he contentado a los dioses haciendo aquello que aman. Yo he dado pan al hambriento y agua al que tenía sed, vestidos al hombre desnudo y una barca al náufrago: a los dioses les hacía ofrendas y libaciones a los Espíritus santificados... ¡Espíritus divinos!, ¡libradme! ¡Protegedme! ¡No me acuséis ante la gran divinidad! ¡Mi boca es pura! ¡Puras son mis manos! Haced que oiga, viniendo de vosotros, estas palabras: «¡Oh tú, Alma que llegas aquí, ven en paz! ¡Ven en paz!» En verdad, yo he oído las palabras de gran peso que cambiaban el Gato Divino y los Cuerpos Gloriosos en el templo de Hapdré. Yo he respondido a las cuestiones del Espíritu que da el veredicto y cuya cara está en la parte de atrás de la cabeza. Yo he contemplado los sacramentos del Re-stau: sobre ellos el Árbol bendito extiende sus ramas... Conociendo los pensamientos secretos de lo; dioses, yo he implorado su socorro. Yo llego aquí para dai testimonio de la Verdad, con objeto de que la BalanzE sea establecida en Aukert (210). ¡Oh tú, Señor de la coron: Atefú, cuyo nombre es «Señor-de-los-Vientos»! Tú, que pre sides desde arriba sobre tu pedestal, ¡líbrame de aquellos de tus servidores cuyos decretos traen dolores y sufrimien tos y cuyos rostros están sin velos! Pues en presencia de dios de la Verdad-Justicia nada he hecho que no sea ver dadero y justo. Mi pecho es puro, pues le he lavado... Er el Lago - de Maat he purificado mi espalda y mis entrañas No hay parte alguna de mi ser que no participe de la Ver dad-Justicia. Yo me he purificado en el Estanque del Sur Yo he descansado en la Ciudad del Norte, cerca de los Cam pos de los Saltamontes, allí donde, a la segunda hora de la noche y en la tercera hora del día, se purifican los ser vidores de Ra... Los corazones de los dioses, cuando pasan de día y de noche dicen hablando de mí: «¡Que se acerque!> «¿Quién eres? ¿Cuál es tu Nombre?» «Flor-de-Olivo» es mi Nombre... Una voz saliendo del Espacio me responde, in visible: «¡Pasa!» He aquí un bosquecillo, y luego—une ciudad... Una voz interroga: ¿Qué has encontrado en tu camino? Un Pie y una Pierna. —¿Qué les has dicho] —Alegría y serenidad. —¿Qué te han dado? —Una antorchc encendida y una tablilla de cristal. —¿Qué has hecho de esos dones? —Al alba, cerca del lago, en medio de lo; canales los he enterrado. —¿Qué has encontrado allí? —Ur cetro de piedra. —¿Cuál es el Nombre de este cetro? —Si nombre es: «Libre-como-el-Viento». —Cuando has enterra do antorcha encendida y tablilla de cristal, ¿qué has hecho] —He pronunciado Palabras de Potencia, desenterrado la tablilla, apagado la antorcha, roto la tablilla de cristal, he excavado el lago... —Puedes franquear la Puerta de la Sala de Maat, pues tú conoces la doble cara de la Verdad Justicia. El cerrojo de la Puerta me ha dicho: —No te dejaré pasar a menos que me digas mi Nombre oculto —«Centro-de-gravedad-en-la-Balanza-de - la - Verdad - Justicia» he aquí tu nombre. —No te dejaré entrar, dijo la Jamba de la derecha, a menos que me digas mi Nombre secreto. —«Platillo-de-la-Balanza-que-lleva-la-Verdad-Justicia», he aquí tu Nombre. —No te dejaré entrar, dijo la Jamba de la izquierda, a menos que me digas mi nombre oculto. —«La-OBrenda-del-Vino», he aquí tu Nombre. —No te dejaré entrar, dijo el Umbral de la Puerta, a menos que me digas mi Nombre oculto. —«El-Toro-del-dios-Keb», he aquí tu Nombre oculto. —No te dejaré entrar, dijo la Cerradura de la Puerta, a menos que me digas mi Nombre oculto. —«Los-dedos-gordos-del-pie-de-tu-Madre», he aquí tu nombre oculto. —No te dejaré penetrar en la sala, dijo la empuñadura de la puerta, a menos que me digas mi nombre oculto. —« El-Oj o-fuente-de-Vida-del-dios-Sebek-Señor-de-Bak-haú», he aquí tu Nombre. —No te dejaré entrar en la Sala, dijo el Guardián de las hojas de la Puerta, a menos que me digas mi Nombre oculto. —«Codo-del-dios-Shaú-protec-tor-de-Osiris», he aquí tu Nombre. —No te dejaré entrar bajo nosotros, dijeren los dos Montantes de la Puerta, a menos que nos digas nuestros Nombres ocultos. —Vuestros Nombres son: «Los-Hijos-de-las-diosas-coronadas-de-Serpien-tes». —Nos has reconocido. ¡Puedes pasar! —No dejaré que me pisen tus pies, dijo, el Suelo de la Sala de Maat, pues yo soy silencioso y sagrado. Además no. conozco los Nombres de tus dos pies que se disponen a pisarme. ¡Habla pues! —«El-Corredor-del-dios-Khas», es el Nombre de mi pie derecho; «El-Cetro-de-Hathor», es el Nombre de mi pie izquierdo. —Me conoces. ¡Puedes pasar! El Guardián de la Puerta que se abre ante la Sala de la Verdad-Justicia, dijo: —Yo no te anunciaré, a menos que me digas mi Nombre oculto. —«El-que-conoce-los-corazones-y-el-que-escarba-las-entrañas-del-hombre», he aquí tu Nombre. —Te anunciaré al dios... Pero dime aún esto: ¿Quién es el dios que gobierna en esta hora? ¿Cuál es su Nombre? —«Aquel-que-protege-las-Dos-Tierras», he aquí su Nombre. —Bien, pero, ¿quién es este dios que tiene bajo su custodia las Dos Tierras? —¡Thoth es este dios! Franquea la Puerta y acércate, dijo entonces la voz de Thoth mismo, invisible. —Dime primeramente, ¿por qué llegas aquí? —Llego aquí para ser anunciado. —¿Cuál es tu condición? ¿Qué clase de hombre eres? —Yo me he purificado de todos los pecados. Soy ajeno a las imperfecciones de los hombres que obedecen a los impulsos del momento. ¡Yo no soy no, de ellos! —Te anunciaré a ia divinidad que es protegida, si me dices aún lo siguiente: ¿Cuál es el Nombre de la divinidad que es protegida por el Cielo de Fuego, que está rodeado por una Muralla de dioses-Serpientes, y que descansa sobre la superficie de las Aguas corrientes? ¿Quién es?

—Es, ¡Osiris! —¡Franquea el Umbral! En verdad, podré, sí, anunciarte. ¡Aprende pues! El Pan de tu Comunión, el Vino de tu Comunión y todas las ofrendas sepulcrales que se te destinan ¡Emanaciones son del Ojo de Ra!

RÚBRICA

Hacer imágenes de lo que ocurre en la Sala de la Verdad-Justicia, —Este capítulo será recitado cuando el cuerpo del difunto haya sido lavado, purificado y revestido de las vendas de momia; luego de haberle puesto las sandalias, y cuando se le hayan embadurnado los ojos con antimonio y el resto del cuerpo con pomada «anti» y luego que se le hayan llevado ofrendas sepulcrales: incienso, carne, aves, pan, cerveza así como legumbres. Dibujar en seguida imágenes en color en una teja hecha con tierra que no hayan pisado ni los puercos ni otros animales domésticos. Si se escribe en esta teja el capítulo que va más arriba, entonces el difunto y sus hijos prosperarán; su nombre no será olvidado y se granjeará el favor del rey y de los príncipes. Y encontrará sobre el altar de la Gran Divinidad, pan, vino y carne. Y no será rechazado a las Puertas del Amenti; al contrario será introducido en compañía de los reyes de Egipto y se encontrará en las inmediaciones de Osiris realmente, continuamente, eternamente.

CAPÍTULO CXXVI
HIMNO A LOS CUATRO ESPÍRITUS SUPERIORES

¡Salve, oh vosotros los cuatro poderosos Espíritus con rostro de mono (211), vosotros que, sentados en la proa de la Barca de Ra, anunciáis las órdenes del Señor de los Mundos! Vosotros sois mis jueces y mis arbitros. ¡Compartid pues mis miserias y mis virtudes! ¡Calmad a los dioses mediante el fuego devorador que sale por vuestras bocas! Vosotros lleváis a los dioses las ofrendas, las comidas sepulcrales a los Espíritus santificados. Vosotros vivís y os alimentáis de la Verdad-Justicia. Vosotros ignoráis la Mentira y el Mal... Arrancad pues el Mal de mi Corazón, destruid mis pecados a causa de los cuales, en la Tierra, he merecido tantos castigos. Eliminad toda mancha que se une a mi persona, ¡para que nada me impida llegar hasta vosotros! ¡Dejadme penetrar en Ammehet, entrar en el Re-stau, que pueda franquear el misterioso Portal del Amenti! Que las comidas sepulcrales me sean servidas con el mismo título que les son servidas a los Espíritus santificados cuya existencia es la siguiente: entrar en el Re-stau, salir del Re-stau... Los cuatro poderosos Espíritus con rostro de mono, responden: «¡Ven! Pues hemos destruido tus pecados y arrancado tus vicios, causa de tus castigos en la Tierra. Hemos eliminado toda mancha unida a tu persona. ¡Entra pues en el Re-stau! ¡Franquea la misteriosa Puerta del Amenti! recibirás comidas sepulcrales. Podrás entrar y salir a tu capricho, como hacen los Espíritus santificados cuya vida fue conforme a las prescripciones de los dioses. Tu Nombre será proclamado todos los días en el interior del Templo del Horizonte...»

CAPITULO CXXVII
Himno a los dioses de Kerti

¡Salve, oh vosotros, divinidades de Kerti (212), vosotros, habitantes del Amenti! ¡Salve, Guardianes de los Umbrales del Duat! ¡Vosotros que protegéis a los dioses, que pronunciáis los Nombres de los que llegan delante de Osiris, que levantáis ante él una Barrera mágica, que glorificáis a los dioses y volteáis a los enemigos de Ra, que extendéis la Luz y expulsáis las Tinieblas, que contempláis la grande y santa divinidad y vivís comulgando con su vida... Vosotros todos invocad a Aquel que mora en el Orbe solar! Conducidme hacia vuestras Mansiones ocultas, para que mi Alma pueda asistir a vuestros Misterios; pues yo, ser poderoso que os iguala, yo he derribado los obstáculos que se levantaban ante mí en el Amenti, y triunfado de mis enemigos. ¡Oh tú, gran dios que habitas en el Orbe solar! ¡Tú que triunfas irresistible, de tus enemigos! ¡Así como tú, oh Osiris, Señor del Amenti, yo he triunfado de mis enemigos en la Tierra y en el Cielo, oh Señor de todos los dioses y de todas las diosas! ¡Tú eres poderoso junto a Aquel cuyo Nombre está oculto y jamás revelado a las demás divinidades!... ¡Salve, Guardianes de los Umbrales! ¡Salve! Vosotros que castigáis las Almas y devoráis los cadáveres; vosotros que conducís la Verdad-Justicia hacia el Alma divina y que, libres de todo Mal, moráis en el Akert (213), no me dejéis sin protección, ¡para que no sea destruido! Vosotros que hacéis llegar la Verdad-Justicia hacia ese Ser perfecto y misterioso que mora en el Mundo Inferior, ese Ser cuya Alma, semejante a la de Ra, ¡es proclamado Osiris! Mostradme el Camino, abrid ante mí las Puertas de la mansión de Kerti. Pues sois vosotros quienes me hacéis triunfar de mis enemigos. Que el Guardián de la Puerta me presente las ofrendas y que ponga en mi cabeza la corona de Nemmés, atributo de Aquel que mora en el santuario oculto. He aquí la forma inmóvil de Horus el de los dos Horizontes, el Dueño de la Verdad-Justicia, Alma divina, Espíritu perfecto; sus manos son poderosas. Dioses grandes me saludan, radiantes de alegría... Y habiéndome glorificado, me rodean con sus brazos y me conceden su protección. Mi ascensión al Cielo se asemeja a la de un dios. Obedeciendo las órdenes, recorro todo el ciclo de las Metamorfosis. Yo triunfo delante de los Jueces; las Puertas del Cielo se abren ante mí, así como las de la Tierra y las del Mundo Inferior, tal cual se abren ante el propio Ra. Yo proclamo en voz alta: «¡Abridme las Puertas del Cielo, de la Tierra y del Duat! ¡Yo soy el Alma viva de Osiris! ¡Yo habito en el seno de este dios! ¡Dejadme atravesar sin obstáculo todas las Regiones prescritas según la Ley divina! ¡Que los dioses me vean y me glorifiquen! ¡Ojalá merezca, junto a ellos, sus favores! ¡Ojalá pueda avanzar y circular a mi voluntad! ¡Y que ningún vicio ni pecado me sea reprochado!»

CAPITULO CXXVIII
Himno a la gloria de Osiris

¡Salve, oh Osiris, Ser-Bueno, triunfador, hijo de Nut, primogénito de Keb, dios antiguo, Dueño del Soplo de la Vida, gran Príncipe del Occidente y del Oriente, Señor de los Misterios que siembran el espanto! ¡Coronado en Hneni-nesú con la corona Atef

(214), Amo de la potencia del Aliento, Señor de la Sala de los ritos teúrgicos, Dueño de múltiples ofrendas y de las fiestas de Djedú! He aquí que Horus exalta a su Padre Osiris en todos los rincones del Universo. Isis y Nefti reúnen sus esfuerzos: el Verbo mágico de Thoth santifica al Ser-Bueno; sus palabras maduran largamente en su pecho; salen de su boca y hacen a Horus más vigoroso que todos los demás dioses. ¡Levántate, Horus! Tú, hijo de Isis, ¡restaura a tu Padre, Osiris, en su Trono! ¡Salve, Osiris! ¡Mira! ¡Yo vengo hacia ti! ¡Yo soy tu hijo Horus que restablece tu Toda-Potencia divina! En verdad, a partir de este momento yo vivo de las ofrendas sepulcrales de Osiris. ¡Levántate pues, Osiris, que he triunfado de tus enemigos! ¡Yo te he vengado! En verdad, yo soy el dios Horus de este día de hoy. Mientras me levanto bajo los rasgos de mi Alma, esta Alma te glorifica ante los dioses que te rodean. ¡Salve, oh Osiris! ¡He aquí a tu Doble que llega ante ti! Tú permaneces en paz, en tu Nombre de Ka-Hotep. Yo soy Horus que te glorifica en tu Nombre de Espíritu santificado. Yo te adoro en tu Nombre de Pehú y te abro el camino en tu Nombre de Up-Uaut (215). ¡Salve, Osiris! He aquí que llego ante ti. Tus enemigos traídos de todas partes, los pongo entre tus manos. He aquí que recibes tu Cetro y tu Pedestal del cual tus pies pisan los peldaños. Tú haces llegar a los dioses su alimento espiritual y ofrendas sepulcrales a aquellos que están en las tumbas. ¡Oh dios poderoso! Tú has dejado en las manos de los dioses, por ti creados, ¡tu inmenso poder! Tú moras en los Cuerpos Gloriosos y tú reúnes tus atributos desparramados entre todas las divinidades. Tú oyes la Voz de la Verdad-Justicia el día de las ofrendas, cuando las fiestas de Ugá...

CAPITULO CXXIX
(Repetición del Capítulo C)

CAPITULO CXXX
PARA VOLVER PERFECTOS A LOS ESPÍRITUS SANTIFICADOS

¡Mirad! El Cielo está abierto, la Tierra está abierta, el Oeste está abierto, el Este están abierto, la mitad del Cielo del Sur está abierta, la mitad del Cielo del Norte está abierta, las Puertas están abiertas de par en par, las Barreras tienen descorridos los cerrojos, y he aquí que Ra aparece en el horizonte... La Puerta doble le es abierta por la Barca Sektet, el Portal le es abierto por la Barca Man-djit; El respira el Ordenamiento divino de los Mundos... Y he aquí que el dios Shu aparece, el creador de Tefnut; los vasallos de Osiris forman el cortejo de Ra. En cuanto a mí, yo empuño mi lanza de hierro y, semejante a Horus, penetro por la fuerza en los santuarios. Avanzo hacia los lugares en que se celebran los Misterios. El mensajero del dios que me ama purifica mediante sus libaciones mi capilla. La Verdad-Justicia me acompaña. He recibido cuerdas para consolidar mi santuario. Las tempestades me horrorizan; ¡que la inundación no se acerque a mí! ¡Que no sea rechazado de la presencia de Ra! ¡Que no me vea obligado a hacer marcha atrás! ¡Mirad! Los actos de mi pasada vida en la Tierra ¡helos aquí! ¡En mis brazos los llevo! ¡No me obliguéis a errar por el Valle de las Tinieblas! ¡No me hundáis en el Lago, mansión de los Perversos, ni me abandonéis en compañía de los condenados! ¡Que mi alma no sea subyugada ni arrastrada cautiva por los demonios! ¡Que me sea permitido volver la cara ante el cadalso de Sepdú! (216). Sed alabados ¡oh vosotros, Espíritus planetarios de la constelación de la Cadera! En cuanto a vosotros, ¡oh cuchillos divinos de los Misterios, y vosotros, los dos Brazos divinos que ilumináis y regocijáis al Universo y conducís, según los Ritmos de las Épocas, a jóvenes y viejos, mirad! ¡He aquí a Thoth, Señor de los Misterios! Procede a las libaciones ante el Amo-de-los-Millo-nes-de-Años y le abre el camino a través del Firmamento. Es Thoth que inmoviliza los huracanes y los encierra en sus fortalezas. He aquí que yo, Osiris, llego ante mi Morada eterna... ¡Oh vosotros, Espíritus divinos, apartad de mí la miseria y los sufrimientos! Y que pueda mi persona ser agradable a Ra. ¡Dejadme penetrar hasta él! Que una Barca dispuesta para mí me permita navegar conducido y sin temor. ¡Que Thoth regocije mi corazón! Entonces yo glorificaré a Ra y Ra escuchará mis palabras. El barrerá los obstáculos que mis enemigos han levantado ante mí... ¡Que mi navegación ignore los naufragios! ¡Que no me obliguen a hacer marcha atrás! Pues en verdad, ¡yo soy quien es Ra-Osiris! Y es por ello por lo que mi Barca no teme los naufragios. He aquí un Espíritu planetario cuyo Rostro brilla como la Constelación de la Cadera; su mirada se clava en mí, pues el Nombre de Ra vive en mi Corazón y mi Forma espiritual procede de mi boca, en verdad, cuando yo hablo, Ra escucha mi Palabra de Potencia... ¡Sé glorificado Ra, tú que reinas en el Horizonte! Tú purificas mediante tus llamas a los Seres de Luz; tú posees en el Cielo el poder supremo en el momento en que el enemigo avanza al ataque. ¡Heme aquí! Llego, ¡para restablecer el Orden Cósmico! (217). Pues este firmamento de acero que había protegido el mundo del Amenti, el demonio Apopi le ha agujereado; en medio de los huracanes y de las tempestades se ha metido en él a pesar de los contraataques del poderoso dios de la cabeza de León, ¡y es de mí de quien depende la restauración del Orden de los Mundos! Escuchadme pues, ¡oh dioses!, vosotros que estáis sentados en vuestros Tronos majestuosos. He aquí que llego ante las Jerarquías celestes y libro para siempre a Ra del dragón Apopi, ¡Yo vigilo! ¡Yo vigilo! En verdad, el Dragón ¡jamás podrá ya acercarse a él! De los signos mágicos colocados ante mí por el demonio, ¡yo sabré apoderarme! ¡Las comidas sepulcrales no me faltarán! Thoth me proveerá de la potencia mágica resultado de mis actos en la vida pasada. Yo haré circular la Verdad-Justicia en la Barca celeste. Estableciendo las Jerarquías celestes para millones de años, yo triunfaré en medio de ellas. Los dioses me guían y me acogen y con gritos de alegría, me. reciben en su Barca celestial. Los Príncipes divinos que rodean a Ra se colocan detrás de mí. ¡Soy, en verdad, dichoso! El orden divino reina. El Amo del Universo es glorificado. La diosa Maat llega ante su Señor y Dios. He aquí que yo recibo en mis manos el arma sagrada y que atravieso el Cielo. Los Seres de Luz me glorifican; pues mi actividad es grande y no conozco el descanso. Ra mismo concede a mis hazañas el tributo de sus alabanzas; pues yo he hecho cuanto he podido para reducir las consecuencias de los desastres de Otro tiempo (218). Ahora, miro en torno mío y me siento satisfecho... He aquí que abandono los remos; y mi Barca, irresistible como el Sol al alba, se desliza por la vasta extensión del Cielo... Thoth, el dios grande, me conduce hasta en medio de su Orbe; y tomo sitio en la Barca de Khepra en la que recorro el ciclo de las Metamorfosis. Hablo, y al punto mi Verbo mágico se torna hecho cumplido. Avanzo, recorro el Cielo. He aquí que llego ante el Amenti. Al verme Shu se llena de alegría y los Espíritus de Fuego vienen a mi encuentro.

Cogen y encaminan la Barca hacia el sitio, en que Ra da algunos pasos hacia adelante. Su mirada cae sobre mí, Osiris, y ordena: «¡Que la Paz sea con él! ¡Que la Paz sea con él! ¡Que no sea rechazado! ¡Que la Llama que le sostiene en este momento no le sea arrebatada! ¡Que la tempestad que sale de tus fauces, Demonio, no se desencadene contra él! ¡Que evite los caminos amenazados por el Espíritu del Mal con cabeza de Cocodrilo, por los que siente horror!» He aquí que subo a la Barca de Ra... Los dioses me conceden tu Trono, ¡oh Ra!, así como tu Cuerpo Glorioso. Tu ruta, yo la recorro; y al alba, rechazo al demonio Nebt que llega disimulado detrás de una cortina de llamas y, en un estrecho y largo corredor, me ataca de improviso... En verdad, yo he sido prevenido de antemano en lo que respecta a los peligros que me esperaban. He aquí que tomo asiento en la Barca de Ra, y que recibo las ofrendas que me son debidas.

RÚBRICA

Este capítulo será recitado por sobre un barco de Ra pintado con colores variados, en un lugar ritual puro. Colocar la estatuilla que represente al difunto en la popa de dicho barco y pintar la Barca «Sektet» a estribor y la Barca «Madjit» a babor. Se les ofrecerá, el día del aniversario de Osiris, ofrendas líquidas y sólidas... Estas ceremonias tendrán por efecto hacer revivir el alma del difunto y hacerla durar eternamente. No conocerá la segunda muerte (219). (En la redacción saita, se encuentra, inmediatamente después, las líneas siguientes:)... El difunto participará en los misterios del Duat; será iniciado en los misterios del Mundo Inferior...

Este capítulo estaba en la gran sala del Templo, en tiem-por del rey Hesepti; había sido encontrado antes en la gruta de una montaña... Las Palabras de Potencia de este capítulo fueron creadas por Horus en provecho de su Padre, Osiris, el Ser-Bueno... Pues cuando Ra echa una mirada sobre el cuerpo y sobre los miembros (momificados) del difunto, he aquí el espectáculo que se ofrece a sus ojos: ve el cuerpo bajo el aspecto de un inmenso panorama de las Jerarquías divinas (220); grande es el espanto, grande la angustia que esta visión inspira a los hombres, a los dioses, a los Espíritus santificados y a los condenados... El difunto será unido a su alma eternamente (si sus familiares cumplen lo que se aconseja al principio); no morirá por segunda vez en el Mundo Inferior; ningún contratiempo le sucederá cuando la Pesada de las Palabras (es decir, en el Juicio ante Osiris). Triunfará de sus enemigos y podrá encontrar sobre el altar de Ra sus ofrendas sepulcrales todos los días, eternamente...

CAPITULO CXXXI
Para permanecer al lado de Ra

Yo soy Ra cuya radiación abrasa la Noche. Todo hombre que le sigue, sigue a Thoth y participa de la Vida Eterna... Será semejante a Horus que, adornado con una diadema, recorre la Noche. Mi corazón se alegra, pues yo soy uno de esos Seres cuyos enemigos han sido destruidos por el Príncipe de los dioses. Habiendo recibido su arma de hierro, recorro la ruta junto a Ra. He aquí que vengo hacia ti, ¡oh Ra, mi Padre divino! Llego con los rayos de Shu e invoco a la diosa poderosa. Yo suministro mi subsistencia al dios Hu. Mediante mi presencia, aparto al demonio Nebt del camino de Ra. Yo soy un Espíritu santificado. Llego hacia el Príncipe de los dioses que habita en los confines extremos del Cielo. Yo he encontrado a la diosa poderosa. Yo he reanimado tu valor, con objeto de que mi Alma viva mediante el poder y mediante el terror de tu Nombre. Pues cuando Ra en el Cielo deja escuchar su voz, el que da aquí las órdenes ¡soy yo!... ¡Salve, oh gran divinidad en el Oriente del Cielo! ¡Déjame que ocupe un puesto en tu Barca! ¡Déjame descender hasta ella planeando bajo los resgos de un Halcón divino! ¡Déjame pronunciar las palabras de mando! ¡He aquí que golpeo con fuerza y que me apodero de mi viña! Déjame, pues, subir en paz a tu Barca, ¡oh Ra! y navegar en paz por el bello Amenti. He aquí a Tum que me dirige la palabra y me dice: «¿Quieres entrar? La diosa Mehen (221) (cuya duración es de un millón de años, sí, ¡de un millón de veces un millón de años!)... habita en Urt cerca del Lago-de-los-Millones-de-años... He aquí que los ejércitos del Cielo están en marcha al lado de la diosa y de los dioses que la rodean. El dios del Fraccionamiento del Universo está también a su lado.» Yo digo: «Sea cual sea el camino que se tome, durante los millones de años que están por venir, no se descubrirá por todas partes sino a Ra, nuestro Amo y Señor. El camino que él sigue es el camino del Fuego y todos los Ejércitos del Cielo marchan detrás de él.»

CAPITULO CXXXII
Para volver a la Tierra y volver a ver su Casa

Yo soy el dios León. Recorro el Cielo a grandes zancadas. He aquí que tiendo mi arco y que abato a mi presa. Ahora, llego ante los canales y paso a través del Ojo de Horus. En verdad, ¡yo mismo soy .el Ojo de Horus! (222). ¡Oh dioses! ¡Dejadme avanzar en paz!

CAPITULO CXXXIII
Para volver perfecto el Espíritu santificado del difunto

He aquí que Ra aparece en el Horizonte y que, salido de las regiones misteriosas, seguido de los dioses, aplaca el hambre del Cielo Oriental. El Verbo de Potencia de la diosa Nut prepara la vía a este Príncipe de los dioses... Y he aquí que Ra se yergue en su santuario. Tú olfateas el aire fresco, tú aspiras los vientos del Norte, tú suministras alimento a tus pulmones el día que respiras según la divina Ordenanza. He aquí que tú hiendes la multitud que rodea a Ra y que bogas en la Barca de Nut. Los Príncipes de los dioses obedecen tus órdenes, mientras que tú recoges tus huesos y cuentas tus miembros desparramados. Tú te diriges hacia la hermosa Amenti, tú apareces en ella, y tu Forma de día en día se torna más joven... Bañada en la radiación del Disco solar resplandece ahora como una estatua de oro... En verdad, con cada día que pasa tu Imagen hácese más joven y más bella. Del horizonte suben gritos de alegría; se los oye vibrar en el cordaje de tu Barca. Los dioses del Cielo me contemplan con admiración, cual si yo fuese el propio Ra. Su Amo va a buscar la corona Ureret... (223). Yo me siento solo en medio de los dioses que rodean a Ra, pero fuerte por el hecho mismo de mi soledad; semejante a Ra, yo soy vigoroso sobre la Tierra y en el Mundo Inferior. En verdad, yo no permaneceré inerte ni pasivo. He aquí que mis dos ojos poseen ya toda su fuerza de antaño y que con mis orejas escucho la Harmonía de la Ordenación divina. Como Ra yo navego en el Océano celeste. En verdad, yo no repetiré jamás lo que he oído; no contaré a nadie lo que he visto en los lugares de los Misterios... He aquí que me saludan con gritos de alegría y que recorro como triunfador el Océano celeste. Yo soy el divino Halcón. Los Espíritus que me rodean traen, según quieren los dioses, la Paz a mi Doble esotérico... En verdad, múltiples y variadas hasta el infinito son mis Metamorfosis ante el Halcón de Oro...

RÚBRICA

Recitar este capítulo por sobre un barco largo de cuatro codos, hecho con porcelana verde y decorado con imágenes pintadas de los Espíritus-guardianes de las ciudades. Pintar, además, un cielo estrellado. El todo será purificado ritualmente, con incienso y con natrón. Hacer esculpir al punto, en piedra «Meht», nueva, una imagen de Ra y colocarla en la proa del barco. Colocar en él igualmente una imagen del muerto amado, con objeto de que alcance la perfección, que pueda recorrer el Cielo en la Barca de Ra y que le contemple a él mismo en persona. Que ningún ojo humano descubra estos objetos sagrados, salvo tú mismo, tu padre y tu hijo. ¡Ten el mayor cuidado con esto! Gracias a este medio, el difunto alcanzará una gran perfección en el seno de Ra; su poder entre los dioses que le rodean será inmenso; éstos le considerarán como igual a ellos; y si los hombres que viven en la Tierra o los Muertos del Más allá le encuentran en su camino, se prosternarán ante él. Pues aparecerá en el Mundo Inferior coronado con una radiación, lo mismo enteramente que Ra.

CAPITULO CXXXIV
PARA VOLVER PERFECTO EL ESPÍRITU SANTIFICADO DEL DIFUNTO

¡Salve, oh dios! Tú brillas y resplandeces, de pie en tu santuario. A los que te aman tú les das la alegría de los millones de años. A los Seres de Luz tú haces que acaben, según su deseo, las innumerables Metamorfosis en la Barca de Khepra. Tú has derribado al demonio Apopi. Y vosotros, ¡oh hijos de Keb! ¡Vosotros derribaréis a mis enemigos! Sentados en la Barca de Ra ¡vosotros los destruiréis! ¡Horas cortará su cabeza! Ellas se tornarán en el Cielo como otros tantos pájaros que revolotean... Sus partes inferiores se asemejarán a animales en la Tierra, a peces en los Lagos... En verdad, todos los demonios, machos o hembras, yo los destruiré: los que recorren el Cielo, los que habitan la Tierra e incluso los que alcanzan las Estrellas. He aquí que Thoth, hijo de Aner, sale del Amenti mientras que, silencioso y mudo, yo le miro hacer. ¡Pueda este dios poderoso, gran degollador, terror de los demonios, destrozarles, triturarles, barrerles de la existencia! ¡Que se purifique en su sangre! ¡Que tome un baño en la sangre de los Demonios Rojos! En verdad, él os destruirá, a vosotros todos, ¡oh demonios! atacándoos desde su asiento en la Barca de Ra, su padre. ¡Aprended que yo soy Horus, nacido de Isis! Nefti me ha alimentado con su leche. (Así como esas diosas han traído al Mundo y alimentado a Horus, el que aplasta a los demonios, aliados de Seth.) ¡Ah! Cuando vean la corona

Ureret en mi cabeza, caerán, las caras contra el suelo ¡y me adorarán! He aquí que los hombres y las mujeres, los dioses y los muertos, y los Espíritus santificados, todos me ven, a mí, Horus ¡con la corona Ureret en mi cabeza! ¡Y caen cara al suelo y me adoran! Pues, en verdad, yo he vencido a mis enemigos en el Cielo superior y en el Cielo inferior, ante las Jerarquías divinas, ¡ante dioses y diosas!

RÚBRICA

Recitar este capítulo sobre la imagen de un Halcón adornado con una corona blanca, así como sobre las de los dioses Tum, Shu, Tefnut, Keb, Nut, Osiris, Isis, Seth y Neftis, pintadas en color amarillo sobre una piedra sin labrar «Meht». Colocar estas imágenes en el interior de una «barca del Sol», al mismo tiempo que una figurita que represente al difunto que se quiera santificar. Ungir todos estos objetos con aceite de cedro, quemar incienso y asar aves. En un acto, todo, de veneración hacia Ra durante su navegación. Una vez estos actos cumplidos, el difunto permanecerá con Ra todos los días, por todas partes adonde este dios se dirija; y destruirá a los enemigos de Ra realmente, continuamente, eternamente.

CAPITULO CXXXV
Palabras a pronunciar cuando la Luna Nueva

Yo, Osiris, tengo en jaque a las Tempestades del Cielo. Yo rodeo con vendas y fortifico a Horus, el Dios-Bueno, continuamente. Yo, cuyas Formas son diversas y múltiples, recibo mis ofrendas en las horas fijadas por el Destino. Las Tempestades inmovilizadas son ante mi rostro. He aquí que Ra llega, acompañado de cuatro divinidades superiores. Todos recorren el Cielo en la Barca solar. Y yo, Osiris, yo parto para mi Viaje a la hora fijada por el Destino. Subido sobre el cordaje de la Barca solar, empiezo mi nueva existencia...

RÚBRICA

Si el difunto conoce este capítulo, llegará a ser un Espíritu santificado en el Mundo Inferior; no morirá por segunda vez; sentado a los pies de Osiris podrá recibir allí su alimento. Si el difunto conoce este capítulo (durante sus peregrinaciones) en la Tierra, llegará a ser semejante a Thoth; será venerado por los vivos; no será precipitado, llegado el momento, en las Llamas Reales de la diosa Bast, al contrario, esta poderosa princesa le hará prosperar grandemente.

CAPITULO CXXXVI
Para circular en la Barca de Ra

¡Oh vosotros, Espíritus estelares de Heliópolis! ¡Y vosotros, Seres luminosos de Ker-Aha! (224) ¡Mirad! ¡Un dios acaba de nacer! El cordaje de su Barca celeste está completo... He aquí que empuña los remos. En verdad, yo soy bastante poderoso como para manejar las armas de combate de los dioses. He aquí que yo desamarro la Barca de Ra y penetro en el Cielo... Yo recorro los canales y llego delante de Nut. En compañía de Ra bogo bajo la forma de Espíritu con rostro de mono. En verdad, yo he apartado los desastres que amenazaban ya a los Mundos: la limitación del Cielo y la Escalera del dios Sebagú (225). He aquí que los dioses Keb y Nut están contentos. No cesan de repetir mi Nombre, pues yo soy un recién venido en el Cielo. Gracia a mí, el Ser-Bueno rejuvenece; Ra reaparece en todo su esplendor; el dios Unti recobra el poder de la palabra y el dios de las inundaciones, Bahú, llega a ser primero entre los dioses. En verdad, los desgraciados que no habían conocido la alegría de vivir, la conocerán ahora. No se oyen más lamentos. Los vigorosos actos de las Jerarquías celestes se hacen sentir por todas partes... ¡Yo te adoro, Alma divina, cuyo poder mágico sobrepuja la potencia de los dioses del Sur y del Norte en todo el brillo de su esplendor! ¡Ojalá pueda crecer y magnificarme en el Cielo, como tú te magnificas entre los dioses! Para ello ¡líbrame de todas las asechanzas de los demonios! ¡Fortifica mi corazón! ¡Hazme llegar a ser fuerte, de la fuerza de todos los dioses, de todos los Espíritus santificados y de todos los muertos! En verdad, sí, ¡fuerte soy de todas las fuerzas! ¡Yo soy el Señor de la Justicia divina cuyas riendas son tenidas por la diosa Uadjit! (226). Las fuerzas que, desde los confines de los Muertos, viven y me protegen, ¡protegen a Ra en su Cielo! Que mi viaje se cumpla pues en paz, ¡oh Ra! ¡Abre la Vía a tu Barca celeste pues la fuerza que me protege es la que te protege a ti, oh Ra! Yo llego al Cielo como dios vengador, Horus Khuti, Amo de los dos Horizontes. Yo restablezco para Ra el orden en las Moradas del Cielo. Los dioses se alegran cuando yo rechazo a los demonios. El demonio Nebt no podrá acercarse a mí; y los Guardianes de los Umbrales no me destruirán. Pues yo soy un dios misterioso, de rostro velado, propuesto para el santuario del Gran Templo, Yo traigo y comunico a Ra las palabras de los dioses y suplico a mi Señor, según las palabras del mensaje. En verdad, lleno estoy de vigor; yo recibo mis ofrendas en el tiempo fijado por el Destino.

RÚBRICA

Este capítulo será recitado por sobre una figurilla representando al difunto y colocada en el interior de un «barco de Ra». El recitante se habrá previamente lavado y purificado ritualmente. Empezará por quemar el incienso delante de Ra; al punto presentará ofrendas de pan, vino y aves asadas destinadas al viaje del difunto en la barca de Ra. Todo Espíritu santificado para uso del cual hayan sido cumplidas estas ceremonias podrá permanecer entre los que *viven*; jamás será destruido; gozará de la existencia de una divinidad sacrosanta; el Mal no podrá alcanzarle; será semejante a un Espíritu perfecto santificado en el Amenti; no morirá por segunda vez; tomará sus alimentos en presencia de Osiris, todos los días; podrá desplazarse en compañía de los reyes del Norte y del Sur, diariamente; podrá apagar su sed en los manantiales; saldrá—semejante a Horus—hacia la luz del Día; vivirá y llegará a ser semejante a un dios; será exaltado e invocado por los vivos cual un Ra, todos los días, realmente, continuamente y eternamente.

CAPITULO CXXXVII (Papiro Nebseni)
Mientras es encendido el Fuego en el Mundo Inferior

He aquí que el Ojo centelleante de Horus, Luminoso como Ra, aparece en el Horizonte. Sus movimientos están llenos de armonía, y él destruye el triple dominio de Seth. Pues había sido decretado que Seth sería cogido y llevado y que las llamas devoradoras del Ojo divino serían dirigidas contra él. ¡Que venga, pues, esta Llama regeneradora, y que yo pueda adorarla! ¡Que haga reinar en torno de Ra, de acuerdo con los votos de tus dos Hermanas, el Ordenamiento divino! ¡Oh Ra! En verdad, el Ojo divino de Horus, ¡vive!, ¡vive! Vive en el Santuario del Gran Templo. Su nombre es: «An-Maut-f».

CAPITULO CXXXVIII
Mientras que el Difunto entra en Abydos

¡Salve, oh dioses que moráis en Abydos! Y vosotras, Jerarquías divinas reunidas en estos lugares, ¡venid a mi encuentro! ¡Mirad y alegraos! He aquí a Osiris, mi Padre divino. Ante su Tribunal he sido juzgado. En su santuario he penetrado. En verdad, yo soy Horus, Dueño de Egipto y Señor del Desierto Rojo; pues he tomado posesión de este país. ¡Nadie sobrepuja a Horus en poder! ¡El terror hacia su Ojo divino hace temblar a sus enemigos! En verdad, él ha vengado a su divino Padre y detenido la inundación provocada por su Madre. El ha aplastado a sus enemigos, destruido el desorden y la violencia, reducido a la impotencia los ataques del demonio Nebt, él, Horus, Señor de una multitud de pueblos, ¡Príncipe de las dos Tierras! He aquí que en virtud de decretos se apodera del dominio de su Padre. Mi Palabra, tras el Juicio de la Balanza, fue hallada justa ¡y verídica! Yo he dominado a mis enemigos y desenmascarado todos sus lazos dirigidos contra mí. En verdad, mi fuerza me protege, pues, yo soy el hijo de Osiris: y mi Padre protege mi Cuerpo con fuerza milagrosa...

CAPITULO CXXXIX
(Repetición del Capítulo CXXIII)

CAPITULO CXL
Para recitar cuando el Ojo divino está en su punto culminante

¡Mirad, un dios poderoso se levanta en el Horizonte! He aquí que, Tum aparece rodeado de nubes odoríferas. El Cielo entero está, vedlo, abrasado a causa de las radiaciones de los Espíritus santificados. El templo de los pilones está lleno de alegría y de regocijo: puesto que en medio de los dioses yo hago mi aparición... Mi Forma se parece a la de los demás dioses. En este mismo momento gritos estallan... Pronto resuenan a todo resonar. La alegría reina en los santuarios del Mundo Inferior. Los decretos de Tum y de Horu-Khuti son recibidos con veneración, pues su Majestad ha ordenado a las divinas Jerarquías de su séquito: ¡Que el Ojo divino se acerque a sus miembros! ¡Que vuelva poderosos sus brazos, para que ejecuten los decretos de Dios!» En verdad, el Ojo divino resplandece en medio del Rostro durante el largo período de Noche, cuando la Cuarta Época de la Tierra (227) y hasta el fin de la segunda subdivisión de la Época. Entonces, ante las Jerarquías celestes, resplandece la Majestad del Ojo divino... Su Majestad es luminosa como antes, cuando al alba de los Tiempos era a la vez todas las divinidades: Ra, Tum, Shu, Keb, Osi-ris, Seth, Horus, Mentha, Bahú, Thoth, Naú, Djetta, Nut, Isis, Hathor, Neftis, Marti, Maat, Ampú, Tamesdejetta, el Alma y el Cuerpo de Ra... Tal es la enumeración recitada por Udjat ante el Señor de la Tierra. Es completa; los dioses durante las fiestas, dicen: «¡Salve, oh Ra navegante, entre tu numeroso séquito! En verdad, Apopi, ¡vencido ha sido! ¡Salve, oh Ra, tú que te manifiestas bajo todas las formas del Llegar a ser universal! ¡Salve, oh Ra, vencedor de los enemigos! ¡Que tu nombre sea santificado! ¡Salve, oh Ra, tú que destruyes a los Hijos de la Revuelta!»

RÚBRICA

Recitar este capítulo por sobre un amuleto de Udjat (228) (hecho con lapislázuli verdadero o con piedra «Mac» adornada con oro) ante el cual se colocarán hermosas y puras ofrendas, el último día del segundo mes de la estación «Pert», en el momento en que Ra aparece. Hacer otro amuleto de Udjat con jaspe y colocarle sobre la parte del cuerpo del difunto que se desee. Cuando este capítulo haya sido recitado ante un «barco de Ra», el difunto podrá desplazarse en compañía de los dioses; se tornará uno de ellos; resucitará en el Mundo Inferior. En el momento de recitar este capítulo y cuando las ofrendas hayan sido colocadas ante Udjat encontrándose éste en su apogeo, cuatro fuegos serán encendidos en altares para Ra-Tum, así como otros cuatro para Udjat, y, en fin, aún cuatro habrán de ser encendidos en honor de los dioses mencionados en el Capítulo. Póngase, además, en todos estos altares cinco panes, incienso y carne asada.

CAPÍTULOS CXLI Y CXLII

Aquí empieza el capítulo que recitará ora un hijo en provecho de su padre, ora un padre en beneficio de su hijo muerto. Será recitado con motivo de las fiestas del Amenti, con objeto de volver al difunto perfecto tanto en el seno de Ra como entre los dioses en medio de los cuales morará. La recitación debe ser hecha el noveno día de las fiestas.

Decir: He aquí las ofrendas: pan, cerveza, carne, aves, asado, incienso encendido... Están destinadas:

A Osiris, Príncipe del Amenti; a Ra-Harakhté, a Nu, a Maat, a la Barca de Ra; a Tum; a la gran Jerarquía de los dioses y a la Pequeña; a Horus, Dueño de la corona Ureret; a Shu, a Tefnut, a Nut, a Isis, a Neftis; a los Templos de los múltiples KA el Señor de los Mundos; a los circuitos y a las revoluciones celestes que mantienen el Orden divino; a Augert que permanece en su sitio natural; al Egipto del Norte y del Sur y a los Cuerpos gloriosos de los dioses; a la diosa venerada y a la cabellera rojiza; a la diosa, Amiga de la Vida, cuyos cabellos flotan al viento; a la diosa cuyo Nombre poderoso se revela en sus hazañas; al Toro sagrado, esposo de la Vaca divina;.al poder bienhechor del hermoso Timón que resplandece en el Septentrión del Cielo; al poder bienhechor del Timón del

Cielo Occidental que cumple sus circuitos y que sirve de guía a las dos Tierras; al dios de la Luz, en medio del Templo lleno de estatuas de los dioses y que es el Timón bienhechor del Cielo Oriental; a Aquel que mora en el Templo de los Espíritus Rojos, que es el Timón bienhechor del Cielo Meridional; a Mestha, Hapi, Duamutf y Kebhsennuf; a los Templos de la Tierra de Egipto, la del Norte y la del Sur; a Sektet y Mandjit, las dos Barcas del Sol; al dios Thoth; a los dioses del Sur, del Norte, del Este y del Oeste; a los dioses de la Cadera del Cielo; al dios de las ofrendas sepulcrales; al dios del gran Santuario; al dios del Templo de Fuego; a los dioses de la necrópolis; a los dioses de los dos Horizontes; a los dioses de los campos; a los dioses de las hierbas y de la vegetación; a los dioses de los panes de trigo; a los Espíritus de los caminos del Sur, del Norte, del Este y del Oeste; a los Espíritus guardianes de las Puertas del Duat; a los Espíritus-guardianes de las Puertas de los Misterios; a los Espíritus de los rostros velados que guardan los cruces de los caminos; a los Espíritus-guardianes de los que se lamentan e imploran; a los Espíritus-guardianes de los sepulcros horadados en los flancos de las montañas, fuente de alegría y de contento para los difuntos; a los Seres deslumbradores que atizan el fuego; a los Seres que rondan en torno a los altares humeantes; a los Seres que calman el fuego llameante en el Amenti...

A Osiris, el Ser-Bueno Señor de la Vida, Señor del Universo y Amo del Templo de Abydos; a Osiris, dios Saa y dios Orion, Señor de los Templos del Sur y del Norte, cuyo dominio se extiende sobre millones de años; a Osiris-Ptah, Señor de la Vida, Bati-Erpit, Príncipe del Re-stau, que mora en las Montañas-necrópolis; a Osiris que habita en Anti, Sehtet, Nedjeft, en Resú, Pe, Neterú, Saú, Sonnú, en Rehenenet, Aper y Kefdenú... A Osiris-Sokari de Ped-She y de Pesg-Re; a Osiris que mora en su ciudad; a Osiris que mora en el Cielo así como en el Re-stau; a Osiris Nedjesti, el del gran cuchillo; a Osiris, Señor de la Eternidad; a Osiris que mora en las aguas y que decide la suerte de las batallas; a Osiris, Príncipe cubierto de vendillas de momia, Señor de Tanent y de Nedbit, de Sati, Bedeshú, Depú, Sais, Nepert, Shennú, de Henket, Ta-Sokari, Shaú, Fat-Herú, Maati, Hena...

CAPITULO CXLIII
(No contiene sino viñetas)

CAPITULO CXLIV
(La entrada en los Arrits)

Primer Arrit (229).

«Ser-de-aspectos-múltiples-suspendido-con -la -cabeza -hacia-abajo» es el Nombre de su Guardián. «Averiguador» es el Nombre de su Vigilante. «La-voz-que-baja» es el Nombre de su Alguacil.

Segundo Arrit.

«Gloria-Extensa» es el Nombre de su Guardián. «Vuelve-rostro» es el Nombre de su Vigilante. «Maestro» es el Nombre de su Portero.

Tercer Arrit.

«Come-Basuras» es el Nombre de su Guardián. «Rostro-que-vela» es el Nombre de su Vigilante. «Chillador» es el Nombre de su Alguacil.

Cuarto Arrit.

«Rechaza-Cara-de-múltiples-Voces» es el Nombre de su Guardián. «Corazón-que-vela» es el Nombre de su Vigilante. «Señalado-que-rechaza-a-los-Rabiosos» es el Nombre de su Portero.

Quinto Arrit.

«Come-Serpientes» es el Nombre de su Guardián. «Tra-gador» es el Nombre de su Vigilante. «Cara-de-hipopótamo-Terror-de-los-Rebeldes» es el Nombre de su Alguacil.

Sexto Arrit.

«Moldeador-de-los-Panes-golpea-Voz» es el Nombre de su Guardián. «Lleva-Rostro» es el Nombre de su Vigilante. «No-acuchillar-el-Rostro-del-Guardián-del-Lago» es el Nombre de su Portero.

Séptimo Arrit.

«No-juegues-con-el-Cuchillo» es el Nombre de su Guardián. «Gran-voz» es el Nombre de su Vigilante. «Terror-de-los-Demonios» es el Nombre de su Alguacil.

¡Salve, oh Arrits! Y vosotros que, en nombre de Osiris, habéis hecho surgir a los Arrits, ¡salve! Vosotros que veláis por ellos y que, todos los días anunciáis a Osiris las necesidades de las Dos Tierras. En verdad, yo os conozco así como vuestros Nombres. Pues yo vuelvo a la vida en el Re-stau; proclamado Espíritu santificado de los Dos Horizontes yo he sido exaltado en la ciudad do Pe, y en el Re-stau, saludado como un Cuerpo Glorioso, como un Ser Purificado en el Seno de Osiris. Rodeado de dioses yo recorro la Casa del Horizonte. Pues yo soy ahora uno entre ellos, igual, incluso su jefe; Jefe reconocido de los espíritus santificados, yo presido las fiestas de los meses y de los medios-meses. En cuanto a ti que cumples los celestes circuitos, ¡mira! Yo vivo bajo el Ojo centelleante de Horus y, llegada la noche, cuando en mi barca, navego por el Océano celestial, el brazo de Thoth permanece extendido sobre mí y la Barca sagrada de Ra me protege. En verdad, mi Nombre es más poderoso que el vuestro y yo triunfo de vosotros en el camino de la Verdad-Justicia. Horus, el hijo mayor, hijo bienamado de Ra, viene en mi socorro y estoy provisto de las fuerzas mágicas del dios-León. A causa de ello no seré rechazado al llegar a las puertas de los Arrits. Todos los días yo me purifico en las inmediaciones de Osiris, príncipe del Amenti. Y es en los Caminos de la Paz donde aro, y donde resido entre los que saben las cosas ocultas y entre los que las practican frente por frente de los Espíritus que bajo la protección del poderoso brazo de Thoth, traen ofrendas... Por orden de Anubis vigilan a los demonios y les impiden arrebatar las ofrendas. He aquí que, semejante a Horus en su esplendor, llego. Ra me concede entrada a los Arrits del Horizonte; y los dioses me saludan con gritos de alegría. El demonio Nebt no podría acercarse a mí; y los guardianes de los Arrits no me rechazarán, pues mi Cuerpo está protegido por amuletos. Un velo espeso cubre mi cara; rodeado de Iniciados y de la diosa Hathor permanezco en la penumbra sagrada de su Templo. En verdad, soy yo quien crea las multitudes humanas, quien destruye los poderes nefastos de Apopi y hace que Maat se acerque a Ra. He aquí que abro una vía a través del firmamento, y que inmovilizo las tempestades y devuelvo la vida a los que rodean a Ra... Hago ahora transportar mis ofrendas hacia un sitio que me conviene; y, habiendo equipado mi barca, navego en paz, abro vías y las recorro como me place. Mi rostro es semejante al de un dios poderoso: Yo soy el Señor del Poder... He aquí que descanso en el Horizonte. En verdad, yo soy bastante poderoso como para voltearos, ¡oh demonios! ¡No intentéis oponeros a mi avance! ¡No me empujéis, a mí, Osiris, vuestro Señor!

RÚBRICA

Este capítulo será recitado por sobre un dibujo representando a las Jerarquías divinas y ejecutado, en color amarillo, en un «barco de Ra». Le serán hechas ofrendas: aves e incienso; gracias a lo que el difunto revivirá; sentirá redoblar sus fuerzas entre los dioses que le rodeen; no será rechazado ante los Pilones- del Mundo Inferior. Además, haced una figurilla que represente al difunto; colocadla delante de los dibujos y hacedla avanzar sucesivamente hacia cada una de las Puertas. Recitar este capítulo ante la Puerta dibujada de cada Arrit respectivo y colocad una ofrenda delante de ella: cadera, corazón, cabeza y pie de un toro de pelaje rojizo y cuatro recipientes llenos de sangre que no provenga del corazón; amuletos, dieciséis panes blancos, ocho panes PSEN; ocho panes SHENS, ocho panes KHEFU, ocho panes HBENNU; ocho vasos de cerveza; ocho celemines de grano; cuatro vasos llenos de leche de una vaca blanca; hierba verde; aceitunas verdes; pomada de linimento para los ojos; pomada HATET e incienso encendido. Recitar este capítulo dos veces por sobre cada uno de los vasos. Luego de haber hecho los dibujos en la cuarta hora, pasear en círculo (alrededor de ellos), durante todo el día, todo en medio del mayor cuidado en calcular el tiempo según el cielo. Mientras se procede a las ceremonias descritas, poner el mayor cuidado de no ser vistos por nadie. Gracias a estas ceremonias, el difunto hará grandes progresos en el Cielo, en la Tierra y en el Mundo Inferior; todo lo cual le será muy beneficioso para cuanto emprenda: obtendrá todo cuanto necesite, realmente, continuamente, eternamente.

CAPITULO CXLV
Los Pilones de Sekht-Ianru (230)
I

A ti yo te traigo el saludo de Horus, ¡oh tú, primer Pilón del Dios-del-Corazón-Detenido! He aquí que acabo mi Viaje. Sábelo: yo me he purificado en las aguas en las que el al Espíritu que monta la guardia junto a ti. He aquí tu Nombre: « Señora-de-los-terrores-protegida-por-las-murallas-infranqueables-Artista-de- la- Palabra- mágica- yo-rechazo- las-fuerzas-del-Caos-y-yo-protejo-al-Viajero-en-las-rutas-del-Cielo». El Nombre del Espíritu que monta la guardia es, «Ñero». Sábelo: yo me he purificado en las aguas en las que el propio Ra se purifica, cuando deja el Horizonte Oriental. Yo he sido ungido con pomada «hati» del bosque del cedro; yo llevo el traje ritual «menkh». Yo tengo en la mano un cetro hecho con madera «heti». El Genio del Pilón replica: «¡Pasa! ¡Tú eres puro!»

II

A ti te traigo el saludo de Horus, ¡oh tú, segundo Pilón del templo, en donde reside el «Dios-del-Corazón-Detenido»! He aquí que he acabado mi Viaje. Yo conozco tu Nombre oculto, como conozco al Espíritu que monta la guardia junto a ti. He aquí tu Nombre: «Saberana-del-Cielo-dueña-de-los-dos-Mundos-la-que-siembra-el-terror-en- la-Tierra- hasta-sus-profundidades...» El Nombre del Espíritu que monta la guardia junto a ti es «Mes-Ptah». Sábelo: yo me he purificado en las aguas en las que Osiris en los tiempos antiguos se purificó, y donde las Barcas «Sektet» y «Mandjit» le fueron llevadas cuando salió de Am-Urt y pasó bajo los Pilones. Yo he sido ungido con la pomada en uso cuando las fiestas, y he llevado el vestido ritual «seshet»: Llego teniendo en la mano un cetro de madera de «benbén». —«¡Pasa!» responde el Genio del Pilón. ¡Tú estás puro!»

III

A ti te traigo el saludo de Horus, ¡oh tú, tercer Pilón del templo, en donde reside el «Dios-del-Corazón-Detenido»! He aquí que he acabado mi Viaje. Sábelo: yo conozco tu Nombre misterioso como conozco al espíritu que monta la guardia junto a ti. Tu Nombre es: Señora-de-los-Pilones-a-quienes-están-destinadas-numerosas-ofrendas-la-que-las-diri-ge-y-es-agradable-a-los-dioses-la-que-fija-el-día-de-la-navegación-hacia-Abydos-de-la-Barca-Nshemt». El Nombre de tu Guardián es «Bek». En verdad, yo me he purificado en las aguas donde se purificó Ptah cuando el viaje de la Barca Solar durante las fiestas en que el Rostro quedó sin velo. Yo me he ungido con «hati», «hekennú», y «tehennú». Yo llevo el vestido «shesa», y en la mano un cetro de madera «ihn». «¡Pasa!» responde el Genio del Pilón. «¡Tú eres puro!»

IV

A ti te traigo el saludo de Horus, ¡oh tú cuarto Pilón del templo donde habita el «Dios-Corazón-Detenido»! He aquí que he acabado mi Viaje. Sábelo: yo conozco tu Nombre misterioso así como conozco al Espíritu que monta la guardia junto a ti. He aquí tu Nombre: «Soberana-arma-da-de-cuchillos-Dueña-de-las-Dos-Tierras- que-destruyes- a- Ios-enemigos- del- Dios- del-Corazón-Detenido-que-ayuda-a-los-desgraciados-en-sus-calamidades». El Nombre de tu Guardián es «Golpea-ganado». Yo me he purificado en las aguas mismas en que el Ser-Bueno se purificó una vez obtenida la victoria sobre Seth. Yo me he ungido con «sunit» y «enen». Yo llevo sobre mí el vestido «shesa», y mi cetro está hecho con madera «to-atutú. —«¡Pasa!» responde el Genio del Pilón. «¡Tú eres puro!»

V

A ti te traigo el saludo de Horus, ¡oh tú quinto Pilón del templo! He aquí que he acabado mi Viaje. Sábelo: Yo conozco tu Nombre misterioso así como conozco al Espíritu que monta la guardia junto a ti (231).

CAPITULO CXLVI
(Variante del capítulo precedente)

CAPITULO CXLVII
(Variante del capítulo CXLIV)

CAPITULO CXLVIII
Para aprovisionar al Difunto mediante ofrendas

(Una viñeta representa al difunto, en su santuario, adorando al dios Ra. Junto a él hay siete vacas y un toro, son sus ofrendas. Se ve, detrás de ellos, cuatro timones, símbolos de los cuatro puntos cardinales del espacio.)

¡Salve!, ¡oh tú que reluces en el Disco solar! He aquí que, Alma de la Vida universal, apareces en el Horizonte. En verdad, yo te conozco y conozco tu Nombre, y los nombres de las siete Vacas y el del Toro. ¡Oh vosotros, Espíritus que alimentáis con ofrendas a los difuntos en el Más allá, traédmelas a mí y dejadme morar junto a vosotros! (232). ¡Oh tú, «Hermosa Potencia», el Timón del Norte! ¡Oh tú, «Cumplidor-de-los-Circuitos-y-Conductor-de-las-Dos-Tierras», Timón del Oeste! ¡Oh tú, «Fulgurante-en-el-Tem-plo-de-los-dioses-visibles», Timón del Este! ¡Oh tú, «Habitan-te-en-el-Templo-de-las-Divinidades-Rojas», Timón del Sur! ¡Haced surgir ante mí las ofrendas! ¡Concededme Vida, Salud, Fuerza, Triunfo en la Tierra, en el Cielo y en el Mundo Inferior!... Y vosotros, todos los Padres de los dioses y vosotras, todas las Madres de los dioses, libradme de los obstáculos levantados en mi camino por las Potencias de las Tinieblas, de los ataques de las Fuerzas del Mal, de sus asechanzas, de sus cuchillos atroces y de todas las calamidades condenables que pudieran ser suscitadas contra mí, sea por los hombres en la Tierra, sea por los dioses, sea por las almas condenadas, bien sea durante el día ya durante la noche, durante las fiestas de los meses o de los medios meses, durante los años o las estaciones...

RÚBRICA

Para recitar, cuando Ra aparecerá por encima de las pinturas que representan a los dioses. Colocar las ofrendas delante de ellos: pan, carne, aves, incienso. Gracias a lo cual el difunto recibirá comidas sepulcrales en el seno de Ra; gozará de gran abundancia de alimentos en el Mundo Inferior y será liberado del Mal, para siempre jamás. Nadie debe estar presente durante la recitación, salvo el que ofrece. En verdad, Ra llegará a ser el Timón del difunto, timón que le protegerá, que destruirá a sus enemigos en el Cielo, en la Tierra y en el Mundo Inferior; y el difunto gozará en todas partes de gran abundancia, realmente, continuamente, eternamente.

CAPITULO CXLIX
(Los CATORCE IATS) (233)

I. *Primer Iat.*

¡Salve, oh tú, el primer Iat del Amenti, donde los muertos vuelven a la vida probando el pan consagrado! Cuando me veas llegar, ¡quítame las vendas mortuorias que aprietan mi cabeza! El Espíritu poderoso que habita en ti ha reunido ya mis huesos y fortificado mis miembros; y Ahi, Señor de los Corazones ha ajustado mis huesos... ¡Coloca a Ureret, corona sagrada de Tum, sobre mis cabellos! Neheb-Ko ha consolidado mi cabeza; y los dos platillos de la Balanza están bien equilibrados... En verdad, tú serás más poderoso que los otros dioses, ¡oh Amsn-Ket...!

II. *Segundo Iat* (para pintar en verde).

(Su divinidad es Ra-Harakhté)

Para recitar:

He aquí; hasta perderse de vista, se extienden mis posesiones de Sekht-Ianrú... ¡Oh Campos de Juncos! Vuestras murallas son de hierro. El trigo alcanza en vosotros cinco codos, dos la espiga y tres el tallo; la cebada mide siete codos, tres la espiga y cuatro el tallo. Los Espíritus son aquí altos de nueve codos; siegan el trigo en compañía de Harakhté. En verdad, yo conozco una puerta en medio de esos Campos, por la que Ra sale hacia el Oriente del Cielo. Al sur hay un lago frecuentado por los pájaros KHA-RU; al norte está situado un canal grato a los pájaros RE. Es por este mismo sitio por donde pasa la Barca de Ra empujada por vientos de popa. Encargado del cordaje de la Barca divina, yo soy un marinero infatigable. En verdad, yo conozco los dos sicómoros de turquesa, de donde surge Ra, cuando parte para su viaje. Este le lleva hacia los Pilares de Shu y hacia la Puerta del Señor del Oriente... En verdad, yo conozco estos Campos de Ra. El trigo alcanza en ellos cinco codos; la cebada mide siete codos; los Espíritus tienen la altura de nueve codos; allí siegan mano a mano con las Almas perfectas del Oriente...

III. *Tercer Iat* (para pintar en verde).

(Es un Iat de Espíritus santificados)

Para recitar:

¡Salve, oh Iat de los Espíritus santificados que nadie sería capaz de atravesar en barco, pues por todas partes se extiende un fuego abrasador. ¡Oh Espíritus! Santificad vuestros caminos, purificad vuestras moradas; haced lo que Osiris os ha prescrito, desde toda la eternidad... He aquí que llego a vosotros, yo, Ser grande, poseedor de la Corona Roja que adorna la frente del dios de la Luz... Yo vivifico mediante la llama que sale de mi boca las Dos Torres y a sus habitantes... En verdad, Ra ¡salvado está del poder del demonio Apopi!

IV. *Cuarto Iat* (para pintar en verde).

(Es un Iat de dos montañas altas)

Para recitar:

¡Salve, jefe del Iat misterioso, y tú, gran montaña del Mundo Inferior por encima de la cual se eleva el estrellado cielo! Tiene trescientas medidas de larga y doscientas treinta de ancha. Una serpiente, que mide setenta codos, la habita; «Lanzadora-de-Cuchillos» es su Nombre. Se alimenta de Espíritus santificados y de condenados en el Mundo Inferior, que aplasta y devora... He aquí que detengo mi navegación, ¡oh Maat! ante tu cerca fortificada, miro a todas partes y busco una entrada que me conduzca a Li. Encuentro la entrada y me uno contigo, yo, Macho potente... En verdad, digno soy de adornar tu cabeza, ¡oh diosa! (234), pues mi poder aumenta de día en día... Ahora, yo he llegado a ser el Gran Mago divino, y nada escapa a mi visión... Advierto a un Espíritu que se arrastra sobre su vientre. ¿Quién es? Sé que es poderoso en las montañas en que habita... ¡Oh Espíritu, déjame acercarme a ti para que tu fuerza permanezca conmigo!... He aquí que, haciendo un esfuerzo, me mantengo de pie. Avanzo y domino a los demonios Akriú, enemigos de Ra; y la paz de este dios desciende sobre mí, por la tarde, mientras cumplo en los cielos mis circuitos y tú permaneces, tú, en el Valle...

V. *Quinto Iat* (para pintar en verde).

Recitar:

¡Salve, Iat de los Espíritus, obstáculo infranqueable para aquellos que tratan de atravesarle! Los Espíritus que le habitan tienen los muslos de siete codos de largos y se alimentan sobre las Sombras de los muertos debilitados que desfallecen. ¡Oh Iat! Ábreme un camino, para que pueda atravesarle y penetrar en la hermosa Amenti... Pues tal fue la orden de Osiris, Señor de los Espíritus santificados, ¡Mira! Aquí vengo como Espíritu santificado celebrando, los meses y los medios meses, las fiestas prescritas. Yo cumplo mis revoluciones celestes, y el Ojo de Horus, como Thoth, conmigo están durante el viaje. Las llamas que salen de la boca de todos los dioses devoran hoy a mis enemigos, si no han acabado ya sus días en los lugares de las matanzas.

VI. *Sexto Iat* (para pintar en verde).

Recitar:

¡Salve, oh Immehet (235), tú venerado por los dioses, gran misterio de los Espíritus santificados y sitio lúgubre para las almas condenadas!... Aquí vengo para contemplar al dios de esta región. Quitad, pues, el velo de vuestras cabezas cuando me veáis llegar; pues yo soy un dios poderoso y os traigo ofrendas para que os alimentéis. ¡Que el Señor de vuestro Iat no ponga su mano sobre mí! ¡Que los Asesinos no se apoderen de mí! ¡Que los demonios-Destrozadores no traten de cazarme! ¡Que pueda vivir en paz entre vosotros!

VII. *Séptimo Iat* (para pintar en verde).

Recitar:

¡Oh ciudad de Iss, oh tú, lejana y difícil de entrever!... En las llamas que rojean una serpiente vive y «Rerek» es su Nombre..., su lomo es largo de siete codos. Se alimenta de muertos y los extermina. ¡Atrás, Rerek, tú que habitas en la ciuda de Iss, que tritura a los muertos con tus fauces, mientras tus ojos lanzan relámpagos! ¡Sean tus huesos quebrantados y tu semilla permanezca infecunda! ¡No te acerques a mí! ¡No lances contra mí los chorros de tu veneno! ¡Que en la tierra caiga y en ella quede! ¡Que para siempre ya tus labios sean sellados! ¡Ah! He aquí que su KA ha caído en medio de las serpientes enemigas! Mientras yo permanezco sano y salvo, tu cabeza, Rerek, acaba de ser cortada por la divinidad con rostro de lince.

VIII. *Octavo Iat* (para ser pintado en verde).

Recitar:
¡Salve, oh Ha-hotep, tú que ejerces tu imperio sobre los ríos de este Iat! Nadie será capaz de dominar su corriente; el fragor de sus aguas siembra el espanto. «Ka-Ha-Hoted» es el Nombre del guardián. La entrada, la niega o la concede, según su caprichOj y mantiene separados a los seres que no tienen derecho a pasar. Sabe, pues, que yo soy, yo, el pájaro Ennur, erguido sobre sus patas y cuya voz no calla jamás. Yo traigo a Tum lo que es del dominio de la Tierra (236); yo vuelvo vigorosos a los vasallos de Ra y siembro el terror entre los Señores del Santuario. Los Espíritus de los Elementos tiemblan viéndome llegar. Naturalmente, no seré arrastrado hacia el tajo de los tormentos. En verdad, yo no seré destruido... Pues yo soy el Guía del Horizonte Septentrional.

IX. *Noveno Iat* (para ser pintado en amarillo).

Recitar:
¡Salve, oh ciudad de Ikesi, tú que sigues siendo un misterio hasta para los propios dioses! Los Espíritus se sobrecogen de espanto oyendo pronunciar tu Nombre. Nadie sería capaz de penetrar en ti, ni salir de ti excepto la Gran Divinidad en persona—cuya morada es el Huevo cósmico—, ella que inspira a los dioses temor, terror a los Espíritus. La entrada de la Ciudad está cernida de llamas; activadas por los vientos, estas llamas entran por boca y nariz... tal ocurre a causa de los dioses, que, a su capricho, rodean a la Gran Divinidad, con objeto de que no sintiendo no puedan reconocer lo que no puede ser percibido sino por esta Gran Divinidad que en su Huevo cósmico permanece. Ella había fundado esta Ciudad con objeto de vivir sola en ella y para en ella gozar de su soledad; nadie debía acercarse a ella, excepto el día de las Grandes Metamorfosis... ¡Salve, Divinidad sagrada, tú que permaneces en el Huevo cósmico! He aquí que llego hacia ti, para poder seguirte entre los dioses que te acompañan. ¡Pueda yo penetrar en la ciudad de I^esi y salir de ella a mi capricho! ¡Puedan sus puertas permanecer abiertas para mí! ¡Pueda respirar el aire de esos lugares y gozar de las ofrendas que hay en ellos!

X. *Décimo Iat* (para ser pintado en amarillo).

Recitar:
¡Salve, oh tú, ciudad de los dioses Kahú! Los que cazan a los Espíritus santificados y se apoderan de las Sombras de los muertos; los que devoran la carne cruda y se hartan de podredumbre, mientras sus ojos espían, para que nada en la Tierra escape a su vigilancia... ¡Oh vosotros, dioses que habitáis en vuestros Iats, prosternaos ante mí, en cuanto me presente! ¡Porque no podréis arrebatar mi Espíritu santificado, ni apoderaros de mi

Sombra! En verdad, ¡yo soy el Halcón divino! He aquí que he sido coronado, ungido e incensado. Los animales inmolados para mí en la Tierra, Isis, de pie, avanza y me los ofrece, mientras Neftis, detrás de mí, protege mi espalda. En verdad, mi Camino santificado es por mí... ¡Oh tú, serpiente Ñau, Toro de Nut, y tú, Neheb-ko! Aquí me tenéis llegando hacia vosotros. Libradme de todo mal y concededme la felicidad para siempre jamás...

XI. *Undécimo Iat* (para ser pintado en verde).

Recitar:
¡Oh tú, ciudad del Mundo Inferior donde los cuerpos son disimulados y donde se apoderan de los Espíritus santificados!... Nadie penetra en ti por temor a los Espíritus que vigilan tus Puertas... En el interior de la ciudad, los dioses, asombrados, miran, y los muertos condenados que está allí encerrados miran también lanzando gritos llenos de amenazas; los únicos benévolos son los dioses que allí moran para santificar a los muertos y transmitirles los Misterios. ¡Oh tú, ciudad de Idú, no te opongas a mi paso! Pues yo soy el Dueño de los encantamientos mágicos en virtud de un cuchillo, heredado de Seth; y mis piernas me pertenecen para siempre... Poderoso a causa de las virtudes del Ojo de Horus, he aquí que me levanto en el Horizonte; y, tras un período de torpor, mi Corazón despierta a la vida. Santificado soy en el Cielo y vigoroso en la Tierra; yo vuelo, lo mismo que un halcón, y lanzo gritos, lo mismo que un ganso salvaje. Luego desciendo hasta los bordes floridos del Lago; de una Divinidad recibo allí la corona. Ora sentado, ora de pie, disfruto del alimento en los Campos de la Paz. He aquí que las puertas de Maat se abren para mí y que de las puertas de los abismos celestes son descorridos los cerrojos. Luego, rodeado de los dioses, levanto una escalera hacia el cielo; pues, como ellos, yo soy un dios. Yo lanzo gritos lo mismo que un ganso salvaje para que los dioses puedan oírme, y mi voz es semejante a la voz de Sothis (237).

XII. *Duodécimo Iat* (para ser pintado en verde).

Recitar:
¡Salve, Iat de Unt en el Re-stau! Rodeado estás de llamas y ni los dioses ni los Espíritus serían capaces de acercarse a ti; pues si se te acercasen los llameantes Uraei harían desaparecer sus nombres. ¡Salve, Iat de Unt! En verdad, yo soy uno de los grandes entre los Espíritus que te habitan; yo soy una estrella entre las que brillan aquí. Yo no seré destruido, y mi Nombre no será borrado. Los dioses que moran en este Iat dicen de mí: «En verdad, él embalsama el aire como lo haría un dios.» He aquí que estoy con vosotros y que entre vosotros vivo, ¡oh vosotros, dioses del Iat Unt! Amadme, pues, más que a vuestros propios dioses y siempre estaré con vosotros, ¡eternamente!...

XIII. *Decimotercero Iat* (para ser pintado en verde).

Recitar:
¡Salve, oh Iat, del cual los Espíritus santificados no conseguirán dominar las aguas rodeadas de llamas! En verdad, tus torrentes son de fuego líquido, que devoran a los que allá abajo aspiran a beber para apagar la sed que les tortura... No pueden beber,

sobrecogidos como están de miedo y de terror muy grande... Los dioses y los Espíritus miran esos -torrentes de fuego y retroceden sin apagar su sed... Sus corazones no están satisfechos; pues, no obstante su deseo, impotentes son para acercarse a esos torrentes de los cuales el agua está sembrada de plantas como las que crecen en el Cuerpo de Osiris... Pero yo, yo he dominado los torrentes de fuego, y he calmado mi sed, semejante a un dios que, habitante del Iat de las Aguas, es el guardián de ellas. Los otros dioses retroceden con espanto; están más aterrados que lo están los Espíritus de los muertos... ¡Salve, dios que resides en el Iat de las Aguas! He aquí que llego a ti. Concédeme el poder, sobre las aguas, que pueda beber en los torrentes, cual dejas beber a Hapi (238), la gran divinidad, que hace crecer y verdear las plantas y que produce las ofrendas para los dioses... Concédeme que llegue hasta ti, tal cual lo hace Hapi, y que obtenga poder sobre las plantas... Pues yo soy el hijo de tu carne, eternamente...

XIV. *Decimocuarto Iat* (para ser pintado en amarillo).

Recitar:
¡Salve, oh Iat de Kher-aha, tú que en la ciudad de Djedú obligas a Hapi a batirse en retirada! Haz que Hapi produzca trigo en abundancia y le haga llegar a la boca de los que han de comerle. Concede las ofrendas divinas a los dioses, y a los Espíritus de los muertos las ofrendas sepulcrales. Existe una serpiente en la doble Kerti de Elefantina. Saliendo de allí, Hapi llega lleno de aguas hacia su embocadura. Se detiene entre los muelles de Kher-Aha (239), pues allí encuentra a los dioses que rigen los canales... Los encuentra a su hora precisa, que es la del silencio de la Noche... ¡Oh dioses de Kher-Aha, vosotros que regís los canales! ¡Que vuestras esclusas sean abiertas para mí, que ante mí empujen las puertas de los canales, que yo entre en posesión de ellos, que me sea posible descansar al borde de las aguas gustando el trigo del Nilo y hartándome del alimento de los dioses! Entonces me enderezaré; mi corazón quedará enteramente satisfecho, semejante al de los dioses que habitan Kher-Aha... ¡Que las ofrendas que me están destinadas sean semejantes a "las vuestras! ¡Que no sea destruido por las emanaciones de Osiris! Que no sea desagregado por ellas, eternamente (240).

CAPITULO CL
(Variante del capítulo CXLIX)

CAPITULO CLI (A)

Tu ojo derecho es la Barca Sektet; tu ojo izquierdo es la Barca Mandjit; tus cejas son el dios Anubis; tus dedos son el dios Thoth; tus cabellos son Ptah-Sokari. He aquí que todos estos dioses preparan la vía para ti rechazando a los demonios, esos servidores de Seth.

I

He aquí a Isis. Dice:

«¡Llego y protejo a Osiris! Mi aliento es vivificante como lo es el soplo del viento Norte creado por Tum. Yo he devuelto el vigor a tu garganta, te he reunido a la divinidad, tus enemigos postrados están a tus pies.»

II

He aquí a Neftis. Dice:

«Yo llego al mismo tiempo que mi hermana. ¡Oh Osiris! Vengo y te protejo. Yo estaré detrás de ti hasta el fin de los tiempos. Por mí, Ra escuchará tus llamadas y gracias a mi socorro triunfarás, ¡oh hijo de Hathor! Pues nadie, hasta el fin de los tiempos, se atreverá a arrebatar tu cabeza; y tú resucitarás...»

III

(Una divinidad dice:)

«Si alguien llega para atarte, ¡yo no lo permitiré! Si alguien llega para pegarte, ¡yo no lo permitiré! ¡Yo pegaré a mi vez, yo ataré a tus enemigos! Pues, en verdad, yo te protejo, ¡oh Osiris!»

IV

(Otra divinidad dice:)

«¡Acudo! ¡Voy a ayudarte! Juntos rechazaremos a ese Espíritu que se esfuerza por ocultar tu cara. Yo iluminaré esta Región en la que reinan las Tinieblas. Yo soy quien estará de pie detrás de Djed, el día en que rechazará los ataques de los demonios. ¡Pues yo te protegeré, oh Osiris!»

V

He aquí al Espíritu del Fuego. Dice:

«Yo acumulo las arenas en torno a tu tumba oculta. Yo rechazo los ataques de los demonios; y gracias a mi Fuego las montañas pobladas de tumbas despertarán a la Luz. Yo atravieso caminos hundidos en eterna Noche... Sábelo, ¡oh Osiris! ¡Yo te protejo!

VI

He aquí a Anubis. Es él quien sentado sobre sus Colinas manda en la mansión de los dioses; pues es el Señor de la Tierra Sagrada... (241). Dice: «Llego y te protejo, ¡oh Osiris!»

VII

He aquí el Alma de la Vida del difunto... Dice: «¡Que Ra sea glorificado en el Cielo, cuando, en su radiación de paz, desciende al Horizonte Occidental!»

VIII

He aquí el Alma de la Vida del difunto acompañada de su Espíritu. Ambos dicen: «¡Que Ra sea glorificado cuando se levanta en el Horizonte Oriental!»

El difunto dice:

«¡Oh vosotras, figurillas mágicas que me acompañáis, escuchadme! Si acaso soy condenado a ejecutar trabajos en el Mundo Inferior, a sembrar o a llenar de agua los canales o a transportar arena: ¡obedecedme! ¡Estad siempre atentas a mis órdenes!»

X

He aquí a Mestha. Dice:

«Yo soy tu hija. Llego para protegerte; obedeciendo las órdenes de Ra y de Ptah hago inexpugnable tu morada.»

XI

He aquí a Hapi. Dice:

«Llego aquí para protegerte. Yo consolido tu cabeza sobre tus hombros; yo consolido tus miembros y yo golpeo a tus enemigos; prosternados están a tus pies. Sábelo: tu cabeza te ha sido restituida ¡para siempre!»

XII

He aquí a Duamutf (242). Dice:

«¡Yo soy tu hija que te ama! ¡Aquí vengo para vengar a Osiris! ¡He aquí que prosterno sus enemigos a tus pies!»

XIII

He aquí a Kebhsennuf. Dice:

«Vengo aquí para protegerte. He recogido tus huesos y reunido tus miembros... He aquí que te traigo tu corazón y que le pongo en su sitio, en el interior de tu cuerpo. Yo hago fuerte y sólida tu mansión.»

CAPITULO CLII

Para construir una Casa en la Tierra

¡Salve, Keb! ¡Alégrate! Pues he salido de mi cuerpo y planeo por encima de él. He aquí que recorro el Cielo en compañía de los dioses; yo asigno a las Almas de las generaciones futuras sus padres (243). Ellas al verme me glorifican. He aquí que Sesheta (244) trae al demonio Nebt; está sólidamente atado. Anubis me grita: «¡Construye tu casa en la Tierra! Sus cimientos estarán en Heliópolis; sus límites alcanzarán Kher-aha; su santuario estará en Sekhem y su inscripción será renovada. Los que pasen le dirigirán sus ofrendas y sus libaciones.» Luego Osiris dice a los dioses que le rodean: «¡Mirad aquella casa que está allí! Acaba de ser construida por un Espíritu santificado. Barreras mágicas la protegen; el difunto sale todos los días y permanece entre vosotros. Su juventud y su vigor no cesan de aumentar. ¡Testimoniadle vuestra veneración y glorifi-cadle! «¡Oh vosotros, Espíritus, que habéis sido tetigos de mis hazañas! ¿Escucháis mis palabras y las de Osiris?» El dice: «¡Que venga aquí cada día! ¡Que renueve su juventud entre vosotros!» He aquí, pues, las ofrendas que vientos del Sur y vientos del Norte traen a Osiris: ganado, cebada, trigo. Son traídas de todos los puntos de la Tierra por orden del propio Osiris... Ora avanzo hacia la izquierda, ora me dirijo a la derecha. Los hombres que viven me ven, así como ven a los dioses los Espíritus santificados y los muertos. Saludan con sus gritos de alegría mi Barca que pasa...

CAPITULO CLIII (A)

Para escapar a los Espíritus-Pescadores (245)

¡Oh tú, Espíritu que vuelves la cabeza y que miras hacia atrás, salve! ¡En verdad, dueño eres de tu corazón! He aquí que envuelto en vendillas como lo estaba en el momento de mis funerales, parto de Pesca abriéndome un camino a través de la Tierra. ¡Oh vosotros, Espíritus-Pescadores, que habéis dado el nacimiento a vuestros padres (246), vosotros que preparáis vuestros lazos y que circuláis a vuestro placer a través de las Regiones submarinas!. ¡No me cacéis con vuestras redes! ¡Coged más bien a los execrables demonios! ¡No inmoviléis con vuestras cuerdas, como lo hacéis con los demonios, a los Compañeros de la Tierra! (Poseen, sí, escaleras hasta el Cielo, pero la Tierra es su morada favorita...) He aquí que yo he escapado a esas redes y a ésos lazos. Yo asciendo hasta el dios de la Barca Sagrada Hennú y subo muy arriba, semejante al dios Sebek. Ahora, emprendo mi vuelo hacia vosotros. Los Espíritus-Pescadores de disimulados dedos no podrán ya apoderarse de mí, pues yo conozco ese instrumento mágico cuyo Nombre es: «El-dedo-poderoso-de-Sokari». Yo conozco este otro instrumento: «El-Muslo-de-Nemú» es su Nombre. Yo conozco la Puerta secreta cuyo Nombre es: «La-Mano-de-Isis». Yo conozco el cuchillo, instrumento de matanza, cuyo Nombre es: «Isis-cortó-con-este-cuchillo-la-carne-de-Horus». Yo conozco la Armadura de la Balanza y conozco sus Pesos. Sus Nombres son: «La-Pierna-y-el-muslo-del-Dios-León». Yo conozco la Cuerda que se emplea para los Lazos: «El-vigor-de-Tum» es su Nombre. Yo conozco a los Espíritus-Pescadores que tienden sus lazos. «Los-dioses-

Akerú-antecesores-de-los-dioses-Akhabiú» es su Nombre. Yo conozco los Nombres de sus Brazos. Helos aquí: «Los- dos- Brazos- de-la-Gran-Divinidad-que-escucha-en-Iunú-las-Palabras-de- Potencia- durante- la- Noche- sagrada- de-los-semimeses-en-el-Templo-de-la-Luna». Yo conozco el Nombre del Muslo; hele aquí «El-Muslo-de-Hierro-sobre-el-cuál-un-dios-está-de-pie».Yo conozco el Nombre del Intendente divino que recibe la entrega del pescado: «Cuchillo-y-Vaso-del-Intendente-divino». Yo conozco el Nombre de la Mesa sobre la cual estos objetos son colocados: «La-Mesa-de-Ho-ru-s-en-donde-está-sentado-en-la- oscuridad- y- en- la- soledad- y-donde- nadie- le- ve- pero- los- malos-le-temen-mientras-que-los-buenos-le-glorifican». He aquí que llego y que soy coronado dios, semejante a ese dios que conduce la Tierra... Mientras que en mis dos Barcas cumplo mi navegación, he aquí que el Príncipe de los dioses me coloca en medio del Gran Templo. Como un cazador, llego armado de mis instrumentos: mi puñal, mi cuchillo para acuchillar, mi hacha... Habiéndome puesto en marcha, yo recorro la Región y tiendo mis redes... Yo conozco el Nombre de esta pinza: «Tmen-reú-emanación-del-gran-Dedo-de-Osiris». Yo conozco el Nombre de estos dos pedazos de madera que aguantan sólidamente: «El-Dedo-de-los-Antepasados-de-Ra» es el Nombre de uno. «El-Dedo-de-los-Antepasados-de-Hathor» es el Nombre del otro. Yo conozco el Nombre de la Cuerda del Arpón: «La-Cuerda-del-Amo-de-los-Iniciados». Yo conozco el Nombre de la Mesa: «La-Mano-de-Isis». Yo conozco el Nombre de esas Cuerdas: «La-Cuerda-del-Dios-primogénito». Yo conozco el Nombre de estas Vendillas: «Las-Vendillas-de-esta-Jornada». Yo conozco los Nombres de los Espíritus-Cazadores y Pescadores: «Los-dioses-Akherú-Antecesores-de-Ra». Yo conozco los Nombres de las Redes: «Los-Antecesores-de-Keb». Lo que tú tienes costumbre de comer lo traigo yo conmigo e igualmente he traído mi comida. Ahora bien, tú comes lo que comen Keb y Osiris. ¡Oh tú, Espíritu, cuya cara está vuelta hacia atrás y que posees el dominio de tu corazón; tú, Cazador y Pescador, que te abres un pasaje a través de la Tierra, y vosotros, Pescadores, que habéis dado nacimiento a vuestros padres y que colocáis lazos en la ciudad de Nefer-Sent! ¡No me cacéis con vuestras redes! ¡No me cojáis con vuestros lazos, con los cuales atrapáis a los impotentes demonios y a los. Compañeros de la Tierra, abominables! Pues en verdad, ¡a todos los conozco! Yo conozco el Marco de la Balanza y sus Pesos. ¡Mirad! He aquí que llego armado de una horquilla, de una pértiga con ganchos, de una mesa y de un cuchillo. ¿Sabéis todos que el Nombre del Cazador me es conocido? Yo pego, yo abro, yo rompo y vuelvo a poner en su lugar. ¿Qué sucede? Esta horquilla que traigo conmigo se torna «El-Muslo-del-dios-Nemú». La pértiga con ganchos que traigo conmigo llega a ser: «El-Dedo-del-dios-Sokari». La mesa que traigo conmigo se torna: «La-Mano-de-Isis». El cuchillo que traigo conmigo llega a ser «El-Cuchillo-del-dios-Nemú». ¡Ojalá entendáis, oh dioses, mis Palabras! ¡Ojalá pueda venir y sentarme en la Barca de Ra y, dirigiéndome al Norte, recorrer el lago Tes-tés! ¡Ojalá pueda hacer como hacen los que glorifican a mi Doble! ¡Ojalá pueda vivir su vida! He aquí que empiezo a subir los Peldaños de la Escalera que Ra, mi Padre celestial, me ha preparado de antemano; Seth y Horas, cada uno a su lado, me cogen de la mano...

RÚBRICA

Recitar este capítulo por sobre una figurilla representando al muerto sentado en una barca; hacer a su derecha una barca SEKTET y a su izquierda una barca MANDJIT. Hacer ofrendas líquidas y sólidas el día del aniversario de Osiris. Con ello el alma del difunto vivirá eternamente; no morirá por segunda vez.

CAPITULO CLIV
Para que el Cuerpo no perezca

¡Oh Osiris, Padre mío divino, salve! ¡He aquí que ante ti llego para embalsamar tus miembros! Haz embalsamar los míos, para que no perezca, y para que llegue a ser semejante al dios Kepra, Amo de las Metamorfosis, que ignora la putrefacción. Concédeme, ¡oh Osiris!, una Forma que sea semejante a la de este dios. Concédeme también el dominio de mi respiración, ¡oh tú, Señor de la Respiración!; tú que proteges a todos cuantos se parecen a ti.

Vuélveme estable e inmutable, ¡oh Señor de los Ataúdes! Y haz que penetre en la Región de la Duración Ilimitada, puesto que ello te ha sido concedido, así como a Tum, tu Padre divino, pues su Cuerpo no ha conocido putrefacción ni destrucción... En verdad, nada he hecho que tú detestes, ¡oh Osiris! Entre todos cuantos aman y veneran tu Doble etérico (247), ¡yo te he glorificado siempre! Por consiguiente, ¡que mi cuerpo no llegue a ser presa de los gusanos! ¡Líbrame, sálvame, como tú te has librado y te has salvado! ¡Pueda yo, tras la muerte, ignorar la putrefacción, este destino común a todos los animales y a todas las bestias que se arrastran creadas por diferentes dioses y diferentes diosas! Pues cuando tras la muerte el Alma emprende su vuelo, el cadáver se licuefacta, sus huesos se dislocan y se disuelven y la carne, llena de hedor, se pudre, los miembros caen en pedazos y el todo se muda en un líquido nauseabundo. Una masa hormigueante de gusanos, sólo gusanos... Es el fin del hombre... Perece bajo el Ojo de Shu como perecen todos los dioses y todas las diosas (248), todos los pájaros y todos los peces, las bestias que se arrastran y las que corren, y todos los seres, todos los seres. Por ello es por lo que viéndome, ¡oh dioses!, caeréis ¡cara al suelo! ¡El terror que os causará mi aparición os llenará de estupor! En verdad, todos los seres luego de la muerte tendrán miedo de mí: Sean los animales, pájaros o peces, las bestias que se arrastran, o los gusanos que viven en los cadáveres... ¡Que el mío ignore la corrupción! ¡Que no sirva de pasto a los gusanos! ¡Que no lleguen, bajo sus diferentes formas, a atacarme y destruirme! ¡Que no sea entregado al verdugo que en su cueva tortura y mata a sus víctimas y que, él mismo permaneciendo invisible, hace que se pudran amontonados! En verdad, para dar muerte y destruir los cadáveres vive. Sus órdenes ¿me negaré a ejecutarlas? Sus decretos, ¿los seguiré al pie de la letra? ¿Por qué he de ser entregado a sus dedos implacables? ¡Que no se apodere, pues, de mí! Pues es a ti a quien corresponde decidir mi suerte: ¡Oh Osiris, mi Padre divino, salve! Los miembros de tu cuerpo serán eternamente tuyos; tu cuerpo no se pudrirá ni llegará a ser presa de los gusanos; no se hinchará, como un balón; no se descompondrá ni caerá en pedazos; no llegará a ser un montón hormigueante de gusanos... En cuanto a mí, yo soy Kepra, el dios del Llegar a ser. Y con mi cadáver permanezco, por toda la Eternidad. No se descompone, no se pudre, no cae a pedazos ni es devorado por los gusanos, ni se licuefacta bajo el Ojo de Shu. Yo existo; en verdad, ¡yo existo! ¡Siento la fuerza de vida que desborda en mí! He aquí que despierto en paz... No me pudro, no me descompongo. No extiendo olor a putrefacción en torno mío. No desaparezco en la nada. Mi ojo no se apaga. Los rasgos de mi rostro no se borran bajo una masa líquida. Mis orejas no se cierran a los sonidos de las palabras. Mi cabeza no quedará separada del tronco. Mi lengua no será arrancada. Mi cabellera no será afeitada. Mis cejas no serán depiladas. Sabedlo, ¡oh vosotros. Espíritus!, ningún perjuicio será causado a mi cadáver. Mi cuerpo permanecerá inmutable y estable, eternamente. No será destruido en la Tierra ¡en toda la Eternidad! (249).

CAPITULO CLV
PARA FIJAR (PONER) UN DJED DE ORO (250)

¡De pie, oh Osiris! Tu espina dorsal tú la posees ahora, ¡oh Dios-del-Corazón-Detehido! Tu cuello ha sido consolidado y afianzado. Sube, pues, a tu pedestal, ¡oh Osiris! He aquí que yo vierto sobre tus pies agua lustral. Te traigo un Djed de oro... ¡Alégrate, oh Osiris, al ver esta imagen mágica!

RÚBRICA

Este capítulo será recitado por sobre un Djed de oro incrustado en madera de sicómoro que haya permanecido en agua de flores ANKHAM. Colocar el dicho DJED en el cuello del difunto, el día de los funerales. Hecho, éste llegará a ser en Mundo Inferior un Espíritu santificado y perfecto; y el Día de primero de Año será semejante a los Espíritus que rodean a Osiris, realmente, continuamente, eternamente. ..

CAPITULO CLVI
PARA FIJAR (PONER) UN TALISMÁN DE CORNALINA

¡Oh Isis! ¡Que tu sangre obre! ¡Que tu radiación obre! ¡Que la fuerza de tu magia obre! ¡Protege, oh diosa, a este poderoso Espíritu y evítale el contacto con los seres que le inspiran horror y repugnancia!

RÚBRICA

Recitar estas palabras por sobre una hebilla de cornalina que haya permanecido en agua de flores ANKHAN, incrustada en una tablilla de madera de sicómoro. Dicha tablilla será colocada en el cuello del muerto, el día de los funerales. Esto hecho, los poderes de Isis protegerán los miembros del difunto; Horus, hijo de Isis, se alegrará viéndole en medio de los Misterios del Sendero; y mientras que un brazo será tendido hacia el cielo, el otro será dirigido hacia la tierra; realmente, continuamente...

No dejar ver este texto a nadie, jamás.

CAPITULO CLVH
Para fijar (poner) en el cuello del difunto un Talismán representando a un Gavilán

He aquí a Isis que emprende su vuelo por encima de su Ciudad. Parte en busca de la morada oculta de Horus, en el momento en que éste emerge de su pantano de cañas. Ella levanta su hombro que ha sido lastimado... He aquí que sube a bordo de la Barca divina. El es consagrado Señor de los Mundos, pues ha combatido valientemente. En verdad, sus hazañas no serán pronto olvidadas, pues ha sembrado el espanto y el terror. Su madre, Isis, la gran diosa, le protege mediante la fuerza de su Palabra mágica y le transmite su poder.

RÚBRICA

Recitar este capítulo por encima de un gavilán de oro, en el cual estas palabras habrán sido inscritas; colocar el amuleto en el cuello del difunto, con objeto de protegerle el día de sus funerales, continua y regularmente.

CAPITULO CLVIII
Para fijar (colocar) un Collar de oro

¡Oh Osiris, Padre mío! ¡Oh Horas, mi Hermano! ¡Oh Isis, mi Madre! He aquí que las vendillas son quitadas, las que apretaban mi cabeza y mi cuerpo... Mis ojos empiezan a discernir los seres que me rodean. Veo ante mí al dios Keb...

RÚBRICA

Recitar este capítulo por sobre un collar de oro en el cual haya sido grabado el texto; colocarle en el cuello del difunto, el día de los funerales

CAPITULO CLIX
Para fijar (colocar) un Talismán Uadj de esmeraldas

¡Oh tú, que todos los días sales de tu templo! He aquí a la gran diosa... ¡Escucha su voz! Ella cumple sus revoluciones en torno a las Puertas del doble Santuario. Ella se apodera del poder mágico de su Padre. (Este poder es un Cuerpo Glorioso que habita la Tierra Sagrada de la diosa Rennut.) Ella acoge con fervor a los que encuentra en su camino, dispuestos a seguirla. Pues ella hace el viaje en sentido contrario y recorre los caminos de antaño. Ella concede buena suerte a los que son perseguidos por la desgracia...

RÚBRICA

Recitar este capítulo por sobre un amuleto UADJ de esmeraldas, colocado en el cuello del difunto, y que tenga las palabras del capítulo grabadas encima.

CAPITULO CLX
Para fijar (colocar) un Talismán Uadj de esmeraldas

He aquí un talismán Uadj tallado en una esmeralda. Protege contra todo alcance del Mal. Thoth los confiere a sus adoradores, los cuales evitan lo que desagrada a los dioses. Si este talismán prospera, yo prospero; si no es alcanzado, yo no soy alcanzado; si es inusable, yo soy inusable. He aquí a Thoth que habla. Sus palabras protegen mi espina dorsal. Dice: «He aquí que llegas en paz, ¡oh tú, Señor de Heliópolis y de Pe! Shu va a tu encuentro; te halla en Shen-mú; tu Nombre es Nshem. Tú habitas la fortaleza del dios poderoso... En verdad, tus miembros no sufrirán daño alguno, pues el propio Tum los protege...

CAPITULO CLXI
Para abrirse un camino hacia el Cielo

He aquí las palabras reveladas por Thoth para penetrar sin obstáculos en el interior del Disco solar.

I.—He aquí que me abro un paso hacia el Disco solar... En verdad, ¡Ra vive! ¡La Tortuga ha muerto!

II.—He aquí que mi cadáver se purifica, y que los huesos de Osiris han sido purificados. En verdad, ¡Ra vive! ¡La Tortuga ha muerto!

III.—Y el habitante del Ataúd no tendrá que temer el alcance del Mal. En verdad, ¡Ra vive! ¡La Tortuga ha muerto!

IV.—He aquí que ella es protegida por Kebhsennuf, ¡la carne inerte del muerto! ¡Pues es Ra el que vive! ¡La Tortuga ha muerto! ¡Ecuchad! los cerrojos de las Puertas son descorridos! ¡Ya puedo franquear el Umbral!

RÚBRICA

Si estos encantamientos son recitados junto al cadáver, su Cuerpo Glorioso (Sahu) atravesará las cuatro aberturas del Cielo: La primera, la del Viento Norte, pertenece a Osiris; la segunda, la del Viento del Sur, está mandada por Ra; la tercera, la del Viento del Oeste, depende de Isis; la cuarta, la del Viento del Este, obedece a Neftis. Cada uno de estos Vientos, en el momento en que el difunto penetra en el Cielo, llega hacia las ventanas de su nariz. Los que no han sido iniciados no conocen estas cosas ocultas, pues es un Misterio ignorado del vulgo. No lo comuniques a nadie, salvo a tu padre o a tu hijo. Sábelo: este gran Misterio, que nadie, en parte alguna, conoce, acaba de serte revelado a ti...

CAPITULO CLXII

PARA PRODUCIR UNA SENSACIÓN DE CALOR EN LA CABEZA DEL DIFUNTO

¡Salve, dios-León, poderoso Señor, de la doble Pluma adornando tu Diadema y del temible Látigo, signo del mando! ¡Tú, Macho poderoso, cuyo esplendor irradia desde las profundidades del Cielo! Tus formas múltiples y tus Metamorfosis, desde tu nacimiento están ocultas en el Ojo solar. Se te invoca, ¡oh poderoso corredor a grandes zancadas!, y tú acudes hacia el que implora tu ayuda; tú proteges al desgraciado contra aquel que le oprime. ¡Escucha, pues, mi grito de angustia! ¡Ven en mi socorro! En verdad, ¡yo soy la Vaca Sagrada! ¡Tu Nombre divino no se aparta de mis labios! Escucha, pues, cuando proclamo: ¡HAKA-HAKER es tu Nombre! ¡OROAKERSA-ANK-REBATI es tu Nombre! ¡KHERSERO es tu Nombre! Sábelo, ¡oh dios!: yo venero todos tus Nombres, pues yo soy, en verdad, ¡la Vaca Sagrada! Escucha, pues, ¡oh Señor!, la voz de mi ruego: Cuando hagas surgir el calor de la Vida de bajo la cabeza de Ra en Heliopolis, dígnate, dios, proteger al difunto ante la Puerta celestial, para que llegue a ser ¡como los que habitan en la Tierra! En verdad, él es tu Alma ¡que has desconocido! Acércate a mí, ¡pues yo soy Osiris! ¡Haz surgir el calor de la Vida bajo mi cabeza! Pues yo soy el alma viva del inmenso Cuerpo sin vida de un dios. Este Cuerpo reposa en Heliopolis y su Nombre es: KHU-KHE-PER-URU-BARKHATA-DJOA... Ven, pues, ¡oh dios! ¡Haz de mí un Espíritu de tu Corte divina! Pues en verdad: Yo soy ¡Tú! (251).

RÚBRICA

Estas fórmulas son para ser pronunciadas por sobre la imagen de una Vaca Sagrada hecha de oro fino y colocada en el cuello del difunto. Hacer, además, la inscripción que sigue en un papiro no usado y colocado sobre su cabeza. Entonces el difunto sentirá gran calor en todo su ser, cual si estuviese en vida, y en la Tierra. Este talismán tiene un gran poder de protección, pues fue creado en otro tiempo por la Vaca Celestial para su hijo Ra, cuando su fuerza vital declinaba y su morada estaba cercada por los Espíritus del Fuego. De este modo, el difunto llegará a ser una divinidad en el Mundo Inferior y su Cuerpo Glorioso no será rechazado ante ninguna de las Puertas del Duat. He aquí las palabras que hay que recitar mientras se coloca la imagen de la diosa en el cuello del difunto: «¡Oh Amón! ¡Amón! ¡Tú que miras hacia la Tierra desde lo alto del Cielo! ¡Vuelve tu rostro radiante hacia este cuerpo inerte de tu hijo bienamado! ¡Vuélvele fuerte y vigoroso y temible en el Mundo Inferior!»

Esta fórmula es un gran Misterio. No se la dejes ver a nadie. Sería terrible que llegase a ser conocida de todos. Ocúltala cuidadosamente. Su nombre es: «La-Fórmula-de-la-Mansión-escondida».

CAPITULO CLXIII

Encantamientos con objeto de impedir que el cuerpo del difunto sufra alteraciones y desgracias en el Mundo Inferior; para protegerle contra los ataques de los Espíritus que devoran las Almas aprisionadas en el Duat; para impedir que los crímenes espantosos cometidos durante la vida terrestre se presenten ante sus ojos de espíritu una vez en espíritu convertido; para y cómo garantizar el vigor de sus miembros y de sus huesos contra los Espíritus que podrían atacarle en el Mundo Inferior; cómo procurarle la libretad de- circular, con objeto de que pueda hacer todo a su capricho.

Yo soy el Alma de un dios. Pero mi Cuerpo reposa inmenso e inanimado en la ciudad de At-Habu (252); el Genio de este lugar extiende su protección sobre el Cuerpo inanimado de Harthi. Su brazo arrancado reposa en los pantanos de Senhakarha... ¡Oh Alma divina! ¡Los latidos de tu corazón no son perceptibles ni cuando te levantas ni cuando te pones! Tú reposas, ¡oh Alma!, cerca de tu Cuerpo, ¡tendido en la ciudad de Sehna-Parkana! ¡Líbrame del Espíritu de cara espantosa que se apodera de los corazones y arrebata los miembros! Cuando comienza a mordisquear las Almas, llamas salen de su boca... Tú, Alma, que moras en el interior de tu cadáver postrado, tu fuego arde, solitario, en medio de las olas de un mar desencadenado... Sábelo: deberás renunciar al poder del fuego en presencia de Aquel que levanta el Brazo: El aspira a la vida eterna, lo mismo que el Cielo sin hitos y sin límites. Pues, en verdad, al Cielo pertenece tu Alma, pero la Tierra posee la Forma corporal. ¡Sálvame, pues, de las garras de los demonios que devoran las Almas cargadas de inquietudes! ¡Pueda mi Alma permanecer en mi Cuerpo, mi Cuerpo unirse con mi Alma! Pueda permanecer oculto este cuerpo en la Pupila del Ojo divino cuyo Nombre es SHARE-SHARE-SHARPU-ARI-KA, que reposa en Nubia, al Noroeste del Santuario Apt, ¡oh Amón! ¡Toro poderoso! ¡Dios de Formas múltiples! Tú, Amo de dos Udjats, de pupila terrible, sabe: que yo he nacido, emanación viva, de los dos Ojos divinos, uno de los cuales se llama: SHARE-SHARE-KHET, y el otro SHAPU-IRKA. Pero su verdadero Nombre es: SHAKA-AMEN-SHAKANSA, y habita en la Frente de Tum, Luz de las Dos Tierras, ¡Déjame, pues, permanecer en esta Tierra de Armonía y de Justicia, para que no sea abandonado en cruel soledad! Pues yo soy, ahora, el ciudadano de un Universo en que el Ojo, impotente, no percibe nada. Mi Nombre es: AN. ¡Pueda vivir entre los Espíritus santificados, perfectos y poderosos! En cuanto a mi Alma divina, que descanse, sí, en el inmenso Cuerpo inanimado que yace en Sais, ciudad sagrada de Neith...

RÚBRICA

Recitar este capítulo por sobre la figurilla de una serpiente provista de dos piernas y cuya cabeza estará adornada con un disco solar entre los dos cuernos (253); recitarle igualmente por sobre los dos Udjats (254) provistos de ojos y de alas; en la pupila de uno de estos dos Udjats se verá la figura de un dios con el brazo levantado; tendrá el rostro de un Alma divina; su espalda estará cubierta de plumas, como la de un halcón. En la pupila del segundo Udjat se verá la figura de un dios con el brazo levantado, pero su rostro será el de la diosa Neith; su espalda estará igualmente cubierta de plumas, como la de un halcón. Escribir este capítulo con tinta consagrada ANTI en una tablilla de piedra MEHT o sobre una esmeralda del Sur, que haya permanecido anteriormente en el agua del Lago del Oeste, en Egipto, o bien sobre una banda de tejido UADJET, con la cual se envolverá todos los miembros del cadáver. Con ello el difunto no será rechazado en las puertas del Duat; y podrá comer y beber, cual lo había hecho en la Tierra; nadie se levantará para acusarle, y será defendido contra sus enemigos, perpetuamente. Si este capítulo es recitado por el difunto en el Mundo, no llegará a ser la presa de los Espíritus que atacan a los malhechores en todos los rincones de la Tierra. No será acuchillado; las matanzas practicadas por Seth no le harán morir; no será encarcelado; podrá penetrar en todas las regiones del Duat y salir de ellas comp triunfador; además, podrá reaparecer en la Tierra para inspirar terror a los hombres que siguen la vía del Mal...

CAPITULO CLXIV

¡Salve, Sekhmet-Ra-Bast, regente de los dioses, alada, a quien las vendillas «Ans» dan el poder mágico! Tú, diosa coronada con las diademas del Sur y del Norte, Única soberana de tu Padre, y que no estás sometida a ningún dios, Dueña del gran poder mágico, tú que fuiste consagrada y coronada en los lugares silenciosos, Madre divina de Pashakasa, esposa real de Parhaka-Kheprú, Dueña de la Tumba, Madre del Horizonte celestial; tú graciosa y amable, que aplastas las rebeliones de los demonios, ¡mira! ¡Ve en tus manos mis ofrendas sepulcrales! De pie estás, perfectamente derecha, en la proa de la Barca de Ra, tu Padre divino, dispuesta a partir al ataque de los demonios... He aquí que colocas a la diosa Maat en la parte delantera de la Barca divina... En verdad, tú eres la diosa del Fuego; pues nada subsiste luego de tu paso... Tu Nombre es: KA-HARESA-PUSAREM-KAKAREMT. Tú eres semejante al poderoso fuego de la diosa Saknakat, que está sentada delante de la Barca de tu Padre divino. ¡HAREPUGAKAS-HARESHABAIU! He aquí lo que dicen refiriéndose a ella los negros y los nubios: «Te glorificamos, ¡oh diosa, la más poderosa de entre los dioses! Los dioses Sesenú te adoran (255), así como los Espíritus que viven en sus ataúdes. ¡Mira! Nosotros nos prosternamos ante tu espantosa Majestad; tú, que eres nuestra Madre y la Fuente de nuestro Ser; tú, que preparas para nosotros un lugar de reposo en el Mundo Inferior, vuelves vigorosos nuestros huesos y nos proteges contra el terror; tú nos haces vivir y prosperar en las Mansiones de la Eternidad, tú nos libras de los subterráneos de tortura en donde obra el dios de la terrorífica cara entre sus jerarquías divinas. En verdad, tu Nombre es: «La-Criatura-emanada-del-dios-de-la-cara-de-te-rror-y-que-tiene-su-cuerpo-disimulado». El Nombre de un hijo de este dios es: «Atare-Am-Djer-Quemtú-Ren-Parseta». El Nombre del otro es: «Pa-Nemma-el-Ojo-divino-Udjat-de-la-diosa-Sekhmet-la-gran-regente-de-los-dioses- emanación- de-la-diosa-Rennut-Mot». Tú devuelves el vigor a las Almas de los muertos y a sus Cuerpos inertes, tú les libras de las garras de los demonios que operan en los subterráneos de torturas. Con sus propios labios la diosa les responde: «Lo hago según las palabras de Thoi (256), Hijo divino por el cual los ritos funerarios han sido ordenados. En verdad, yo os lo digo: no seréis ni trabados ni atados» (257).

RÚBRICA

Recitar este capítulo por sobre una figurilla de lá diosa Mut, la diosa de las tres cabezas; la primera cabeza se parecerá a la de la diosa serpinte Pekhat, adornada con dos plumas; la segunda será semejante a la de un hombre tocado con la corona del Norte y del Sur; la tercera será la de un buitre coronado con dos plumas. Esta figurilla estará provista de garras de león y de alas; estará pintada con color ANTI en una tablilla de piedra verde o sobre bandas de tejido ANS. Colocar delante de esta estatua un enano, y otro enano detrás; cada uno de ellos tendrá un brazo levantado y estará tocado con plumas; además, tendrán, cada uno, dos caras: una de ser humano, la otra de halcón; estos dos enanos serán también muy ventrudos. Una vez este rito cumplido, el difunto llegará a ser un dios entre los dioses del Mundo Inferior; los Guardianes de las Puertas no le obligarán jamás, en toda la eternidad, a hacer marcha atrás; su carne y sus huesos serán los de un hombre que no haya pasado por la muerte; podrá beber agua en los manantiales de los torrentes; su morada estará en Sekht-Ianrú; llegará a ser estrella en la bóveda celeste; partirá en campaña contra Neko y Tar, esos demonios del Mundo Inferior; no será aprisionado ni devorado por toda suerte de bestias que se arrastran, sino que, por el contrario, quedará libre de todo Mal...

CAPITULO CLXV

La llegada hacia la Escala definitiva (258), cuando el cuerpo del difunto haya sido puesto al abrigo y los productos de su licuefacción hayan sido absorbidos. Entonces desbordará de nuevo de savia y de vigor.

Y dirá:

¡Oh Pilones majestuosos! ¡Oh Pilones! ¡Oh Príncipe de los dioses! ¡Oh Príncipe! ¡Oh Amón, Amón! ¡Oh Re-Iuaksa! ¡Oh dios, Príncipe de los dioses del Oriente del Cielo! ¡Oh Amón Nathkerti Amón! ¡Oh tú, cuya apariencia visible está velada, y cuyas múltiples formas son misteriosas, Señor de los dos Cuernos, hijo de la diosa Nut! Tus Nombres son: Na-irik y Ka-irik y Kaseka; tu Nombre es: Arthikasa-thika, Amén-na-en-ka-entekshare; Thekshare-Amén-Rerthi es tu Nombre. Escucha, pues, ¡oh Amón!, mi súplica. ¿No conozco acaso tu Nombre sagrado? Y los Nombres de tus múltiples Formas, ¿no viven en esta boca que es la mía? Tu Imagen misteriosa, ¿acaso no se revela a mis ojos? ¡Mira! He aquí que llego hacia ti, heredero de tu Trono, concebido según tu Imagen sagrada, ¡yo, Osiris! Concédeme una permanencia eterna en el Duat; da a mis miembros la Paz perfecta; ¡pueda mi Cuerpo llegar a ser el Cuerpo de un dios! ¡Pueda escapar a las regiones en las que los demonios aprisionan y torturan a los muertos! Amón, ¡escucha mis palabras! He aquí que invoco tu Nombre misterioso... Tú has creado mi Forma carnal, tú me has abierto el sentido de la Palabra; tu Ciencia sagrada me ha enriquecido el Espíritu... En verdad, tu Nombre es Amón-Rta-Sashaka, Irkai, Markathi, Reri-Nasakbubu, Thinasa-Thinasa... ¡Sharshathikathi es tu Nombre! ¡Oh Amón, Amón! ¡Oh dios poderoso! ¡Yo invoco tu Nombre misterioso! ¡Concédeme tu sabiduría iluminada! Pueda gozar de Paz en el Más allá! ¡Pueda poseer todos mis miembros! He aquí que el Alma del dios que reside en el Cielo deja oír su voz: «En verdad, en verdad, yo velaré para ello: tu Cuerpo, intacto le conservarás...»

RÚBRICA

Recitar este capítulo por sobre la figurilla de un dios con el brazo levantado, cuya cabeza estará provista de plumas; sus piernas estarán separadas como las de un escarabajo; será pintado con polvo de lapislázuli mezclado con líquido KAMI. Recitar asimismo este texto por sobre una figurilla con cabeza de hombre tendiendo los dos brazos; sobre el hombro derecho se verá una cabeza de carnero, y sobre el hombro izquierdo otra cabeza de carnero. Pintar, además, sobre una venda de lino, un dios con el brazo levantado y, junto a él, separadamente, pintar un corazón; dibujar una figura en su pecho. Disimular todo esto al dios Sugadi, del Mundo Inferior. Con ello el difunto podrá beber agua en los manantiales de los torrentes; y despedirá rayos lo mismo que las estrellas del cielo...

CAPITULO CLXVI
La almohada del difunto

He aquí que tu cuerpo es levantado, tú que permaneces enfermo y postrado; tu cabeza alzada mira hacia el Horizonte; lentamente, te enderezas sobre tu asiento... Ahora, puedes triunfar de los obstáculos, gracias a los beneficios que los dioses te han concedido... He aquí que Ptah, obedeciendo al decreto del juicio, voltea a tus enemigos. Pues tú eres Horus, el hijo de Hathor, Nesert, Nesertet. Tras las matanzas te será restituida tu cabeza. Sábelo: ¡tu cabeza habrá sido salvada! ¡Y no te será arrebatada por toda la Eternidad!

CAPITULO CLXVII
Para traer el talismán de Udjat

He aquí a Thoth: hace avanzar a Udjat, ¡el Ojo divino! Le hace reinar en paz... Pues Udjat ha cumplido la tarea que Ra le había asignado. Fue expuesto a los peligros cuando el Derrumbamiento de los Mundos... Pero he aquí que Thoth habiéndole liberado, devuelto es a la Paz y a la Harmonía. Si Udjat es fuerte, fuerte soy yo. Si yo soy fuerte, Udjat es fuerte.

CAPITULO CLXVIII
Para recibir las Ofrendas

¡Oh vosotras!, divinidades del Duat; vasallas de Ra-Osiris, que pesáis las Palabras de su Hijo; que juzgáis, según la Verdad y la Justicia, a los Malos, y muy arriba moráis en el Cielo, concededme sacrificios en la Tierra, y ofrendas en el Amenti; en los Campos de la Paz, libaciones. Vosotros, Espíritus, que proveéis de alimento a Ra, asignadme sacrificios en la Tierra. Vosotros, servidores de los dioses, grandes y pequeños, concededme vasos sacrificatorios en la Tierra y ofrendas en el Amenti. ¡Oh Espíritus que adoráis a los dioses en sus santuarios! Concededme sacrificios perpetuos en la Tierra, cuando la aparición del Hijo ante el Pilón misterioso de los dioses, en medio de su santuario celeste. Que me concedan en la Tierra vasos para el sacrificio con objeto de que mi cadáver continúe su vida en el Mundo Inferior. ¡Oh vosotros, dioses que seguís a Osiris! Proveed a mis sacrificios en la Tierra, con objeto de que pueda permanecer detrás de vuestros misteriosos Pilones, entre los vasallos de la Gran Divinidad. Mirad cómo se alegran viendo pasar ante ellos el Alma del hijo, cual Osiris, su Padre, mientras este Alma recibe su parte de donaciones y que, durante el día y durante la noche, toma posesión, en la Tierra, de las hermosas ofrendas... He aquí que los dioses mismos me traen dones y que el Alma del Hijo se acerca al altar, ella, el Alma de un dios que cumple sus Metamorfosis en el seno de Osiris.

CAPITULO CLXIX
PARA LEVANTAR EL LECHO FUNERARIO DEL DIFUNTO-

¡En verdad, Tú eres el dios León! ¡Tú eres el dios de la doble cabeza de León! ¡Tú eres Horus, vengador de Osiris, tu Padre! ¡Tú eres, en tu sola persona, los cuatro dioses gloriosos! Se te acoge con alegría y con gritos de contento. (Se te sostiene a derecha e izquierda.) He aquí al dios Keb, que levanta tus párpados y que abre tus ojos. (Hasta aquí estaban como los ojos de un ciego.) Keb te hace estirar las piernas... He aquí que el Corazón «ib» de tu madre es reunido a tu sustancia, así como tu Corazón «hati». Tu Alma está en el Cielo; tu Cuerpo, enterrado está inerte. He aquí ofrendas para tus entrañas, y agua para tu garganta; y soplos agradables para las ventanas de tu nariz... Tú devuelves la paz a las moradas de los muertos. Recorriendo los caminos abres sus tumbas. Tú eres estable por la virtud de tus emanaciones. He aquí que partes para el Cielo y que amarras tu cuerda cerca del Trono de Ra. Tú tiendes tus redes en los torrentes de los que bebes las aguas. Tú te sirves de tus piernas y estás seguro de sus movimientos. Tú llegas hasta la superficie de la Tierra; pero no tienes necesidad de penetrar bajo las murallas de tu Ciudad, ni de derribarlas. En verdad, lo que ha sido hecho por ti es el dios mismo de la Ciudad quien lo ha hecho. ¡Tú eres puro! ¡Tú eres puro! La parte de delante de tu Cuerpo ha sido lavada con agua de manantial. Tu espalda ha sido purificada con salitre y perfumada con incienso. Tu cuerpo todo entero ha sido lavado con leche de la vaca Hap, con cerveza de la diosa Tenemit y con salitre. Todo el Mal que estaba pegado a tu persona ha sido eliminado. Tefnut, hija de Ra, ha trabajado bien para ti, como había hecho con Ra, su divino Padre. Ella ha ordenado para ti el Valle funerario en que fue enterrado Osiris, tu Padre. Yo me alimento de cosas agradables al gusto pertenecientes a Ra y a Keb, así como con trigo y con las cuatro clases de pan. He aquí que te llevo hacia los Campos de la Paz... Las ofrendas sepulcrales están ante ti. En tu calidad de Ra te lanzas y tus piernas te obedecen... Cuando se celebre tu juicio no serás condenado. Tus movimientos no serán impedidos; no serás aprisionado. No te dejarán en manos de demonios crueles que obran en las Cámaras de Tortura. No amontonarán arena ante ti. No te obligarán a hacer marcha atrás. Los guardianes no te impedirán partir... Recibirás una camisa, sandalias, un bastón, otros vestidos y diversas armas de combate, para que puedas cercenar la cabeza de los enemigos capturados y echar su nuca hacia atrás. Tú podrás tener a distancia a tu muerte con objeto de que no se acerque a ti.

He aquí que a propósito de ti la Gran Divinidad toma la palabra: «¡Que sea traído aquí, el día de los acontecimientos!» Y he aquí que el Halcón y el Ganso «Smen» se alegran de tu llegada y que Ra abre de par en par las Puertas del Cielo. Keb descorre para ti los cerrojos de la Puerta terrestre. Tu Espíritu es poderoso; guarda en su memoria los Nombres ocultos. Tu Alma se abre a la fuerza un pasaje a través del Amenti; guarda el poder de la Palabra. Tu Cuerpo Glorioso reposa en el seno del divino Ra, en medio de las Jerarquías celestiales, allí donde se cruzan los dos Senderos que recorren los Espíritus-Guardianes que velan por la Humanidad. El dios-León te conduce hacia los lugares en que tu Doble etérico podrá descansar en paz, sin temor a ataques ni a emboscadas. Las dos Tierras y sus habitantes trabajan para ti, para que puedas vivir y tu Alma pueda prosperar; para que tu Cuerpo, embalsamado e intacto, quede establecido para la Eternidad; para que puedas contemplar el Fuego y respirar el Aire fresco; para que te sea posible penetrar, la cara la primera, en la región de las Tinieblas; seas protegido contra los peligros de los desfiladeros amenazadores; no seas arrastrado por los torbellinos nefastos; puedas seguir al Príncipe divino de las dos Tierras, refrescarte en las ramas de los Árboles sagrados que crecen a los dos lados del Trono del Gran Mago. He aquí que la diosa Seshetet sentada está delante de ti, mientras que el dios Sa (259) protege tus miembros. Bebes leche de la Vaca Sagrada que sigue a Sekhat-Herú (260). Tú haces tus abluciones en la desembocadura del torrente Kher-Aha; Tú eres el favorito de los príncipes de Pe y Dep; Thoth te mira con gran benevolencia... Entrando en el Cielo conversas con Ra. Luego emprendes tu marcha... Pronto llegas ante la morada de Anit y diriges la palabra a los dos Combatientes. Tu Doble etérico te acompaña y su presencia te llena de alegría. Tu Corazón te sigue en tus Metamorfosis. Te escucha atentamente. Te vigila. Las Jerarquías celestiales alegran tu corazón. Las cuatro ofrendas sepulcrales te esperan sobre el altar de la Regente de las Dos Tierras, en las ciudades de Sekhen, de Akennú y de Heliópolis. Durante la Noche los Espíritus estelares velan por ti; los Señores de Heliópolis interceden por ti... El dios del Néctar divino, el propio Hu, está en tu boca. Tus piernas no serán obligadas a hacer en sentido contrario el Viaje. Todos los miembros de tu Cuerpo están en posesión de la Vida. He aquí que llegas a Abydos y que te apoderas de SMA. Ofrendas sepulcrales son llevadas hacia ti, al mismo tiempo que dones con motivo de la fiesta de Osiris. Durante la celebración de los Misterios llevas adornos de púrpura y de oro. Las aguas del Nilo se vierten sobre tu Cuerpo. Tu Nombre es inscrito en las Tabletas misteriosas colocados a ambos lados del lago Tes-Tes. A grandes tragos bebes este agua lustral. Tú mismo escoges tus divinidades protectoras y penetras, acompañándolas, en el Cielo. Allí haces triunfar la Ordenación divina tan querida al corazón de Ra. Eres conducido ante las Jerarquías celestiales; que te acogen como a un dios, su igual... En verdad, Tú eres Kharsa, el hermano de Ersa. He aquí a Ptah en persona que te trae ofrendas sepulcrales...

CAPITULO CLXX
Para preparar el Lecho funerario

He aquí que te devuelvo tu carne y consolido tus huesos. Con cuidado recojo tus miembros desparramados. Ahora, ejerces tus poderes en la Tierra; los miembros de tu Cuerpo están bien custodiados. En verdad, Tú eres el propio. Horus radiante en el centro del Huevo Cósmico. De pie, Tú contemplas a los dioses que te rodean... Al punto partes para lejanos Viajes; y he aquí que tu mano alcanza ya el objeto de tus deseos: el Horizonte del Cielo y los Lugares Sagrados. Tu llegada es saludada con gritos de alegría. Los himnos resuenan cuando Tú alcanzas el altar. Horus en persona te pone de pie (261), como había hecho, tantas veces, con los santificados. ¡Salve! Tú eres puesto de pie por Anubis, el gran Solitario de las Colinas de Occidente... El te devuelve el vigor y vuelve a poner en orden tus vendas mortuorias. Ptah-Sokari te trae los ornamentos de su templo. He aquí a Thoth. Llevando en sus manos el Libro de las Palabras divinas se dirige hacia ti... Tu mano, gracias a él y con satisfacción de tu Doble, alcanza el Horizonte del Cielo... Osiris hace reinar la Noche, mientras que tú penetras en la Región de la Vida. Una diadema centelleante de blancura es fijada en tu frente. El dios Nemú te acompaña; te regala pájaros maravillosos. He aquí que tu Cuerpo se endereza sobre su lecho mortuorio; y es Ra navegando en su Barca, en el Horizonte oculto, quien te pone de pie, mientras Tum, el padre de los dioses, te restablece para siempre. Los dioses Amsú, Kebti y otros dioses te glorifican en sus santuarios. Tú avanzas en paz; y en paz te diriges hacia la morada de la Eternidad, hacia tu mansión del Tiempo sin Límites. Los Espíritus de Pe y de Dep te acogen con alegría... Delante del Santuario tan grato a tu Doble etérico, en la grande y santa Morada que habitas, los coros de Espíritus glorifican tu poder... Los dioses te abren sus brazos; pues Tú has llegado a ser un dios concebido y creado para realizar innumerables Metamorfosis. En verdad, Tú eres una gran divinidad, y tu radiación ilumina a las Almas desgraciadas... Tu poder se revela más deslumbrante que el de los otros Espíritus de esta Región. He aquí que Ptah, de la Muralla del Sur, eleva su voz... Te alaba grandemente y hace avanzar tu morada hacia la Morada de los dioses. En verdad, Tú eres Horas en persona, el hijo de los dioses; es Osiris quien te ha engendrado, es Ptah quien te ha modelado, es Nut quien te ha traído al Mundo; a ti, un Ser de Luz, semejante a Ra cuando aparece en el Horizonte y cuyo esplendor ilumina las Dos Tierras. Los dioses te hablan. Dicen: «¡Ven, pues, y mira todo lo que te pertenece en tu Mansión de la Eternidad!» He aquí a la diosa Rennutt (262), Heredera y Primogénita de Tum. Ella te recomienda a las Jerarquías del Cielo... En verdad, ¡yo soy el Heredero de los dioses! ¡Yo soy igual al Gran Dios que produce la Luz del Día! He aquí que salgo de las Entrañas del Cielo, y que por segunda vez, vengo al Mundo... Vuelvo a ser un niño pequeño sin padre, un recién nacido... Nadie podrá impedirme, llegado el momento, que responda a las cuestiones que me hayan propuesto...

CAPITULO CLXXI
Para fijar (poner) al Cadáver un «Vestido de Pureza»

Yo os invoco, ¡oh dioses! Tum, Shu, Tefnut, Keb, Osiris e Isis, Seth, Neftis, Heru-Khuit, Hathor, Khepra, Menthú, Señor de Tebas, Amón, Señor de las Coronas de los dos Egiptos. La gran Jerarquía de los dioses, la pequeña Jerarquía de los dioses, vosotros, dioses y diosas que moráis en el Océano celeste; Tú, Sebek, el de las dos Mehdet; Sebek (263), el de los innumerables Nombres, que recibes según el sitio en que tu Doble se complace en estar, y vosotros todos, ¡oh dioses del Cielo y de la Tierra, del Norte y del Sur! ¡Conceded a mi Espíritu santificado este Vestido de pureza! ¡Prestadme el vigor y la potencia mediante la fuerza mágica de ese Vestido de Pureza! ¡Destruid el Mal que se agarra a mi Alma! Con objeto de que, cuando llegue el Juicio, a la faz de la Eternidad, sea reconocido puro e inocente! ¡Oh dioses! ¡Destruid el Mal que se agarra a mi persona!

CAPITULO CLXXII
LOS HIMNOS PARA RECITAR

He aquí que yo aspiro profundamente y que siento la presencia de toda clase de inciensos. En verdad, ¡puro soy! ¡Puros son los himnos que dejan escuchar mis labios! Más puros, en efecto, que la diosa Maat; más puros que los peces en los ríos. Ptah me proclama su Espíritu favorito; los otros dioses y diosas hacen lo mismo. En verdad, mis virtudes y mis perfecciones son numerosas como las olas del mar. Se asemejan a palacios en fiestas en que cada uno celebra a su dios preferido. Mis perfecciones son coma columnas del templo de Ptah, como un vasto espacio lleno de incienso de Ra.

I. ... ¡Te llaman! ¿Lo oyes? ¡He aquí la primera Sala! ¿Escuchas cómo lloran en torno tuyo? ¿Escuchas cómo te glorifican, cómo exaltan tus virtudes? Erguido, derecho, ¡oh Horas!, eres, en verdad, majestuoso y fuerte. Lo mismo que tú, y después de las ceremonias en mi honor, he sido puesto enteramente derecho... Ptah ha deshecho a tus enemigos; prisioneros, obedecen tus órdenes. De pie estás y tu palabra es ley para ellos, así como para la multitud de dioses y diosas.

II. ... ¡Te llaman! ¿Lo oyes? ¡He aquí la segunda Sala! Tu cabeza, ¡oh Señor!, adornada con largas trenzas de mujer asiática, navega en la Barca; y el brillo de tu Rostro ilumina la morada del dios de la Luna. La parte alta de tu Cuerpo es azul como el lapislázuli, los bucles de tu cabellera son más negros que las Puertas de la Mansión de los Muertos. Los rayos de Ra iluminan tu Corona adornada con piedras azules. Tus vestidos de oro están adornados con lapislázuli. Tus cejas son dos diosas hermanas de las cuales las serpientes sagradas dominan la cabellera. Tu nariz respira el Aire del Cielo. Tus ojos, fijos, miran las montañas de Bakhó que se extienden en el Más allá. Tus pestañas inmóviles están para toda la Eternidad. Tu párpado inferior está teñido de pintura sombría «mestem». Tus dos labios testimonian la Verdad, hija de Ra; ella calma la cólera de los dioses. Tus dientes son cabezas de la diosa-serpiente Mehén. He aquí que tu lengua llega a ser hábil e inteligente. Tu manera de hablar es más penetrante que lo es al alba la melodía de los pájaros de los campos. Tus mandíbulas se extienden hasta lo infinito, y alcanzan los Espacios Estrellados. Tu pecho permanece inmóvil; luego se dirige, al punto, hacia los Mundos del Amen-ti... (264).

III. ... ¡Te llaman! ¿Lo oyes? ¡He aquí la tercera Sala! Adornan tu cuello con oro y cobre fino. Tu garganta depende de Anubis y tus vértebras de la diosa Uadjit. Tu espalda está adornada con oro y cobre fino. Es Neftis quien gobierna tu forma humana. Tu rostro es el Nilo sin agua (265). Las dos mitades de tu espalda son dos huevos de cristal. Tus dos piernas son bastante vigorosas como para andar. Estás sentado en tu lugar. He aquí que los dioses te devuelven el uso de los ojos.

IV. ... ¡Te llaman! ¿No oyes? ¡He aquí la cuarta Sala! En verdad, tu garganta es la garganta de Anubis y tus miembros están recubiertos de oro fino. Tus dos senos son un par de huevos de cristal; Horus los ha pintado de azul de lapislázuli. Tus hombros son transparentes como el cristal; tus brazos están sólidamente fijados para que puedan protegerte; tu corazón «ib» está siempre satisfecho; tu Corazón «hati» animado está por las divinidades Sekhem (266). Tu persona toda entera glorifica a los espíritus estelares. Pues, en verdad, el Mundo Inferior de tu Ser (267) es el propio Cielo infinito. Tu ombligo es el Reino de los Muertos (268), en donde la Luz de las Tinieblas se mantiene en equilibrio. (Las ofrendas que convienen aquí son las flores Ankham.) Yo glorifico a Thoth, el dios al que venero: «¡Puedan tus hermosuras bienhechoras proteger mi tumba en el momento en que, en los lugares puros y santos que me son tan queridos, yo sea proclamado dios!»

V. ... ¡Te llaman! ¿No oyes? ¡He aquí la quinta Sala! Tus dos brazos son semejantes a estanques en la época de las inundaciones abundantes... ¡Mira cuántas estatuas del Amo de las Aguas adornan por todas partes los estanques sagrados! ¡Observa! Tus dos caderas están circundadas de oro; tus rodillas son semejantes a plantas acuáticas abrigando a profusión nidos de pájaros. Tus piernas te conducen hacia la Vía de la Felicidad y tus pies estables son ya para siempre jamás... En verdad, tus brazos son estanques con bordes de piedra; tus dedos son barras de oro; y sus uñas, como pedazos de sílex, ¡laboran por ti!

VI. ... ¡Te llaman! ¿No oyes? ¡He aquí la sexta Sala! Aquí te engalanan con tus Vestidos de Pureza; te extienden sobre tu lecho mortuorio; te traen muslos de animales para tu Doble y sus corazones para tu Cuerpo Glorioso... He aquí que recibes de manos de los sacerdotes de Ra tus vestidos de lino puro. Pruebas el pan sobre un mantel preparado de antemano para ti por la diosa Tait. Tras haber saboreado el muslo de un animal te diriges hacia la Herencia que Ra te destina. Lavas tus pies en una aljofaina de plata fabricada para ti por el dios Sokari. Absorbes el pan consagrado en el altar y que los dos Padres divinos han bendecido. Con precauciones pruebas el pan y los asados. Disfrutas del dulce perfume de las flores. Tu corazón se dirige hacia el altar en el que están extendidas las ofrendas destinadas a las Almas divinas de Heliópolis. Los servidores te las traen y las colocan, siguiendo tus órdenes, ante ti, en el Gran Templo. Te levantas, semejante a Orion, y mientras Nut tiende hacia ti sus brazos, he aquí que tú vas a su encuentro. Orion, Hijo de Ra, y Nut, la Madre de los dioses, estas dos grandes divinidades del Cielo hablan de ti diciéndose una a otra: «Tomémosle en brazos, tú y yo, hoy, mientras los dioses le glorifican, y hagámosle feliz por tanto tiempo cuanto su Nombre esté en la boca de jóvenes y muchachas.» De pie, a la puerta de tu morada oculta, Tú escuchas estas palabras...

VII. ... ¡Te llaman! ¿No oyes? ¡He aquí la séptima Sala! Aquí el dios Anubis, que te ama, te trae tu mortaja. Te recibe entre los Grandes Videntes y te cubre de adornos. Él, Guardián de la Gran Divinidad... Tú te diriges hacia el Lago de la Perfección y en él te purificas. Tú cumples los ritos de los sacrificios en las moradas celestiales. Tú te concilias las gracias del Señor de Heliópolis. Te presentan, en dos vasos preciosos, Leche Sagrada y

Agua de Ra. Ahora te levantan y te ponen derecho. Tú te lavas los pies sobre una piedra sagrada, al borde del Lago de los Dioses. Esto hecho, vuelves a emprender tu Viaje. Tú contemplas a Ra sentado sobre sus Pilares. Semejantes a brazos tendidos, sostienen el Cielo infinito. Una vía se abre ante ti... Y *tú* contemplas los vastos horizontes del Cielo donde reina la Pureza tan grata a tu corazón.

VIII. ... ¡Te llaman! ¿No oyes? ¡He aquí la octava Sala! Ordenadas ante Ra se muestran tus ofrendas. Según los decretos de Horus y de Thoth tú conocerás allá abajo el principio y el fin... ¡He aquí que te llaman! El espectáculo de tu esplendor les alegra; siguen con atención los progresos de tu divinidad entre los Espíritus de Heliópolis... Tú avanzas con los rasgos de tu Cuerpo Glorioso y recorres el Gran Camino del Cielo. Tú recibes sobre tus dos brazos bien extendidos las ofrendas sepulcrales de tu Padre divino. Te presentan lino fino para el uso de todos los días, mientras que, en tu calidad de nuevo dios, Tú franqueas el Portal del Gran Templo.

IX. ... ¡Te llaman! ¿No oyes? ¡He aquí la novena Sala! Aquí encuentro aire puro para las ventanas de mi nariz, mil ánsares y cincuenta cestas con hermosas y puras ofrendas... En verdad, tus enemigos han sido volteados para toda la Eternidad venidera...

CAPITULO CLXXIII
PALABRAS DE HORUS A SU PADRE DIVINO, OSIRIS, EN EL MOMENTO EN QUE ENTREA EN SU CASA, EN SU MORADA DEL MUNDO INFERIOR (269)

¡Salve, oh Osiris, Príncipe del Amenti, gran divinidad, Señor de Abydos, Rey de la Eternidad, Príncipe de la Duración, dios misterioso del Re-stau! ¡Heme aquí! ¡Sé glorificado, Señor de los dioses, el Único, Tú viviendo por la Verdad de la Palabra! He aquí que llego ante ti... Yo, tu hijo Horus, que vengo aquí ¡para vengarte! Hacia los lugares en los que Tú reinas rodeado de las Jerarquías divinas yo traigo a la diosa de la Verdad y de la Justicia... He rechazado a tus enemigos; ¡pueda, pues, permanecer junto a ti! Pues yo he sostenido y consolidado a todos cuantos en la Tierra participan de tu Ser. ¡Oh Osiris! Yo soy tu hijo Horus, que llego aquí para vengarte, ¡oh mi Padre, Osiris! ¡Y para barrer a tus enemigos!! ¡Y para destruir el Mal que se agarra a tu persona! ¡Y para abatir a cuantos te atacan! ¡Y para golpear a los demonios que te asaltan! ¡Encadenados traigo a los demonios de Seth! ¡He combatido a los que te eran hostiles! Traigo las ofrendas del Sur y del Norte. He labrado para ti los campos. He llenado de agua los canales para ti. He trabajado con la azada para ti. He construido cisternas para ti. He vigilado los terrenos para ti. Los demonios muertos por mí te servirán, ¡oh Osiris!, de ofrendas sepulcrales. He abatido para ti bueyes y cabras. He procurado alimentos para ti. Traigo para ti... He abatido para ti... He matado para ti animales castrados. He cogido con redes pájaros para ti. Te traigo a tus enemigos encadenados. Te traigo a tus enemigos atados. Te traigo agua fresca de Elefantina para refrescar tu corazón. Te traigo plantas de todas clases. He consolidado los corazones de los que en la Tierra comulgan contigo. He preparado para ti panes consagrados hechos en la ciudad de Pe, con trigo rojo. He preparado para ti bebida fermentada sacada del trigo blanco en la ciudad de Dep. He sembrado para ti, en los Campos de los Bienaventurados, trigo y cebada. He hecho por ti la recolección en los campos. He glorificado tu Nombre. Te he devuelto tus Almas. Te he devuelto tu poder. Te he devuelto tu potencia terrorífica. Te he devuelto tu potencia de Victoria. Te traigo tus dos ojos y las dos plumas para que adornen tu cabeza. Te traigo a Isis y a Neftis, que te restablecerán en tu poder. He llenado por ti, con líquido mágico, el Ojo divino de Horus. Te traigo el Ojo divino de Horus, con objeto de que tu Faz ilumine los Mundos... (270).

CAPITULO CLXXIV
PARA HACER FRANQUEAR LA GRAN PUERTA AL ESPÍRITU SANTIFICADO

¡Oh Osiris! Yo soy tu hijo Horus y yo proveo tus necesidades. En verdad, los poderosos tiemblan, cuando te ven salir del Duat con el gran cuchillo en la mano. ¡Salve, oh dios Saa, hijo de Keb, traído al Mundo por las Jerarquías divinas! ¡He aquí a Horus, que mora en su Ojo divino! ¡He aquí a Tum en medio de sus emanaciones! Los dioses del Este y del Oeste reposan en el seno de este gran Ser cuyas Metamorfosis son innumerables... En verdad, en el momento en que nací en el Mundo del Más allá nació una divinidad nueva: ¡era yo! Ahora, con mis ojos, puedo ver... Miro en torno mío; existo. Mi visión es clara y penetrante. De pie, vuelvo a coger el hilo interrumpido de mi existencia... Yo cumplo lo que me había sido ordenado por los dioses, pues la torpeza y la somnolencia me causan horror. De pie estoy en Nedet; mis ofrendas me llegan de Pe y las recibo en Heliópolis. En verdad, Horus ha cumplido lo que le había sido ordenado por su Padre y Seth, el Señor de las Tempestades, le ha enderezado hasta ponerle de pie. Yo mismo te he enderezado y te he puesto de pie, mediante la Palabra mágica de Tum. Avanzo, y mis piernas no me niegan obediencia. Las Jerarquías me han engendrado; he sido concebido por la diosa Sekhmet y traído al Mundo por ella al lado de Sirio, ese gran espíritu estelar que, atravesando el Cielo a grandes zancadas, muestra cada día a la Barca de Ra el camino. He aquí que llego a mi lugar predestinado: con la doble corona real en la cabeza, franqueo la Puerta... Tú, ¡oh Dios de la Noble Pluma y cuyo Nombre es misterioso, sábelo: yo soy el Loto Sagrado! ¡Mi radiación invade el Cielo infinito! El reino de la Pureza me recibe en su seno y en él permanezco eternamente cerca de las ventanas de la nariz de la divinidad todopoderosa. Pues yo he permanecido ya en el Lago de Fuego y allí he recibido mi retribución por el Mal llevado a cabo por mí en la Tierra. Llegado a ser el Guardián del Vestido Sagrado protejo a Isis y a Neftis durante la Noche del derrumbamiento de los Mundos... He aquí que soy coronado dios Nefer-Tum (271), pues yo soy la Azucena sagrada junto a las ventanas de la nariz de Ra, en el momento en que, según su costumbre, aparece en el Horizonte. Su vista purifica a los dioses... He aquí, pues, que en presencia de los Dobles etéricos yo festejo mis triunfos... Yo reúno en torno mío los corazones, por la virtud de mi sabiduría; yo, favorito de los dioses Saa y Amenti-Ra. Yo me dirijo hacia el sitio preparado para mí cerca de los' Dobles etéricos. Yo reúno en torno mío los corazones, a causa de mi gran sabiduría, en el seno de los dioses Saa y Amenti-Ra; mi talismán Djed me protege. Entonces yo pronuncio, en Nombre del Señor del vestido Ansi, las Palabras de Potencia que se ocultan en mi corazón... En verdad, yo soy, yo mismo, el dios de la sabiduría, ¡Saa! ¡Yo soy Amenti-Ra! Fuerzo la entrada ¡y me zambullo en los abismos del Cielo!...

CAPITULO CLXXV
PARA NO MORIR POR SEGUNDA VEZ

¡Oh Thoth! Dime, ¿qué ha sido de los dioses que Nut parió en otro tiempo? Oigo la voz de Thoth que habla: «Han engendrado luchas, desencadenado desastres, cometido iniquidades, creado demonios, causado estragos y destrucciones; pero al lado de estas Obras del Mal han realizado grandes cosas.» Pon en vigor, ¡oh Thoth!, los decretos de Tum, para que el Mal no pueda triunfar y los adversarios del Bien no puedan continuar sus asaltos. ¿No ves, ¡oh Thoth!, cómo en este momento mismo proceden calladamente a hacer sus preparativos contra la hermosa Ordenación de los Años y de los Meses? ¡Mira! Yo sigo tu fiel Tableta, ¡oh Thoth!, dispuesto a recibir la marca de tu Pincel. Y he aquí que te traigo tu Tintero... En verdad, yo no soy uno de esos Espíritus que a ocultas preparan la Obra del Mal. ¡Que el castigo, pues, no sea dirigido contra mí!

¡Oh Tum! ¿Qué lugar es este al que llego en este momento? ¡Ay! No encuentro en él aire puro para respirar, ¡y el agua falta! ¡No siento por todas partes ni se adivina, en medio de estas tinieblas, otra cosa sino abismos y precipicios! ¡Qué impenetrable oscuridad! Mis pasos titubeantes exploran el terreno y tan sólo avanzo a tientas; todo alrededor se siente errar Almas desgraciadas... En verdad, imposible vivir aquí con paz de espíritu ni conocer en este lugar las voluptuosidades del amor. ¡Pueda encontrar al menos, a falta de aire y de agua, y en lugar de los placeres del amor, la santificación de mi Espíritu! Y aún, a falta de panes sepulcrales y de vino, ¡la paz para mi Espíritu!

He aquí que me llega una orden de Tum: Inmóvil, debo contemplar tu rostro, ¡oh Thoth! ¡No seas, pues, ni demasiado duro ni demasiado cruel para mí! ¡Mira! Todos los dioses ponen en tus manos, por millones de años por venir, sus Tronos, ¡oh Thoth!, para que tú puedas disponer de ellos, mientras que tu propio Trono es entregado a tu hijo Horus. Pues las grandes divinidades han enviado a Horus, a tomar posesión de su Trono, a él, Heredero del Trono, que mora en medio del Lago del Doble Fuego. Ahora bien, ha sido decretado por los dioses que yo seré el que reemplace a Horus y que por consiguiente me será concedido el contemplar a Tum, mi Señor... ¿Cuál será, pues, la duración de mi vida? Ha sido decretado que será de millones y millones de años. He aquí que recibo la orden de permanecer junto a las divinidades más antiguas... Pues yo he rescatado el Mal cometido por mí desde que esta Tierra ha aparecido con el Alba de la existencia, en el Océano del Cielo, surgiendo del Caos de los Primeros Tiempos... En verdad, yo tengo la misma edad que Osiris... Múltiples fueron mis Metamorfosis: yo he recorrido toda la serie de los Seres variados. Los hombres ignoran la hermosura de estas Formas; en cuanto a los dioses, apenas las conocen tampoco. Ahora bien, esta hermosura que, bajo la forma de Osiris, es la mía, es más perfecta que la de los otros dioses. Osiris me ha confiado la Región de los Muertos... He aquí que su hijo Horus, su Heredero legítimo, está sentado en el Trono que emerge del Lago de Fuego. Yo he ayudado en otro tiempo a este dios a subir a su Trono, que se encuentra en la Barca de los Millones de Años... En verdad, Horus está sólidamente establecido en su Trono, en medio de los amigos a los que ama, y de innumerables posesiones; mientras que el Alma de Seth permanece apartada de los demás dioses. He aquí que yo puedo inmovilizar en mi Barca esta Alma de Seth. En verdad, viendo mi Cuerpo divino, ¡siente miedo! ¡Oh Osiris, Padre mío, haz por mí lo que tu propio Padre, Ra, hizo por ti! ¡Que pueda yo establecerme en la Tierra por toda la Eternidad! ¡Que pueda mantener en mi poder mi Trono! ¡Que pueda mi heredero ser vigoroso y sólido! ¡Que mi tumba florezca! ¡Que mis amigos prosperen! ¡Que mis enemigos sean amarrados, encadenados, destruidos por Serkit, la diosa-escorpión! En verdad, yo soy tu hijo, ¡oh Ra, mi Padre divino! ¡Para mí creaste la Vida, la Fuerza y la Salud! He aquí que Horus ha sido establecido en su Trono... Concédeme, ¡oh Ra!, que los días de mi vida me lleven al seno de la Beatitud.

CAPITULO CLXXVI
Para no morir por segunda vez

¡En verdad, yo aborrezco el País del Este! ¡Que no me arrastren hacia los subterráneos de tortura! Pues yo no he cometido acciones detestadas por los dioses. Y cuando mi paso por la región de Mesket, he sido reconocido puro. El día de mis funerales el dios Neb-er-dier me concede la santificación ante el Señor de los Mundos.

CAPITULO CLXXVII
Para hacer revivir el Alma en el Mundo Inferior

¡Oh Nut! Tú que has hecho surgir a Osiris, mi Padre divino, y que le has dado a Horus como sucesor, a Horus, cuyas alas son poderosas como las de un halcón real con la cabeza empenachada con dos plumas, ¡mira! He aquí que me trae mi Alma. Perfectas son mis Palabras de Potencia. El sitio que me fue adjudicado se encuentra entre las estrellas fijas. He aquí que obedeciendo mis órdenes los Espíritus santificados corren hacia mí. Horus el de los ojos azules viene hacia mí, seguido por Horus el de los ojos rojos, que marcha tras de él y le protege... (272).

CAPITULO CLXXVIII
Para poner de pie el cadáver y para devolver la Vista a los Ojos, el Oído a las Orejas

¡Mira! Es el Ojo de Horus, que aparece delante de ti. Considéralo como una ofrenda: él te alimentará, él te sostendrá... ¡Oh vosotros, labradores de los Campos del Más allá, no perdáis el ánimo! ¡Purificad vuestros Cuerpos celestiales! ¡Absorbed el Ojo de Horus! Pues, en verdad, él es ¡la Oliva Sagrada de Heliópolis! El destruye el Mal y la Corrupción que se agarran al Cuerpo de Osiris. ¡Pueda yo ignorar el hambre y la sed! ¡Que los Espíritus Khas calmen en mí los sufrimientos y el hambre! ¡Que llenen de calma y de satisfacción mi acongojado corazón! En cuanto a vosotros, Espíritus divinos, ordenadores de las inundaciones, ¡haced que me sean traídos panes y bebidas! Pues Ra se lo había ordenado a los Espíritus que procuran al año la abundancia, y he aquí que se apoderan de las ofrendas y que traen trigo, cebada y panes. Pues Ra es un Macho poderoso... ¡Oh vosotros, Guardianes de los cinco Panes Sagrados depositados en el Santuario del Gran Templo! ¡Mirad! Tres de estos Panes son colocados delante de Ra, en el Cielo (273); dos permanecen en la Tierra, junto a las Jerarquías divinas... He aquí que paso a través de las barreras del Cielo. ¡Yo te contemplo, Ra! ¡Yo te contemplo, Ra! ¡Oh, Ra! ¡Concédeme tus favores en este día, fasto para mí! Pues, obedeciendo las órdenes de Shu y de Isis, no alimento sino sentimientos piadosos y con fervor me uno a mi dios. He aquí que me traen pan y bebida y otras ofrendas puras a voluntad, en este día, fasto para mí, cosas útiles y buenas para mis Viajes, salidas del Ojo divino de Horus... ¡Que el vino de Ra sea mi bebida! He aquí que recorre el Cielo... Sus revoluciones celestes son semejantes a las de Thoth... En verdad, él detesta el hambre y la sed. Las ofrendas sepulcrales le han sido concedidas por el Señor de la Eternidad. Ha sido concebido durante la Noche; traído al Mundo en pleno Día, en medio de esos dioses que rodean a Ra, adoradores de Ra y Antepasados de los dioses. He aquí que él os trae panes sepulcrales que ha encontrado en la Pupila del Ojo divino de Horus y en las ramas del árbol sagrado de Then... ¡Hele aquí! ¡Llega! Las divinidades Khenti-Amenti le traen las ofrendas de Horus. Lo mismo que Horus, de ellas se alimenta y de ellas bebe. Tiene, además, el favor de Anubis, habitante solitario de las Colinas. En verdad, tu Forma tras la muerte permanece ¡la que tuviste durante tu vida en la Tierra! ¡Ahora tu juventud es eterna! He aquí que tu rostro es descubierto. Ahora puedes contemplar al Señor del Horizonte, que te ofrece, en las horas apropiades de la Noche, tus cenas sepulcrales... En verdad, ¡Horus te ha vengado! ¡Ha roto las mandíbulas de tus enemigos! Ha aprisionado a los violentos en sus plazas fortificadas. Ahora, tú obtienes el poder sobre las aguas y caminas hacia el altar teniendo en tus brazos los panes consagrados y los cuatro vasos llenos de agua. Pero es Shu quien lo ha ordenado para ti: «¡Que tenga pan y bebida!...» ¡Despierta, pues! ¡Despierta, oh Tú, que estás dormido! He aquí que traen ofrendas ante Thoth, este dios poderoso que sale del Nilo celestial mientras que Upaot sale del Asert y las Jerarquías divinas te ofrecen el incienso... En verdad, ¡tu boca es pura! ¡Tu lengua es justa y verídica! Tú detestas las basuras y estás exento de toda mancha, lo mismo que Seth se torna puro en Rehiú, cuando ve a Thoth en el Cielo. ¡Oh vosotros, Espíritus divinos que liberáis el Alma del difunto, fortifi-cadla con vuestro alimento! ¡Calmad su sed con vuestra bebida! ¡Permitidle que se siente ahí mismo donde vosotros estáis sentados! ¡Que sea fuerte de vuestra fuerza! ¡Que pueda lo mismo que vosotros recorrer el Cielo en su Barca! ¡Que su morada esté en medio de los Campos de los Bienaventurados! ¡Que alcance a gozar de las aguas corrientes de los Campos de la Paz! ¡Que consiga consumir sus ofrendas en compañía de los dioses! Ahora tus enemigos son llevados a la vasta Sala del Juicio; la Balanza de la Justicia de los Mundos se pronuncia en tu favor. ¡Sí, estás libre! ¡Libre como Osiris, Dueño de las ofrendas del Amenti! Vas allí donde mejor te parece. Contemplas al gran dios durante su Obra de Creación...

He aquí que la Vida es devuelta a las ventanas de su nariz. El triunfa de sus enemigos. Sí, en verdad, tú execras la mentira y la iniquidad. Tú calmas el enojo del dios de este Mundo durante la Noche en que los sollozos se callan. He aquí que los dioses te conceden la vida, una vida dulce y agradable. Tú triunfas de tus enemigos mientras que, por encima de ti, tu Madre, la diosa Nut, extiende la inmensidad de los Espacios celestiales. En virtud de la magia poderosa de la Gran Creadora de los Seres, Tú puedes seguir al Dios Grande; Tú has sido liberado de enemigos y de todo Mal... ¡Oh Forma inmensa rodeada de Enjambres de criaturas que has hecho nacer tú, Amo del Tiempo que transcurre, Antecesor de Ra, ¡ábreme los caminos! ¡Déjame recorrer la órbita circular de Osiris, Señor de la Vida de las dos Tierras, el Eterno!

CAPITULO CLXXIX
PARA IR DEL AYER HACIA EL HOY

El Ayer me ha dado a luz. He aquí al Hoy, yo he creado los Mañana. Yo soy el dios Seps saliendo de su Árbol. Yo soy el dios Nun manifestando su poder. Yo soy el Señor de la Corona blanca Ureret y el Ordenador de los Misterios del dios Neheb-Ko. Yo soy el Demonio Rojo que reivindica el Ojo divino. Ayer he franqueado la Puerta de la Muerte y he aquí que hoy llego al término de mi Viaje. Pues la poderosa diosa abre para mí la Puerta que guarda la entrada de la Ruta. He aquí que ataco a mi Enemigo y que le subyugo; se ha rendido y no le soltaré... Le reduciré a la nada delante de los Jueces del Mundo Inferior que rodean a Osiris: Ahí está, con toda la Gloria de sus atributos reales: ¡He aquí al dios Khenti-Amenti! (274). El día de las Metamorfosis me coloca a la cabeza de los Espíritus Rojos. Pero también soy el Señor de las Espadas y yo me defenderé contra todo ataque. En verdad, yo soy un escriba que, pincel en mano, toma nota de todo cuanto ocurre en torno suyo. He aquí que traen a los Espíritus Rojos muchas cosas agradables y dulces. Me las entregan; yo ataco a mi Enemigo. Le subyugo y no le soltaré. ¡He acabado con él, ante los Jueces del Más allá! Le devoro en medio de los vastos campos ante el altar de la diosa Uadjit. Gracias a la Diosa Sekhmet, guardo mi poder sobre él. Yo soy el Señor de las Metamorfosis... Pues yo poseo en mí, virtualmente, las Formas y las Esencias de todos los dioses.

CAPITULO CLXXX
CÓMO ABRIR A LOS ESPÍRITUS SANTIFICADOS LOS CAMINOS DEL MUNDO INFERIOR.
CÓMO DEVOLVERLES LA LIBERTAD DE MOVIMIENTOS, A FIN QUE PUEDAN RECORRER MEDIANTE GRANDES ZANCADAS EL MUNDO INFERIOR Y EN SEGUIDA SALIR DE ÉL.
CÓMO DARLES LA POSIBILIDAD DE EFECTUAR TODAS LAS METAMORFOSIS DE UN ALMA VIVA

¡He aquí a Ra que desciende hacia el Horizonte Occidental! Se manifiesta con los rasgos de Osiris mediante la radiación de los Espíritus santificados y de todos los dioses del Amenti. Pues él es Único, el dios oculto del Duat, el Alma sagrada que preside los destinos del Amenti, ¡el Ser-Bueno cuya vida es eterna! He aquí que traen las ofrendas del Duat gracias a las cuales tú podrás cumplir el Viaje... Hijo de Ra, tú procedes de Tum. Los habitantes del Duat te glorifican. ¡Oh tú, Rey del Aukert, Dueño Supremo de la Corona, dios grande cuyo Trono es misterioso, Señor que sabe pesar la Palabra, Jefe supremo de los Jueces infernales! ¡Los habitantes del Duat te glorifican y se alegran contigo! Los Espíritus divinos lloran al advertirte y se arrancan los cabellos; te aplauden glorificándote; lanzan gritos sollozando; se regocijan; pues saben que en tu Alma viva es glorificado tu Cuerpo inanimado... ¡Las Almas de los muertos te glorifican entre gritos de alegría!... ¡En verdad, sublime es el Alma de Ra que habita el Amenti!... ¡Salve, Osiris! Yo soy servidor de tu Templo y habito la divina Morada en la que tú dejas oír tus órdenes. ¡Pueda ser recibido entre los Elegidos del Duat, semejante a una gran Luminaria que alimenta el Duat con la Esencia de su Ser! (275). Yo le recorro en mi calidad de Hijo de Ra y me manifiesto bajo los rasgos de Tum. En verdad, el Duat es para mí un lugar de reposo... Yo regulo a mi voluntad la oscuridad que en él reina. Sin dificultad entro y salgo de él. He aquí que tú tiendes, ¡oh dios Tatunen! (276), los brazos hacia mí. Al poner, enteramente derecha, mi Forma acostada, los habitantes del Duat vuelven a encontrar la paz de su espíritu. ¡Oh vosotros, Espíritus divinos, tended vuestros brazos para sostenerme! Pues yo conozco vuestros Nombres misteriosos. ¡Mostradme el camino que hay que seguir! ¡Glorificadme, oh vosotros, Espíritus bienaventurados! Pues, en verdad, cuando soy glorificado ¡son Ra y Osiris los que se regocijan! ¡He aquí que coloco las ofrendas ante vosotros! Tal es la voluntad de Ra. Yo soy su Elegido, su Heredero en la Tierra... Ahora, mi Viaje toca a su fin. Yo he recorrido todas las rutas del Más allá; yo he penetrado hasta en las regiones apartadas del Duat; yo he entrado por la fuerza en la hermosa Amenti; yo he presentado mi cetro al Espíritu estelar de Sirio y la diadema de Nemmés a la divinidad cuyo Nombre no debe ser revelado... Miradme, pues, ¡oh vosotros, Espíritus santificados! ¡Vosotros, que guiáis las Almas de los muertos a lo largo de los caminos que surcan el Duat! ¡Ojalá pueda llegar a ser un Espíritu santificado y ser promovido Ordenador de los Misterios! ¡Libradme del poder de los demonios que atan sus víctimas al poste, pues yo soy el Heredero de Osiris! ¡Ved la diadema Nemmés que adorna mi cabeza! Elegido de los dioses, yo he llegado a ser ¡carne de vuestra carne! Yo me igualo a mi Padre, Osiris, al que veneran las cuatro Regiones del Espacio; por consiguiente, ¡miradme! Y al verme, ¡alegraos! ¡Ojalá pueda ser exaltado como lo es este dios que recorre el ciclo de sus Metamorfosis! ¡Abrid a mi Alma divina las Vías celestiales, para que pueda permanecer en la hermosa Amenti! ¡Descorred los cerrojos de las Puertas del Cielo, pues yo soy quien asigna a los dioses sus sitios y quien presenta ofrendas a las Almas de los muertos, así como a los dioses! ¡En verdad, yo soy el dios Mehanuti-Ra! Yo soy el pájaro misterioso Bennú, que habita el Duat. Yo hago en él mi entrada y cuando salgo de él, el pájaro misterioso surge en el -Cielo... En seguimiento de Ra, yo atravieso el Cielo nocturno; mis ofrendas celestiales, yo las encuentro en los Campos de Ra; y mis ofrendas terrestres, en los Campos de los Bienaventurados. Yo avanzo bajo los rasgos de mi Cuerpo Glorioso, el de los misteriosos atributos... Grandes son mis zancadas. Mis Metamorfosis son la del doble dios Horus-Seth... He aquí que los Espíritus divinos que preceden a Ra me conducen en su Barca celestial; pues yo soy semejante al Alma misteriosa que inora eternamente en el Amenti...

CAPITULO CLXXXI

Para penetrar ante Osiris y sus Jerarquías

¡Salve, oh Príncipe del Amenti, Ser-Bueno, Señor de la Tierra Sagrada, tú que lo mismo que Ra eres coronado! ¡He aquí que llego para contemplarte y para gozar del espectáculo de tu hermosura! Pues el Disco de Ra es tu Dios; sus rayos de Luz, tus rayos; su diadema Ureret, tu diadema; su inmensidad, tu inmensidad; sus salidas al alba, tus salidas al alba; sus hermosuras, tus hermosuras; su espantosa majestad, tu majestad; los perfumes que exhala, tus perfumes; sus palacios en el Cielo, tus palacios en el Cielo; sus mansiones, tus mansiones; su Trono, tu Trono; su Herencia, tu Herencia; sus ornamentos, tus ornamentos; sus decretos, tus decretos; su Amenti, tu Amenti; sus posesiones, tus posesiones; su poder mágico, tu poder mágico; sus atributos divinos, tus atributos divinos; sus talismanes, tus talismanes; inmortal él, ¡tú lo eres lo mismo! Invencible él, ¡invencible eres tú! El inatacable, ¡inatacable tú! ¡Gloria a ti, oh Osiris, hijo de Nut, Señor de los Cuernos de la Luna, coronado del Atef, diadema resplandeciente! He aquí que recibes tú, Jefe supremo de los Jueces infernales, la corona real Ureret. Tum siembra por todas parte el terror de tu Nombre: En el corazón de los hombres, en el corazón de las mujeres, de los dioses, de los Espíritus santificados y de los muertos. He aquí que ponen en tus manos la corona real de Helió-polis. ¡Innumerables son, en verdad, tus Metamorfosis en Djedú! Grandemente temido en los Dos Mundos, tú das prueba de bravura en el Re-sta'u. Tu recuerdo es dulce para los amos del Gran Templo. He aquí que te levantas en Abydos y que triunfas ante las jerarquías divinas. ¡Tu potencia guerrera es, en verdad, temible! ¡La Tierra entera tiembla ante ti!

CAPITULO CLXXXII

Para hacer estable a Osiris mientras que Thoth rechaza a sus enemigos

Yo soy Thoth, amo de los dos Cuernos de la Luna (277); mi letra es perfecta y mis manos son puras. Yo detesto el Mal y aborrezco la Iniquidad; yo fijo por escrito la Justicia divina. En verdad, yo soy el Pincel con el cual escribe el dios del Universo. Yo soy el Amo de la rectitud y de la Lealtad, el Señor de la Verdad y de la Justicia. Yo destruyo la Mentira y testimonia la Verdad ante los dioses. Mis palabras son poderosos en los Dos Mundos. Yo humillo al injusto victorioso y levanto al débil escarnecido. Yo disperso las tinieblas y rechazo las tempestades. Yo hago llegar hasta Osiris, el Ser-Bueno, el aire fresco y agradable de los vientos del Norte en el momento en que este dios abandona el seno de la diosa que le ha traído al Mundo. He aquí que Ra se acuesta en el Horizonte, semejante a Osiris; y que Osiris se acuesta en el Horizonte semejante a Ra. Soy yo quien hace penetrar a Ra hasta el seno de los Misterios sagrados donde los Espíritus divinos vuelven a la vida al Dios-del-Corazón-Detenido, el Alma misteriosa del Amenti. ¿Oís los gritos de alegría ante el Dios-del-Corazón-Detenido, hijo de Nut, el Ser-Bueno? En verdad, yo soy Thoth, el poderoso, ¡el bienamado de Ra! Todo cuanto Ra emprende es, gracias a mí, coronado de éxito. Como Thoth, yo soy el Gran Mago. Sentado como él en la Barca-de-los-Millones-de-Años, yo soy el Señor de la Ley escrita y el Purificador de las Dos Tierras. Mi esplendor mágico protege a Nut, que le dio vida. Yo abato a los enemigos y destruyo los obstáculos. Yo cumplo las voluntades de Ra en su santuario. Yo soy Thoth, que triunfo de los enemigos de Osiris y que, en vista de las catástrofes que les esperan, dispone los Mundos de Mañana... En mi cualidad de Thoth, yo administro el Cielo, la Tierra y el Duat y confiero la vida a las Almas de las generaciones futuras (278). Por la potencia de mi Verbo mágico hago llegar el aire hacia quien pasa las pruebas de los Misterios. En verdad, ¡yo he vencido a los enemigos de Osiris! He aquí que llegó hacia ti, ¡oh Señor de la Tierra sacro-santa, Osiris, Macho poderoso del Amen-ti! ¡Mira! ¡Tu Trono estable es para toda la Eternidad! Mediante la mágica protección de mis manos, yo confiero a tus miembros la Duración infinita; protegiendo tu existencia y la de tu Doble etérico, monto junto a ti la guardia, todos los días de mi vida... ¡Oh Rey del Duat! ¡Oh Príncipe del Amenti! Tú que como conquistador te apoderas del Cielo, Tú que pones sobre tu cabeza la corona Atef, que te apoderas del Bastón de mando y del Látigo, ¡mira cómo los dioses acuden hacia ti! ¡Oh tú, Ser-Bueno, Infinito, Eterno, tú permites a los seres humanos renacer otra vez a la vida, volver a ser jóvenes y reencarnar en el momento favorable. ¡He aquí, de pie ante ti, a tu hijo Horus! El te restituye los atributos de Tum. Tu Rostro, ¡oh Un-Nefer!, es de hermosura perfecta! ¡Levántate, oh Macho poderoso del Amenti! ¡Tú eres estable en el seno de Nut, tu Madre divina! Pues ella había estado unida a ti y en tu persona ella sale de su Cuerpo celestial! Como en lo pasado, tu Corazón «ib» mide la duración de su vida por la del Corazón «hati». Las ventanas de tu nariz llenas están de Vida, de Fuerzo y de Salud. Como Ra, tú renuevas tu juventud todos los días. ¡Grande es tu triunfo, oh Osiris! ¡Mira! ¡Yo vengo hacia ti! ¡Yo soy Thoth! Yo tranquilizo a Horus y calmo el furor de los dos Combatientes. Yo he domado a los Espíritus Rojos y a los demonios de la Revuelta; yo los he sometido a duras pruebas... Yo soy Thoth, que, en Letópolis, conduce a buen puerto los Misterios de la Noche. Yo, Thoth, yo aparezco todos los días en la ciudad de Buto. Llevando abundante ofrendas a los Espíritus santificados, llego aquí para devolverte el hombro de Osiris, que he embalsamado y perfumado para que sea agradable al olfato de Un-Nefer. Yo soy Thoth, que cada día viene a la ciudad de Kher-Aha. He aquí que yo amarro mi Barca; la he conducido del Este hacia el Oeste. En verdad, yo sobrepujo en esplendor a todos los dioses, pues mi Nombre es: «Aquel que es sublime». Yo he abierto los caminos hacia el bien con mi Nombre de Up-Uaut (279). ¡Gloria a Osiris Un-Nefer, Infinito, Eterno!

CAPITULO CLXXXIII
Himno a Osiris

Llego a ti, ¡oh Osiris, hijo de Nut! Príncipe de la Eternidad, yo, uno de entre los dioses que acompañan a Thoth; yo, que me he alegrado de lo que ha hecho por ti: traer Aire fresco y agradable para tus Pulmones, Vida y Fuerza para tu hermoso Rostro y Viento del Norte para las Ventanas de tu Nariz, ¡oh Señor de la Tierra sagrada de los Muertos! Ha ordenado a Shu que ilumine tu Cuerpo; sus rayos alumbran tu Camino; mediante el Verbo de Potencia de su Boca ha destruido el Mal que se agarraba a tus

Miembros; ha pacificado a los dos Horus, esos dos Hermanos combatientes; ha rechazado las Tempestades y las Inundaciones; a causa de él, Horus y Seth, así como las Dos Tierras, se esfuerzan por serte agradables mediante la paz que reina entre ellos; ha conseguido calmar la cólera que se encendía en sus corazones, y los ha reconciliado... Tu hijo, Horus, triunfa ante la asamblea de los dioses; la realeza del Mundo entero le ha sido conferida. Además, el Trono de Keb le ha sido adjudicado, así como la categoría que Tum ha decretado, fijado por escrito en los Archivos y grabado en una placa de hierro, según las órdenes de tu Padre, Ptah-Tanén, el que está sentado en su Trono real... Ha ordenado a su Hermano enderezar a Shu, hacer subir las aguas hasta la cima de las montañas para que la hierba germine en las colinas y el trigo en los valles, con objeto de que tierra y agua no cesen de producir... He aquí que los dioses del Cielo y los de la Tierra acompañan a tu Hijo, Horus, hacia la Sala donde al punto es proclamado su Señor y su Rey... Tu corazón se alegra, ¡oh Amo de los dioses!, se regocija mucho, pues Egipto y el País Rojo conocen las dulzuras de la paz, y bajo tu égida se entregan al trabajo. Templos y ciudades son construidas en sitios apropiados; las posesiones de ciudades y provincias corresponden a sus Nombres; ahora, te ofrecemos sacrificios, según tu Nombre, que es sagrado, eternamente... ¿No oyes cómo eres aclamado y cómo adoran tu Nombre? ¿Ves cómo se procede a las libaciones en honor de KA y cómo acuden de todas parte con ofrendas sepulcrales destinadas a los Espíritus santificados que te acompañan? He aquí que se rocía con agua lustral las ofrendas dispuestas a uno y otro lado de las Almas de los Muertos... Todo cuanto Ra ha ordenado respecto a ti, al comienzo de los Tiempos, está desde este momento acabado; a causa de ello serás coronado ahora, ¡oh hijo de Nut!, lo mismo que el Señor del Universo fue coronado... En verdad, tú vives, fijo e inquebrantable; tú te vuelves joven; tú eres justo y verídico. Ra, tu Padre celestial, consolida tus miembros y las Jerarquías divinas te acogen con gritos de alegría... Sin separarse un paso de ti, Isis permanece a tu lado. Tus enemigos no podrán triunfar contra ti; todos los países y todos los hombres exaltan tu hermosura, lo mismo que aclaman a Ra, cuando al alba se levanta... Erguido sobre tu pedestal irradias sobre los mundos. Los corazones de los hombres, llenos de alegría ante tu hermosura, hacen que aceleren su paso. La realeza es concedida a Keb, tu Padre, el que ha dispuesto tu belleza; en cuanto a la diosa que te ha traído al Mundo y ha modelado tus miembros, es Nut, la Madre de los dioses. En verdad, tú fuiste el primero de los cinco dioses (280)... Estrechando entre tus brazos el bastón de mando y el látigo, la corona blanca Atef sobre tu cabeza, he aquí que eres entronizado rey de hombres y dioses. Pues, en verdad, tú has sido coronado Señor de las Dos Tierras, y tú llevabas en tu frente los emblemas de la realeza de Ra en la época en que aún reposabas en el seno de Nut, tu Madre. Cuando ahora apareces, los dioses se inclinan profundamente. Retroceden, haciendo marcha atrás, sobrecogidos de un terror que viene de Ra, y la Fuerza irresistible de tu Majestad les llena de temor... En verdad, la Vida te acompaña, las ofrendas te siguen; todos los días las encuentras ante tu divino Rostro... Concédeme, pues, ¡oh dios!, que pueda encontrarme entre los que siguen tu Majestad, lo mismo que lo hacía en la Tierra... En cuanto a mi Alma, haz que sea convocada, con objeto de que te encuentre al lado de los Señores de la Verdad y de la Justicia. He aquí que vengo hacia la ciudad de los dioses, esta región que existía ya en tiempo inmemorial; en adelante, mi Alma, mi Doble, mi Espíritu santificado habitarán este país cuyo Señor es el dios de la Verdad-Justicia; él, que procura el alimento a los dioses. Esta Tierra, en verdad, ejerce atracción sobre los demás países: los del Sur, siguiendo la corriente del río, y los del Norte, aprovechando los Vientos propicios, que allí llegan, diariamente, a banquetear, según las órdenes del dios, Amo de aquí, Señor de la Paz... ¿No ha dicho este dios: «Que reine al menos la alegría en el corazón de los horíibres que se conforman a la Justicia y a la Verdad respecto a los dioses de estos lugares»? Pues él concede larga vida a los que obran así; él los colma de honores en la Tierra y más tarde les prepara hermosos funerales uniéndoles al suelo de la Tierra sacrosanta. Mira, pues, ¡oh dios! Yo llego hacia ti con los brazos tendidos como ruego, ofreciéndote la Verdad y la Justicia... En mi corazón no encontrarás ni fraude ni mentira... Pues yo sé que tú vives y subsistes en Verdad y en Justicia, Sábelo, pues, ¡oh dios!, yo no he cometido pecados en este Mundo, yo no he hecho daño a nadie ni me he apropiado de su bien. Yo soy Thoth, el Hierogramata perfecto, de las manos puras, Amo de las leyes, que hace el don de las Palabras de Sareza, destructor del Mal, Escriba de la Verdad que aborrece el Pecado... ¡Vuelve los ojos hacia mí, oh dios! Yo soy el Pincel del Señor del Universo, de ese Amo de las leyes, que hace el don de las Palabras de Sabiduría, que destruye la Mentira y el Fraude, y cuya Palabra es poderosa en los dos países. Yo soy Thoth, Señor de la Verdad y de la Justicia, que concede la victoria al débil perseguido, y que venga al oprimido en la persona del opresor. He aquí que yo expulso las Tinieblas y rechazo las Tempestades. Yo traigo el soplo del Viento del Norte al Ser-Bueno; ese soplo vivificante que ha traído al Mundo a su Madre celestial, yo le hago penetrar en las Moradas misteriosas, con objeto de que pueda despertar el Corazón del «Dios-del-Corazón-Detenido», ese dios de Bondad, hijo de Nut, Horas, el invencible...

CAPÍTULOS CLXXXIV Y CLXXXV
(Variantes del capítulo anterior)

CAPÍTULOS CLXXXVI Y CLXXXVII
(Muy cortos, han llegado a nosotros sumamente mutilados)

CAPITULO CLXXXVIII
PARA CONSTRUIR UNA MORADA EN EL MUNDO INFERIOR Y PARA MOSTRARSE CON LOS RASGOS DE UN SER HUMANO

¡Que la paz sea contigo! He aquí que, llegado a ser Espíritu santificado, en el seno del Ojo divino penetras en paz. Santificado eres en tu Alma; y tu Sombra mira atentamente, en silencio... Que me mire, pues, en el momento en que tenga que pasar a juicio, allí por todas partes en las que tenga que ser juzgado, con todas mis Formas, con todos mis dones de espíritu, con todos los atributos divinos de mi Alma. ¡Que mi Alma me ilumine, pues, en el seno de Ra! Que me santifique en el Templo, cada vez que se acerque, acompañada de la Sombra, hacia el sitio en que seré juzgado, ¡y que me contemple! Que mi Alma pueda permanecer de pie, o sentarse, o entrar en la morada de mi Cuerpo vuelto una divinidad estelar obediente a las órdenes de Osiris. En movimiento está, noche y día, y sigue los Ritmos de las Fiestas...

CAPITULO CLXXXIX
(Variante del capítulo LII)

CAPITULO CXC

Este Libro trata del perfeccionamiento del Espíritu santificado en el seno de Ra, le confiere el dominio junto a Tum, le magnifica junto a Osiris, le vuelve poderoso junto al Señor del Amenti y digno de veneración junto a las Jerarquías divinas. Recitar este Libro el primer día del mes, cuando la fiesta del sexto día y cuando las ceremonias de Uak y las del dios Thoth; cuando el aniversario de Osiris, y cuando las fiestas de Sokari y de la noche Haker. Este Libro revela los secretos de las Moradas misteriosas del Duat; sirve de guía de iniciación en los Misterios del Mundo Inferior; te permitirá pasar a través de las montañas y penetrar en los valles misteriosos a los que no conduce ningún camino conocido; él monta la guardia junto al Espíritu Santificado, alarga sus zancadas, cuando marcha, elimina su sordera y le permite entrar en contacto con los dioses... Recitando este Libro no dejes que te vea ningún ser humano, salvo aquellos que te son queridos y el sacerdote de Kheri-Heb; tus servidores no deberán moverse de sus cuartos; en cuanto a ti, enciérrate en una sala tapizada de telas estrelladas. Entonces el Alma del difunto por el cual estos textos hayan sido recitados podrá circular entre los vivos a plena Luz del Día; será poderosa entre los dioses; no será rechazada por ellos, sino que los dioses, habiéndola examinado, reconocerán en el difunto su igual. Este Libro te enseñará las Metamorfosis por las cuales pasa el Alma bajo los efectos de la Luz. En verdad, este Libro es un Misterio muy grande y muy profundo. No le dejes jamás entre las manos del primero que llegue o de un ignorante.

FIN

NOTAS

(1) Statius, *Tebaida,* ni, 661. Publius Papinius Statius, poeta latino del siglo primero de nuestra era. Era hijo de un profesor de gramática también poeta. Empezó la *Tebaida* antes de los veinte años; tardó doce en componerla. Fue asimismo autor de un poema épico, la *Aquilea,* y de una porción de poesías que reunió con el título de *Silvas.* Murió hacia el año 96.

(2) Cuando impacientes al ver que todavía la ciencia no puede dar respuesta a cuanto se le pregunta, acudimos a la filosofía, nos enfrentamos con las hipótesis que ésta nos ofrece. En lo que a la *vida* y a la *muerte* respecta, estas hipótesis son las mismas, en suma, que las que se establecieron hace dos mil años: el *animismo,* el *vitalismo* (ya unitario o doctrina de la fuerza vital, ya desmembrado o doctrina de las propiedades vitales) y el *materialismo* (mecanicismo, unitarismo, monismo, como se le quiera llamar). Es decir, doctrina *psíquica* (espiritualista) y la *fisicoquímica* (materialista) de la vida. Por supuesto, estos tres sistemas para explicar los fenómenos vitales se han ido rejuveneciendo, madurando por decirlo así. Ninguno de los neoanimistas actuales piensa como lo hacían Aristóteles, Santo Tomás y ni siquiera Sthal. Los neovitalistas no hablan como lo hacían Paracelso, Van Helmont, Barthez, Bordeu o Cuvier y Bichat. En fin, los materialistas modernos, ya sean discípulos de Darwin y de Haeckel, ya de Lavoisier, miran seguramente un poco por encima del hombro el tosco materialismo de Descartes, no considerando los organismos vivos como simples máquinas compuestas tan sólo de ruedas, resortes, tubos y válvulas, y menos aún como retortas y alambiques, cual hacían los alquimistas de otro tiempo. El error de no pensar, sino en lo material, es decir, el no tener debidamente en cuenta ese otro factor de los individuos que es el espíritu, bien que pudiera ser una resultante de la materia, como opinan los materialistas, se advierte hasta en lo que afecta a la salud, viendo cómo los mismos tratamientos y medicamentos producen efectos y resultados distintos en los diversos individuos. Y por ello la verdad de la medicina naturista cuando asegura que no hay enfermedades, sino enfermos.

(3) Una de las creencias más generales y seguramente más antiguas es la de que el alma del ser humano es no tan sólo algo distinto y diferente del cuerpo, sino que sobrevive a la muerte de éste. La generalidad de esta idea no parece difícil de comprobar si se tiene en cuenta no tan sólo que entre los pueblos actuales no hay uno tan siquiera, sea civilizado o salvaje, en que no se la encuentre, sino que tampoco, por lejos que llevemos nuestra atención a lo que sabemos de las religiones antiguas, deja, asimismo, de figurar en ellas. En cuanto a su antigüedad, bien que los tres o cuatro mil años en los que podemos profundizar con algunas posibilidades de certeza no sean nada junto al período incalculablemente más largo que vivieron los hombres dotados ya de sentimientos religiosos (hecho que nos permite deducir los restos de enterramientos y las sepulturas llegadas hasta nosotros), parece fácil de comprender y admitir, de tal manera es natural,

que desde muy pronto los hombres, en presencia de un cadáver, de un cuerpo que poco antes hablaba y actuaba, pensasen que si de pronto aquel cuerpo había quedado inmóvil, callado, yerto, era por haber escapado de él algo que le animaba antes. ¿Y qué podía ser esto sino lo que le había faltado en el último momento, el *aliento*? Así, en todas partes, la palabra "aliento" debió ser la primera empleada para designar el concepto *alma*. Que tal debió acurrir parece probarlo no tan sólo el hecho de que aún en muchos pueblos salvajes no tienen sino un vocablo para ambas expresiones, y que los términos alma, aire, viento y aliento ofrezcan un parentesco inmediato que los hace casi similares, sino que el *atmán* sánscrito, el hebreo *nephesh*, el árabe *nafs*, en latín *anima* y en griego *pneuma* y *psyché* vengan a comprobar que en todas partes se consideraba el alma como un hálito, como un soplo, como un viento.

Por el mismo procedimiento simplista (y precisamente por ello lógico y natural en mentalidades poco desarrolladas), cuando se trató de imaginar qué podía ser aquel doble etéreo, aéreo, volátil del cuerpo, se le comparó con la *sombra;* lo que también se comprueba no tan sólo en pueblos actuales tan distantes entre sí como los basutos del África Austral, los nandi de la Oriental, los indios quiches y los tasmanes, sino (por citar un testimonio antiguo) mediante las famosas Sombras que poblaban el Haides, con las que conversó Ulises cuando bajó a esta región. Y de tal modo la idea entre alma y sombra sigue arraigada, que los indios de Ottawa están seguros de poder matar a un hombre trazando ciertos signos sobre su sombra; así como los naturales de ciertas islas de las Indias Orientales, arrancando una lanza clavada previamente en el sitio correspondiente al corazón, en la sombra de un hombre; o de causarle enfermedades y trastornos pisándola o apuñalándola. Dante, por su parte, probando también que la idea era corriente en su época, asegura en *La Divina Comedia* que él era el único que en el Purgatorio proyectaba sombra entre las innumerables Sombras que vagaban por aquella región. Y es que, naturalmente, si los cuerpos proyectan sombra, las almas-sombras no.

Imaginaron también los antiguos que el alma-aliento-sombra podía ser algo como las imágenes que se reflejan en los espejos, o en las superficies de las aguas tranquilas, lo que llevó a la creencia de considerar el alma como una *imagen* del cuerpo y tan semejante a él, que se creía como cosa segura e indudable que tenía exactamente la misma apariencia que el cuerpo había tenido en vida. Y la prueba es que los griegos la llamaban *eidola* y los romanos *simulacra*. Esta idea de que la forma o apariencia del alma era la misma que la del cuerpo, condujo a prácticas curiosas aún en vigor en ciertos pueblos salvajes, por ejemplo, mutilar, tras las batallas, a los enemigos muertos, seguros de que al hacerlo mutilan las almas de los caídos; o cuando los indígenas australianos cortan el pulgar de sus adversarios para que su alma hostil no pueda ya manejar la lanza. Los bagandas, por su parte, arrancan los ojos y cortan las orejas a los vencidos para que sus espíritus, desfigurados, no puedan embrujar a los vivos ni vengarse de ellos. Y por algo semejante los chinos temían ser decapitados, y era para ellos una felicidad, en medio de la desgracia de perder la vida, cuando esto se verificaba por horca o fusilamiento: porque, según ellos, no había nada más funesto para un hombre que el que su alma, al ser el cuerpo decapitado, lo fuese también, a menos que una mano piadosa le enterrase poniendo junto al cadáver una cabeza de madera.

En fin, una creencia muy extendida también fue la de la pluralidad de almas, idea corriente aún en muchas regiones no o imperfectamente civilizadas, y que en la antigüedad tenían también algunos pueblos, entre ellos el que más nos interesa ahora, los egipcios, que, como veremos, además del "ba" o alma divina, creían en el "ka", especie de cuerpo astral de los espiritistas modernos, y en algunas más todavía. En cuanto a los griegos, en Platón vemos, en el *Timaios*, considerar cuatro variedades de almas en cada individuo.

(4) El hombre de esta época (hace 500.000 años, tal vez más) es el más remoto de nuestros antepasados, de los que tenemos noticia.

(5) Nombre dado por Mortillet a una de las subdivisiones del cuaternario, tomando como tipo la gruta prehistórica del Moustier, en Peyrac (Dordogne).

(6) La *época del reno* es la más próxima a nosotros del período cuaternario que, de acuerdo con los animales que convivían con el hombre, ha sido dividida en época del *hipopótamo*, época del *mamut* y época del *reno*.

(7) Período el más reciente de la edad de piedra, en el que la piedra pulida había sido sustituida por la piedra tallada; hace unos 10 000 años, tal vez más.

(8) Luquet, *L'art et la religión des hommes fossiles*.

(9) Algunos pueblos, como los bambara, admiten la existencia de dos principios inmateriales: el alma vital (que tratan de coger o capturar mediante ritos especiales para que se quede en el altar de los antepasados familiares), y el doble propiamente dicho que se va a vivir a otra parte (dicen que bajo el agua y guardado por un genio), esperando el momento favorable para meterse en el cuerpo de un recién nacido.

(10) Levy-Bruhl, *La mentalité primitive*.

(11) La literatura nórdica está llena de menciones relativas a tradiciones, según las cuales, las almas de los difuntos aparecen como diminutas llamas revoloteando en las inmediaciones de los lugares en que yacen sus cadáveres.

(12) Cuando el profeta amenaza: "Por haber desobedecido la orden proferida por la boca del Señor, tu osamenta no entrará en la sepultura de tus padres", evidente es que quiere decir que luego de su muerte "no reposará con sus padres", "no se reunirá con sus padres", o sea, que será arrancado de la compañía de los suyos.

(13) La costumbre de poner en los epitafios las letras S T T L, contracción del Sit Tibi Terra Levis ("que la tierra te sea leve", que nosotros heredamos y aún repetimos), y textos de epitafios tales que: "Miro, contemplo a todos los que van a la ciudad y a los que de ella vuelven", o: "Lollius ha sido puesto al borde del camino para que todos los que pasan puedan decirle: ¡Hola, Lollius!", no dejan lugar a dudas sobre la creencia entre los

romanos de que sus muertos seguían viviendo en las tumbas. Ello sin contar, por supuesto, con la costumbre de dejarles alimentos, perfumes y demás cosas que les ofrecían, lo que asimismo comprueba de qué modo estaba arraigada entre ellos esta creencia.

(14) Esta práctica, corriente también en todas partes, llegó a ofrecer particularidares curiosas. Por ejemplo, la de poner una moneda en la boca de los cadáveres, como se hacía en Grecia, en China, entre los checos antes de su conversión al cristianismo, y en otros lugares. Muy extendida estuvo también la costumbre de inmolar caballos a la muerte de los guerreros. Cuando el rey escandinavo Harald recibió, en Bravalla, el golpe mortal, "se envió su carro, con el cadáver dentro, hasta el montículo tumular y allí mataron al caballo". En Herodotos se lee que la misma prácticase realizaba ya siglos antes en varios pueblos. Pero aún mucho más cruel y bárbara era la costumbre de enterrar personas humanas, luego de inmolarlas y a veces incluso vivas, costumbre que ha llegado hasta nuestros días y no ha sido fácil desarraigar. El gobierno británico tuvo que prohibir mediante una ley la *suttes* (traducción fonética al inglés de una palabra sánscrita que nosotros transcribíamos por *sati*; es decir, "fiel"), costumbre de acuerdo con la cual se quemaba vivas a las viudas, en la hoguera que consumía el cuerpo de su marido. Y lo más curioso era que tal cosa era llevada a cabo generalmente con el beneplácito de las que de tal modo se sacrificaban, y que aún hoy mismo, de vez en cuando y pese a la prohibición, se repite algún caso; de tal modo una costumbre ayudada por el fanatismo es motivo suficiente para que la ignorancia anclada en los espíritus impulse a obrar contra toda humanidad y buen sentido. Esta costumbre, también muy antigua, pues Confucio la condenaba ya en China varios siglos antes de Cristo, se practicaba en muchos sitios: Herodotos la menciona entre los escitas; César habla de cómo los esclavos y los clientes más amados por sus amos eran quemados con motivo de los ritos funerarios de éstos; San Bonifacio dice lo mismo de los weds, de Germania; los mexicanos inmolaban también a viudas y esclavos, y lo mismo se hacía en Perú y Colombia. Una de las más antiguas leyendas del Japón refiere que cuando el hermano del Mikado recibió sepultura en Tzuki-zaka, "los que componían su servicio personal fueron reunidos y enterrados vivos, de pie, en el recinto de la tumba. Durante varios días permanecieron con vida, llorando y lamentándose día y noche. Al fin expiraron y se pudrieron". En fin, en todas las regiones de Africa y en algunas islas de Oceanía, práctica semejante ha costado mucho trabajo extinguirla, no siendo seguro que haya desaparecido completamente de ciertos sitios, como entre los zulúes, que alegan en favor de ella que "cómo admitir que el rey pueda ir al país de los muertos sin un cortejo que le honre". La verdad es que cuando se medita sobre que desde que apareció la vida en la Tierra, animales y hombres existen quitándose la vida unos a otros, y tanto la historia como las costumbres de éstos no ha sido durante muchos centenares de siglos sino una apenas ininterrumpida serie de atrocidades, crueldades y crímenes, se comprende la necesidad que mueve a los que creen en una Providencia buena, paternal y justa que rige los destinos del Mundo, para asegurar que sus designios son inescrutables.

(15) En todas las religiones el papel de los dioses consistió siempre, esencialmente, en evitar males y procurar bienes. Si su origen fue el miedo, lo que luego les mantuvo fue el interés. Su idea de amor por agradecimiento, no nació hasta el Cristianismo, gracias a la figura de Jesús.

(16) En lo que a los suicidas, por ejemplo, respecta, aún es costumbre, en ciertas regiones de Africa, dejarles sin sepultura, o enterrarles de un modo irregular; como se hacía hace siglos en Roma, donde una ley pontifical les negaba el beneficio de los ritos funerarios normales; o el *Prayer-Book* de la iglesia episcopal americana, que mantuvo hasta 1928 un aviso declarando que su "Orden para el enterramiento de los muertos" no era aplicable "a todo aquel que llevase contra sí sus manos violentamente". Entre los daneses ha existido, hasta hace muy poco, la costumbre de enterrar a los suicidas de noche y de orientar sus tumbas de Norte a Sur, en vez de Este a Oeste. Y en muchos países cristianos no se les daba sepultura en terreno sagrado. En Hamlet oímos decir a un enterrador: "De no haber sido una dama noble (por Ofelia) no hubiese tenido sepultura en tierra cristiana". Muy antigua era también en Inglaterra, y ha durado hasta hace muy poco, la costumbre de enterrar a los suicidas en los cruces de caminos y de fijarlos al suelo mediante un palo aguzado que les atravesaba el corazón.

(17) Casi da vergüenza confesar que aún se crea en estas cosas y que en Bukovina, el año 1919, fuesen exhumados por un grupo de campesinos, aterrados ante el temor al vampirismo, una veintena de muertos, a los que con las debidas precauciones, para que no pudiesen salir y cometer fechorías, se les enterró de nuevo. No hace mucho tampoco, un ciudadano de Rhode Island confesó que había desenterrado el cadáver de su propia hija y le había arrancado y quemado el corazón, para impedir y detener el descaecimiento de los demás miembros de su familia.

(18) La descripción detallada de este viaje se conoce gracias al *Libro de aquel que está en el Mundo Inferior,* escrito en los muros de las cámaras sepulcrales de la decimoctava dinastía egipcia (1580-1530 a. d. J.) y completado posteriormente. Una puerta (las continuamente citadas Puertas del *Libro de los Muertos*) daba paso a cada una de las regiones, en las que había campos y casas, todo a lo largo del canal que recorría la Barca de Ra, donde innumerables espíritus o demonios, tanto de forma humana como animal, acechaban a uno y otro lado. Todo ello era visto por Ra, por las divinidades vasallas suyas que le acompañaban y por los muertos que acababan de dejar la Tierra y que en virtud de un privilegio especial (el que eternamente ha concedido la fuerza o la riqueza) habían sido admitidos en la prodigiosa Barca, y a los que Ra iba dejando en las diversas regiones que atravesaban, donde les eran concedidos terrenos y privilegios. En la sexta y séptima eran desembarcados los reyes del Alto y del Bajo Egipto, donde tanto ellos como los países que empezaban a habitar carecían de luz, a excepción de una hora cada veinticuatro, a saber, aquella durante la cual Ra (el Sol) volvía a pasar por aquella región. Este Libro es un verdadero tratado de geografía fantástica. Un viaje extraordinario que empezaba cada día con el crepúsculo "la tarde brillante y triste", cuando, como ha sido dicho, Ra, el Sol con cuerpo humano y cabeza de carnero, asistido por un equipo de dioses y de diosas,

era saludado al emprender su marcha nocturna, por las aclamaciones de los genios y de los cinocéfalos sagrados. Los muertos que el dios había embarcado en "la Boca de la Hendedura" (la falla de Abydos) los dejaba en la primera sección, a excepción de los de la raza real, que se quedaban, como acabo de decir, en la sexta y en la séptima. Y el sorprendente cortejo continuaba su viaje, cuya marcha cerraba la propia Barca solar, cortejo formado por "Verdaderos barcos-hadas que se mueven por sí mismos: barca de Osiris-Luna y de la pluma de la Verdad, barca del sistro de Isis-Hathor, barca de la cabeza de Osiris, barca del Osiris vegetando". Luego había que cambiar de navío.

Entonces se trataba de una larga embarcación terminada por cabezas de serpientes, que era arrastrada desde las orillas por dioses antropomórficos y luego por diosas. De aquel modo avanzaban en la oscuridad (no obstante ir presididos por el Sol, Ra; sin duda el Sol se tornaba noche cuando noche convenía que hubiera; en cuestión de dioses y diosas todo es posible; no hay que pedir razones, sino creer, o surge el conflicto; sigamos, pues, con la noche solar), oscuridad apenas disipada por las llamas que emitía la Barsa misma, al tiempo que los gemidos lanzados por los genios del lugar, cuando el dios los iba dejando atrás. De este modo proseguía su viaje (cuya descripción detallada puede leer quien tal guste en la traducción del mencionado libro, hecha y comentada por Maspero), hasta que ya, muy cerca del alba, en la hora octava, se cruzaba por entre seres misteriosos de los que tan sólo se veía la cabeza, encargados de privar de la suya a cuantos intentasen oponerse a la marcha triunfal del Sol. En aquella hora todos los dioses que se iban encontrando hallábanse en estado de momias. En la siguiente se llegaba junto a las deidades cultivadoras que mantenían a los demás dioses del Haides egipcio con los productos de su trabajo, mientras en las orillas doce uraeus (un "uraeus" era una representación de la víbora *naja*, la más venenosa de todas las de su especie) lanzaban llamas a medida que pasaba el Sol, apartando a las demás serpientes peligrosas y destruyendo a aquellos de los muertos cuyos encantamientos eran inexactos. La región de la décima hora era la llamada "abismo de agua de las altas márgenes". Estaba habitada por cuerpos inmergidos. El despuntar del Sol, que ya se anunciaba, acentuábase en la hora once, en la que la Barca, que llevaba en la proa el disco rojo que representaba a la Estrella de la mañana, seguía avanzando arrastrada desde la orilla por un reptil inmenso. Sentadas por parejas sobre uraeus, diosas alababan a Ra según pasaba; sus pies reposaban en el Duat (Infierno), pero la brisa del alba acariciaba sus rostros. En fin, el nacimiento del nuevo Sol, el Sol del nuevo día, llegaba exactamente cuando la Barca, en la proa de la cual hallábase entonces el escarabajo sagrado, atravesaba de la cola a la cabeza a una enorme serpiente que representaba "el alma de la vida de los dioses". Luego, mientras la momia del Sol precedente (que al morir había dado paso al nuevo) era abandonada en un rincón, el que nacía de la diosa Nut, la diosa del cielo, hacía su aparición saludado por las aclamaciones de las demás divinidades.

Naturalmente, una vez inventados los dioses, tanto buenos como malos, y tras ellos, como era lógico, sus moradas respectivas, los *viajes* a estas moradas, muy especialmente a las de los dioses temidos, es decir, a las diversas variedades de *infiernos*, que a causa del peligro que ofrecían eran las que más interesaban, tenían que excitar la fantasía de los hombres y multiplicarse, y así ocurrió, llegando a constituir toda una literatura en la que fueron amontonándose montañas de insensateces, reflejo de los instintos morbosos hacia lo horrible y lo doloroso, nacidos en multitud de espíritus perversos, enfermizos y anormales.

Tras el mencionado viaje al más allá egipcio que acabo de describir brevísimamente, hay que citar el de Ravana, el poderoso y terrible enemigo de Rama, a la mansión del Plutón hindú, inaudito atrevimiento seguido de fantástica lucha que describe magistralmente el *Ramayana*, a cuyo extraordinario poema remito al lector, invitándole a hojear mi traducción. Luego hay que colocar las relaciones del mismo género citadas en la literatura religiosa de la Mesopotamia, relaciones que vienen a constituir los primeros cuentos de la Humanidad: los viajes de Gilgamesh y de su amigo Enkidú; el episodio que hizo al dios Nergal, soberano de los Infiernos, tras vencer y dominar a Ereshkigal, "la dueña de las tierras grandes", que imperaba en aquel Haides; y la interesantísima *Bajada de Ishtar a los Infiernos* (esta Ishtar era la Venus de la mitología asirio-babilonia), todo ello relatado en mi *Mitología Universal*.

Hago gracia al lector de un texto, no obstante ser muy curioso, relativo al sueño de un rey asirio a propósito del Infierno de este país, texto publicado por Ebelling y del cual Dhorme dio una buena reseña muy detallada en la *Revue de l'Histoire des Religions*, en 1933. Asimismo del *Libro de Zoroastro*, compuesto por el persa Zartusht, en 1278, uno de cuyos capítulos cuenta la visión de un profeta que contempla en sueños el Paraíso y el Infierno; y el *Libro de Arda Viraf*, en el que este Arda Viraf, tras haber absorbido un narcótico, pasa en el templo del Fuego siete días y siete noches, mientras su alma es guiada por Sa-roche, especie de ángel protector de los difuntos justos, y por el propio fuego divino. Tras haber llegado ante Ahura-Mazda, vuelve al puente Tchinvat y de allí desciende a los cuatro pisos infernales, cuyos suplicios describe, como todos los cicerones infernales, con prolija delectación. En fin, los *descensos* mazdeístas, a propósito de los cuales remito al lector curioso de estas cosas al *Suplemento al Diccionario de la Biblia*, palabra *Bajada*.

Y llegamos a los héroes griegos, que asimismo fueron a los Infiernos, pero cuyas descripciones son más sanas: Herakles, Teseus, Peiritoos, Orfeus y Ulises, cuyos interesantes relatos puede ver el lector en mi *Mitología Universal* y en mi traducción de la *Odisea*. De ellos hay que pasar al relato de Er el pamfilio, relato que refiere el libro X de la *República*, de Platón (véase- mi traducción), en donde ya aparece un tribunal formado por Aiakos, Minos y Radamantos, encargado de juzgar las almas de los muertos. Luego el *Abaris* de Herakleides de Ponto, del que me he ocupado también en mi obra *Pitágoras*. Inmediatamente la aventura de Tespesios, referida por Ploutar-chos en su interesante tratadito titulado *Sobre los plazos de la venganza divina* (véase mi traducción). De aquí hay que pasar a la *Eneida* de Virgilio, en la cual Eneas (mejor Aineias), a imitación de Ulises en la *Odisea*, baja también al Haides a entrevistarse con el alma de su padre, con objeto de que ésta le reconforte y estimule para que pueda llevar a cabo debidamente su misión de fundador de un pueblo. Dos siglos después de Virgilio, Apuleyo en sus *Metamorfosis* hace referir a su héroe cómo con motivo de ser iniciado en el culto a Isis se había "acercado a las fronteras de la muerte y pisado el umbral de Proserpina".

En la "enorme compilación" que constituye la versión etiópica, única completa, del *Libro de Henoch*, hay un capítulo indudablemente anterior a la era cristiana, que lleva al patriarca a los Infiernos. En otras partes del libro están sus viajes por los diferentes mundos. El autor hace que Henoch sea arrebatado "allí donde el trueno tiene su origen y donde están los tesoros de relámpagos", y tras hacerle ver todos los ríos de la Tierra, los "lugares adonde toda carne emigra" y "las montañas de tinieblas que procuran el Invierno", le hace contemplar, asimismo, "los depósitos de todos los vientos", los "soplos que arrastran a los astros" y "la vía de los ángeles". Más allá hay montañas de piedras preciosas que brillan día y noche y siete astros encadenados por haberse rebelado contra Dios. Tras la prisión de los astros está la de los ángeles, donde columnas de fuego parecen combatir mientras se hunden en el abismo. Los ángeles Uriel y Rafael le llevan al lugar horadado en una montaña donde los muertos esperan el Juicio. Luego ve también "los receptáculos deliciosos" de los Justos, y los lugares sombríos, divididos en tres zonas, que encierran, una, a los pecadores "que serán encadenados durante toda la eternidad"; la segunda, las víctimas de los asesinatos, raza de Abel que grita contra la de Caín; la tercera, a los pecadores castigados menos severamente. Al punto es llevado hasta el trono preparado para el Rey eterno; luego, junto al Árbol de la vida, del cual los justos gustarán el fruto al final del Mundo, Árbol con el que contrasta la desecada sima destinada a los blasfemos. Finalmente, visita el Paraíso terrenal, dominado por el Árbol de la ciencia. Al propio patriarca Henoch le fue atribuido un *Libro de los secretos* (del que existe una traducción eslava de la era cristiana), en el cual visita también el Edén, los Cielos y el "Infierno más bajo".

La fantasía no es tampoco despreciable en el *Apocalipsis de Baruch* (siglo I de la era cristiana), que hace alusión a los viajes de Moisés al más allá. Pero es muy superior el propio *Apocalipsis de Moisés*, en el que vemos al abuelo de Megislador cambiar, por orden de Dios, en fuego el cuerpo del gran mago, con objeto de que pueda llegar hasta los cielos. En efecto, rodeado de 30.000 ángeles, Moisés recorre maravillado cada uno de los siete cielos, en los que contempla cosas prodigiosas. Por ejemplo, en el primero, las ventanas por las que suben y bajan las oraciones, las lágrimas, la paz, la guerra, la salud, las epidemias y mil cosas más, ora buenas, ora malas. En el séptimo, Espíritus encadenados mediante ataduras de fuego rojo y negro (el Enfado y la Cólera) y a otro Espíritu, todo sembrado de ojos de llama, que es el Ángel de la Muerte y, en fin, otros que están delante de Dios, dotados de seis alas cada una de longitud igual al camino que se puede recorrer (sin callos, evidentemente) durante un viaje de quinientos años.

No contento con hacerle visitar el Cielo, el propio Señor envía a Moisés, siempre conducido por el ángel Gabriel, gran cicerone de profetas (recuérdese que varios siglos después se servirá también de él Mahoma para hilvanar algunos de sus devaneos koranofantásticos), a visitar asimismo el Infierno. Allí, cuando el hombre de Dios penetra en los lugares de suplicio, el fuego se retira respetuosamente a una distancia de quinientos parasanges (2.500 kilómetros; ¡qué bombero hubiese hecho el excelente patriarca! Que por cierto acabo de recibir el último libro de un eminente hebraísta, Martín Ruber, en el que se discuten todas las hipótesis sobre la existencia o no existencia del famoso Moisés; pero esto es cuestión que no interesa ahora). En el antro reina una especie de ley del talión. Sin cesar la Gehenne grita pidiendo que los pecadores sean destruidos, pues jamás está satisfecha. Moisés se dirige, protegido por la divina Shekina (la presencia de Dios manifestada mediante la luz) hacia la región del fuego, en que, prodigio maravilloso, son castigados a la vez por llamas y por nieve, sin que aquéllas se apaguen o ésta se derrita, diferentes crímenes (supongo que los pasionales originados por la indiferencia glacial del difunto o difunta); estos suplicios se interrumpen en los días del "sabbat" y los de fiesta. En fin, Moisés vuelve al Cielo y visita el Edén, que está todo lleno de tronos cuajados de piedras preciosas, más o menos centelleantes y magníficas, según la categoría de los justos, para los que están reservados.

Mencionaré aún otros *Apocalipsis*: el de Isaías, el de Elías, el de Sofonio, y un relato también bastante curioso: la *Revelación de Josué, hijo de Leví*. En todos ellos se baja y se sube, según caen las pesas de las regiones malas o buenas, todas en el fondo iguales, bien que todas diferentes, a compás de la imaginación de sus creadores.

Los textos cristianos relativos a esta cuestión pueden dividirse en dos grupos: los análogos poco más o menos a estos que acabo de citar y los relativos a la bajada a los Infiernos, del Redentor. Me limitaré a citar el nombre de estos textos: *Evangelio de Pedro* (siglo II); *Evangelio de Nicodemo* (siglo V); la gran fantasía, no exenta de pasajes muy notables, titulada *Evangelio de Bartolomé* (muy superior a los otros dos), libro que fue sumamente celebrado en su época y en el cual el arcángel Miguel conduce al Apóstol a través del Infierno. En fin, gran difusión alcanzó también una imitación de este Apocalipsis, obra del siglo VIII o IX, llamada *Apocalipsis de María*, en el cual vemos a la Virgen conducida por el arcángel Miguel y cuatrocientos ángeles, visitar primero el Infierno, luego el Paraíso.

Y de un salto nos vamos de las leyendas de Palestina a las germanas, en las que mediante curiosa mezcla de elementos paganos y de visiones cristianas aparecen varias narraciones en las que interviene, pues a causa de él y para él están hechas, la deliciosa figura del dios Balder (véase sobre él mi *Mitología Universal*, es un dios encantador). La primera de estas narraciones, referida brevemente en el *Canto del Viajero*, donde se ve a Odín bajar al Mundo de los Muertos para tratar de averiguar qué hay sobre el presentimiento que acongoja al mejor de los dioses del panteón germánico, a propósito de su muerte, que cree próxima. Ocurrida ésta, y a causa de ella, nuevo viaje al infierno, esta vez realizado por Hermord, el veloz criado de Odín, quien durante nueve días recorre el Infierno en busca de Balder. Luego vienen dos relatos debidos a Saxón el Gramático (siglo XII). Después, el ciclo de los viajes al Paraíso terrenal, de los que puede ponerse como tipo la leyenda a propósito de Erik, príncipe noruego que se hace cristiano en Constantinopla y que tras larga peregrinación (pues en Bizancio se sabe que el Paraíso está más allá de la India) Erik y sus compañeros llegan a un bosque en el que los astros brillan aun de día, y a un río junto al cual un dragón guarda el único puente que le cruza. Erik y los suyos se meten en la boca del mostruo, encontrándose de pronto y sin mal alguno en una llanura por la que corren ríos de miel, en la que los árboles no proyectan sombra y donde por una escala llegan hasta una torre que se sostiene en el aire sin apoyo alguno; aire por cierto embalsamado, en el que quedan adormecidos. Entonces Erik, mediante un ensueño, ve a un ángel que le dice que ha llegado al país que buscaba, a la "tiena de los vivos", pero no al Paraíso, que es incomparablemente más glorioso y reservado tan sólo para los Espíritus.

Pasemos a los pueblos célticos, muy particularmente a los irlandeses, campeones en esto de los viajes al otro mundo. El simpático héroe de Ulster, Cuchillaín (con el que el lector que guste puede hacer, si ya no lo ha hecho, conocimiento en mi *Mitología Universal*), es puesto muchas veces en camino hacia comarcas extrañas en nada semejantes a las terrestres. Por ejemplo, el mundo siniestro con el que entra en relación en *La enfermedad de Cuchillaín y los grandes celos de Emer* (manuscrito del siglo XI). Luego viene la novela ("mabigoni") de *Puyll, príncipe de Dyvet*, serie de aventuras de Cuchillaín y de Loegaire en el país de las hadas de los lagos. Y, finalmente, los relatos conocidos con el nombre de las *navegaciones*, relativos todos a viajes remotos y extraños en los que pueden admirarse las cosas más raras y prodigiosas. El más antiguo de estos relatos es el que refiere la navegación de Mael-Duine (probablemente del siglo VIII). De menor opulencia en cuanto a fantasía es el *Viaje de Bran, hijo de Fébál*. Hay que mencionar también el *Viaje de San Brendan*, que es una mezcla de textos fantásticos y hechos reales realizados durante sus viajes por monjes irlandeses, entre ellos el propio San Brendan. Más célebre aún que estos viajes de San Brendan fue la leyenda del Purgatorio de San Patricio, a propósito de la cual me voy a detener un momento, no tan sólo porque demuestra cómo una leyenda, por fantástica e irreal que sea, si atrae sobre ella esa cosa ciega y maravillosa llamada *fe*, puede ser creída como un conjunto de los más verídicos y positivos hechos reales, sino por haber trascendido hasta nuestra literatura. En todo caso ocurre que el llamado *Purgatorio de San Patricio* fue y sigue siendo en nuestros días, y ello no obstante la prohibición del Papa Alejandro VI, nuestro compatriota que tanto ha dado que hablar y que escribir, y no por su vida ejemplar (prohibición promulgada a instancias de un canónigo holandés que sin duda racionalista, es decir, desprovisto de la necesaria fe, fue al lugar en cuestión con la esperanza de ver, como todos, maravillas, y no vio nada), que fue y sigue siendo, decía, un lugar de peregrinación tan importante en Irlanda, como Santiago en España, Lourdes en Francia o Fátima en Portugal. ¿Qué Papa, en efecto, tendría autoridad bastante para impedir que millares de enfermos acudiesen a estos dos últimos lugares con la esperanza de sanar milagrosamente? Y he aquí lo que hay sobre la cuestión que nos ocupa.

En el condado de Donegal, en Ulster, hay un lago de aguas rojizas, tal vez por ser el terreno ferruginoso, sembrado de islotes: el "Lock Derg" o Lago Rojo. El color rojo era para los irlandeses paganos el color de la muerte, pero, al llegar el Cristianismo al país, apareció no tardando una leyenda que aseguraba que el color del lago era debido a la sangre de un dragón que había dado muerte el propio San Patricio, que, como se sabe, es el patrón de Irlanda. El papel de los dragones en las leyendas suele ser tan importante que han llegado a constituir la base de muchísimas; con frecuencia se los asocia a la guarda de bellísimas doncellas, y ello ha servido cuando menos para excitar la inventiva de los artistas que nos han dejado representaciones de estos terribles y venerables animales, por lo general destinados al martirio (siempre suelen ser vencidos por héroes o santos admirables), sumamente variadas y pintorescas. Aquí, sobre la primera leyenda pronto se fueron acumulando otras, pues nada tan prolífero como la fantasía popular, esa fantasía anónima que acaba por dar tono a la espuma psicológica de cada pueblo, y el prestigio del lago fue creciendo, sobre todo cuando a alguien se le ocurrió situar en una caverna de cierta de las islas del lago, la entrada de uno de los locales del más allá, destinado a producir más saneados ingresos: el Purgatorio. El doctor Evans Wentz, en su libro *Fairy Faith in Celtic Countries* (Oxford, 1911), sugiere que tal vez esta leyenda del Purgatorio de San Patricio, cuya entrada se localiza en una caverna que sirvió en otro tiempo para las iniciaciones místicas paganas, dio origen a la doctrina del Purgatorio en la Iglesia romana. En todo caso el lugar se convirtió en un famoso centro de peregrinaciones, que no han podido ser abolidas pese a haber sido demolida la caverna en cuestión por orden del gobierno inglés en Irlanda, con el pretexto de destruir, tal se dijo al menos, una superstición pagana. Innegable es también que lugares subterráneos de adoración y de iniciación, dedicados al dios solar Mithra, subsisten en varias comarcas del sur de Europa, y que de tal modo se asemejan al purgatorio irlandés y a otros lugares celtas de iniciación, por ejemplo New Grange, en Irlanda, y Gavrinis, en Bretaña, que parecen indicar un común origen prehistórico, esencialmente religioso, unido al culto de un mundo *post mortem* y a sus habitantes. Pero volvamos con San Patricio. El primero que localizó el Purgatorio en el Lago Rojo (lo que prueba que el hallazgo era ya del dominio público) fue el escritor Gallois Giraud de Cambrie, hacia la mitad del siglo XII. Este escritor considera la isla dividida en dos partes: una sagrada, la otra infestada de demonios. Hacia 1189, un religioso cisterciense, Enrique de Saltrey, compuso una bajada al "Purgatorio" que tuvo un éxito enorme. Han quedado de ella muchos manuscritos y traducciones diversas. Ni que decir tiene que aquello fue más que suficiente para asegurar ya las peregrinaciones al famoso Lago, peregrinaciones que habían empezado tras la leyenda siguiente, relatada más tarde con todo detalle por Rogelio de Wendover, muerto en 1236. He aquí un extracto de este relato: San Patricio, hablando y predicando a los paganos de la verde Erin, a los que quería convertir, no conseguía convencerlos, porque aquellos hombres de endurecido corazón le pedían, para creerle, algo más que palabras inflamadas, pues por instinto, cuando se oye a alguno alabar algo lleno de pasión, sospechamos que a ello le mueve no nuestro interés, sino el suyo. Querían, pues, pruebas visibles, no palabras, y el Señor en persona, a creer a Rogelio de Wendover, le reveló el secreto del Lago, asegurándole que todo penitente sincero que pasase en la caverna un día y una noche quedaría purificado de sus faltas. Inmediatamente el apóstol de Irlanda mandó construir junto a la caverna una capilla y fijó las formalidades de acceso al subterráneo: si el peregrino no volvía, o salía, una vez metido dentro, había que considerarle como perdido, tanto de cuerpo como de alma y ni pronunciar más siquiera su nombre se debía; de lo contrario...

Ni que decir tiene que todo esto fue motivo más que suficiente para que la fe, al fin encendida, empezase a realizar milagros que, naturalmente, fueron plasmados en nuevas leyendas, de las cuales voy a dar una: la recogida por Enrique de Saltrey. Hela aquí: Un caballero llamado Oenus, arrepentido, tras una vida que no había sido sino un tejido de crímenes, pidió a su obispo, de quien precisamente dependía entonces el "Purgatorio", que le autorizase para afrontar la prueba. Llegado el día, y tras haber oído misa y comulgado, fue conducido procesional-mente a la entrada de la caverna, que, una vez el criminal arrepentido dentro, fue cerrada tras él. En medio de las tinieblas en que se vio envuelto no tardó en distinguir una claridad semejante al crepúsculo invernal y gracias a ella vio una especie de claustro en el que había quince monjes vestidos de blanco. Uno de ellos dijo a Oenus que iba a encontrarse con demonios que por todos los medios, palabras prometedoras, amenazas e incluso torturas, tratarían de hacerle renunciar a su proyecto; si los escuchaba, perdido estaba sin remedio; de lo contrario, tras poder contemplar los castigos que sufrían los pecadores, así como la felicidad de los justos, él mismo quedaría libre de sus pecados. Y que en medio de los tormentos, por grandes que fuesen, le bastaría invocar el nombre de Jesús para verse libre de ellos. Y, en efecto, lo que le había sido anunciado sucedió: demonios, promesas, amenazas, todo cayó sobre él; más: como castigo a su impenetrable silencio, un inmenso brasero al que fue arrojado bien atado de pies y manos. Pero el nombre de Cristo le salvó al punto. Luego fue el escuchar un inacabable concierto de voces reclamando piedad, de infinitos seres humanos que tenían las extremidades sujetas por clavos ardiendo, y mil otros suplicios atroces en diversos círculos de aquel antro inmenso. Vio también a varios de sus compañeros de mala vida, que no habían tenido, como él, el acierto de arrepentirse, sufrir inacabablemente tormentos, y él mismo se sintió arrojado a una tremenda rueda ígnea, de la que también Dios le liberó.

Tras ello fue llevado a una gran casa toda llena de humo ("los baños", le dijeron los demonios que era), cuyo suelo estaba plagado de fosos colmados de líquidos ardiendo y de metales en fusión, en los que se "bañaban" innumerables condenados. Sobre un monte, lugar asimismo de tormentos, otros muchos pedían en vano la muerte. De pronto un viento huracanado los arrojó a todos (y a él, y hasta a los demonios) a un río fétido y helado, del cual fue el único en salir, gracias a la protección divina. Luego llegó al borde de un pozo terribilísimo que escupía llamas, cuyo olor tan sólo era ya insoportable. Las chispas de aquel pozo eran almas de condenados. Y en él, que absorbía todo cuanto se le acercaba, se sintió precipitado. En aquel abismo, más ancho a medida que se descendía, los sufrimientos eran tan atroces que durante largo rato Oenus no pudo ni recordar el nombre del Redentor. Sólo al conseguirlo fue sacado de allí. Entonces una nueva pandilla de demonios le aseguró que todo lo que había visto hasta entonces no era el verdadero Infierno, sino una grata antesala, un simple aperitivo infernal, comparado con lo que seguía, es decir, con el verdadero Infierno en el que iba a entrar...

Renuncio a seguir. Si algún lector quiere más precisiones acuda al texto y quedará satisfecho. Es más, se enterará con todo detalle de cómo cuando Oenus, tras bien recorrido el Infierno, pasó al Edén, donde salió o recibirle una procesión en la que figuraban elegidos de todos los grados religiosos (pontífices, obispos, sacerdotes, es decir, santos de buena cepa, en unión de otros de golpes de pecho, a saber: sinvergüenzas, criminales arrepentidos, como él, y demás) llevando cruces, cirios, estandartes y palmas de oro... Cuando al fin el favorecido penitente vuelve a la Tierra, en lo sucesivo lleva en ella una vida enteramente santa. Claro que lo mismo hubiera hecho, escarmentado, el propio Satanás de haber estado en su lugar.

Ni que decir tiene que en España, país santo, nido de dulce y bendita fe, cuna de prodigios y milagros y donde, desde Recaredo, lo mismo toda religión que todo fanatismo tiene su trono y natural asiento, el edificante relato de Henri de Saltrey no podía dejar de hallar eco. Para Lope de Vega no podía pasar inadvertido; Pérez de Montalbán, su discípulo (aquel discípulo de quien tan donosamente se burlaba Quevedo), amañó el relato a su gusto y le publicó con el título de *Vida y Purgatorio de San Patricio*, insistiendo sobre la culpable vida de quien él llamó Ludovico Enio. En fin, Calderón, sacerdote y poeta (que si fue tan bueno en una cosa como en otra, lo que yo no dudo, merece por lo menos una beatificación), dio en 1636 una "comedia famosa" titulada *Purgatorio de San Patricio*, en la que Enio aparece como contemporáneo del apóstol de Irlanda. La obra de Montalbán, traducida al francés, inspiró hacia la época de la Revolución, *Louis Eunius*, misterio en lengua bretona traducido más tarde al francés por Dottin.

En fin, por si todo ello fuese poco, aún en época no muy lejana han circulado por tierras armoricanas numerosos relatos de viajes al más allá, viajes tan populares como los que se acaba de ver, en la edad media, relativos a las recompensas y penas (muy especialmente éstas) destinadas a los mortales cuando pasen a, no ciertamente para muchos, "mejor vida". Me refiero a las famosas *visiones*: visión de Wettin, visión de Alberico, *Visión de Tondale*, en fin, la leyenda de Ludwig Brazo de Hierro. Habiéndome ya ocupado de ellas en la nota 455 de mi *Mitología Universal*, no insistiré sobre cosas que de tal modo repugnan al más elemental buen sentido. Mas, por si algún lector gusta de empaparse bien sobre hasta qué punto cosas tan alejadas de la religión como próximas al fanatismo pueden tener cabida en el espíritu humano, tómese la pena de leer los libros siguientes; con tres que voy a citar quedaré satisfecho: Delepierre (Octave) *L'enfer décrit par ceux qui l'ont vu*, Londres, *Miscel de Philobiblon Society*, 1863-1866. Ozanam, *De frequenti apud veteres poetas heroum ad inferos descensu*, París, 1837. Labitte, *La Divine Comedie avant Dante*, Revue des Deux Mondes, 1842, tercer trimestre.

Y acabo: honremos la memoria de San Gregorio el Grande recordando que él fue quien atrajo la atención sobre la vida futura gracias a sus *Diálogos*, en cuyo cuarto libro muy especialmente se leen ejemplos de ensueños y contemplaciones relativas al más allá, tenidos o realizadas por hombres a los que se creyó muertos (como al Er, de Platón), pero que volvieron a la vida para dejar descripciones destinadas a sus semejantes. Nada más.

(19) Lo característico de las religiones a base de Misterios es la tendencia a reconocer, proclamar y enseñar *la libertad del alma*, y a fundar en esta libertad la salvación; mientras

que en el Budismo la creencia suprema es la relativa a la *transmigración de las almas,* hasta que alcanzan la perfección suficiente para reintegrarse en el *Todo,* es decir, su *Nirvana* (pues los dioses están ausentes del Budismo, como en realidad de las religiones a base de Misterio, para quienes la Divinidad es también una esencia superior que en nada se diferencia del Todo búdico). Por su parte, Judaismo, Cristianismo y Mahometismo se asemejan en tener como dogma, es decir, como cosa cierta y segura, la *resurrección de la carne.*

(20) Para detalles amplios sobre ellos remito al lector a mi *Mitología Universal.*

(21) La maravillosa y esperanzadora idea de que en lo sucesivo los hombres podrían morir tan sólo para renacer a una vida esplendorosa y mejor, estaba sembrada. Platón, gran paladín del alma, acabaría por sentar bien sentado, gracias a su talento e influencia enorme, no tan sólo que el alma era inmortal puesto que de naturaleza divina, sino eterna, anterior al cuerpo y muy superior a él; y que incluso, como asegura Sókrates en el *Faidon,* todo hombre razonable debe tender a liberarse lo más pronto posible de la prisión del cuerpo y dejar que el alma escape, feliz, a una vida mejor.

(22) Los motivos de esta evolución son oscuros. Se ha hablado del Mazdeísmo a causa de la cautividad en Babilonia, y, sobre todo, de los dos siglos posteriores, durante los cuales los hebreos estuvieron bajo la dominación persa. En todo caso es indudable que a la muerte de Alexandro (Alejandro el Grande) todo el próximo Oriente cayó bajo la influencia griega, y que a causa de ello los judíos, muy especialmente los que estaban en Egipto, entraron en contacto inmediato y directo con la civilización helénica. Tal vez los Profetas, sembrando la idea de un Dios, no del pueblo judío tan sólo, sino de todos los pueblos; es decir, la idea fecunda del monoteísmo (que ya había germinado, pero no de un modo tan claro y rotundo en la India con Brahma y en Grecia con Zeus), sentaron los jalones sobre los que florecían los temas relativos al Fin del Mundo, al Juicio último, a la Nueva Era y a la Resurrección de los Muertos, o sea, todo lo que implicaba la inmortalidad del alma. Pero las alusiones a todo ello son escasas y no muy precisas (bien que se lea en Isaías (XXVI, 14, 19) que los enemigos de Dios "no sobrevivirán..., pues tú los has castigado y destruido" y "Que tus muertos revivan, que mis cadáveres se levanten. Levantaos y estremeceos de placer, habitantes del polvo, pues tu rocío es un rocío vivificador y la tierra volverá a dar el día a las sombras". Y en Daniel (XII, 2): que "al fin de los tiempos varios de los que duermen en el polvo se levantarán, unos para la vida eterna, los otros para eterna vergüenza"); escasas y no muy precisas, decía, y hace falta alcanzar los dos siglos anteriores a la venida de Jesús para que se precisen.

(23) En la época del *Libro de Henoch,* el Cheol quedó transformado en una especie de Purgatorio para antes del Juicio final, donde diversas "estancias" estaban reservadas para los muertos, según sus vicios o sus virtudes: los primeros, sufriendo un castigo preparatorio; los segundos, gozando de una anticipación de felicidad antes de pasar al verdadero Paraíso, que el Libro evoca como una casa de cristal con el techo estrellado, o limitado por relámpagos, lleno de querubines de fuego; en el interior, un trono de cristal ceñido de ríos y de llamas sobre el cual resplandece la Gran Gloria, ataviada con vestidos

más blancos que la nieve, más brillantes que el Sol, que ningún ser de carne puede mirar cara a cara. Otros textos más recientes mencionan los famosos "siete cielos", que luego aparecerán con tanta frecuencia en los relatos tradicionales ulteriores, con gran exhibición de puertas de diamante, de ángeles con rostros luminosos, ríos de leche y de miel, praderas cuajadas de flores y festines presididos por Dios en mesas de ónice y de piedras preciosas. Pero la ortodoxia rabínica ha modificado todo esto, sin duda por considerarlo falso y estúpido, determinando que tras la muerte el justo ganará, sí, una situación venturosa en el Cielo, pero sin meterse en más detalles, y los malos una gehenne en la que "serán atormentados con llamas" en un fuego de temperatura sesenta veces superior al fuego terrestre. Sin duda, pensaron los excelentes rabinos que si respecto al Paraíso convenía ser prudentes, siquiera por no parecer que hablaban influidos por el Edén que Mahoma ofrece a sus creyentes, con el Infierno se podía echar lastre sin miedo a dejar atrás a los muchos ya en funciones. En fin, tras el Juicio final, la única diferencia con las prescripciones coránicas que acaban por salvar a sus creyentes, es que los condenados, como asegura también el dogma cristiano, expiarán sus faltas, y los salvados gozarán de su felicidad *eternamente; y* no inmatenalmente, sino en sus propios cuerpos resucitados.

(24) En uno de los *Upanishads* se lee: "Como una oruga que tras haber trepado arrastrándose y retorciéndose hasta lo más alto del tallo de una hierba, se estira con gran esfuerzo para alcanzar otro tallo, así el hombre, luego de haber salido de su cuerpo se estira con esfuerzo para alcanzar una nueva existencia. Pero su destino está marcado por su conducta: tal ha sido ésta, tal será aquél." De acuerdo con este principio inmutable, se lee en otro *Upanishads* que el hombre que se ha conducido bien renacerá como brahmán, como kchatrya o como vaisia; es decir, en una de las tres clases superiores, mientras que una mala conducta llevará fatalmente a un nuevo renacimiento como sudra (paria), como perro o como puerco. Y en otro:

"Es según lo que ha hecho o lo que ha conocido por lo que un hombre renace como gusano, como insecto, como pez, como pájaro, como león, como jabalí, como serpiente, como tigre, como ser humano, como tal o cual ser de ésta o aquella condición." En las *Leyes de Manu* el mismo carácter retributivo, unido a la idea de moralidad: "Los hombres que se complacen en la violencia tórnanse animales carnívoros; los que comen alimentos prohibidos, gusanos; los que roban, bestias pertenecientes a especies que devoran a sus congéneres." "Los ladrones de granos se tornan ratas; los de miel, insectos venenosos; los de leche, cuervos; si de carne, buitres; el que roba grasa, cormorán; si sal, grillo; si lino, rana; si melaza, murciélago. El que arrebata a una mujer renace oso; el que un vehículo, camello." "El que roba aceite se torna cucaracha; si una vaca, iguana; si legumbres, pavo real; si grano, puerco-espín; si caballos, tigre; si fruta, mono; si elefantes, tortuga." "Los malhechores pasan a cuerpo de animales; los grandes criminales entran sucesivamente en el cuerpo de todas las plantas; los que han cometido un pecado mortal, en el cuerpo de gusanos o de insectos; los delincuentes menores pasan al cuerpo de pájaros, y los criminales de cuarto grado, a cuerpos de animales acuáticos." Claro que hombres al fin los que calculaban tan sanos consejos, es decir, los avisados brahmanes que a fuerza de tiempo y de audacia habíanse encaramado en la primera casta, desde la que grasos y perfectamente parásitos moralizaban, entre col y col dejaban ver sus verdaderos sentimientos y propósitos, predicando de mal disimulado modo en su provecho: "El asesino de un brahmán será condenado a entrar en el cuerpo de un perro, de una cabra o de un asno. Y el seductor de su mujer pasará cien veces a ser hierba, liana o arbusto." O bien, según otro de aquellos profetas *pro domo sua*: "el que mata a un brahmán renacerá tuberculoso; el que le quita alimentos, dispéptico; el que maldiga de él, sordo-mudo".

(25) El *Avesta*, textos relativos al Mazdeísmo o Zoroastrismo (la primera de las religiones monoteísta y cuya angeología y demonología pasó al Judaismo, entre otras cosas), forma el tomo 24º de la colección "Tesoro Literario".

(26) Entre los raros Apocalipsis admitidos en el *Antiguo Testamento* hay dos que contienen una alusión a la resurrección. En el primero y más pequeño, que data del siglo III, o tal vez del II antes de Jesucristo, y que ha sido, integrado en el libro compuesto con el nombre de *Isaías*, se lee en el versículo 19 del capítulo XXVI: "¡Que tus muertos revivan! ¡Despertad y que el gozo os haga cantar, habitantes del polvo! Pues tu rocío es semejante al que vivifica la hierba, y la tierra volverá a dar el día a las sombras." Luego, en el *Libro de Daniel*, que es más reciente, pues data de la época de los *Macabeos* (es decir, unos 165 años antes de nuestra era), encontramos (XII, 2) una profecía anunciando claramente la resurrección individual. En la hora en que Dios triunfará, "muchos de los que duermen en el polvo despertarán, unos para la vida eterna, otros para el oprobio y la también eterna vergüenza". En el *Libro de Henoch* se lee que los justos serán los únicos hijos de Israel cuyo cadáver se levantará "para que puedan vivir una larga vida sobre la Tierra". Y en una sección más reciente: "De vosotros que habéis muerto en la justicia, los espíritus vivirán, gustarán la alegría y estarán llenos de gozo." En el *Testamento de los Doce Patriarcas*: "Y los que mueran en el dolor se levantarán en la alegría; y los que soporten la pobreza por causa del Señor conocerán la riqueza; y los indigentes serán hartados de alimentos, así como los débiles recobrarán sus fuerzas y los que rindieron su aliento por la causa del Señor despertarán llenos de vida." En los *Salmos de Salomón* (hacia el año 50 antes de Jesucristo): "Los que temen al Señor alcanzarán la vida eterna." En fin, en el *Segundo Esdras*, libro aún más reciente (de los años 81 a 96 d. d. J.), hablando ya claramente de la resurrección, dice: "La tierra restituirá a los que duermen en su seno, y lo mismo el polvo a los que habitan el silencio. Y los lugares secretos devolverán estas almas a las que recibieron en depósito."

(27) Habla de "la resurrección de los justos" en Lucas (XIV, 1, 14), poniendo en boca de Abrahán una alusión a los que no se dejarían persuadir "aunque los muertos resucitasen". Pero muy especialmente su pensamiento respecto a la naturaleza de la vida que seguirá a ésta está consignado en un pasaje famoso que dan los tres *Evangelios* sinópticos. Véase el de Mateo (XXII, 23-35), que en esto es quizá el mejor de los tres. Por más que ¿qué mejor testimonio en pro de esta doctrina, para los que creen en ella, que la esperanza de su propia resurrección?

(28) Además del *Ba*, rayo emanado de Ammón-Ra, espíritu oculto, esencia interior del Sol, creían en el *Ka o* doble del cuerpo (el cuerpo astral del que hablan los ocultistas y

teósofos modernos). Este Ka continuaba unido al despojo mortal al que pertenecía, mientras éste conservaba su forma y apariencia humana (por ello el embalsamar con tanto cuidado los cadáveres), y le hacía seguir disfrutando de todos los goces materiales de que había participado en la Tierra. Por lo mismo, los parias a quienes sólo les había cabido en suerte golpes y trabajos, no eran embalsamados, y sí únicamente los privilegiados de la Fortuna: los reyes y los grandes personajes.

(29) Sólo este conocimiento, como se verá, permitía al alma del muerto dominar mediante el poder de su mirada, y aun más de la magia de sus palabras, a los innumerables monstruos y demonios de los que tantas veces se vería rodeada. Sin estos conocimientos, por virtuoso que hubiese sido en la Tierra, jamás saldría del reino de las sombras y de los temores vanos. El capaz de responder debidamente a causa de su saber a las preguntas que le eran formuladas atravesando el río que le separaba de los Campos Elíseos, él tan sólo conseguiría llegar ante el tribunal compuesto por Osiris y los 42 jueces. A cada uno de estos 42 jueces correspondía juzgar de una de las 42 faltas que el alma encausada tenía que defenderse de haber cometido. No bastando su palabra, su corazón era pesado en una balanza y sólo de la liviandad de este peso, es decir, de la ausencia de crímenes y faltas de su dueño, dependía, aparentemente, el que el juzgado se viese libre de los lazos que aún le tenían ligado a la Tierra. Caso contrario exponíase a vagar por las 75 regiones del Infierno, en las que, de entrar, sufría diferentes suplicios antes de ser atraída de nuevo hacia un cuerpo, ora de hombre, bien de animal. Pero de todo ello podía librarse (por eso he escrito "aparentemente") si tenía un buen padrino; es decir, si había dejado en la Tierra a un buen director espiritual que mediante sus encantamientos podría, si no atendían debidamente los dioses a su recomendación, jugarles muy malas partidas.

(30) Los kabalistas dicen a propósito de esto: "Dios enseñó la doctrina primeramente al mundo angélico. Tras la caída de los ángeles fue Adán quien conoció los misterios. De Adán pasó a Noé. De Noé a Abraham. Luego a Moisés. De los Patriarcas a los Profetas. Así, sucesivamente, su transmisión se operó sin interrupción." (P. Vulliaud, *La Kabbale juive.*)

(31) El trabajo de la muerte, según los kabalistas, es muy largo. Por lo pronto el Talmud distingue 900 variedades de muertes. El primero en dejar el cuerpo es Neschamah, el espíritu. El alma, tras haberse extendido por todos los órganos (obsérvese una vez más qué seguridad, es decir, qué audacia en afirmar lo que es absolutamente imposible saber), lo que constituye la sacudida de la agonía, se refugia en el corazón, que es el centro de la vida. Su separación del cuerpo puede ser, a veces, dolorosa, a causa de una doble llamada de las altas regiones espirituales, y de las regiones inferiores físicas, entre las cuales duda. En el último minuto el alma escapa del corazón y del cuerpo por la boca, a favor de la última espiración. Tras la marcha del alma el hombre parece muerto, no obstante Nephesh está aún en él. Para que se marche a su vez será necesario el trabajo de la descomposición y que los Nasikim o malos espíritus lo hagan a su vez. Pero la desintegración total no tiene lugar sino con la putrefación completa. Mas aun cuando el cuerpo vital, el alma y el espíritu hayan alcanzado su mundo respectivo, continúan unidos

entre ellos no formando sino uno. En fin, aunque los kabalistas modernos no creen en la doctrina de la transmigración, las alusiones a ella son frecuentes en el Zohar. Véase una: "Cuando el alma no ha acabado su misión durante su paso por la Tierra, es desarraigada y trasplantada de nuevo a ella tal cual está escrito en Job: "¡Y el hombre vuelve a la Tierra!" Las transmigraciones son impuestas al alma como castigo y varían según su culpabilidad. "Toda alma que se ha hecho culpable durante su paso por este bajo Mundo queda, como castigo, obligada a transmigrar cuantas veces sean necesarias para alcanzar, gracias a su perfección gradual, el sexto grado de la región de la cual emana" *(Zohar,* II, 24 a). Luego si la vida en la Tierra es considerada como un castigo, ¿por qué la doctrina judía recomienda con tanta insistencia e incluso con amenazas terrestres y supraterrestres la necesidad de procrear hijos? Pero ¿vale la pena en realidad conceder la menor importancia a esta doctrina tras la mención que acabo de hacer? ¡Y sólo ha sido un botón de muestra del cúmulo de fantasías que la constituyen!

(32) Pasemos, sí, bien que recordando que en Roma los estoicos estuvieron a dos pasos del Cristianismo. Oigamos a Séneca: "Cuando llegue el día que deba separarse esta mezcla de divinidad y de humanidad, dejaré este cuerpo donde le he encontrado y volveré hacia los Dioses." Y aún: "La muerte que consideráis como el último de vuestros días es el de vuestro nacimiento para la eternidad." Catón, por su parte, había dicho: "Creo en la inmortalidad del alma, y si esto es un error, es un error que me place."

(33) Orígenes, exegeta y teólogo nacido en Alejandría (185-253), donde durante veintiocho años regentó escuela. Ordenado sacerdote en Cesárea, allí abrió nueva escuela, que adquirió brillo extraordinario. Luego viajó por Arabia, Palestina, Grecia y de regreso llegó hasta Roma. Detenido el año 250, cuando la persecución de Decio, sufrió, en Tiro, tormentos crueles, a causa de los cuales murió. Hoy ya nadie discute sus virtudes ni niega sus vastos conocimientos, como tampoco su voluntad de permanecer en la ortodoxia, ni su capacidad de trabajo. Según San Jerónimo compuso diez mil obras. San Epifanio redujo este número a seis mil. Aun dejándolo en 600 resultaría que fue un extraordinario polígrafo. La mayor parte de su obra se ha perdido. Mucho de lo que queda nos ha llegado a través de las traducciones (poco seguras) de Rufino de Aquilea. Su libro más conocido es el tratado *Contra Celso.* Sus contemporáneos le llamaban el *Hombre de bronce.* Pero así como ni las maderas más duras ni los propios metales resisten a la acción destructora de los más viles entre los insectos, los perniciosos fólades y los destructores teredos, del mismo modo, nada más expuesto que la grandeza espiritual a los ataques de los fólades de la envidia y de los teredos de la mediocridad. Así el *origenismo* fue condenado en el concilio ecuménico de Constantinopla el año 553, a causa de sostener una subordinación del Hijo respecto al Padre y del Espíritu Santo respecto al Hijo; la creencia en la eternidad de la materia; la creencia, asimismo, en la preexistencia del alma, que caía, como castigo, en el cuerpo (lo que habían creído y afirmado, empezando por Platón, muchos filósofos eminentes) y, en fin, y sobre todo, por negar la *eternidad* de las penas del Infierno.

(34) Influencias más antiguas, budistas, especialmente en esta cuestión, que posteriormente fueron suprimidas, limadas o adaptadas, por doctores, teólogos y concilios.

(35) La mayor o menor perfección de una mónada consiste en la percepción más o menos neta que tiene de todas las demás, es decir, del Universo.

(36) Para Leibniz, todo ser complejo, por ejemplo, un cuerpo vivo, es de hecho una aglomeración de mónadas, "como un estanque lleno de peces", dominado por una mónada principal que es el "alma"; alma que no cambia de cuerpo sino gradualmente, mediante una especie de *metamorfosis:* "Jamás hay generación entera ni muerte total, en el riguroso sentido de la palabra, consistente en la separación del alma. Lo que llamamos generación son simples desenvolvimientos y crecimientos; así como lo que llamamos muerte no es sino desenvolvimientos y disminuciones." Por ello la diferencia entre la vida y la muerte, "no siendo otra cosa que ir de lo más a lo manos, de lo más a lo menos perfecto y al contrario, lo que hace su estado pasado o por venir es tan explicable como el estado presente, puesto que un salto de un ser a otro infinitamente diferente no es cosa natural". Lo que implica, evidentemente, la eternidad de las almas (como la de las mónadas en general), su preexistencia y su supervivencia.

(37) Dios es la mónada suprema, infinita, totalmente iluminada, asiento de todas las esencias, todas las verdades y todas las posibilidades lógicas.

(38) Doctrina de la "palingénesis" o renacimiento de todos los seres vivos (expuesta por Bonnet en 1769, en su obra *Palirv-génesie philosophique,* en quien esta idea está estrechamente unida a la de "evolución" y perfeccionamiento). Según esta doctrina, que enlaza y opone a la de Leibniz, cada individuo vivo lleva en él "gérmenes de restitución", indestructibles, que le permiten renacer tras su muerte aparente y llevar una existencia nueva adaptada a un nuevo estado del Mundo. Varias revoluciones cósmicas, según Bonnet, han acaecido ya en el pasado; la próxima será la última e inaugurará un estado definitivo, en el cual el progreso continuará tal vez sin límites.

(39) *Empirismo* es el nombre genérico de todas las doctrinas filosóficas que niegan la existencia de axiomas considerados como principios de conocimiento lógicamente distintos de la experiencia. Desde el punto de vista psicológico, el empirismo se opone al racionalismo inneísta, que admite la existencia, en el individuo, de principios de conocimiento evidentes. Por ejemplo, Locke contra Descartes.

(40) El *ocultismo* es, como se sabe, el conjunto de creencias, de estudios, de tentativas para poner en claro e incluso utilizar lo que Alian Kardec (Rivail, de verdadero nombre) llamaba "fenómenos que salen de las leyes de la ciencia vulgar", fenómenos que, dado el modo como parecen manifestarse, implican, según los que creen en ellos, la existencia de actividades psíquicas desconocidas que parecen quedar fuera de los campos físico-químicos y biológicos clásicos y, por consiguiente, que salen de la realidad tangible o comprobable de las "fuerzas naturales". Grasset definió el ocultismo en su obra que lleva

este mismo título *(L'occultisme,* 1908), del siguiente modo: "Entiendo por ocultismo el estudio de los hechos que no pertenecen aún a la ciencia (quiero decir a la ciencia positiva en el sentido de Augusto Comte), pero que pueden pertenecer a ella un día." Esta definición ha sido encontrada insuficiente. F. Mentré ha dicho de ella: "Según ello, el ocultismo abrazaría todo lo que aún no es objeto de ciencia, lo que supondría que la ciencia es el único modo de conocimiento. Yo prefiero la expresión de Boirac: *hechos criptoides."* J. Lachelier, por su parte: "Habría que hacer notar aquí una distinción que, sin duda, hace implícitamente el doctor Grasset entre lo que, en lo oculto, es puramente quimérico y charlatanesco y lo que está destinado a llegar un día a ser científico. Cierto que el límite es difícil de trazar." Y según L. Boisse: "La definición del doctor Grasset es demasiado amplia: hay fenómenos que no son aún objeto de ciencia positiva y que, no obstante, no tienen ninguno de los caracteres que distinguen a los hechos del ocultismo."

(41) Estos *médiums* son personas que a causa de una disposición natural en ellos están en condiciones de ser sensibles, por decirlo así, a las acciones de los espíritus y, por consiguiente, de comunicarse con ellos y dar cuenta de estas comunicaciones. Gracias a ellos, los espiritistas han llegado a acumular una serie de revelaciones provenientes, según creen y afirman, de los propios espíritus, y que se han expuesto dogmáticamente (ya se sabe que el dogmatismo consiste en hacer creer, por el simple hecho de afirmar, lo que no se puede comprobar) en diversos libros, de los cuales el más célebre y conocido es el de Alian Kardec, titulado *Le livre des Esprits.*

(42) Yo, empujado por la punzante curiosidad de saber y conocer que me ha espoleado siempre, acudí, de joven, varias veces, a cierta reunión de espiritistas de una sociedad o grupo denominado, si no recuerdo mal, "La Estrella", que tenía la sede en la calle de Valverde. Y allí, en efecto, fui testigo de ciertos hechos no ordinarios. Todo ello me dio la impresión siguiente: Desde luego, que jamás se producían los fenómenos indicados u otros (fenómenos mediumnímicos) de no haber entre los presentes una persona *médium* que previamente caía en "trance", y que, por consiguiente, no era difícil deducir que era ella quien, en virtud de sus facultades *especiales,* pero en modo alguno *sobrenaturales,* daba lugar a la realización de los fenómenos. Y, por consiguiente, que no se trataba de *espíritus,* sino simplemente de la exteriorización de acciones o fuerzas a las que Flammarion llamaba "fuerzas naturales desconocidas", pero esto: perfectamente naturales en el "médium", que tenía la facilidad y posibilidad de exteriorizarlas. O sea, que los fenómenos que observábamos eran curiosos y extraños, cierto; que fueran *sobrenaturales,* no. Luego he tenido ocasión de conocer a otras personas dotadas también de poder mediumnímico (personas, por supuesto, perfectamente normales todas, y algunas, incluso, que desconocían de lo que eran capaces), y siempre saqué la misma impresión que la primera vez. Por lo demás, aún quedarán por ahí discípulos del doctor Cajal (no el sabio histólogo tan conocido, sino un hermano suyo también eminente, catedrático que fue de la Universidad de Zaragoza), que podrían confirmar cómo su profesor, verdadero maestro en cuestiones de hipnotismo, sugestión y demás, limítrofes del espiritismo, realizaba, muchas veces ante toda la clase, experiencias asombrosas, pero perfectamente naturales. Pues ¿y el famosísimo Charcot, en París?

(43) Según los espiritistas, el hombre se compone de tres elementos: *alma*, principio inmaterial, intelectual, moral e inmortal; *cuerpo*, físico, y el *periespíritu*, especie de fluido vital (el "ka" de los egipcios), de energía animal que anima al cuerpo; chispa individual, según ellos, del fluido cósmico universal. En el momento de la muerte—creen y afirman—el alma escapa envuelta en su periespíritu, constituyendo lo que ellos llaman un "Espíritu". Y estos Espíritus son los que, a su entender, pueden comunicarse con los vivos gracias a los "médiums". Es decir, aquellos de entre los hombres y las mujeres dotados de capacidades especiales para tal comunicación. Estas capacidades especiales pueden consistir—hablo siempre en nombre de los espiritistas—en que el periespíritu del médium deje su envoltura física y, en su lugar, se ponga el Espíritu evocado, que es el que habla u obra; bien que el Espíritu venga a reforzar, por decirlo así, al periespíritu del médium, o mejor aún, que el periespíritu del médium corra a sumarse al Espíritu haciéndole más denso y tangible ("ectoplasma"); en ciertos tratados de Espiritismo se ven hasta fotografías de estos ectoplasmas; claro, que se hacen tales prodigios con placas, luces, trucos y habilidad que hay para ser escépticos; también, por lo visto (hablando con más propiedad, por lo oído) el médium difunde en torno suyo una fuerza vital periespirftica en la que los Espíritus o Espíritu invocados se empapan, adquiriendo una energía que les permite manifestarse a los vivos.

(44) *La mort*, página 93 y sigts.

(45) A causa de Platón el *alma* y el *cuerpo* han sido considerados como elementos discordantes, hostiles, enemigos incluso. Y este último, el "cuerpo", fuente de miserias y calamidades para el alma; su "prisión" (como dice Platón en el *Faidon* complaciéndose en jugar con los vocablos *sema* y *soma*). Y por ello ha sido vilipendiado por los idealistas partidarios, discípulos y seguidores del gran filósofo, y generalizando (bien que generalizar sea prejuzgar) la *materia* ha corrido la misma suerte. Y de este horror a la "materia" ha salido el odio, la verdadera persecución de la carne por el ascetismo. Consecuencia de este estado de cosas dos realidades inmediatas: una, la oposición violenta entre *idealistas o* espiritualistas y *materialistas;* otra, la que acabo de mencionar: que esa faceta del idealismo que es el ascetismo, exagerando la nota, haya tratado y siga tratando al cuerpo y a todos los instintos naturales como a verdaderos enemigos.

Creo el problema mal encarado y la contienda demasiado apasionada. Entre ambos extremos hay un punto intermedio que me parece razonable. Lamarck (el verdadero padre del transformismo) ha determinado este punto intermedio admirablemente mediante estas palabras: "Nada puede existir sino por voluntad del sublime Autor de todas las cosas. Pero ¿podemos asignar reglas a la ejecución de su voluntad y fijar el modo que para la ejecución de esta voluntad ha sido seguido?" No obstante, esto es lo que hacen unos y otros: cada bando *dogmatizando* a su capricho y conveniencia. Unos no admitiendo otro "sublime hacedor" que su razón y sus observaciones, sus experiencias de laboratorio y los resultados de estas experiencias. Los otros, atribuyendo al "sublime Autor" una *personalidad* semejante a la suya y empezando al punto a dogmatizar por su parte: "En el principio creó Dios los Cielos y la Tierra." Y cuando se les pregunta que cómo lo saben, responden que mediante *revelaciones*, lo que hace a sus contrarios encogerse de hombros y pedir, mientras señalan con el dedo sus matraces, sus telescopios, sus cálculos y sus libros, *pruebas*, no *palabras*. Consecuencias, *parcialidad*, pasión por ambas partes. Y claro, flotando la *duda*.

"¿Vuelve el polvo al polvo?—¿Vuela el alma al Cielo?—¿Todo es *vil materia*, podredumbre y cieno?..." Que dijo el poeta lleno también de dudas.

Una cosa hay en todo caso que parece evidente: que es insensato denigrar la *materia* y tacharla de "vil". Mejor sería hablar de ella con respeto, y todavía mejor considerar con admiración lo que tiene de poderosa y grande. Además, ¿no ignoramos absolutamente lo que es? ¿Conocemos otra cosa que algunas de sus manifestaciones tantas veces grandiosas y fenomenales? ¿Y qué sino la ignorancia es capaz de denigrar lo que desconoce? Más respetuoso, el mejor de los filósofos del siglo XIX ha escrito en su obra capital: "¿Es que conocéis acaso este polvo (al que llamáis "vil")? ¿Estáis seguros de saber cuál es su naturaleza y su poder? (¡Y apenas se podía sospechar, cuando escribía esto, la fuerza que podía desarrollar la desintegración de los átomos!) Aprended a conocerla antes de despreciarla. Esta materia, en este momento ceniza y polvo extendido por el suelo, no tardará, una vez disuelta en agua, en volverse cristal; brillará como metal, luego proyectará chispas eléctricas y su tensión galvánica le permitirá suministrar una fuerza suficientemente poderosa como para descomponer las combinaciones más resistentes, para reducir la tierra a metales; se metamorfoseará por sí misma en planta, en animal, y de su seno misterioso nacerá y se desarrollará esta vida cuya pérdida turba con tanta inquietud a la naturaleza limitada..."

(46) Uno dice: "En el Haides no hay ni Charón ni Aiakos, ni Kerberos. Nosotros, a los que la muerte envía allí, somos tan sólo huesos y cenizas." Otro: "Muerto ya para toda la eternidad no diré ni cuál es mi nombre, quién mi padre ni cuáles han sido mis actos. Cuanto soy es un poco de ceniza, nada más; y jamás seré otra cosa. Mi suerte os espera." Un tercero: "El Amenti es el país del sueño pesado y de la oscuridad, mansión de duelo para quienes le habitan." El primero, que es el más característico por expresar de un modo claro y sin ambigüedades lo que pensaban los discípulos de Epikouros, filósofo que al revés de Platón negaba la sobrevivencia del alma, dice exactamente en ocho elegantes versos yámbicos griegos, bien que se hayan descifrado de una piedra de tumba encontrada en Roma, lo siguiente: "Viajero, no pases (sin leerle antes) este epigrama; al contrario, detente y escúchame; luego, una vez instruido, seguirás tu camino. No hay Haides ni barca; no hay barquero Charón (Caronte), carcelero Aiakos, ni perro Kerberos (Cerbero). Sino que todos nosotros, los muertos que (habitamos) bajo la tierra, hemos llegado a ser huesos y ceniza, y nada más. He dicho. Vuelve a emprender tu camino, viajero. Tengo miedo de que, no obstante estar muerto y por ello mismo, te parezca charlatán."

(47) Esta palabra quiere decir o representa a la "ciencia del comportamiento", ciencia que tiende cada vez con más fuerza a llegar a ser una verdadera filosofía del conocimiento y de la acción, fundada en una psicología de reacción. Sus tesis principales

tal vez son el determinismo, el monismo materialista, la adaptación activa del ser al medio y la continuidad de las especies humanas. El behaviorismo sobrepuja ya, pues, a los simples estudios de psicopatología que dieron origen a esta doctrina. La palabra es de origen americano (salió del inglés *behaviour* o *behavior*, conducta, comportamiento) y designa, como se ve, la doctrina que limita la psicología al estudio del comportamiento o de las reacciones. El iniciador de esta doctrina, o por lo menos su campeón más decidido fue John B. Watson. Andrés Tilquin ha publicado un extenso volumen, muy documentado, sobre ella.

(48) El Evangelio atribuido a Juan, cita un caso particularmente notable, el de Lázaro: "que llevaba cuatro días enterrado y ya hedía" *(Juan,* XI, 39).

(49) Hermes Trismegisto (Tres veces grande), nombre dado por los griegos a Thoth, dios lunar de los egipcios, era ya considerado por éstos como el inventor de todas las artes y todas las ciencias. Los griegos hicieron de él un antiquísimo rey del país del Nilo, al cual la tradición atribuía un número considerable de libros secretos relativos a la magia, la astronomía y la alquimia. Estos libros influyeron mucho en las polémicas religiosas del siglo iv de nuestra era. Los fragmentos que quedan de ellos fueron traducidos al latín por Masillo Ficin en 1471 y publicados por Turnébe en 1554, y luego por Parthey exactamente tres siglos más tarde. La sociedad "Les Belles Lettres", de París, ha dado recientemente una excelente traducción bilingüe.

(50) Alejandro, conde de Cagliostro, célebre aventurero cuyo verdadero nombre era José Bálsamo (1743-1795). Su vida es mal conocida pese a su fama. Parece ser que empezó tomando el hábito de hermano de la Misericordia. Mas pronto, de simple enfermero se hizo, o hizo suponer, que era médico y, expulsado de la orden a causa de su mala conducta (perseguido incluso por robo), tuvo que escapar. Tras un viaje por Oriente, cruzó varias ciudades de Europa explotando los secretos médicos que aseguraba poseer (la en un momento famosa "Agua de la Juventud", entre otros). Luego de pasar por Estrasburgo, y ya gozando de gran renombre, llegó a París en 1785. Allí alcanzó un éxito asombroso entre la llamada "alta sociedad". A imitación de la masonería, muy importante entonces, y en la que entró, fundó él otra: la "masonería egipcia". Complicado con el cardenal Rohán en el asunto del Collar, conoció, primero, la Bastilla, luego el destierro. Y de nuevo anduvo errante de un lado para otro hasta que en 1789 fue detenido en Roma. Todo su "saber" y su ciencia de "mago" no fueron capaces de advertirle de la imprudencia que cometía yendo con toda su fama de masón, brujo-curandero y demás a la ciudad de los papas. El tribunal de la Inquisición podía perdonar a un simple granuja y a un vividor, no a un masón iluminado. Condenado a muerte y conmutada esta pena por la de cadena perpetua, en la prisión acabó; última aventura de su aventurera vida. El conde de Saint-Germain fue otro audaz cuya vida tampoco es bien conocida. De 1750 a 1760 vivió en la corte, donde asombró a todos a causa de sus maneras, su memoria prodigiosa, el encanto de su conversación (era un gran fantástico, un gran embustero y suficientemente desvergonzado; excelencias las tres más que suficientes para triunfar en un ambiente de ignorancia y parasitismo como en el que él se

movía), y, sobre todo, la extraordinaria audacia con que aseguraba cosas tales, por ejemplo, como que había vivido en la época del Concilio de Trento. Claro que su desvergüenza, incredulidad y picardía parecían abonar que, en efecto, hubiera podido adquirirlas por entonces. Como además decía poseer un elixir de larga vida, y la gente es tan propicia a creer todo lo falso, y si es algo estúpido mejor, fue muy solicitado. En pleno triunfo se vio obligado (se ignora la causa) a abandonar bruscamente París y a refugiarse en Inglaterra. Tal vez esta desconocida causa fue que vio llegado inevitablemente el momento de tener que transformar en realidad algunas de sus atrevidas promesas y, ante la imposibilidad de hacerlo, puso tierra, por mejor decir, agua, por medio, y se marchó a buscar tontos al otro lado del Canal. Y, en efecto, los encontró y no menos numerosos y rendidos, pues la masa, sea oscura o falsamente brillante, corte o cortijo, es igual en todas partes. Cuando la revolución rusa de 1762, allí estaba. Luego pasó a Alemania y más tarde a Italia. Finalmente fijó su residencia en el ducado de Schleswig, muy protegido por su soberano, y allí murió en 1784. Cagliostro, el otro tuno, se alababa de haber sido su discípulo. Por cierto que Alejandro Dumas se ocupó con gran fortuna de José Bálsamo en su interesante novela *El collar de la Reina*.

(51) Conviene no olvidar (pues las alusiones a la tragedia son constantes en el *Libro de los Muertos*) que la clave, por decirlo así, de la Mitología egipcia gira en torno a la muerte y a la resurrección de Osiris: Osiris, dios bueno, es envidiado y odiado por Seth, su hermano, dios malo. Este, habiendo conseguido con engaños apoderarse de él (véase la descripción detallada de la interesante leyenda en mi *Mitología Universal*), le dio muerte, le descuartizó y esparció aquí y allá los pedazos del cadáver. Isis, su hermana y esposa, enloquecida de dolor, se echó a buscar estos pedazos, que al cabo de grandes esfuerzos consiguió reunir, excepto uno. Luego, poniéndose sobre ellos convertida en halcón, consiguió, mediante artes mágicas, volverle a la vida. Mas precisamente por haber muerto (como más tarde Dionisos-Iakchos en Grecia y luego otros dioses) y resucitado tras la muerte, Osiris era considerado gran Señor de los muertos y de su Reino.

(52) Los sacerdotes embalsamadores formaban una verdadera casta. Ello mismo prueba la importancia de los embalsamamientos en Egipto.

(53) Para los egipcios, como para otros pueblos antiguos (entre ellos los judíos), el poder de la palabra era soberano. Nada existía, según ellos, antes de haber sido pronunciado. Las cosas, para adquirir existencia real, tenían que ser pronunciadas, "sacadas de dentro a fuera" por los que las habían pensado. Los dioses mismos no se libraban de esta regla. En varias inscripciones jeroglíficas (y asimismo en la piedra de Shabaka, rey etíope que hizo grabar en ella un extracto de cierto "libro escrito por los antepasados"), se lee: "La lengua crea la totalidad de las cosas. Nada existe antes que su nombre haya sido pronunciado en voz alta." A causa de ello la enorme importancia de las fórmulas rituales en la vida de los egipcios y, consecuentemente, el gran valor de los nombres. El nombre de una persona formaba parte integrante de su "ka" (doble del muerto que en la tumba vivía junto a la momia en medio de los objetos familiares; una especie de cuerpo astral como el en que ahora creen los espiritistas. Por cierto, puesto que he dicho "objetos

familiares", añadiré que en la tumba de Hemaka, dignatario de un rey de la primera dinastía——3.500 a. d. J.—descubierta en Sakkara, en 1936, por Walter B. Emery, entre otras cosas juzgadas necesarias para la vida del muerto en ultratumba, colocaron, y fueron halladas, 2.000 jarras que contuvieron cerveza), parte integrante del "ka", decía, de la que era, en cierto modo, como su síntesis psíquica, puesto que toda la fuerza magnética del individuo estaba encerrada en su nombre. "A la poderosa llamada del nombre, las fuerzas del "ka" del nombrado se estremecen." He aquí por qué los egipcios solían ocultar su verdadero nombre bajo seudónimos, con objeto de que sus enemigos no pudieran servirse de él para embrujarles y destruir su doble, y por qué se encuentran con tanta frecuencia restos de vasos del Imperio Medio (en los que están escritos los nombres de príncipes enemigos de Egipto, y los de pueblos rebeldes), rotos, con objeto de que al quedar tales nombres destrozados, el "ka" de estos enemigos quedase destrozado también. Hasta para un dios, conocer su verdadero nombre era entrar en posesión de todo su poder y dejarle a merced de quien tal nombre descubría. En mi *Mitología Universal* puede verse, sobre esto, un interesante episodio entre Ra e Isis, en el que ésta, astuta y versada en magia, le obliga, para ser más fuerte que él y dominarle, a que le descubra su verdadero nombre.

(54) Herodotos el primero y luego otros autores antiguos han afirmado incluso que los egipcios creían en la doctrina de la transmigración de las almas, lo que parecen confirmar ciertos pasajes del *Libro de las respiraciones* y del propio *Libro de los Muertos*.

(55) Pretensión insensata, se dirá tal vez. Según: el color de las cosas depende, sabido es, del que tenga el cristal a través del cual se mira. Para un materialista, evidentemente; pero para un idealista, nada más natural e incluso su ilusión más acariciada. Racionalmente cuanto se puede hacer es reflexionar con serenidad, tanto más cuanto que en realidad se carece de datos ciertos para juzgar sobre lo que podrían ser, o mejor, en qué podrían consistir los Misterios (pues qué eran sí lo sabemos: eran el medio, para los que creían en ellos, en virtud del cual alcanzar una vida mejor tras la muerte, e igualarse a la Divinidad). Y esta reflexión parece indicar que, sobre todo en un principio, pues luego se malearían como todas las cosas, "misterios" e iniciación en ellos, debió de ser cosa exclusiva de un puñado de escogidos. Después, como suele ocurrir siempre, la parte que pudiéramos llamar crematística (económica, material) acabaría por aparecer junto a lo puramente especulativo (místico), y se impondría la necesidad de abrir la mano, sobre todo en lo relativo a las iniciaciones, para que los creyentes acudiesen en mayor número. Y decidido esto, los misterios se dividirían en dos tipos o ramas: los verdaderos, por decirlo así, para los menos, para los escogidos, para los capaces a causa de su inteligencia y cultura de abrir los ojos y abandonar mitos, leyendas y prejuicios, y las iniciaciones de éstos consistiría en exponerles con toda claridad la mentira, engaño y hasta torpeza de la religión corriente con toda su caterva de dioses y de patrañas a propósito de ellos, y consecuentemente iniciarles en una creencia más pura y en la posibilidad de una nueva vida en ultratumba más elevada y mejor. Para los demás, para el gran número, sin echar por tierra a las divinidades en las que creían, lo que hubiera sido peligroso, pues el fanatismo, por ciego, fácilmente es agresivo, se limitarían a elevar un poco el concepto

que tenían de ellas e iniciarles también en la esperanza de una posible vida mejor para luego de la muerte; pero (pero saludable) a condición de iniciarse también en una creencia mejor; un culto más racional y, sobre todo, una mayor pureza de vida y de costumbres, tanto físicas (templanza en los goces materiales) como espirituales (una moral superior y una asimismo superior idea de las sanas costumbres). De ser esto así, como parece lógico, sólo alabanzas merecerían los famosos Misterios.

(56) Entiéndase siempre su "ba" o alma divina, pues el "ka" o doble, cuya separación del cuerpo había ocasionado la muerte, continuaba viviendo en la tumba junto a la momia y demás almas, que según la escatología constituían el completo del ser humano. Estas otras almas eran: *Sahú* o alma humana, *Xebit* o alma animal, *Tet* o variedad de cuerpo astral, digo variedad, pues el "ka" también lo era; *Hati* o fuerza vital y *Xu* o cuerpo plástico, sin duda el cuerpo material.

(57) *Amenti* o Paraíso Occidental donde estaba la morada de Osiris, Rey del Mundo Inferior. Este Mundo, además del Amenti, comprendía el Duat, región más sombría y desolada, en la cual estaba el Lago (o Isla) de Fuego, los Campos de Fuego (Infiernos propiamente dicho) y los subterráneos de tortura, donde los demonios se entragaban alegremente a torturar a los que caían en su manos. Manos "cuyos dedos hacen tanto daño". Por cierto, que leyendo todo lo relativo a los demonios "torturadores" del *Libro de los Muertos* no se puede menos de pensar (como cuando se lee el relato de Er el pamfilio en la *República* de Platón) que el *dualismo* había hecho ya su aparición en Egipto; pues hasta Zarathustra, que fue el primero que tuvo la idea de oponer a un dios bueno otro malo, los demonios cumplían en los infiernos, de todas las creencias en que tales infiernos existían, el papel de simples servidores del rey del lugar y, a lo más, el de carceleros de los allí congregados; pero no tenían como misión atormentarles, y menos la de perseguirles en la Tierra e incitarles a pecar, tan sólo por la vanidad de quitarle partidarios al dios bueno.

(58) Digo "parece", porque nunca se está seguro de saber lo que en realidad dice el *Libro de los Muertos*. ¿Hay que acusar de ello a los traductores, o más bien a otras causas, tales que la incorrección de los manuscritos, las diferencias del texto entre unos y otros ejemplares, las alusiones misteriosas y los esoterismos (indudablemente hechos a propósito para sorprender y embaucar mejor) de muchas fórmulas? ¿O tal vez por las dificultades inherentes ya de por sí a un libro que en vez de constituir un tratado homogéneo es una simple compilación de fórmulas destinadas a ser útiles a los difuntos empleadas mágicamente? En todo caso, una cosa es indudable, a saber, que la traducción de este Libro es empresa punto menos que imposible. P. Pierret, autor de la primera francesa, en 1882, declaraba: "Una traducción irreprochable y definitiva del Libro es un ensueño irrealizable." Además, de traducirle "literalmente", no habría medio de comprenderle. Renouf, autor en 1897 de cierta traducción inglesa que no terminó, decía a su vez, refiriéndose a la primera versión hecha por Birch en 1867: "El más precioso conocimiento del vocabulario y de la gramática egipcia no podría atravesar la oscuridad proveniente de las alegorías y de las alusiones. La dificultad reside no en la traducción

literal, sino en la comprensión del sentido... La traducción de Birch, a causa de su extremada fidelidad respecto al original, es enteramente ininteligible."

(59) Para éstos, y confirmando las palabras del *Evangelio* de Lucas: "Nada hay imposible para el que cree", ninguna cosa más positiva y verdadera que la ciencia y la realidad que encierran esoterismos, ocultismos y misterios y magias de todas clases. Respecto a ésta, y limitándome a la del pueblo egipcio, única que por el momento nos interesa, seguros están los aficionados a los esoterismos de su eficacia; de tal manera seguros que por enteramente cierta tienen la protección que los amuletos, por ejemplo, conferían a las momias a cuyo lado estaban puestos. Así como de que de los mayores peligros e incluso de la muerte misma serían víctimas quienes profanasen una tumba, rompiendo con ello el ambiente mágico creado por la acción ritual del kher-heb (sacerdote mago "escriba del libro de dios") que, mediante la ceremonia de "sa", transmitió al lugar el fluido mágico de que era portador, creando en torno a la momia de su protegido una vida inefable y misteriosa incapaz de ser advertida por los ojos profanos. Y por si se cree que bromeo o que exagero y que no es posible que haya quienes crean en serio estas cosas, me limitaré a recordar unos cuantos hechos ya olvidados, pero que cuando ocurrieron, hace algunos años, causaron un revuelo fenomenal. Me refiero al descubrimiento de la tumba de Tut-Ank-Amón.

En efecto, en el otoño del año 1923 un arqueólogo inglés, lord Carnavon, descubrió en Egipto, en el valle de los Reyes, la entrada de una sepultura intacta. *Rara avis*, puesto que el deseo de lucro ha hecho que ya desde hace muchos años se hayan cometido en todo el Egipto verdaderas profanaciones, a causa de las cuales manos inexpertas, para quienes sólo las joyas y objetos de metales preciosos tenían valor, hicieron que se perdiesen verdaderos tesoros arqueológicos. La sepultura en cuestión era una sepultura real: la del citado Tuk-Ank-Amón. Al año siguiente, el 18 de febrero, el hipogeo en que reposaba la momia del faraón fue abierto. El acto constituyó "un acontecimiento extraordinario" que impresionó al Mundo entero (entiéndase al mundo que es capaz de interesarse por algo más que el boxeo, el fútbol, las carreras de bicicletas o de caballos, los noviazgos y bodas reales, la aparición de artistas cinematográficos y otras cosas indudablemente muy interesantes, bien que a algunos, muy pocos, nos tengan sin cuidado). Asistieron a tal acontecimiento, entre otros ilustres parásitos, la reina Elisabeth de Bélgica, el príncipe Leopoldo de este mismo país y, naturalmente lord Carnavon, que era quien pagaba el espectáculo. Y me apresuro a decir que no era a éstos ni demás de su clase a los que incluía entre los que no gustan de lo que suele gustar a la masa. El curioso y acaudalado lord fue el primero en entrar, por derecho de conquista económica, en el sepulcro. Esto ocurría, como digo, el 18 de febrero. El 5 de abril el procer egiptólogo moría víctima de un mal misterioso. Seis días más tarde, su colaborador, Howard Cárter, caía enfermo, herido por una afección desconocida de la que jamás ya se repuso completamente. A principios de verano, Aubrey Herbert, uno de los invitados que asistieron a la apertura de la tumba, fallecía a causa de una enfermedad mal definida. El primero de julio, un mensaje de Baltimore hacía saber que Philip Poe, que también había penetrado en la tumba del faraón, sufría de una enfermedad que presentaba los mismos síntomas que la que se había llevado a lord Carnavon a reunirse con el espíritu de la momia que había profanado con sus aristocráticas manos. El 15 de noviembre, Wolf loel, otro de los honorables y desocupados "turistas" que asistieron al macabro festival del 18 de febrero, perdía la vida en el mar, cuando abandonaba Egipto. Al finalizar aquel mismo año, el arqueólogo Archibaldo Douglas, no obstante ser dos veces Baldo, como su nombre indica, se iba con Ra, con Isis, Osiris y Horus súbitamente, y precisamente en el momento en que se disponía a observar con los rayos X la apreciable momia de Tut-Ank-Amón. En total, antes que acabase el año 1923, cuatro fallecidos, completamente muertos, cadáveres, exánimes, difuntos, sin vida y sin aliento y dos enfermos graves. Otros egiptólogos y curiosos que se atrevieron a visitar posteriormente la famosa sepultura fueron víctimas de accidentes más o menos graves, incluso mortales. Y de que todos los que se fueron con los gusanos murieron misteriosamente parece indudable: a los anteriores hay que añadir Richard Bethell, secretario de Howard Cárter, encontrado muerto en su lecho en 1929, sin que el médico pudiese descubrir qué le había hecho irse al Amenti, es decir, a mejor vida (si aquí la llevaba peor); algunos meses más tarde, el padre de Richard Bethell se arrojó por la ventana de su casa de Saint James Court, teniendo la suerte de ir a reunirse con sus antepasados. Por cierto que antes de tener tan delicada atención había dejado una nota lacónica que decía no el consabido: "que no se culpe a nadie de mi muerte", sino: "Me es imposible soportar por más tiempo estos horrores."

Me limito a referir hechos jaleándolos un poco para que no resulten tan tristes. Si se hubiese realizado una "encuesta" sobre el particular, seguro estoy que de mil personas, 999 hubiesen jurado que todo aquello era obra de la terrible "fuerza mágica", latente durante siglos, por obra de los kher-heb o directores espirituales del Faraón, es decir, dejada por aquellos virtuosos sacerdotes para proteger la tumba de su dios y señor y castigar a posibles profanadores. Yo me limité entonces, y sigo limitándome, a encogerme de hombros, como ante otros hechos asombrosos (o como tal interpretados) y a preguntarme: ¿murieron todos los excelentes desocupados que asistieron a la profanación de la tumba, o unos sí y otros no? Y aunque hubiesen muerto todos me hubiese dicho: ¿es que acaso se podría creer que el hecho de ser ricos y curiosos les hacía inmortales? ¿No murieron por la misma época, y seguramente muchos, de enfermedades que los médicos fueron incapaces de calificar, infinidad de mortales más o menos ricos y gloriosos asimismo?

Pero es que claro, yo tengo tal vez la desgracia de no creer en cosas sobrenaturales, aunque vea que millones de criaturas semejantes a mí en muchas cosas, menos en esto, crean sin vacilar.

Por supuesto, admito (¿qué otra cosa podría hacer además?), y hasta, no me parece mal, que otros crean en todo ello y más, pero yo ya digo que soy impermeable, la verdad, a muchas cosas que a los demás les empapan fácilmente. Y no obstante (a creer a ciertos documentos egipcios), la corte de un monarca cuyo palacio se reflejaba en las aguas del Nilo, e incluso su pueblo entero, fueron maravillados testigos de revelaciones divinas hechas por bocas de estatuas parlantes, y de asombrosas relaciones establecidas gracias a ellas, entre los avisados sacerdotes y los dioses. Voy a citar algunas, porque a mí, pese a ser algo descreído, no me duelen prendas. Lo que me dolería, de darme cuenta, sería de ser tan idiota como para creerme lo que voy a referir.

En tiempos de la reina Hatshepsut, durante una ceremonia, la estatua del gran dios Ammón, descendió del zócalo en el que de ordinario solía estar tan tranquila y recorrió la vasta sala hasta ir a detenerse ante un joven que más tarde sería Tuthmo-sis III. Como el documento que refiere hecho tan prodigioso nada dice de que la preciosa Hatshepsut se hiciese un ocho al ver al dios bajar del zócalo, ni que toda la concurrencia menos los capaces de salir corriendo y tirarse de cabeza al Nilo, se quedasen allí mismo hechos jalea, estimo que el verdadero milagro fue la serenidad de los presentes. Otro ejemplo: la víctima de un robo se dirigió a la misma estatua con objeto de saber quién era el ladrón. Y en efecto, durante una procesión, la estatua indicó mediante un gesto de su divina cabeza, el escondite del amigo de lo ajeno; donde incluso se descubrió lo que había robado. Hay, sí, cierta cantidad de milagro, pero ¿no hubiera sido mayor de haber encontrado lo robado en casa de un hombre decente? Un prodigio aún: Un obrero estaba en litigio con un vecino a propósito de la propiedad de la casa. En lo más enconado de la disputa, se dirigió a la estatua exclamando: "¡Ven en mi socorro, oh tú mi gran Solí" Y en efecto, la estatua resolvió el conflicto opinando con la cabeza en favor de su invocador (¿no se trataría de un dios vanidoso que le gustaba que le invocasen?). Otro prodigio: Un sacerdote de Ammón era sospechoso de haber (¿cómo diría para no pecar, dada la calidad del sospechoso?) de haber... requisado, requisado sí, algunos granos que juntos hacían varias fanegas, del bien provisto granero del dios. Los diezmos y primicias eran, sin duda, cosa establecida ya cuatro o cinco mil años antes de nuestra era. Al cabo (tal vez el asunto no había medio de ponerle en claro, pues el sacerdote en cuestión sobre ser algo ladrón sería suficientemente listo), se decidió que el propio dios decidiera y resolviese la duda. Para facilitarle la tarea se establecieron dos textos. En el primero se preguntaba al dios si el sacerdote "estaba en posesión de algo que no se podía encontrar"; en el segundo, si "no estaba en posesión de nada de lo que no se podía encontrar". Como era normal que el dios no acusase a uno de sus sacerdotes, contestó, en efecto, que no a la primera cuestión y que sí a la segunda, con lo que el sacerdote quedaba limpio de polvo y paja. Pero como no de grano, pues no tardó en comprobarse que era más ladrón, ¡perdón!, más requisador que Caco, y como con todos los respetos los otros sacerdotes se volviesen hacia el dios con los puños cerrados, éste habló una vez más: "Se me ha preguntado si estaba en posesión de algo que no se podía encontrar." "¡Pues a ver, Señor...!" "Ni "haber" ni músicas... No estaba en posesión de algo, porque ¿verdad, Radamés, que ya lo habías vendido?"

Pero aún hay un ejemplo más reciente. Porque de lo anterior pueden decir los incrédulos que como hace tantísimos años... Pero lo que voy a referir ahora es casi de hace un momento y relativo a un personaje que casi también hemos conocido todos: Alejandro el Grande. Total hace trescientos y pico de años más dos millares. Ayer como quien dice. Pero he aquí el hecho: Había en el oasis de Siwa (un oasis con dátiles si había palmeras, y agua si pozos que no estuviesen secos) un oráculo de Ammón, célebre no tan sólo en todo el Oriente sino en la propia Grecia. Y Alejandro que se había apoderado de Egipto con la ayuda de Ammón, pues de otro modo le hubiese sido imposible (lo de que no cae la hoja del árbol, etc., se decía también allí, y que se había hecho elevar a la dignidad de faraón en el templo de Phtah con el nombre de Meriamón Aleksandros, decidió ir en persona para interrogar al dios sobre su futuro destino. Ammón respondía siempre que se le interrogaba, por escrito (exactamente por mane de sus serviciales sacerdotes), pero por tratarse de quien se trataba (¡ahí era nada el hijo de la hembra de zorro de Olimpias!), se dignó hablar: "¿Me concederás la posesión del Mundo entero?", le preguntó el gran capitán. —"Sí", respondió el dios. —"Gracias, Ammón. Y ahora dime: alguno de los asesinos de mi padre ¿ha escapado quizá a mi venganza?" —"No blasfemes. Ningún mortal puede nada contra tu padre", le replicó Ammón. Para comprender esta respuesta, algo esotérica como correspondía a un dios egipcio, es preciso no olvidar que sólo los descendientes de los faraones, es decir, la estirpe de los dioses, puesto que los faraones eran dioses, podían subir al trono de Egipto. ¿Era, pues, Alejandro hijo de un faraón? Las malas lenguas contaban que Olimpias y Nektanemo (faraón destronado que se había refugiado años antes en Macedonia) habían jugueteado sobre un colchón, a espaldas de Filippos, jugueteo tras el cual Alejandro había venido al Mundo al cabo de nueve meses día más o menos. Luego el dios, a riesgo de llamar a su egregio visitante, hijo de... tal, había confirmado la murmuración.

Ya no me queda sino decir que el sucedido, que se haría mal en no creer auténtico, es referido por Rochemonteix, que aseguraba haberlo encontrado en un papiro de la Biblioteca de El Cairo. Y como sería demasiado creer que mentía Ammón, que mentía el papiro y que miente, sobre todo, hombre tan serio como el señor Rochemonteix, debemos tener: el hecho como indudable, a Alejandro por hijo de tal (si queremos extender el calificativo a algún otro gran conquistador, atendiendo al rastro de sangre y fuego que esta ralea de hombres ha dejado a su paso, hagámoslo sin escrúpulos), e incluso sumarnos a los que creen en las estatuas parlantes.

(60) Adolfo Erman definía la mentalidad de los egipcios, a causa de este Libro, como "locura, absurdo total, falta de razón". Muchos egiptólogos ingleses han dicho, o hablado, burlándose de "un pueblo de locos" y han tachado el *Libro de los Muertos* de "cuento bueno para dormir oyéndole, de aburrimiento total, de cúmulo de insensateces y de locuras". Los médicos han opinado juzgando el todo por la parte: que se trata de un pueblo que presenta todos los síntomas de la histeria colectiva y de la esquizofrenia. Salomón Reinach ha dicho de esta obra que es un "monumento de extravagancia y de impostura", opinión, a mi juicio, la más próxima a la verdad, pues las otras son consecuencia de haberse desesperado los que tal opinan, tratando en vano de comprender lo que leían. Repetiré aún, que los traductores, que han tratado de cumplir su cometido de un modo concienzudo, no son responsables de lo que hicieron aquellos que escribieron a propósito este libro en "oscuro" para mejor engañar a los que iban a pagarle; es decir, de que le convirtiesen, en verdad, en un montón de extravagancias. Por lo demás, obrando así aquellos avisados sacerdotes, demostraron un conocimiento perfecto

de la psicología de sus administrados espiritualmente. A un pueblo que creía en infinitos dioses-animales y se prosternaba ante un buey, el buey Apis, ¿qué podían hacer, dispuestos a seguir engañándole sino acumular misterios y disparates seguros de que cuanto mayor fuese la montaña con más fe la escalarían? ¿Pero es que de juzgar al hombre por lo que ha creído, es decir, a través de sus fanatismos y de sus supersticiones, se le podría llamar el rey de la Humanidad?

(61) Esta manía de buscar y encontrar sentido oculto a las cosas a causa de enfocarlas con la lupa de lo esotérico, no se ha limitado a libros realmente incomprensibles, como éste, el *Libro de los Muertos* que nos ocupa, sino a muchos más. Así, no sólo han visto (los aficionados a ver lo invisible) misterios en los jeroglíficos egipcios y en los de México, sino en los *Diálogos* de Platón y de otros filósofos griegos, así como en lo relativo a órficos y pitagóricos. Luego, en el mundo céltico, a las enseñanzas de los druidas. Y en la *Biblia*. Y en las parábolas de Jesús y en las de Buda y demás grandes inspirados. Y en las *Fábulas* de Aisopos (Esopo) confundiendo lo simplemente simbólico con lo misterioso y de doble sentido. Y en... ¡qué sé yo! viendo enigmas y enseñanzas especiales en todo lo habido y por haber. Y es que el resultado tiene que ser diferente de examinar las cosas a través de la razón que a través de la fantasía. De ello resulta, que allí donde los sabios no aciertan a ver nada no obstante examinar lo sometido a su consideración a través de las triples gafas de la ciencia, la imparcialidad y la honradez profesional que da la sabiduría, los ocultistas, levantando un velo que sólo ellos ven, el velo de lo maravilloso inexistente, hacen brotar por todas partes ilusiones centelleantes. En lo que a Egipto respecta, como todo lo relativo a su civilización, salvo los restos que podemos apreciar con los ojos (Pirámides y enterramientos) es punto menos que hermético a causa de habernos llegado incompletamente y a través de jeroglíficos que, no obstante las averiguaciones de los Maspero y de los Lepsius, siguen guardando, en realidad, sus enigmas, no quedan sino dos caminos: o dejamos correr la fantasía, como hacen los esoteristas, o tenemos que seguir esperando. Porque mientras los versados en egiptología no acaben de ponerse de acuerdo sobre la interpretación de los símbolos y el sentido de textos e inscripciones, forzoso es pensar como Chantepie de la Saussaye: "Las conjeturas con frecuencia aventuradas recubren mal las enormes lagunas de una ciencia que quisiéramos segura. Pero cuestiones fundamentales quedan aún sin respuesta."

Pero he hablado de los Maspero y de los Lepsius de un modo que, aunque no me lo haya propuesto, pudiera parecer despectivo, y no quisiera seguir adelante sin demostrar la mucha estima y admiración que siento hacia sus talentos. Y como el mejor modo de hacerlo me parece que pudiera ser diciendo unas palabras sobre el padre de la egiptología moderna el genial Juan Francisco Champollion (1790-1832), gracias a cuya sagacidad y esfuerzos han podido ser leídos los jeroglíficos, allá van estas palabras sacadas de la excelente *Historia de la Criptografía*, de Pratt.

El punto de partida de los justamente alabados descubrimientos de Champollion el Joven (pues tuvo un hermano también egiptólogo ilustre), fue el célebre fragmento de estela encontrado por los soldados del ejército de Napoleón cuando su campaña de

Egipto, recogido luego por los ingleses con los restos de esta expedición: la famosa piedra hallada en Rosette (Bajo Egipto). Esta piedra contiene tres inscripciones: una en griego, otra en jeroglíficos y la tercera en egipcio demótico (lenguaje popular simplificación del hierático, como éste lo era a su vez del jeroglífico), tan desconocido entonces como los jeroglíficos. No hacía falta ser muy inteligente para suponer que las tres inscripciones tenían la misma significación; pero algunos de los mejores cerebros de Europa en estas cuestiones habían ensayado, durante años, por ver de transformar los jeroglíficos en lengua inteligible, e incluso con la ayuda del texto griego no lo habían conseguido. Todos habían acabado por estar de acuerdo en que el problema era insoluble. En efecto, todo parecía indicar que si los jeroglíficos constituían verdaderamente una lengua, y no una serie de dibujos con sentido secreto, ésta tenía que ser, cosa extremadamente rara, una lengua silábica. Así, por ejemplo, para corresponder a la palabra *rey* en el texto griego, el dibujo de los jeroglíficos era un hombre de gran estatura que tenía una espada en la mano. Esto parecía un símbolo lógico para un rey: una palabra entera como imagen. Y de ser ello cierto, otros símbolos tenían que reemplazar a palabras enteras o, por lo menos, a sílabas; pero como no había medio de conocer la relación entre las letras y la pronunciación de la lengua, ésta permanecería siempre desconocida. Había también otra dificultad: los primeros sabios ingleses que habían examinado la piedra de Rosette, habían establecido, empujados por un sentimiento enteramente natural, listas paralelas de las palabras griegas y de los jeroglíficos que suponían debían representarlas. Pero quedaron consternados al constatar que las palabras griegas que aparecían varias veces en la inscripción, eran representadas por jeroglíficos completamente diferentes y que, inversamente, los mismos jeroglíficos representaban a veces palabras diferentes del texto griego. Los nombres mismos (gracias a los cuales Grotefend estaba resolviendo en aquel momento el antiguo persa), no representaban aquí recurso alguno. El único nombre propio del texto griego era el del rey Ptolemaios V, y estaba representado en los jeroglíficos por cuatro símbolos: para deletrearle letra por letra no bastaban; para descomponerle en sílabas era demasiado. Parecía pues que no había otra conclusión por sacar, que deducir de ello que los jeroglíficos eran puramente símbolos y, como tales, habían sido generalmente abandonados cuando Juan Francisco Champollion, el cerebro prodigioso que ya a los quince años había publicado una sabia disertación sobre "los gigantes de la Biblia", que había obtenido los sufragios del Instituto de Francia, entró en liza.

Su primer cuidado fue contar el número total de los símbolos en los textos griego y jeroglífico. Este método empleado hoy corrientemente en criptografía, parece ser que a quien se le ocurrió y empleó por primera vez fue a él. Este cálculo reveló un error radical en las búsquedas anteriores puesto que los caracteres egipcios eran tres veces más numerosos que las letras griegas. Luego si los jeroglíficos representaban sílabas o ideas expresadas no menos formalmente que el gamo del hombre de las cavernas, el texto egipcio tenía que ser, por lo menos, tres veces más largo que la inscripción griega. Ahora bien, la base misma de la deducción era que las dos inscripciones significaban la misma cosa, y lo que decía el texto griego era un cántico en honor de Ptolemaios V hecho por una comunidad de ministros religiosos, luego parecía poco verosímil que pudiera existir una gran diferencia en ambos textos. Por consiguiente, si las inscripciones eran idénticas como todo permitía hacer suponer, los jeroglíficos tenían que ser símbolos representando letras. Pero es que había demasiados para admitir esta hipótesis.

Por otra parte, un alfabeto de 160 letras era cosa imposible de admitir. Mas puesto que otros sabios se habían dejado atrapar entre los tentáculos de este dilema, Champollion le dejó a un lado y se lanzó a fondo en la teoría alfabética, atacando a los nombres propios como había hecho Grotefend con el persa. El nombre Ptolemaios estaba cuidadosamente rodeado de un rasgo y precedido de un signo que los buscadores ingleses habían supuesto ser la repetición de la palabra *rey*. Pero "Ptolemaios" es un nombre griego y Champollion pensó muy acertadamente que era preciso deletrearle fonéticamente. Si los cuatro símbolos que representaban este nombre en la piedra de Rosette eran letras, ¿cuáles eran las que habían suprimido? Las vocales, supuso Champollion recordando que tes hebreos, grandes herederos de los egipcios, suprimían las vocales. Los cuatro símbolos del nombre eran, pues, las consonantes P. T. L. y M.

Llegado a este punto, el buscador se dirigió a otras inscripciones jeroglíficas con objeto de verificar sus conclusiones. Las tenía a su disposición provenientes de los reinados de Ramsés y de Thutmosis, lo que estaba atestiguado por retratos y otras pruebas. El símbolo que había adoptado por M se hallaba en los dos nombres y, en el segundo la T aparecía dos veces en el sitio deseado. Esta verificación le dio los valores de R y de S y, con estas seis letras como punto de partida, el sabio criptólogo se puso a estudiar todas las inscripciones egipcias que contenían nombres conocidos, obteniendo poco a poco nuevos valores de letras.

Muy rápidamente, es decir, a la velocidad a la que progresa la ciencia, en el espacio de algunos años, los nombres propios le suministraron suficientes datos para permitirle establecer los símbolos correctos de todas las consonantes posibles. Pero quedaban muchas letras para las que no había equivalencia: eran las que no se habían encontrado en ningún nombre. Champollion estableció una lista por separado.

Volviendo a la piedra de Rosette, notó que uno de los signos no identificados aparecía entre cada nombre del texto jeroglífico y que algunos de entre ellos procedían de los verbos. Uno de estos símbolos era la imagen de un hombre de gran estatura que aparecía también delante del nombre del rey Ptolemaios. Además, cuando se trataba de un templo la palabra estaba precedida de la imagen convencional de una casa y cuando se trataba del nombre de Ra, dios del Sol, aparecía una especie de disco solar. Champollion pensó que estos caracteres eran "determinativos", es decir signos especiales colocados en el texto por los egipcios para indicar el objeto de que se trataba. Champollion murió en el año citado a la edad de cuarenta y dos años, sin haber terminado su trabajo sobre el alfabeto y sin haber explicado el enorme excedente de letras: en efecto, incluso deduciendo los signos determinativos la mayor parte de las palabras eran demasiado largas. Debería corresponder a otros investigadores CE. de Rouge, Lepoins, Brugsch, Chabas, Birch, Goodwin, Mariette, Naville y Maspero, por no citar sino los principales) el demostrar que los egipcios, al escribir, no se contentaban nunca con expresar un sonido mediante una sola letra, sino que repetían el mismo sonido de tres o cuatro maneras diferentes para estar bien seguros de que el lector se había apoderado de la idea. Desde el punto de vista criptográfico se puede considerar a los jeroglíficos entre los sistemas de sustitución simple a representación múltiple y adición de un gran número de nulos. El gran mérito de Champollion está en haber llegado a su fin sin dejarse extraviar por estas complicaciones. Teniendo esto en cuenta se puede advertir lo que representa la traducción de un libro como el que nos ha traído hasta aquí, en el que sin contar ya lo hecho a propósito esotéricamente, es decir, ininteligible, a no ser para los destinados a "explicarle haciéndose pagar por ello (principio y fin de todos los esoterismos), hay las dificultades inherentes a todos los textos egipcios, compuestos de una sucesión de jeroglíficos dibujados unos a continuación de los otros sin signo alguno de puntuación, por lo que el que trata de descifrarlos tiene, a fuerza de instinto y de intuición sabia, que cortar debidamente lo que va descifrando con objeto de que el texto tenga sentido. Por ello Pierret decía con razón que "Una traducción irreprochable y definitiva del *Libro de los Muertos* es un ensueño irrealizable."

(62) Por supuesto, desconocer la influencia y poder de las religiones en la vida de los pueblos sería desconocer algo evidente y mostrar una parcialidad difícilmente sostenible. Pero también sería parcial negarse a admitir que en la vida pública, si la religión ha tenido en todas partes una gran importancia ha sido por haber buscado siempre lo político la ayuda de lo religioso para robustecer su férula y poder dominar mejor al pueblo uniendo a la fuerza el engaño. El más ligero examen de los centenares de religiones que ha habido y hay aún, si se exceptún tres o cuatro de las superiores, me excusa de insistir sobre lo que afirmo, pues evidente es que asombra cómo se ha podido creer durante siglos en los dioses y "verdades" que afirmaban. Y no obstante, ¡civilizaciones e imperios nacieron a su "luz" y fueron sostenidos por ellas!

En cuanto al pueblo, la masa, la gente, es decir, en lo que respecta a la vida privada, innegable parece también si un interés particular, o la pasión, no se empeñan en cerrarnos la boca y hacernos volver la espalda a la Historia, que la importancia de tales religiones ha sido tanto mayor cuanta mayor era la ignorancia. Pues es un hecho que demuestra toda experiencia histórica, que a medida que los espíritus se aclaran la fe desaparece, y que fue precisamente porque la luz fue llegando poco a poco, muy poco a poco, por lo que desaparecieron tras haber triunfado durante siglos, religiones que parecían eternas. Es más, si el hinduismo con sus cultos a Siva, Vishnú y demás prácticas y creencias de hace treinta siglos persiste aún, ¿a qué se debe sino a que el pueblo de la India es uno de los más atrasados (el más, quitando a los llamados salvajes) de la Tierra? (El puñado de hombres eminentes bien conocidos de todos, verdaderas excepciones, no quita en modo alguno verdad ni valor a lo que digo.) Ahora bien, que la "luz" a que me refería sea obra de los filósofos o de una *fe* superior traída por otra religión más perfecta, el resultado es igual: *luz* siempre que llega a luchar contra la mentira, el fanatismo y la oscuridad de la ignorancia.

Otro hecho innegable es que lo que en todas partes se llama *religión* es una mezcla compuesta, en realidad, de un tanto por ciento mínimo de religión (religión vinculada siempre tan sólo en los espíritus clarividentes), y un tanto por ciento máximo de *fanatismo* vinculado en la verdadera (o fingida) sumisión borreguil a ciertas prácticas y a ciertos ritos. Es más, que este fanatismo ocupa incluso hoy en todas partes un lugar muy secundario (repito que las excepciones no hacen sino justificar las reglas) en medio de la diversidad de funciones de la vida corriente. En el antiguo Egipto mismo, pese a que todo cuanto de él ha perdurado parece ser de tipo religioso (los grandes enterramientos, Pirámides y sarcófagos encontrados en el valle de los Reyes u otros lugares—, inscripciones mágicas de estelas y templos, el propio *Libro de los Muertos* y otros), no obstante, hay para pensar más que en el sentimiento religioso del pueblo, en el poder de los faraones jefes a un tiempo de lo político y lo religioso. Es decir, en el deseo y conveniencia de los sucesores de cada monarca en honrarse y consolidarse, honrando y engrandeciendo (entiéndase, sosteniendo la leyenda de que eran dioses) a sus antepasados. En cuanto a la existencia de los poderosos colegios sacerdotales, tampoco prueba en Egipto, como en la India, sino que una minoría audaz había aprovechado la absoluta ignorancia general y la tendencia de los hombres hacia lo fantástico y maravilloso, para imponerse luego de hacer alianza con los jefes políticos.

En lo que al pueblo afecta, allí como en todas partes, lo que hizo durante muchos siglos fue trabajar y someterse a creer. Pero si el trabajo era obligatorio, la sumisión a la creencia no; o podía dejar de serlo en cuanto despertase. Y aún cuando siglos de estar bajo el yugo de una continuada ignorancia y de una misma religión, por absurda que ésta sea, acaba por formar una especie de costra espiritual en las conciencias, esta costra ni es verdadera religión, puesto que en cuanto otra se pone de moda salta (de no ser así, ¿bastaría que un Recaredo o un Enrique VIII lo ordenasen para que todo un pueblo cambiase de casaca espiritual, o que particularmente, tan sólo por hacer un matrimonio considerado ventajoso se vean tantos casos de apostasía?), ni llega aun en las mejores religiones a verdadera y positiva creencia. De tal modo que cabría preguntarse cuántos hombres hay o ha habido en cada país verdaderamente religiosos. Entiéndase no fanáticos o indiferentes, sino esto: religiosos.

Si se interrogase a la mayor parte de los que actualmente se dicen católicos, musulmanes o budistas, pronto nos daríamos cuenta de que si bien de buena fe asegurarían que profesaban tales creencias, de interrogarles sobre ellas, ¿qué escucharíamos? Pues seguramente muy poca cosa y lo poco que escuchásemos inexacto.

Saurat tiene razón cuando hace observar que en lo que a la religión afecta ha habido siempre tres clases de hombres: Un pequeño número *muy religioso* (e ¿incluso para ellos la religión, salvo casos absolutamente excepcionales, está o estuvo muy lejos de ser toda su vida y toda su actividad). Un pequeño número de hombres *no religiosos* (que frecuentemente son, sin saberlo, más religiosos de lo que se creen ellos mismos, e incluso más que muchos que se dicen religiosos, bien que no crean en un dios personal). Y una masa, una gran masa de hombres para quienes la religión *existe más o menos*, generalmente menos; más en los momentos de crisis. Pueblos no religiosos no hay; o poquísimos. Pero ¿se puede llamar religión a lo que como tal consideran la mayor parte de los pueblos? ¿Lo es la de los pueblos salvajes, por ejemplo?

Si se quiere pues considerar las cosas como son en realidad, habrá que separar la *religión* del *fanatismo* y de la *superstición*, y reconocer que la importancia de estos tres factores va, en cuanto a número, en escala enormemente ascendente del primero a los otros dos. Supersticiones hay infinitas, puesto que existen no tan sólo respecto a lo religioso, sino a todo lo demás; escribir la historia de las supersticiones es escribir la historia de la Humanidad. Fanatismo, mucho. Religión, verdadera religión, es decir, creencia sabia, seria, elevada, razonable, muy poca.

El faraón era un dios, pero los cuentos populares egipcios prueban que nadie tomaba en serio a tales divinidades. Zeus está a la cabeza del panteón religioso griego: no obstante ya desde el siglo V (que se sepa con certeza) los filósofos le habían desacreditado y los poetas cómicos se burlaban de él y de todos los dioses que le estaban sometidos, entre las carcajadas generales del pueblo. Las propias guerras llamadas religiosas, apenas se empieza a estudiarlas se advierte que en ellas la religión fue sólo una excusa, la chispa que encendió la hoguera aparentemente, pero que las verdaderas causas eran otras y que la religión sólo era tomada como pretexto. En nombre de Alá conquistaron los árabes, en menos de un siglo, un Imperio inmenso; no obstante, sabemos muy bien que tras una de las batallas más decisivas de la conquista musulmana, los jefes del ejército quisieron recompensar a los más religiosos de entre los más valientes ¡y no encontraron un solo héroe capaz de recitar un versículo del *Corán*.

(63) Advertiré, para que los que no piensen como él no le juzguen demasiado severamente, que se *nace* ocultista, esoterista o espiritista, es decir, con tendencia a ver por todas partes enseñanzas y misterios sublimes, o espíritus desencarnados, como se nace materialista; y como se nace artista, médico, militar, labrador o carpintero. Y que siendo las inclinaciones naturales una consecuencia fatal de la idiosincrasia, es decir, del carácter y modo de ser propio y natural de cada uno, y siendo este sello que imprime la Naturaleza *invariable*, el que viene al Mundo con tendencias bien marcadas hacia algo, nada ni nadie podrá apartarle de ellas, y sólo circunstancias contrarias, impedirle momentáneamente que no caiga en lo que le es propio y para lo que ha nacido. Pero que cesen estas circunstancias y se le verá ir hacia lo *suyo* atraído por ello como el hierro por el imán.

(64) *Sinarquía*, gobierno simultáneo de varios príncipes que administran las diversas partes de un Estado.

(65) Sobre Basílides y Valentín, véase mi obra *Pitágoras*.

(66) Véase mi *Mitología Universal*.

(67) Si a algo tan exquisitamente espiritual como sin duda es lo *esotérico* se le pudiese comparar con una cosa material o física, creo que la mejor comparación que podría hacerse sería asemejándolo a una cebolla. Una cebolla es, como se sabe, un pequeña

núcleo central perfectamente protegido y rodeado de una serie de capas que le envuelven amorosamente. Pues bien, así me imagino yo cada cuestión esotérica y cada laberinto ocultista: rodeados y protegidos por admirable cebollerismo psíquico. Me veo proponiendo tímidamente a un campeón del esoterismo (por ejemplo, ahora el señor Kolpaktchy) una de las muchas dudas que *lo oculto* me sugiere: "Y dígame, caballero, ¿por qué asegura usted que la naturaleza "psíquica" de la Luna es vaga y cambiante?" Y el señor Kolpaktchy, disculpando sin duda a fuerza de hombre inteligente mi ignorancia de lo profundo y sublime (pues no hay mejor medida que la tolerancia y la intolerancia para juzgar de la sabiduría y abundancia de luces espirituales de un hombre o de lo contrario), quitaría dos capas a la cebolla de la Barca de Ra; es decir, trataría (o lo intentaría al menos) de iluminar mis dos primeras dudas. Luego le preguntaría aún: ¿Y por qué gobierna la germinación, la gestación, la imaginación y la esfera afectiva? Y amablemente esta vez, llenaría otro de los hoyos de mis conocimientos negativos en cuestiones esotéricas. Y de este modo, yo interrogando siempre, y él quitando con sus sabias respuestas capa a capa las de la cebolla ocultista al tiempo que las de mi ignorancia, llegaríamos, evidentemente, al corazón de la sana legumbre, es decir, a un punto en que no tendría más remedio que decirme como si se tratase de cualquier otro bulbo religioso: "Aquí, amigo mío, ya no hay explicación posible. Esto no hay medio de comprenderlo. Esto es preciso creerlo mediante un acto de fe. Esto es dogmático." Tal vez añadiese: "Esto lo tenemos mediante revelación." Y entonces yo, lo sé, recuperaría de golpe toda mi ignorancia y no tendría más remedio que decirle: "Señor Kolpaktchy, es lamentable tal vez, pero me es imposible fabricar en mí, fe, así, a secas. Comprendo e incluso admiro que haya espíritus idealistas, como usted, pero yo no puedo serlo, pues fui concebido de otra manera. Yo no puedo tener fe sino en aquello en lo que antes mi pobre razón me ha convencido. De modo que perdóneme usted pero renuncio al esoterismo. Es más, aunque su misteriosa ciencia me fuese ofrecida de golpe, creo que me negaría a aceptarla. Tal vez le duela a usted que lo diga, pero la verdad es que entre estar lleno de esoterismo o de... lo que sea, qué sé yo, de granos si usted quiere, ¡venga enhorabuena un abundante sarpullido! No, lo siento, no he nacido para ser ocultista ni para pasmarme ante lo que no comprendo, ni para creer así porque sí en dobles sentidos, prodigios inexplicables, horóscopos caprichosos y afirmaciones gratuitas. Tal vez hago mal, pero no me duele tener la sinceridad de confesarlo. Conque adiós, señor Kolpaktchy. Quédese usted con su ciencia oculta, como yo con mi ignorancia evidente."

(68) Otra interpretación del señor Kolpaktchy que a mí me parece puramente caprichosa, bien que tal vez esotéricamente sea fenomenal, es la siguiente: En el capítulo CLXX dice el texto: "Horus en persona te pone en pie" (refiriéndose a Osiris). A esto el señor Kolpaktchy pone, como explicación o aclaración en una nota al pie: "Motivo del "enderezamiento": el cadáver está acostado horizontalmente; la posición vertical simboliza la vuelta a la vida, la resurrección; la intersección de dos rectas (horizontal y vertical) constituye el símbolo de la Cruz, victoria de la Vida sobre la Muerte. Este enderezamiento se impone porque la horizontal es la negación, el principio del Mal; paralela (el alma sin duda) a la superficie de la tierra, es encadenada por su pesantez y

encerrada en la cárcel terrestre; incapaz de todo impulso hacia el Cielo, está aplastada: ora rampante —como la serpiente—, ora inmóvil como el cadáver." Perfectamente. Como tipo de interpretación esotérica vale la pena exponerla. Allá cada uno. Ahora bien, por lo que no paso es por lo de que la horizontal sea otra cosa que la negación de lo vertical. Y mucho menos que sea el principio del Mal (así, con mayúscula y todo). Y ello por varias razones: La primera, porque ¡se pasa tan buenos ratos tumbado! Segunda, porque imposible que sea principio del mal lo que la Naturaleza, madre y maestra, nos impulsa a hacer todos los días, de tal modo que por mandato e imposición suya no tenemos más remedio que pasarnos en posición horizontal la mitad por lo menos de la vida. Tercera, porque tumbados nos suelen dejar cuando se trata de pasar a una vida que se estima como definitiva y mejor. En fin, porque siempre he tenido como muy sabio el proverbio-consejo árabe que dice: "Más vale estar sentado que de pie. Más tumbado (horizontal), que sentado. Más muerto (horizontal perfecta, total, eterna), que tumbado". Salud, señor Kolpaktchy.

(69) El más completo que se posee, el papiro de Turín, consta de unos 160 capítulos.

(70) La palabra "ra-u" que he traducido por "Capítulos", por conformarme al sentido que los egiptólogos han conservado, quiere decir, en realidad, encantamientos o sortilegios.

(71) Para todo lo relativo a los dioses egipcios, véase mi *Mitología Universal*. El difunto empieza con estas palabras su discurso dirigido naturalmente a Osiris, como soberano que era este dios, de los muertos. Y le llama Toro del Más allá (Amen-ti), que equivale a llamarle el Todopoderoso del Reino de los Muertos, pues el toro era el emblema, el símbolo de la fuerza y, por consiguiente, del poder. En cuanto a él, el difunto figura identificarse con el dios lunar Thoth, por ser este dios el que presidía la sabiduría iniciática. Este dios, como se dice inmediatamente "acompaña" en su navegación a la Barca celeste. ¿Qué barca era ésta? La que, según la imaginación de los egipcios, conducía al dios Ra, personificación del Sol, a través del espacio, de día, y por misteriosas regiones, durante la noche. Naturalmente, la ocasión era de perlas para, a favor de la fantasía, inventar una leyenda que diese motivo a nuevas iniciaciones. De día, todo el mundo podía ver, por difícil que sea mirar cara a cara al Sol, cómo el grande y poderoso dios Ra recorría el cielo de Oriente a Occidente subido en su Barca (¿quién no hubiera visto la barca también, puesto que los sacerdotes, profundamente sabios y versados en cosas divinas aseguraban que allí estaba?), y cómo crepúsculo tras crepúsculo se hundía allá al fondo al Oeste del Nilo. Pues bien, este viaje nocturno en sentido contrario era lo que se explicaba al pueblo ignorante, a los no iniciados, diciéndoles que durante la noche, la famosa Barca y su celeste Barquero recorrían una región que no era ni celeste ni terrestre y, por consiguiente, la región dominio de la Muerte. Y como a esta región tenían que ir cuantos morían y preciso les era atravesarla, de aquí la importancia del *Libro de los Muertos*, verdadera guía de tan difícil y peligrosa región, y gracias al cual cada difunto podía cruzarla, no por sus propios medios, sino subido en la Barca de Ra. Por si este utilísimo

libro fuese aún insuficiente, se escribieron, que sepamos (tal vez hubo más, pues por mucho trigo nunca es mal año, y la cuestión bien valía la pena), otros dos: uno conocido con el nombre de *Lo que hay en el Más allá*, y el otro el *Libro de las Puertas*. Ambos dan no tan sólo una descripción, bastante seca y técnica por cierto, de las diversas regiones del Mundo subterráneo, sino los nombres de las divinidades benévolas y hostiles, pues como es lógico las había de ambas clases, que el difunto iba a encontrar, y contra las cuales, las hostiles naturalmente, tendría que tomar toda clase de precauciones. El *Libro de los Muertos* sería para ello la más preciosa ayuda. Doce "Puertas" tenía que atravesar la Barca una vez llegada al Más allá; para los iniciados, cada una de ellas correspondía a una de las etapas de la iniciación, para los no iniciados la descripción bastaba y a ellos el arreglárselas con las angustias, que de creer lo que solemnemente les era contado, les produjese. Porque a la cuarta hora de la noche, la Barca del Sol entraba y cruzaba la inhóspita región del dios Sokari (que hasta la aparición de Osiris fue la divinidad del reino de los muertos, y dios por lo tanto, que a causa de su destitución, siempre malhumorado, era poco o nada favorable, por supuesto, como su región, desierto inmenso, tenebroso, recorrido en todas direcciones por monstruosas serpientes), donde la Barca tenía que ser conducida por trineos que se deslizaban entre paredes abruptas a través de un corredor sombrío y estrecho entrecortado por numerosas puertas por las que, de entrar, hubiera sido difícil salir. Si duro era este pasaje, peor aún aquel al que se entraba al llegar la quinta "hora", lugar todavía más profundo y difícil, conocido con el nombre de Re-stau, a propósito del cual verá el lector frecuentes alusiones en el *Libro de los Muertos*. En fin, a partir de la sexta "hora", la Barca volvía a reemplazar al trineo o trineos, y el río empezaba a subir gradualmente para atravesar un "Abismo de las aguas" (durante la décima hora) y un "Infierno de fuego" (no podía faltar), durante la undécima.

Hasta aquí la parte *exotérica*, al alcance de todos por decirlo así, de la cuestión; pero es que esto de la Barca de Ra tiene, como no podía menos de ocurrir, su significado *esotérico*, oculto, para los iniciados tan sólo. Pero antes de decir unas palabras sobre este significado misterioso, convendrá advertir que el Egipto antiguo fue el gran y tal vez el primero de los países de *misterios*. En todas partes la religión ha tenido dos caras, la "popular" y la "sabia". Esta a base de misterios, de enseñanzas misteriosas, elevadas (tal decían al menos los que vivían explotándolas) y sólo al alcance de los iniciados, y la popular o religión corriente y de todo el mundo. Pues bien, la cuna de esta importante diferencia, es decir, el país donde antes que en otro alguno, antes que en la China y en la India hubo un cuerpo de sacerdotes depositarios de incalculable sabiduría, fue Egipto. En efecto, la "sabiduría" de los sacerdotes egipcios era legendaria en la antigüedad, y a causa de ello el Egipto el país que no podía dejar de visitar todo aquel que pretendía tener relación con la ciencia. El propio Platón habla de esta sabiduría y él mismo no dejó de ir a Egipto con la esperanza de ser iniciado en aquellos templos, arcas de conocimientos misteriosos y profundos, en muchas cosas. ¿Aprendió allí algo? ¿Sufrió, por el contrario, un desengaño? Nada especial dice sobre ello en los *Diálogos*, lo que parece probar que si algo aprendió, pues aprender se puede aprender siempre y en todas partes, ya que hasta los desengaños enseñan, sería parte de lo que únicamente constituiría la famosa sabiduría de aquel grupo sacerdotal: algunas nociones de astronomía bien mezcladas de astrología y otras de matemáticas, especialmente de geometría. Esto, unido a la ciencia esotérica religiosa, es decir, a la interpretación fantástico-misteriosa de la astrología en relación con aquel no menos fantástico panteón de divinidades, debía de constituir toda aquella ciencia maravillosa del maravilloso cuerpo sacerdotal. Por supuesto, si se considera el estado social de Egipto durante centenares de siglos (un puñado de hombres: el cuerpo sacerdotal y los consejeros y ministros del faraón imperando sobre millones, sobre rebaños de esclavos en estado de ignorancia total de todo lo que fuese las artes e industrias más elementales de la vida), se comprende, pues todo es relativo, que aquellos sacerdotes que sabían leer y escribir (trazar jeroglíficos e interpretarlos) y unas nociones de las ciencias que entonces alboreaban, pasasen por verdaderas lumbreras y por pozos de sabiduría. En todo caso, lo que ocurrió cuando gracias a Champollion se pudieron descifrar los jeroglíficos, comprueba que las hipótesis anteriores dictadas por el buen sentido, eran verdaderas. En efecto, el mundo sabio moderno se llenó de gozo pensando que el velo que durante siglos había cubierto la misteriosa sabiduría egipcia antigua iba al fin a poder ser levantado, y ¿qué ocurrió? Pues ocurrió que no había nada; que no había tal sabiduría ni tal ciencia; es decir, sí, sí había, había que toda la ciencia de aquel cuerpo de sacerdotes consistió, y no fue poco, en vivir pretextando misterios e iniciaciones, durante siglos y siglos, a costa de los incautos, de los rebaños de esclavos que murieron agotados a fuerza de construir, bajo el látigo, templos suntuosísimos para aquellos "avisados" sabios, y palacios, pirámides y monumentos funerarios, no menos grandiosos, para los faraones-dioses.

En todo caso, como decía, junto a nociones de ciencia real (astronomía, matemáticas, geometría), un buen tesoro de esa otra necesaria para ir fabricando e interpretando exotérica y esotéricamente aquellas religiones primitivas a base de fantasías y de ciencia falsa (astrología y magia). Veamos en función de esta ciencia, la explicación esotérica, es decir, lo que se enseñaba a los iniciados a propósito de la Barca de Ra (en la que el pueblo no veía sino una barca como las que navegaban por el Nilo, sino que arriba, en el cielo, conduciendo al dios Sol, Ra), y de Thoth, en el que asimismo no veía y adoraba sino a uno de tantos dioses estelares.

Esotéricamente la Barca de Ra era un símbolo que representaba la unión del Sol y de la Luna; es decir, de Ra, el disco solar, con Thoth, la Luna, representada en su cuarto creciente por la Barca. O sea, que el símbolo representaba una Unión, una Sinarquía (gobierno simultáneo) de dos Luminarias. Si ahora se considera que el mismo símbolo (el Sol inscrito en el semicírculo de la Luna en creciente) aparece adornando la cabeza, no tan sólo de Apis, el Buey divino, sino de una porción de Divinidades egipcias (Hathor, Isis, Khonsu, el propio Thoth, etc.), se pregunta uno, ¿qué importancia atribuía el esoterismo egipcio a esta sinarquía de Luminarias? Hela aquí según los "eso-teristas" modernos (que el gusto o manía de lanzar la fantasía por los senderos da lo misterioso y de mentir escudándose en lo secreto-religioso, no desapareció al desaparecer las religiones antiguas), únicos capaces de bucear en los antiguos misterios. Para los sabios egipcios, la Luna, considerada desde el punto de vista espiritual no era inferior al Sol. Unidos en un principio a creer a la tradición esotérica, en los orígenes, formaban un cuerpo con la Tierra. Separada ésta de ellos, y luego ellos entre sí, empezó la Involución cósmica (y conste que yo me lavo las manos; que no hago sino ser intérprete con objeto de ilustrar o iniciar al lector—según su manera de ser y de ver y juzgar las cosas—de lo que a mí, particularmente, me parecen un atajo de insensateces) o, usando el lenguaje de la *Biblia*, la etapa inicial de la "caída". Caída, por supuesto, no tan sólo del Hombre, sino del Cosmos todo entero. Pues la catástrofe bíblica, esotéricamente considerada no fue sino el último eslabón de una larga cadena de derrumbamientos cósmicos de los que habla el *Libro de los Muertos;* ahora bien, una de las etapas iniciales recorridas fue la oposición de las dos Luminarias, entiéndase (si se puede) de los Seres espirituales en dos campos, dado que sus naturalezas son opuestas diametralmente. La naturaleza *física* de la Luna es húmeda y fría, la del Sol seca y caliente; *psíquicamente,* la naturaleza de la Luna es vaga y cambiante; gobierna la germinación, la gestación, la imaginación y la esfera afectiva; mientras que el Sol gobierna la razón discursiva, impersonal y objetiva; la Luna favorece la adaptación, la asimilación, las metamorfosis, mientras que el Sol, principio de integración, fija e inmoviliza todo cuanto penetra en su campo de acción; la Luna manda e impera en las fuerzas de diferenciación y en todo lo relativo a lo por venir, mientras que el Sol es el Orden cósmico, la Justicia imparcial, el Ser absoluto (opuesto a lo por venir); en fin, por si todo ello fuese poco, la Luna es "femenina", el Sol, "masculino".

Desde el punto de vista espiritual, cada una de estas dos Luminarias está a la cabeza de un campo de fuerzas, y la interacción de estos dos principios (Yinn y Yang del esoterismo chino—pues en todas partes cuecen habas—, las dos columnas del Árbol sefirótico de la Kabbala, el Sulfur y el Mercurio de la Alquimia) produce "la subida y la bajada de los Cubos de Oro". Nada más. Mas como según parece el propósito esencial de cuanto se produjo y se produce es la vuelta hacia la Subida, hacia la Evolución, los autores del *Libro de los Muertos,* lo que proponían a la meditación de sus lectores (y no se olvide que estos lectores eran los muertos mismos, pues para que su lectura les sirviese de guía en el otro mundo era puesto el libro junto a su momia, antes de enterrarlos) era, que el símbolo de la Barca Solar representaba la salvación suprema. Que cuando el Sol y la Luna en vez de oponerse y agravar el estado de Involución llegasen a una perfecta sinarquía, a gobernar junto de total y completo acuerdo, Sexo y Muerte (nefastas consecuencias de la "Caída") serían vencidos.

Demos aún valerosamente unos pasos: la pareja *inicial* Sol-Luna, era Osiris. En mi *Mitología Universal* podrá ver el lector, si ya no está al tanto, la bribonada que hizo a este dios excelente su hermano Seth, que era un pícaro: le mató y cortó en pedazos. Pues bien, rota la sinarquía original, los "miembros" arrancados del "cuerpo" divino fueron diseminados, esparcidos, desparramados por todos los rincones de Egipto, es decir, del Universo. Entiéndase bien: los planetas, las estrellas fijas, las Luminarias celestes y por si ello fuese poco, todos los seres de la Naturaleza. La "resurrección" del dios-mártir tan sólo, significaría el restablecimiento de la sinarquía. Mientras tanto, Osiris, esclavo de la muerte, sujeto por las vendas de la momia, es el Mundo entero, fijo, petrificado, cristalizado, anquilosado y materializado; en una palabra, privado de libertad y sometido a las "leyes" de la naturaleza y a los ritmos implacables del destino. Aun se pretende que Osiris es el Cristo prefigurado; el Anunciador del Mesías; el que le preparó el camino; que la derrota de Osiris hizo más tarde inevitable el sacrificio redentor que tuvo lugar en el Gólgota. Pero creo que con lo dicho está ya bien, y que el lector tendrá una idea (que es lo que me proponía), de lo que es una interpretación esotérica de un símbolo cósmico-religioso.

(72) Esta *Pesada de las Palabras* era la manera corriente de designar el Juicio que los difuntos sufrían ante el Tribunal de Osiris. (Véase mi *Mitología Universal*.)

(73) *Djed* era un pilar liso, más ancho en la base que en su mitad, cruzado por la parte superior por cuatro barras horizontales. Este símbolo, en el antiguo Egipto, era no menos sagrado que la cruz para los cristianos, pues era empleado para designar cosas de la mayor importancia: la columna vertebral de Osiris (dicho de otro modo, el eje del Mundo); a Osiris mismo; la duración, la eternidad, la estabilidad, y al Ser en oposición al Llegar a Ser. En efecto una de las más antiguas ceremonias consistía en el *enderezamiento* de la momia o levantamiento de Osiris, que de Horizontal llegaba a ser Vertical: era la ceremonia llamada Djed (Zed) practicada sobre todo en la ciudad de Djed y que representaba el enderezamiento cósmico, como contrapartida al hundimiento cósmico. Puesta de pie, la momia triunfaba de la inercia y de la muerte. La posición vertical de la columna vertebral (este triunfo del hombre sobre el animal; del bípedo sobre el cuadrúpedo) era simbolizada mediante un prisma cuadrado inscrito en un tronco de árbol y llevando igualmente el nombre de Djed o Zed; hacia su parte media iba cruzado, como he dicho, por cuatro barras horizontales. Más tarde, este símbolo llegó a ser la imagen jeroglífica de la es. tabilidad y de la inmutabilidad. La ceremonia de levantar el Djed tumbado simbolizaba la resurrección de Osiris y a causa de ello la esperanza de la salvación eterna para el difunto en cuyo favor se efectuaba. *Djedi* era un epíteto de Osiris. En fin, Djedu y Djedit eran dos ciudades del Delta (Busiris y Mendés), en las que Osiris era particularmente venerado.

(74) Título oficial de Osiris, rey de los muertos y dios del más allá. Dios *salvador*, egipcio, por excelencia.

(75) Estos Misterios eran los de Re-stau, región, como hemos visto en la nota 71, la más terrible del Más allá y la más difícil de atravesar durante el viaje nocturno de la Barca de Ra; quinta etapa del viaje que, como sabemos ya, comprendía doce.

(76) Sekhem, es decir, Letópolis.

(77) Según Czermak, el brazo izquierdo de Osiris correspondía al Oriente, y un ataque dirigido a "este lado débil", representaba para Osiris un peligro mortal.

(78) Sobre Heliópolis, véase la nota primera del tomo IX de mi traducción de los *Diálogos* de Platón.

(79) En la nota 71 hemos visto que este Sokari había sido el primer dios de la región de los muertos, y que furioso, sin duda, por haber sido destronado, su mansión o región en que había quedado confinado, representaba el paso más peligroso de cuantos tenía que recorrer la Barca de Ra. De tal modo que incapaz ésta de avanzar, tenía que ser reemplazada por trineos.

(80) La diosa Maat. Se la representaba llevando dos plumas en la cabeza. Presente en todos los juicios de los muertos, de ella dependía su salvación (Véase mi *Mitología Universal*).

(81) Ciertos capítulos, como se verá, terminan, como éste, con una "rúbrica". Estas rúbricas (que suelen responder a indicaciones de orden litúrgico y mágico, o que dan indicaciones históricas a propósito del capítulo que las precede), están, en el original, y por ello su nombre, escritas con tinta roja.

(82) No hace falta seguir leyendo para comprender que *El Libro de los Muertos* era un simple negocio, o si se quiere engaño, si place más, estafa, sacerdotal: se hacía creer que bastaba colocar un ejemplar junto a la momia, en el ataúd, para que el difunto se "salvase" con sólo recitar lo que en él se decía y seguir sus instrucciones, y ¿quién no hubiera pagado lo que se exigía por él con tal de volverse dios y codearse con Ra?

(83) Los "Dos Combatientes" son Horus, hijo de Osiris, y Seth (Véase mi *Mitología Universal*).

(84) Los Espíritus-servidores de Thoth, Aani (o Iaani), adoradores del Sol al alba y maestros en sabiduría, se manifestaban en forma de cinocéfalos.

(85) Se ha encontrado en las tumbas y sarcófagos egipcios una gran cantidad de figurillas, representando hombres, animales, etc. Estas figurillas, conocidas con el nombre de "ushebti" (o "shauebti"), es decir, "los que responden a la llamada" manipuladas mediante procedimientos mágicos, agrandadas o dotadas de poder, no obstante su estado de sombras, deberían encargarse de todos los trabajos impuestos al difunto. Es decir, los hombres que habían pasado su vida sembrando los campos, regando y transportando arena (cuando no construyendo sepulcros reales y pirámides) suspiraban, como último anhelo, no hacer otro tanto en los campos desiertos del otro Mundo; pero aquellos cuyo todo trabajo había consistido en ver desfallecer de sudor y esfuerzo a los demás, se las arreglaban aún para ver de engañarles a costa de las últimas monedas que les quedaban haciéndoles comprar el *Libro de los Muertos*.

(86) Apopi (Apepi o Apofi) era el Espíritu del Mal, por excelencia, de la teología egipcia. Aquí se le denomina "criatura de cera", porque, sin duda, ponían figurillas de esta sustancia, que le representaban, destinadas a ser objeto de conjuros e invocaciones mágicas.

(87) El dios Tum corresponde al estado del que había de darles los medios para ello. Cosmos antes de la "escisión", es decir, antes que el Sol, la Luna y los planetas

saliesen de la Tierra original, la cual, según la tradición, englobaba el sistema solar todo entero. Tum estaba libre, pues de la muerte que, según la teología egipcia, alcanzaba a los demás dioses sin distinción. Identificando su cuerpo con el de Tum, el difunto aspiraba y proclamaba su naturaleza incorruptible.

(88) Poseer el nombre de algo o de alguien era poseer este algo o a este alguien. Los dioses mismos no se libraban de esta ley (véase en mi *Mitología Universal* cómo Isis se apodera de Ra, haciéndole pronunciar su nombre). En Israel, al implantarse esta idea, llegó a ser terribilísimo el pronunciar el nombre de Iahvé, que se solía sustituir por El, el Grande o el Señor.

(89) El templo de Hermópolis era la sede de los misterios de Thoth (el Hermes griego) y de una escuela de teología que rivalizaba con la de Heliópolis. En cuanto al "Ojo de Horus", mencionado, como se verá, con frecuencia (a veces como "Ojo de Ra" u "Ojo de Tum", etc.), este Ojo era una imagen-visión de las más poderosas. Su equivalente en el plan terrestre era el Disco solar. El Ojo de Horus, emanación de Horus, era una divinidad distinta, poderosa, de perfil bien designado, guerrera, activa, que velaba sobre la Ordenación cósmica y combatía a sus enemigos; vengaba también a la Justicia ultrajada. En un Cosmos en pleno desarreglo, yendo a la deriva, era el arcángel San Miguel (o el Metatrón de la Kabbala), es decir, el poder eficiente de enderezamiento.

(90) Osiris.

(91) Siempre y en todas partes la esperanza de que la vida no acabe aquí en la Tierra, esperanza e ilusión que aunque fundada en la caprichosa fantasía, basta para crear dioses y sostener religiones: si la muerte fuese, en efecto, un "nacimiento" hacia una nueva vida, el muerto, sería, claro, como un niño que empezaba a recorrer un nuevo ciclo.

(92) Horus-Khuti (o Horakhte, Harmakhis) es el Horus de los "Dos Horizontes" (matutino y vespertino), las ruinas de cuyo templo, célebre en otro tiempo, están en Edfú.

(93) El Fénix (Bennu) era una manifestación del Alma de Ra. Heliópolis (Annu o Iunu) era el centro iniciático consagrado al culto de esta divinidad.

(94) Es decir, el Más allá.

(95) El Ojo divino (de Horus, de Tum, de Ra, etc.) es una divinidad poderosa, guerrera, vengadora; una especie de emanación del dios respectivo. Sobre la batalla de Horus y Seth, véase mi *Mitología Universal;* luego se habla también de ella aquí.

(96) Hotep-Sekhus es otra designación del "Ojo de Ra", que combate y quema a sus enemigos. No se olvide que Ra es esencialmente el Sol.

(97) Anubis, dios psicopompo (conductor de muertos, como el Hermes griego).

(98) Djafi es un "alma doble", o dualidad de Osiris y de Ra en una sola persona.

(99) El "gato divino" era una manifestación de Ra.

(100) Neberdjer ("Señor de los Mundos") era un epíteto corriente de Osiris (o de Ra).

(101) Neheb-Kau (o Ko) = Ra.

(102) Hershefi ("Arsafes") que era representada con cabeza de carnero.

(103) Las dos Tierras (o los dos Países), los dos Egiptos, el bajo y el alto que, simbólicamente, tenían gran importancia en la teología egipcia.

(104) Khepra, divinidad que presidía el Porvenir cósmico. Se la representaba bajo los trazos de un escarabajo.

(105) Mesket y Tehenet: dos regiones de Duat (del Mundo Inferior).

(106) Dos centros de Misterios.

(107) Uadjit: "El ojo de Ra", diosa-vigía del Bajo Egipto.

(108) Véase en mi *Mitología Universal* la gran tragedia de Osiris, muerto y descuartizado por Seth, y cómo Isis, su hermana y esposa, le volvió a la vida tras larguísimos esfuerzos y trabajos. Y aquí se comprueba una vez más la influencia de la religión entre los hombres, tanto más, naturalmente, cuanto más su ignorancia transforma esta religión en fanatismo puro y simple: Como Isis y Osiris eran hermanos y esposos a la vez los matrimonios entre hermanos se extendieron en Egipto, sobre todo entre los parientes más próximos, tal se decían y se creía, a los dioses: es decir, entre la familia real y la más elevada nobleza. Los Ptolomeos mismos, pese a su origen griego (de Macedonia exactamente, puesto que a un general de este país le correspondió el Egipto en el reparto del Imperio de Alejandro a la muerte de éste), tuvieron que conformarse a esta costumbre.

(109) Keb, dios de la Tierra, tenía una gran importancia en el Más allá, por el hecho de proteger los primeros pasos de los difuntos.

(110) "De una eficacia infalible", evidentemente: Para los familiares, si *creían*, puesto que recitado lo anterior, no habría medio de quitarles de la cabeza que su allegado, cuyo despojo estaba allí coronado, perfumado y embalsamado ante ellos, en realidad estaba ya echando una brisca con Osiris; y, en todo caso, para los honorables sacerdotes (dignos cofrades de los que en la India conminaban con terribles penas a los que no "daban" suficientemente a los benéficos y pobrecitos brahmanes, o a los que en todo el mundo antiguo estimulaban a ofrecer cuantiosos sacrificios a los inumerables dioses), para los honorables sacerdotes, decía, que por el ímprobo trabajo de pronunciar el nombre del muerto y echar incienso al fuego, saldrían de allí con qué llenar abundantemente durante muchos días el santísimo vientre.

(111) Es decir, luego de la muerte. Como en la nota anterior, este capítulo era un nuevo pretexto para engañar a los crédulos que no dudaban, como ahora otros muchos no dudan, que bastan unas palabras para salvarse. Aquí, estas palabras debían de ser pronunciadas por un hombre "ritualmente puro". Lástima que con alguno de los ejemplares de este *Libro de los Muertos* no haya quedado la tarifa de lo que costaba poner a un hombre en estado de pureza ritual.

(112) La Zona de Fuego: del Infierno. En todas las religiones, Infiernos donde el principal elemento de castigo era el fuego. Esto es natural si se piensa, no tan sólo que para los antiguos el alma era mucho más fluida que el cuerpo, pero material no obstante, sino porque debieron observar que hasta ciertos gases chisporroteaban en contacto con el fuego; luego, ¿cómo no habría éste de atacar a las propias almas? Y si no ocurría, buen pretexto siempre para intimidar por si acaso.

(113) La fuerza mágica de la palabra, pronunciada en determinadas condiciones, era cosa admitida no tan sólo entre los egipcios, sino en otros muchos pueblos antiguos.

(114) Se refiere al peso de los actos del Pasado que abruman el alma del muerto; aquí, el alma de Osiris.

(115) La doctrina del Huevo cósmico es común a todas las teologías: hindú, griega (órfica), escandinava, etc.

(116) El Infierno.

(117) Las vendas o bandillas que se ponían todo en torno de las momias eran el símbolo mismo de la muerte, y por ello, la "herencia de Seth"; pues Seth, por haber dado muerte a Osiris, el principio de Vida, había llegado a ser el más importante representante de lo contrario, la Muerte.

(118) El abrir la boca de los muertos mediante un instrumento de hierro especialmente dedicado a este efecto, era una ceremonia a la que se atribuía importantes poderes mágicos; se creía que ello devolvía al difunto la facultad de la palabra y que dotaba a ésta de poderes misteriosos.

(119) Es decir, la de Orion.

(120) Este capítulo es un ejemplo típico de encantamiento egipcio.

(121) "Hati" significaba en un principio "lo que está delante", "pecho"; posteriormente (en los textos del Imperio Nuevo) fue empleado este vocablo en el sentido de corazón físico, de sitio de la vida subconsciente e instintiva. "Ib", por el contrario, era en un principio el corazón consciente, activo, lleno de aspiraciones y de deseos, el sitio de la voluntad lúcida y de la conciencia moral. Tras la muerte era "ib" quien, en primer lugar, juzgaba la vida terrestre del difunto. En la época romana ambos términos, "hati" e "ib", fueron empleados indistintamente; finalmente, "hati" hizo desaparecer a "ib" (A. Piankoff, *Le Coeur dans les Textes égyptiens*).

(122) Las entrañas (hígado, riñones, pulmón, etc.), como centro de muchas pasiones, cual se creía en la antigüedad, también testimoniaban en favor o en contra del difunto.

(123) El peinado, la cabellera y la forma de la cabeza de cada divinidad correspondían a su "aura" específica.

(124) Diosa con cabeza de escorpión.

(125) La importancia de la laringe era debida a ser el órgano de la palabra.

(126) Apopi (Apepi, Apofi), el dragón del Abismo y de las Tinieblas, era la encarnación del Mal absoluto y el principal enemigo de Ra. La idea mazdeana de la lucha entre la luz y las tinieblas (el Bien y el Mal), así como el rigorismo moral de Zoroastro, fueron llevados a Egipto por Hermes Trismegisto. Luego la antigüedad de este *Libro de los Muertos* o por lo menos la redacción de algunos de sus capítulos no es excesivamente remota.

(127) Los nombres de los demonios Am-aau, Hai y Ha-as apenas son conocidos sino por este texto. Los demonios que amenazaban la existencia de los difuntos en el Más Allá eran de dos categorías: 1ª Aquellos cuya única función consistía en tender lazos en los caminos frecuentados por los habitantes del Duat, de espiarlos, atacarlos, torturarlos o devorarlos, sin tener en cuenta sus méritos o deméritos, peligros todos que sólo conocimientos mágicos podían evitar; y 2ª Los que tenían en cuenta algún defecto moral del difunto; pero en este caso el perseguido podía negar el defecto reprochado y proclamar su inocencia. Y claro, de haber demonios que lo que perseguían era las faltas, es decir, demonios morales y justicieros, ¿cómo pretender que eran malos?

(128) Osiris.

(129) La corona blanca, cónica, de Osiris, simbolizaba el Alto Egipto; la del Bajo Egipto, plana, era de color rojo; servía también de adorno a varias diosas.

(130) El difunto *nacía* para el Más Allá; por ello las frecuentes alusiones a su primera juventud, a su infancia incluso, o a su vigor juvenil, etc. Lo que no impide que el difunto experimentase ciertas privaciones que le hacían sufrir; a causa de ello el llamar a Osiris "Señor de la Sed".

(131) El cuadro de la vida pasada surgía, con todos sus extravíos, como "despertado", ante la mirada del difunto que, para ver de ser disculpado, empezaba a afirmar orgullosamente sus relaciones con lo divino. Este pasaje es doblemente interesante: aparte de su valor desde el punto de vista literario, prueba, como trozo escatológico relativo a la fe en cosas totalmente alejadas del más elemental buen sentido, que al comparar con lo que no menos ciegamente se cree hoy en otras religiones, se puede observar que la inteligencia humana, en estas cuestiones, es decir, en creencias relativas al más allá, ha avanzado muy pocos pasos, por no decir ninguno. Y que en todos los tiempos y en todas las religiones, el hombre, llevado de una vanidad que nada justifica

(pues incluso si se juzga por lo que *cree*, su misma inteligencia no puede mostrarse más inferior e insignificante), ha pretendido ser de origen divino y tener concomitancias que nada justifica, con lo que cree superior: la Divinidad.

(132) El Cosmos con frecuencia, en religiones y mitologías, es simbolizado por un árbol gigantesco. Véase en mi *Mitología Universal* el árbol Igdrasil, por ejemplo, de los germanos.

(133) Según la Tradición, la vida en el más allá parece como "cambiada", invertida, con respecto a la terrestre: lo que en esta vida era *interior*, rodeado, luego de la muerte sería *exterior*, y viceversa.

(134) La posición vertical de la columna vertebral, era considerada de la mayor importancia para la evolución espiritual. Y se la consideraba dependiente, en gran parte, del juego normal de las vértebras del cuello. Es increíble la cantidad de insensateces, como por lo que se va layendo se puede comprobar una vez más, que han creído los hombres en todas partes y en todos los tiempos, amparadas del modo más solemne y formal por el manto de las religiones.

(135) La Comunión en sus especies (sólida y líquida) era simbólicamente expresada mediante los colores respectivos del Sol y de la Luna: blanco y rojo.

(136) Una de las prácticas del embalsamamiento consistía en sacar por la nariz, con garfios o ganchos especiales, la materia encefálica, poniendo en su lugar sustancias aromáticas; como las narices quedaban, una vez terminada la operación, enteramente obturadas, por eso se habla de "abrir las ventanas de la nariz", para poder respirar en la nueva vida que se creía o esperaba conseguir luego de acabada la de la Tierra. (Véase la práctica completa del "embalsamamiento" en mi *Mitología Universal.)*

(137) Sesheta: la diosa del Saber sagrado.

(138) Literalmente: El "Dios-Víctima".

(139) La constelación de la Osa Mayor.

(140) El color negro era el símbolo de la potencialidad.

(141) Toda emotividad personal, en un iniciado, sería prueba de debilidad que era preciso evitar.

(142) Ogó o Igó, Anubis.

(143) Como se comprende por lo que se dice al punto, todas las indicaciones de orden geográfico se refieren no al Egipto terrestre sino al *prototipo* que se suponía existir en el Más allá. Cada una de las referencias (Heliópolis tantas veces citada, Buto, Busiris, Letópolis, Hermópolis, Abidos, etc.) eran centros iniciáticos del otro Mundo, junto a los cuales los correspondientes de la Tierra apenas eran nada. Más tarde, el cristianismo tendría también su "Jerusalén Celeste".

(144) Modo típico, egipcio, de expresar la ley abstracta del KARMA. El Karma o Karman (en sánscrito, acción), es, en el Budismo y en el Hinduismo, una teoría, según la cual todas las acciones (no tan sólo los actos, sino las palabras y los pensamientos) adquieren una fuerza dinámica que tiene su expresión en las existencias sucesivas durante el curso de las edades. Corresponde, por decirlo así, al antiguo proverbio judío que dice que cada hombre "recoge lo que siembra". Luego el karma viene a ser como una especie de "retribución inevitable". Esta idea, de "premio o de castigo" en otra vida, ha entrado, por lo demás, en diversas religiones, y es uno de los grandes recursos de todas ellas, mediante el pretexto de un indudable fin moral, de atenazar a los creyentes, y de crearse, de paso, una saneada fuente de ingresos económicos. Es decir, que lejos ya de toda metafísica, el "karma" de las religiones modernas es una pura y simple fuente económica para aquellos que lo predican en una u otra forma.

(145) Akerú: divinidades de la Tierra.

(146) Ni que decir tiene que se trata de la "segunda muerte" en el Más Allá.

(147) Dos mil setecientos años antes de Jesucristo.

(148) Véase el capítulo XXX.

(149) La Región del Llegar a ser (literalmente: la Casa del dios Khepré) era, entre los mundos suprasensibles el más inmediato a nuestra Tierra, y también aquel en el que la espiritualidad egipcia se sentía "como en su casa". Lo Porvenir era opuesto a la inmutable Eternidad (el plano mental), región esta muy alejada, para los antiguos egipcios, de una experiencia vivida, inmediata: la adivinaban más bien, se acordaban de ella, soñaban con ella como con un paraíso perdido. Para darse cuenta de todo el alcance de esta distinción, basta comprender la actitud de los antiguos hindúes tratando a lo Absoluto y a la Eternidad de igual a igual, mirándolas fríamente en plenos ojos, y compararla con la de los egipcios, llena de sentimientos melancólicos, nostálgicos, de remembranzas románticas, de idealización desenfrenada. Hay quien sospecha incluso, bien que sea mucho suponer, que de esta oposición básica de la ontología egipcia nació toda la filosofía griega. Y se menciona a Pitágoras, a los milesios, el antagonismo entre los eleatas y Herakleitos, las tentativas de síntesis de Platón y Aristóteles, y, finalmente, la vuelta hacia lo absoluto de Plotino, que, se dice, o cuando menos se puede suponer (¿pues qué es todo lo anterior sino suposición pura?) que trajo de su Egipto, donde había nacido, la enseñanza de los santuarios iniciáticos. Cierto que también pudiera ocurrir que nada de todo ello hubiese sucedido, y que la tan declamada ciencia de los santuarios egipcios y la igualmente declamada sabiduría de sus sacerdotes no pasase (si juzgamos por el *Libro de los Muertos* puede tenerse por seguro), de pura palabrería y engaño.

(150) Esto se ha interpretado: "Comiendo las ofrendas sólidas y bebiendo las líquidas". Como dentro de lo esotérico y misterioso todo cabe, podrían darse media docena de interpretaciones más con el mismo fundamento. Es decir, con ninguno.

(151) Thoth era el dios de la Palabra creadora y mágica (Logos), así como de la palabra escrita.

(152) Keb era el dios de la Tierra; Nut, la diosa del Cielo. La afirmación: "Yo soy hijo de la Tierra y del Cielo" recuerda la célebre fórmula órfica:

Tris Trens elpí Kai Oüpcvu áorepoevTOS

G. Maspero y P. Fourcart han demostrado admirablemente que el orfismo y los misterios de Eleusis (véase sobre ellos mi *Mitología Universal*) no eran sino a modo de imitaciones de los inmensos misterios egipcios. Y, en efecto, inmensos y numerosos tenían que ser, tan inmensos como la "ignorancia" de aquel pueblo de esclavos, como para poder engañar aún a los iniciados en ellos, con nuevas mentiras, dadas como verdades solemnes, acerca de religión tan absurda y disparatada. ¿Quién era, por ejemplo, a través de la *luz* de los Misterios, el Buey Apis, aquel animal de carne y hueso que durante tanto tiempo fue adorado como real y positivo dios? En todo caso, dos cosas parecen fuera de duda con Misterios y sin Misterios: 1ª la enorme impostura sacerdotal que con animales-dioses engañaba al pueblo para vivir a su costa, y con Misterios al Rey y su corte, para que cerrasen los ojos sobre su expoliación de siglos; 2ª la *ignorancia* increíble de quienes creían tales infundios. El hecho de que en otros pueblos pasase poco más o menos algo semejante, no demuestra sino una consecuencia que no tiene vuelta de hoja: Que durante siglos, las religiones no tuvieron otro fundamento que *mentiras* audaces por parte de sus explotadores, y que tanto mayor era el espíritu y sentimiento religioso de los pueblos, cuanta mayor era su *ignorancia*. Hoy mismo, esto es regla aún en muchos sitios.

(153) Mehurt: "Vaca celeste", diosa del Cielo, o una diosa más del Cielo.

(154) Horus y Ra, o bien: Osiris y Ra.

(155) Pe y Dep: las dos mitades de la ciudad de Buto.

(156) La constelación de la Osa Mayor.

(157) Los servidores de Thoth, adoradores del Sol, eran representados con cabeza de mono y se decía de ellos, Iaani, ser los guardadores del saber esotérico. La *iniciación* o iniciaciones, en el mundo antiguo, tenían por objeto, ora *conocer*, tal se afirmaba al menos, lo relativo a los *misterios* del mundo *exterior* (Sol, Luna, planetas, fenómenos atmosféricos, etc.), iniciaciones de tipo babilónico y mazdeísta, ora lo relativo a los misterios del mundo *interior*, es decir, del cuerpo del hombre. Normalmente, todo ello hubiera creado poco a poco una verdadera *ciencia*, una "astronomía" y una "organografía médica" de haber sido practicado racionalmente, pero lanzados por el camino de lo *misterioso*, de lo falso y de lo simplemente espectacular, cuanto originaron fue una complicada "astrología" y la "magia". Es decir, puras *mentiras* amparadas y protegidas por el manto de no menos falsas y mentidas *religiones*. El mismo Pi-tágoras y su Escuela, al abandonar lo práctico por lo torcidamente especulativo, en vez de hacer avanzar la matemática, cayeron en la más inútil y ridícula aritmología (véase mi obra *Pitágoras*). Tales fueron, es decir, puros engaños místico-religiosos desprovistos de toda razón y de todo valor práctico (salvo, claro está,

las ilusiones y esperanzas que pudiesen engendrar), las iniciaciones egipcias y más tarde las griegas, tanto órficas como luego las de Eleusis, etc.

(158) Las divinidades: Remrem, Kemkem, Akhsesef, Khebent y Seksek apenas son conocidas fuera de este libro.

(159) La Corona Blanca, signo distintivo de los reyes del Alto Egipto, lo era asimismo de una de las etapas de la iniciación.

(160) Mandjit era el hombre de la Barca de Ra, hasta el mediodía. Por la tarde era llamada Sektet.

(161) El Sol se manifestaba: por la mañana con los rasgos de Khepra; a mediodía, con los de Ra; el Sol poniente era identificado con Tum. Sin embargo, a veces, Tum sustituía a Ra.

(162) Nemmés: peinado real en forma de peluca.

(163) Sahu: último o penúltimo escalón de la divinización del alma humana. Venía a ser como el "buddhi" del esoterismo hindú.

(164) Osiris.

(165) Tal vez más exactamente: "donde en los bordes del Tiempo sin límites, se ven las huellas del Naufragio".

(166) Horus, como Siva, tenía un tercer ojo en la frente. Sobre el "ojo vertical", de este dios y sus acciones prodigiosas, véase mi *Mitología Universal*.

(167) Tenait: un distrito del Duat.

(168) Las dos hijas divinas: Isis y Neftis.

(169) El "Padre" es Osiris, cuyo santuario estaba en Abydos.

(170) Nefer-Tum: dios del Sol, hijo de Ptah y de Sekhmet.

(171) Khonsu: el dios de la Luna.

(172) Los ritmos cósmicos pasaban por manifestación de la Sabiduría divina creadora, por la fuente de vida, por la harmonía y el orden. Frente a ellos se erguían las fuerzas destructivas del Caos: la arritmia, la acosmia, la anarquía, la muerte.

(173) Aukert (Augert): el Más Allá, el Mundo Inferior.

(174) Tatunen, otro nombre del dios Ptah.

(175) El dios Nu: el Caos original.

(176) Divinidad todopoderosa: Neb-er-Djer, Señor del Cosmos, es decir, Osiris.

(177) Sebek, divinidad que se manifestaba en forma de cocodrilo y que simbolizaba la Inteligencia y la Destreza.

(178) Kem-Ur, uno de los lagos salados del Delta oriental.

(179) Las Formas mágicas (véase el capítulo VI), eran figurillas colocadas en los ataúdes y que, animadas mágicamente, debían de cumplir determinados trabajos en el más allá.

(180) Aker, divinidad chetónica, como Seth mismo e incluso Osiris, rey por excelencia de los muertos. Aker era representado en forma de león de dos cabezas.

(181) Como no faltan hoy mismo espíritus dados a lo maravilloso, ¡qué han de faltar!, e inclinados a ver e interpretar de modo esotérico las cosas más insensatas y sin valor alguno, en esto se ha pretendido ver una idea muy profunda. Es decir, que así como el mundo visible es para ellos (y según afirman para la sabiduría egipcia antigua), el Libro cósmico, libro que ofrecía un cuadro del desparramamiento de los descuartizados miembros de Osiris, así los caracteres sagrados, los jeroglíficos, don de Thoth, habían sido primitivamente trazados con ayuda del "polvo de Osiris". Inútil decir que suposiciones quiméricas, fantásticas e insensatas, semejantes, se podían establecer por docenas. Y lo curioso es que cosas tales fueron la base de los Misterios (engaños) y de la sabiduría maravillosa de aquellos sacerdotes que durante siglos, mediante patrañas parecidas, medraron y sometieron a esclavitud material y espiritual a millones de sus infelices semejantes.

(182) Osiris.

(183) La Osa Mayor.

(184) Aquí, laguna en el texto.

(185) Apopi (Apepi): el dragón, Espíritu del Mal.

(186) Mesket: una región del Mundo Inferior.

(187) El dios Sokari, la antigua divinidad del Mundo Inferior (antes de ser destronado por Osiris), no podía desplazarse sino en trineo, puesto que su barco había quedado inutilizado. Esotéricamente, todo desplazamiento espiritual es traducido como un *deslizamiento;* el trineo indica, además, las dificultades (a causa del frotamiento) creadas por los obstáculos.

(188) Se trata aquí de ese famoso KA, extraña variedad de doble o de alma, que en realidad, por no saber exactamente qué es y qué querían decir los antiguos egipcios con esta palabra, tantas controversias ha suscitado entre los egiptólogos. Para unos era el "doble" de un muerto, para otros su genio protector (el ángel guardián, el "daimon" de los griegos), aun para otros, el "cuerpo vital", una variedad extraña de alma, para muchos, etc., etc. Véase mi *Mitología Universal.*

NOTAS

(189) El Anca sagrada: instrumento mágico con el cual se abría la boca del muerto.

(190) El Cielo estaba sostenido por dos montañas: Bakhau, al Este, y Manu, al Oeste. En todas las Mitologías y religiones antiguas observamos lo mismo, obra del antropomorfismo y de la limitada fantasía de los hombres: el Cielo, suspendido sobre la cabeza de los hombres (aparentemente), y la Tierra misma, tenían que estar sostenidos uno y otra por algo, así como el hombre, para sostener las cosas, se valía de algo también. Estas dos Montañas, los cuatro Elefantes hindúes, el Atlas griego, eran las réplicas a esta manera inocente pero lógica, al parecer, de considerar las cosas.

(191) En el capítulo que va a continuación, el término Sekht-Hotep es traducido por "los Campos de la Paz", y el de Sekht-Ianrú (o Iarú), por "los campos de los Bienaventurados"

(192) Los dos Ojos del Cielo son el Sol y la Luna.

(193) El "Lago de Fuego", el Infierno.

(194) Este néctar no es otra cosa que el dios Hu: lo mismo que el Soma de los hindúes, que el Haoma de los iranios y que el néctar y la ambrosía de los griegos, era el manantial de inmortalidad de los dioses.

(195) Septet: Sothis, la estrella Sirio.

(196) Este capítulo y los que le siguen han dado mucho hilo que torcer a los egiptólogos tratando de, no ya traducirlos, por decirlo así, pues una traducción literal hubiera sido aún más incompresible que el resto del Libro, sino de hacer lo único que se podía hacer, interpretarlo. La carencia de lógica que se observa en ellos ("Más tarde, cuando Horus llegó a ser su propio hijo", o cuando se lee, por ejemplo, que Isis, madre de Horus, es la madre de los hijos de su hijo, bien que entre los dioses antiguos los más atroces contubernios fuesen cosa corriente) ha hecho suponer que la falta de sentido, por decirlo así, obedece a que estos capítulos eran elementos propios de los misterios de Buto; y siendo así, ya todo se explica: la falta de lógica y la falta de claridad. Pues naturalmente, el intríngulis y gracia del negocio estaba en que nadie entendiese una sola palabra, para dar necesidad a una aclaración sacrosanta que probablemente dejaría a los benditos iniciados... tan en ayunas como antes; pero como de antemano se contaba con su tontería y su vanidad, fingirían quedar tan sabios, enterados y satisfechos, y con ello conseguido lo que se quería conseguir: engañar y dejar a los engañados contentos. Explicar de un modo claro y sin rodeos y misterios la lucha entre Horus y Seth, no hubiera tenido gracia: en cambio, como se hace aquí de un modo buscadamente simbólico y entre medias palabras, para dar luego la explicación iniciática, era seguramente lo interesante, lo que se buscaba y lo que se hacía. Y los que pagaban las iniciaciones felices, y los que cobraban más.

(197) El combate entre Horus y Seth, tal cual lo refiere Ploutarchos (puede verse en mi *Mitología Universal*), es decir, tal cual era conocido por los no iniciados, no puede ser

más sencillo: Horus desposee a Seth de sus testículos, y éste a él de un ojo. Pero claro, esto, así, por "natural" (dentro de la natural insensatez de la leyenda) que fuese, no tenía gracia. Para los "ignorantes", podía pasar; los "iniciados" lo comprendían de otro modo. Para éstos la lucha tenía carácter astrofísico: Los dos "ojos" de Horus eran el Sol y la Luna. Ahora bien, las fases de la Luna eran consideradas como la consecuencia de una catástrofe cosmogónica. En cuanto a la catástrofe de Seth (si terrible cosa es para cualquiera ser emasculado, ¡qué debe ser para un dios eternamente joven dada su propia cualidad de dios!), dejo al lector que imagine cosmogónicamente, o como mejor le plazca, lo que quiera. Es decir, que se ponga él mismo en el plan de sacerdote revelador de misterios, y que se resuelva el problema, si gusta planteárselo. Pero ya hay quien ha pretendido ver en tan importante desvirilización, una alusión a la Raíz del Mal, e incluso a la "caída" adámica.

(198) Hierakónpolis.

(199) El título de este capítulo, como el de los dos siguientes, no miente al menos: "Para conocer los *Misterios* de Nekhen (o de Khemenú o de Heliópolis)", es decir, para conocer algo que sin explicación exotérica, tan esotérico es, que no hay medio de comprender. Y luego, durante la *iniciación,* vendría la explicación. ¿La explicación en verdad o nuevos misterios, nuevos "camelos" sacrosantos que dejarían la ignorancia del iniciado tan completa como antes, pero su tonta credulidad satisfecha? Si al menos teman la honradez de decirles: "No hay dioses, Isis, Osiris, Horus, Seth y los otros muchos dioses y diosas con cabezas de animales, no son sino fantasía para satisfacer la necesidad que sienten los hombres hacia lo desconocido y lo maravilloso, para calmar su inquietud espiritual, es decir, su miedo, e incluso para ver de poner un freno a la innata maldad de muchos. Pero tú, que vienes a iniciarte sabe que no hay dioses o que si los hay, no los conocemos. Y si tu necesidad de que haya "algo superior a ti" no puede ser calmada, adora a Ra, ¡el Sol!, a quien todo en la Tierra debe la vida. Pues, en verdad, le debemos tanto que si queremos un Dios, nadie mejor que a él podríamos reverenciar, como prueba el que aquí y allá, por todas y en todas partes es reverenciado y adorado." Pero en vez de hablar a los que trataban de iniciarse con esta honradez, probablemente, pues la experiencia probaría a aquellos sacerdotes que no se gana nada no pudiendo añadir inteligencia a los hombres y quitándoles, en cambio, ilusiones, se limitarían a sustituir unos misterios por otros, y a dejarles partir tan engañados como habían llegado, pero satisfechos creyendo poseer conocimientos que no estaban al alcance sino de los escogidos. Y en todas partes debió de ocurrir igual en el Mundo antiguo.

(200) Este "Gran Vidente" sería tal vez el principal de los hierofantes de cada centro iniciático. Es decir, el que, tal se aseguraría al menos (pues en la audacia de afirmar ha estado siempre el secreto de los triunfos de religiones y ciencias), poseía el Saber en virtud, no tan sólo de estudios durante muchos y largos años, sino principalmente a causa de su gran Poder como Vidente. Los "obstáculos" serían las pruebas a que se sometería a los iniciados. Cuanto más largas, misteriosas y hasta duras, mejor para el caso.

(201) El Niño divino Harpokrates o Harsiesi— era el hijo de Isis. La Hebilla—una espiral—era el símbolo de la evolución espiritual y, por supuesto, como todos los símbolos misteriosos, dotada de gran eficacia mágica.

(202) El Re-stau era la parte más difícil de atravesar del Mundo Inferior.

(203) Como ya ha sido dicho, Sektet y Mandjit eran las dos Barcas del Sol. Esta última la de la mañana, la otra la de la tarde.

(204) Tal vez quiere decir una vida honesta y libre de pecados, ofrenda la mejor que sin duda podría ofrecerse a los dioses en Egipto, como en todas partes.

(205) Las almas desencarnadas (henmemit) en expectativa de su encarnación.

(206) Los egipcios antiguos cifraban su Paraíso, un poco como los árabes, en lugares cubiertos de árboles umbrosos bajo los cuales descansarían sin tener que trabajar, eternamente. Es decir, algo enteramente distinto de los desiertos que les rodeaban por todas partes, en cuanto se alejaban un poco de las márgenes del Nilo. Los sectarios de Mahoma, como en la Arabia había, además de desiertos, escasez de agua, soñaban y siguen soñando para el más allá, con fuentes y arroyos cristalinos, además de vergeles maravillosos continuamente cargados de frutos y flores. Las huríes es ya el complemento de tanta esperanza de goces materiales.

(207) Kam-Ur, nombre de un toro sagrado de cierta ciudad que fue consagrada, y de un lago en el Duat.

(208) Las 42 divinidades que formaban el jurado en el momento en que ante el tribunal de Osiris, era juzgada cada alma.

(209) Babai o Baba, divinidad con cabeza de cocodrilo que devoraba a las almas condenadas.

(210) Aukert (Okert): el Mundo Inferior.

(211) Se trata de los Iaani, espíritus cinocéfalos, servidores de Thoth, maestro y dueño de la sabiduría, y adoradores de Ra al alba.

(212) Kerti era, o por este nombre se entendía: bien las subdivisiones del Mundo Inferior (grutas circulares), bien las divinidades que en ellas moraban.

(213) Akert (u Ogert); el Mundo Inferior.

(214) Hneni-nesu: Herakleópolis. Atef: la corona del Alto Egipto. Up-Uaut o Up-Uot, divinidad con forma de chacal, que "abre los caminos".

(215) Sepdú: se conocen varias divinidades de este nombre, unas con cabeza de cocodrilo, otras de león, otras aún de Ibis.

(216) En lo que sigue se ha creído ver la primera, o una de las primeras manifestaciones de la doctrina (conocida del maniqueísmo y del ocultismo occidental)

según la cual el Hombre es la clave de la obra del Cosmos. Es decir, de la orgullosa manifestación esotérica producto de la vanidad humana, cuyas expresiones más conocidas y corrientes son las que aseguran aquí y allá que el hombre fue hecho "a imagen y semejanza de Dios", "que su alma es de origen divino", "que la raza humana es descendencia o hija de la raza divina" y, en fin, que el hombre es el último escalón (en prosapia celestial el primero) en la jerarquía de todos los seres que pueblan la Tierra. La teoría de la *evolución* prueba sin dejar lugar a duda alguna que, en efecto, el hombre es el último y más perfecto escalón de la serie animal, pero no pretende, claro, como las pintorescas doctrinas esotéricas, que este vasto Universo, con sus inventadas jerarquías de dioses, alterado por no menos inventados motivos, no podría ser salvado y restablecido en su integridad original sino mediante el sacrificio libremente consentido del Ser humano purificado, santificado y tras haber alcanzado la perfección divina... Doctrina enseñada en los Misterios de la Antigüedad y en las iniciaciones alquimistas de la Edad Media. ¡Pero qué tendencia, qué gusto ha tenido siempre el espíritu humano hacia lo misterioso, hacia lo imposible, hacia lo falso, hacia lo irreal, no obstante proclamarse orgullosamente el único animal dotado de razón!

(217) Comentario de tipo "misterio": Tras la muerte física y el eclipse temporal de conciencia que sigue, el difunto liberado del cuerpo terrestre y de sus trabas, se despierta y empieza a adaptarse a nuevas condiciones de vida. No obstante, su conciencia tras la muerte tiene como substrato la "envoltura sutil" (sukshma, sarira de los hindúes, el "cuerpo astral" de Paracelso), heredera de todas las taras e imperfecciones de la Tierra. Siendo función de la muerte eliminar lo impuro e imperfecto, este substrato es amenazado de una "segunda muerte", es decir, de la extinción total de la conciencia en el difunto. Era esta amenaza (consecuencia de la imperfección moral durante la existencia terrestre) lo que hacía que los antiguos egipcios temblasen de angustia. La muerte física, por el contrario, les dejaba indiferentes, pues se sentían suficientemente armados para abordar el más allá e incluso creían no perder nada en el cambio. Excelente hubiese sido esto último, es decir, no temer la *muerte*, término natural de toda criatura que alcanza el fin de su polo opuesto, la *vida*, sin la citada angustia emanada de la creencia en un tan extraño y pintoresco más allá como nos revela este *Libro de los Muertos*. De donde resulta, que todo el bien que representaba el no temer partir de la vida, era completamente anulado por las mentiras que se les enseñaba respecto a lo que ocurría después, mentiras que creían a pie juntillas.

(219) La muerte (condenación) en el más allá.

(220) Ni que decir tiene que esto es esoterismo puro y que se puede suponer, en cierto modo, equivalente, en lo que afecta a fantasía sobre el más allá, a lo que se dice en los cantos IX y X del Bhagavad-Gita, donde el alma divina de Krishna o Chrishna es revelada a Arjuna. Pues según creyeron muchos visionarios antiguos (o fingieron que creían) y siguen creyendo no pocos modernos (ocultistas, teósofos, espiritistas...) tras la cortina ilusoria del plan de la materia se ocultan, según ellos, inmensos panoramas del

plan visionario, y en parte alguna son tan vastos como tras la ilusión del cuerpo humano y la del alma humana...

(221) Mehen: la diosa-serpiente que protegía a Afu-Ra en su Barca durante el viaje nocturno del Duat.

(222) Las fronteras entre el Yo y el No-Yo no existían por decirlo así en el plan visionario; el difunto, en el momento en que atravesaba el Ojo de Horus, se identificaba con él (interpretación esotérica).

(223) Ureret: corona real de Ra.

(224) Kher-Aha, ciudad que estaba situada en donde hoy Fustat, el viejo Cairo actual. Por supuesto, como ya he indicado, todas estas ciudades no son las terrestres, sino su copia ideal en el Cielo.

(225) Sebagú o Sbagú, el planeta Mercurio.

(226) Uadjit: antigua diosa-serpiente, cuyo templo estaba en Buto (Per-Uadjit), en el Delta. Era la gran diosa-egregora del Bajo Egipto; la del Alto Egipto lo era Nekhebit. Estas dos diosas eran simbolizadas en la frente de Ra mediante dos uraei. También se las simbolizaba de un modo semejante en la corona real de los reyes egipcios.

(227) Véase en mi *Mitología Universal*, y compárense unas con otras, con objeto de comprobar una vez más las muchas semejanzas que hay entre todas las religiones antiguas, como hijas que eran de la fantasía de los hombres y ésta limitada, las "Épocas" egipcias y las hindúes: esta "Cuarta Época" de los egipcios no es sino la Kali-Yuga india.

(228) Udjat: el Ojo de Horus.

(229) Los Arrits o Arruts eran las puertas macizas que daban acceso a las siete "mansiones" del Duat, puertas que tenían el mismo nombre. Ante cada puerta, sentados y armados con cuchillos, había tres Espíritus: un guardián, un vigilante y un alguacil, bedel o portero, que anunciaba a los que llegaban y penetraban en el interior.

(230) Traduzco por *Pilón* algo que no debe entenderse en ninguno de los sentidos que tiene corrientemente esta palabra en castellano, sino cierto motivo de arquitectura egipcia donde daban este nombre (en realidad la palabra aquí empleada viene del griego *pulon*, portal; de *pule*, puerta) a una especie de antecuerpo en forma de pirámide cuadrangular truncada, atravesado por una puerta y su pasillo, que los egipcios levantaban ante la entrada de sus templos. Las dos regiones del más allá eran: Una, los "Campos de la divina Paz" (Sekht-Hotep), y otra, los "Campos de los Juncos" (Sekht-Ianrú, o Sekht-Ialú, de donde salieron los "Campos Elíseos" de los griegos). Estas dos mansiones destinadas a los Bienaventurados, equivalían al Paraíso moderno.

(231) Sigue, en la misma forma, la enumeración de los 21 pilones.

(232) Siguen los "Nombres" de las siete vacas y del toro.

(233) IAT: una "división" (o "morada") del Sekht-Ianrú. Había catorce. Según G. Maspero, eran "islas".

(234) Como ha sido dicho, la cabeza de la diosa Maat iba adornada con dos plumas, símbolo de la Verdad-Justicia.

(235) Immehet, el reino del dios Sokari.

(236) Esto se ha interpretado como queriendo decir: las experiencias de mi vida en la Tierra.

(237) Sothis = Sirio.

(238) Hapi: el Nilo.

(239) Kher-Aha, ciudad cerca de Menfis.

(240) Porque, sin duda, las emanaciones de Osiris, a causa de su santidad y de la propia pureza de sus vibraciones, obraban como un disolvente en las almas de los pecadores.

(241) Anubis, el dios de cabeza de chacal, residía en las colinas que bordeaban el desierto de Libia. El era quien presidía el embalsamamiento de los muertos y quien les acompañaba ante el tribunal de Osiris (conductor de almas, como el Hermes griego). Era asimismo, el protector de los cementerios ("Señor de la Tierra Sagrada").

(242) Duamuft, Mestha, Hapi, Kebhsennuf: los hijos de Ho-rus. Guardianes de los Cuatro Pilares del Cielo.

(243) Literalmente: "Yo doy (asigno) a los hombres los dioses que dan nacimiento a sus padres".

(244) Sesheta: la diosa del Saber.

(245) Interpretación: Se trata de la implacable guerra, implacable, astuta y llena de sorpresas disimuladas que pudiera ocurrir en el más allá (según, naturalmente, los que tal imaginan). Según ellos asimismo, está simbolizada en el texto (lleno de alusiones iniciáticas), bajo los rasgos de la *pesca*. Pues el pescador no ataca apenas al enemigo, es decir, el pez, a cara descubierta. Se oculta, es apenas visible, acecha con impaciencia el menor movimiento del adversario. En el más allá los Espíritus-Pescadores hacen lo mismo (repito que yo que traduzco me lavo las manos: si he de hablar con propiedad, me río de fantasías y esoterismos sobre el desconocido más allá) en esta lucha implacable en la que todas las tretas son permitidas. Combaten a los demonios, pero ¡ay si un Espíritu inadvertido se aventura aturdidamente en uno de esos "campos de minas"! He aquí por qué el difunto, sabiendo que el aire en torno a él está saturado de odios, de emboscadas y de lazos, de cuerdas y de redes, etc., y todas estas armas bien disimuladas, teme caer en el

garlito tendido por un demonio. Afirma, pues, que él es un "pescador" también; es decir, que también combate a los demonios.

(246) Véase la nota anterior.

(247) Es decir, KA.

(248) Como se ve, los que inventaron a los dioses egipcios, llevados de un perfecto antropomorfismo, no pudieron imaginarlos, esencialmente, distintos de ellos mismos; les dieron con formas de hombres y animales, elementos que su fantasía podía manejar, atributos superiores: poder, inteligencia, fuerza, duración de existencia más larga... Pero al mismo tiempo les sometieron al mismo ciclo evolutivo que observaban en todo y en todas partes: nacimiento, crecimiento y muerte o desintegración. Por supuesto, esta misma acabaron por magnificarla, por decirlo así, por ajustaría a la superior naturaleza divina y la transformaron en una especie de "sueño" sin ensueños y, por supuesto, libres a causa de ello mismo del terrible trance que era el pasar de "ser" a no "ser" que de tal modo temían, como todos los hombres de todos los pueblos, que todo este *Libro* que nos ocupa no es otra cosa, como se va viendo, sino el medio de seguir viviendo en el más allá, y hacerlo del modo mejor posible: sin trabajos y entre venturas, como los dioses. Y por ello, la constante aspiración que se observa a tornarse dioses por todos los medios, en el soñado y misterioso más allá.

(249) Como se ve, no obstante el KA, y todas las diversas variedades o transformaciones que sufría el "espíritu" luego de la muerte, según los egipcios, el concepto "alma" no había aún evolucionado allí lo suficiente como para no temer ante todo, y sobre todo, por el "cuerpo". Y es que, en realidad, debían de considerar los teólogos egipcios, que hacer sufrir a algo inmaterial mediante los tormentos infernales, parecía cosa imposible y, por ello, el que lo que principalmente les preocupase era, como se ve, los castigos y vicisitudes del cuerpo. Sin duda, esto mismo y por esto mismo, es decir, para que los castigos y recompensas en la otra vida pudiesen tener efectividad, se mantendría la idea, corriente en muchos pueblos antiguos, de que el "alma", si bien etérea y sumamente fluida era, no obstante, no enteramente inmaterial. Cuando ya se decidió que lo fuese hubo que pensar en el "castigo" a causa de "la privación de la vista de Dios".

(250) Como ya ha sido dicho, un Djed era un amuleto en forma de pilar, ancho en la base, más estrecho hacia el medio y que llevaba, hacia su parte superior, cuatro barras horizontales. Este amuleto era el símbolo de Osiris resucitado, y las cuatro barras sus cuatro excelencias: resurrección, eternidad (vida sin fin), inmutabilidad (estabilidad, incorruptibilidad), y fuerza (poder) inagotable.

(251) Los hindúes tienen dos fórmulas también para expresar esta fusión del Yo y del Tú, del Hombre y de la Divinidad, en el plan supremo espiritual, pues forzosamente, de proceder todo de la Divinidad, todo tendría que volver a ella, en definitiva, tras las pruebas y purificaciones necesarias: he aquí estas fórmulas: "TAT TWAM ASI" y "AHAM BRAHMAS-MI": (todo) "Eres tú" y (yo soy todo) "Yo soy Brahma". Inmediatamente se habla de la "Vaca Sagrada" celestial egipcia; también en la Mitología

hindú abundan las Vacas Sagradas, es decir, la Vaca o Vacas de la "abundancia"", vestigio tardío pero que ha perdurado hasta el punto de constituir una verdadera calamidad público-religiosa (véase mi estudio preliminar a mi traducción del *Ramayana*), de un *totemismo* primitivo en ambos países. Durante muchos siglos, uno de los grandes recursos de la vida de muchos pueblos debieron ser las vacas, animal dócil, casero, de múltiples aprovechamientos y hasta no difícil de transportar de hacerse la vida errante; todo ello unido a la tendencia innata en el hombre a divinizar todo lo que juzga superior y útil (de la que no es sino una modalidad el servilismo adulador hacia jefes y caudillos que empuja a considerarlos como verdaderos seres superiores, aunque su superioridad no sea, por lo general, sino un puro espejismo obra de las circunstancias y de la inferioridad y miseria espiritual de sus admiradores), llevó a muchos pueblos a divinizar a ciertos animales, *totemismo* (y hasta a plantas cuyos frutos eran muy estimados), ora en vista de su *utilidad*, bien del *miedo* que inspiraban. Es decir, una vez más la *debilidad* y el *egoísmo* humano como fuentes de usos, costumbres, modos e instituciones tanto sociales cnmo religiosas.

(252) Todas las descripciones y alusiones que siguen (cuerpo inmenso inanimado, postrado: el brazo arrancado; el corazón detenido, etc.) se refieren a Osiris, descuartizado por Seth, con el que el difunto se identifica al tiempo de implorarle.

(253) Una serpiente con dos piernas y cuernos, en verdad (como tantas veces dice el *Libro de los Muertos*), no es cosa corriente, pero mucho menos lo es, confesémoslo, las serpientes con plumas de las Mitologías americanas (véase mi *Mitología Universal*). Por supuesto, una serpiente con patas (con cuatro mejor que con dos), no es difícil de imaginar pensando en un buen lagarto; ahora bien, lo de los cuernos ya es más peliagudo. Pero como los cuernos eran símbolos de fuerza, no era enteramente ilógico, dentro de lo ilógico, aplicárselos a una serpiente si se la imaginaba muy poderosa. Como tampoco es ilógico dentro de lo ilógico, que los hombres empujados por la ignorancia, por el miedo y por el fanatismo creyesen aquí y allá en estas y otras mil fantasías que constituyeron en todas partes la pintoresca trama de las religiones antiguas.

(254) Recordemos que Udjat era una divinidad de combate y de Justicia retributiva. Se manifestaba (o por mejor decir, era representada) en forma de Un Ojo alado.

(255) Sesenú o Khemenú, las ocho grandes y antiguas divinidades de Hermópolis.

(256) Thoi o Thauí significaba ora los dioses gemelos Shu y Tefnut, ora las diosas gemelas asimismo Isis y Neftis; pero aquí quiere decir Osiris.

(257) Este pasaje y muchos otros del mismo género que aparecen particularmente en las *Rúbricas* (consecuencias prácticas e interesadas de un texto que de punta a cabo no es sino el buscado manto esotérico y hecho adrede misterioso de una religión de por sí ya enteramente disparatada) han movido a ciertos egiptólogos a decir que los antiguos egipcios eran víctimas de una "imaginación enfermiza", que sufrían de "alucinaciones colectivas", etc. A esto, los que no obstante sus vastos conocimientos se sienten fatalmente inclinados a lo esotérico y a lo esencialmente antirreal, es decir, los esencialmente *idealistas* añaden que tal suposición sería justa, si todo *visionario* fuese

necesariamente un neurópata, un histérico o un maniático, y para probar que no es así, sino que hay visionarios geniales, invocan nombres tales que los de Jacob Boehme, Paracelso, Swedenborg y otros que, como sin duda ciertos visionarios de allá del Nilo, en la antigüedad veían realidades o símbolos que el estado del espíritu moderno hace a los hombres *incapaces* de ver ni de comprender.

A esto creo que no se puede responder sino una cosa: que todo lo relativo al *espíritu* en cuestiones religioso-filosóficas, en todos sus variadísimos matices, es cuestión de *fe* y, por tanto, inútil discutir sobre ello. Y con esta fe, es decir, con tendencia a *creer* y a inclinarse por temperamento a lo *ideal*, se nace, como se nace con no menos naturales inclinaciones a lo *racional*. Entre aquellos, los de espíritu poderoso y exaltado serán fatalmente *visionarios, místicos* y arrastrarán tras ellos mediante la fascinación de su talento poderoso a los inclinados también por temperamento espiritual, a pensar como ellos. Así Swedenborg (1688-1772), cerebro nada vulgar que tras haber recorrido Europa estudiando y aprendiendo en todas partes, le ocurrió, ya teófoso convencido, empezar a tener, en Londres, el año 1743, visiones o alucinaciones, como se quiera, cuyo resultado fue asegurar, como lo hacía, que un mundo espiritual nos envuelve y que los seres que le pueblan, ángeles o demonios, obran en nosotros; que bajo el sentido "literal" de las Escrituras *(Biblia, Evangelios,* etc.) se acuitaba otro "espiritual".

Que la Trinidad estaba concentrada en la sola persona de Cristo. Que la muerte de Cristo había sido el triunfo de la luz sobre las tinieblas. Que se llegaba a él por amor y en él la humanidad se justificaba y divinizaba. Apenas empezar a decir estas cosas tuvo en seguida admiradores y partidarios. Sus discípulos fundaron la *Iglesia de la nueva Jerusalén* que se extendió mucho, tanto en Inglaterra como en los Estados Unidos.

Tacobo Boehme, por su parte (1575-1624), denominado el *Filósofo alemán,* es uno de los principales representantes del *misticismo* en este país. También desde muy temprano tuvo *visiones* cuya consecuencia fueron afirmaciones tales que Dios es el principio, la sustancia, el fin de todas las cosas; que lo finito como lo infinito, el mal como el bien, de El emanaban. Es decir, que, en cierto modo, fue el precursor de Spinoza, de Schelling y de Hegel. Escribió mucho, pero sólo citaré, tres de sus obras, cuyos títulos son ya espejo, por decirlo así, de su modo de pensar: *De los tres principios de la esencia divina* (1619), *De la triple vida del hombre* (1620), y *Mysterium magnum*.

En cuanto a Paracelso, padre de la medicina hermética, y además de médico, alquimista y mago, ¿qué decir? En este por lo menos, ¿no se daba, como suele ocurrir con hombres parecidos, el charlatán junto al hombre de gran talento? Pues ¿cómo juzgar si no a un hombre que entre atisbos geniales pretendía haber descubierto y experimentado el elixir que concedía la eterna juventud y haber fabricado el *homunculus* (dio incluso la receta), es decir, un hombrecillo sin cuerpo, sin peso, sin sexo y dotado de poderes sobrenaturales?

Repito que para juzgar estas cuestiones no hay criterio más acertado que la afirmación del *Evangelio* de San Lucas: "Todo es posible para el que cree", y para pesarlas ninguna balanza como la de la *fe*. El inclinado a creer, el que guste de todo lo *ideal*, verá siempre en *visionarios* y *místicos* verdaderos superhombres; los que no cuentan para juzgar y apreciar las cosas con otro criterio o metro que su *razón* en cuanto les hablen de hombres que sufrieron o gozaron, cada uno que aplique el verbo que guste, de visiones, apariciones y demás fenómenos extranormales, dirán: "Que venga un psicópata".

Pero aquí el caso es otro. Aquí no se trata de *visionarios* egipcios, sino tan sólo, como he dicho, de impostores que abusaban de la incauta credulidad general y de la ignorancia ambiente, para engañar en provecho propio.

(258) La muerte.

(259) Sa y Sesheta: divinidades que presidían la Sabiduría y el Saber sagrados.

(260) Sekhat-Herú, diosa en forma de Vaca celestial, que era identificada con Isis o con Hathor.

(261) El motivo del "enderezamiento" del cadáver, echado o tendido honzontalmente, es interpretado esotéricamente o místicamente del modo siguiente: la posición vertical simboliza la vuelta a la vida, la resurrección; la intersección de ambas rectas (la horizontal y la vertical) constituye el símbolo de la Cruz: victoria de la vida sobre la muerte. Este levantamiento o enderezamiento se impone porque la horizontal es la negación, el principio del Mal; paralelo a la superficie de la Tierra, es encadenado por su pesantez y encerrado en la caja terrestre; incapaz de todo movimiento hacia el Cielo, está aplastado: ora rampante, como la serpiente; ora inmóvil, como el cadáver.

(262) Rennut o Rennit, diosa-nodriza.

(263) Sebek: dios con cabeza de cocodrilo.

(264) He aquí aún una, digamos visión, bastante realista por cierto (bien que enteramente carente de realidad, es decir, de verdad), de las Transformaciones que según la Tradición místico-esotérica antigua, sufre el ser humano en el otro mundo: mientras que las fuerzas y las sustancias del organismo de la cabeza se disuelven en el Cosmos, las de las extremidades (brazos y piernas) están, por el contrario, en disposición de formar una nueva "cabeza": los "brazos" extendiéndose hasta lo infinito se tornan la mandíbula superior; las "piernas" forman la mandíbula inferior de una nueva "cabeza" para la encarnación por venir. De nuevo advierto que yo no hago sino "repetir", y no sin repugnancia espiritual, pues mi razón se revuelve contra tanta insensatez, lo que la Tradición esotérica afirma. Sigo: El pecho, por el contrario (es decir, el organismo respiratorio: los pulmones, el corazón, etc.) es el lugar y el substrato de la visión *moral* del cosmos del juicio moral. Este organismo pertenece al pasado y, sobre todo, al presente, pero no al futuro; debe sufrir la ley del KARMA. He aquí por qué el pecho "permanece en su sitio" y no sigue a las "mandíbulas" (pues no evoluciona hacia el porvenir): se dirige hacia los lugares del rescate moral, es decir, hacia el Amenti. Este pasaje, que testimonia (según dicen los que tal creen y piensan), como tantos otros de este Libro, profundos

conocimientos de las doctrinas esotéricas entre los antiguos egipcios, dejan entrever la inmensa complejidad de las transformaciones que, según estas doctrinas, el ser humano puede sufrir tras la muerte... Nada más.

(265) La conservación del cadáver incumbía a Anubis; aho-ha bien, para los egipcios nada había más importante que el funcionamiento normal de la laringe, órgano de la Palabra mágica. Como vemos por el Libro, conocer el Nombre de los dioses, su verdadero nombre, era tenerlos a su disposición. En cuanto a la diosa Uadjit, ésta regía las fuerzas etéricas del Cosmos cuya ley base, según las doctrinas esotéricas, era el principio de la repetición rítmica, principio que presidía la formación en cadena de las vértebras. El "Nilo sin agua", es decir, el dios Nilo al ser representado, aparecía, como es natural, en la forma que se le atribuía fuera de las aguas, su elemento.

(266) Sekhem: el poder mágico de la *voluntad*.

(267) Para meternos en el Mundo Interior de las personas no tenemos más remedio que hacerlo esotéricamente por ser cosa, además de naturalmente profunda, grave e importante (para los que creen en estas cosas, como es lógico). En efecto, según la antiquísima doctrina esotérica del Hombre-Microcosmos, nuestro "Mundo Interior" son los órganos de nuestro cuerpo ocultos a la mirada (corazón, riñones, hígado, pulmones, bazo, etc.); ahora bien, estos órganos son, según la mencionada doctrina, de la misma naturaleza que los que gobiernan el Mundo. El hígado es Júpiter; el corazón, el Sol; la vesícula biliar, Marte, etc. Esto por lo visto, es una verdad que cualquier vidente que ha alcanzado cierto grado de evolución, puede incluso demostrar. Yo estoy lejos, claro está, de ser un *vidente* (de ser algo sería más bien un *visionario*, pero modesto, muy modesto; más bien y simplemente un iluso, a veces), no obstante, estoy perfectamente conforme que del mismo modo que si a nuestro sistema planetario le arrancasen de pronto a Júpiter o a Marte cualquiera sabe qué ocurriría, cuando a un hombre le extirpan el hígado o la misma vesícula biliar, las consecuencias pueden ser incalculables. Creo pues que convendría iniciar a los cirujanos, para que fuesen más cautos y respetuosos de lo que suelen ser con nuestros órganos internos, en la doctrina esotérica mencionada, del Hombre-Microcosmo.

(268) Así como el ombligo constituye el centro del cuerpo humano, del mismo modo el Duat ocupaba el centro del Mundo.

(269) En este capítulo el difunto se identifica con Horus.

(270) En este capítulo hay varias lagunas.

(271) El dios Nefer-Tum, divinidad solar de Menfis, era hijo de Ptah y de Sekhmet.

(272) El estado del resto del capítulo no permite, a causa de las lagunas y alteraciones introducidas por los copistas, una interpretación satisfactoria.

(273) Interpretación místico-esotérica: Se ve en esto un símbolo: la triada (trinidades) representan o caracterizan el plan celestial (mental); el número dos la "diada"

(que tanta importancia tendría entre los pitagóricos), el plan terrenal. El que quiera dar otra interpretación puede hacerlo. Aquí se admite todo. Y además siempre encontrará quien le siga, ¡ventaja admirable de todo lo que huele a esotérico, a oculto, a místico, a sobrenatural!

(274) Khenti-Amenti: Osiris, Rey, como se dirá en el capítulo siguiente, del Aukert, es decir, del Mundo Inferior.

(275) Interpretación místico-esotérica: El difunto "alimenta" el Duat, es decir, a los dioses y Espíritus que en él se supone habitar, con su *ser*. Y ello partiendo del supuesto de que *alimento* es todo cuanto intensifica la vida y la hace más capaz de resistir a la muerte. En este sentido, el difunto, al que se supone puro (pues o lo es o ha sido "purificado" por la iniciación, antecedentes teológicos, por decirlo así, de las actuales "confesiones", cuyo objeto es el mismo, "limpiar de las manchas del pecado a los penitentes"), y que además tiene tras de sí la experiencia de toda una vida pasada en la Tierra, llega a ser, a causa de su ser mismo, un depósito, un almacén de fuerza, de salud moral y de alimento espiritual para el más allá. Esta teoría podrá no ser verdad, pues no tenemos de ella sino la fe de los que en ella creen, pero en todo caso es consoladora si se piensa en la facilidad que nos brinda, con sólo una previa purificación, de transformarnos en verdaderas peritas en dulce para el otro mundo.

(276) Tatunen, es decir, Ptah.

(277) Había tres divinidades esencialmente lunares: Thoth, Iah y Khonsu. Estos dos últimos eran representación o expresión respectivamente de la radiación de la Luna y de su movilidad; Thoth, por su parte, era la encarnación de los Amos de la Sabiduría (los *pitris* de los hindúes), cuya morada era la parte *invisible* de la Luna. Toda la cultura humana era obra de sus inspiraciones.

(278) Estas almas eran los "henmemit", seres desencarnados que habiendo sobrepujado el punto culminante de la vida en el más allá, se preparaban para una nueva existencia.

(279) Up-Uaut o Up-Uot: dios que "abre los caminos".

(280) Los cinco dioses, hijos de Keb y de Nut, eran: Osiris, Isis, Neftis, Seth y Horus. Véase mi *Mitología Universal*.

LA CRITICA LITERARIA

Todo sobre literatura clásica, religión, mitología, poesía, filosofía...

La Crítica Literaria es la librería y distribuidor oficial de Ediciones Ibéricas, Clásicos Bergua y la Librería-Editorial Bergua fundada en 1927 por Juan Bautista Bergua, crítico literario y célebre autor de una gran colección de obras de la literatura clásica.

Nuestra pagina web, LaCriticaLiteraria.com, es el portal al mundo de la literatura clásica, la religión, la mitología, la poesía y la filosofía. Ofrecemos al lector libros de calidad de las editoriales más competentes.

Leer los libros gratis online
www.LaCriticaLiteraria.com

La Crítica Literaria no sólo esta dedicada a la venta de libros nacional e internacional, también permite al lector la oportunidad de leer la colección de Ediciones Ibéricas gratis online, acceso gratuito a mas que 100.000 páginas de estas obras literarias.

LaCriticaLiteraria.com ofrece al lector un importante fondo cultural y un mayor conocimiento de la literatura clásica universal con experto análisis y crítica. También permite leer y conocer nuestros libros antes del adquisición, y tener la facilidad de compra online en forma de libros tradicionales y libros digitales (ebooks).

Colección La Crítica Literaria

Nuestro nueva "**Colección La Crítica Literaria**" ofrece lo mejor de los clásicos y análisis de la literatura universal con traducciones, prólogos, resúmenes y anotaciones originales, fundamentales para el entendimiento de las obras mas importantes de la antigüedad.

Disfrute de su experiencia con nosotros.

www.LaCriticaLiteraria.com

www.ingramcontent.com/pod-product-compliance
Lightning Source LLC
LaVergne TN
LVHW011416080426
835512LV00005B/97